挣扎与奋斗

一个地主崽的一生

（上卷）

FLOUNDERING AND STRIVING

The Life of a Landlord's Grandson I

Wei Wende

韦文德

美国华忆出版社

Remembering Publishing, LLC. USA

Copyright © 2021 by Remembering Publishing, LLC. USA
RememPub@gmail.com

Floundering and Striving:
The Life of a Landlord's Grandson I
Wei Wende

ISBN: 978-1-951135-86-7（Print）
978-1-951135-87-4（Ebook）

挣扎与奋斗：一个地主崽的一生（上卷）

作者：韦文德

出版： 美国华忆出版社 奥斯汀·得克萨斯州
版次： 2021年9月第一版，第一次印刷
字数： 286千字

美国国会图书馆编目号码 LCCN：2021 918345

All rights reserved.
No part of this book may be reproduced in any form or by any electronic or mechanical means including information storage and retrieval systems, without permission in writing from the publisher. The only exception is by a reviewer, who may quote short excerpts in review.

作品内容受国际知识产权公约保护，版权所有，侵权必究

序 一

启 之

一

韦文德先生1951年出生，跟我同岁。他出身地主，我出身职员。毛时代他吃农业粮，我吃商品粮。我当工人时，他成了盲流黑户。后毛时代我有退休金，他没有社保。按照"当代中国社会的十大分层"，我排在第四，属于"专业技术人员阶层"，他排在第十，属于"城乡无业失业或半失业者阶层"。

造成这一差别的根本原因，是我们出身的不同。他是"黑五类"，属于中国大陆划定的人数最多的政治贱民。这一"中国的犹太人"群体是土改划成分的产物。毛时代成分与出身同等待遇而且世袭，韦文德的爷爷、父亲、母亲都被划成地主成分，他是地主之子却要为他的爷爷和父母背着地主的黑锅。[1]

1979年1月11日，根据十一届三中全会原则通过的《农村人民公社工作条例（试行草案）》的有关规定，中共中央颁布《关于地主富农分子摘帽问题和地富子女成分问题的决定》："地主、富农分子经过二十多年以至三十多年的劳动改造，他们当中的绝大多数已经

---

[1] 刘小萌：《文革前的"阶级路线"问题——以学校教育为中心的考察》："各地城乡在划分'黑五类子女'范围时，普遍流行'查三代'（即祖辈、父辈、本人）现象，以致发生令人啼笑皆非的情况。1965年，共青团组织的一份调查报告透露：在青海西宁，许多中、小学都把学生家长的家庭出身作为学生本人的家庭出身。不少学生的家长本来是革命军人、革命干部、教师、职员，学生是由这些家长直接抚养长大的，但学生的家庭出身却被填成地主、富农、资本家。""既然如此荒谬，为什么还要实行'查三代'？为什么还要按祖父而非父亲成分来填写本人家庭出身呢？答案很简单，如果不按土改时祖父的家庭成分填写本人出身，阶级斗争将很快失去对象。"见《记忆》第110期。

成为自食其力的劳动者。除少数坚持反动立场的以外，凡是多年遵守政府法令，老实劳动，不做坏事的地主富农分子以及反革命分子、坏分子，经群众评审，县革委批准，一律摘掉帽子，给予农村人民公社社员待遇。地主、富农家庭出身的社员的子女，他们的家庭出身应一律为社员，不应再作为地主、富农家庭出身。他们在今后入学、招工、参军、入团、入党和分配工作等方面，主要应看本人的政治表现，不得歧视。"[2]

据官媒1979年的统计，土改时的地富有二千多万，加上子女有六千多万。[3] 在这个文件下达时，全国剩下的地富只有440多万人，加上子女共计2000多万[4]。也就是说，在这三十年中，有70%，即一千五百六十多万地富死亡。加上子女，死亡人数达四千多万。这些人里有多少"遵守政府法令，老实劳动，不做坏事的地主、富农分子"死于专政的枪口、暴民的打杀、政府的牢狱、三年的饥馑和文革的浩劫？我们不得而知。

官史说：给地富摘帽，恢复地富及其子女的公民权，"调整被长期阶级斗争扩大化扭曲的社会关系""受到广大人民的热烈拥护。这意味着至少有2000万人将结束30年来备受歧视的历史，享受到应有的公民权利，开始政治上的新生。"[5]

二

2000万在中国是什么概念？

1979年中国的总人口是9亿7千5百万，也就是说，平均在每50个人中，就有一个人在长达30年的时间里，过着"倍受歧视的"、没有公民权的生活。

---

[2] 《北京日报1979年1月29日》（第一版）。
[3] 宣哲：《怎么看给地富分子摘帽，给资本家发还定息》，《中国青年报》1979年9月8日。
[4] 见1984年11月1日新华社报道，又见1984年11月2日的《人民日报》。
[5] 王洪模：《改革开放的历程》第156页，郑州，河南人民出版社，1988年。原注：据《半月谈》1988年第二期。

绝大部分地富子女出生于中共建政之初，30年对于他们意味着什么？意味着他们中的绝大多数被剥夺了教育权、就业权、恋爱权、婚姻权以及前途的选择权，意味着他们上不能尽孝，愧对父母高堂；下不能爱幼，愧对后代子孙。意味着他们的前半生只能在苦难和屈辱中度过。

近年来，学者们否定土改的文章不少，讲述地富及其子女受迫害的文字也时有所见，地富子女自述家庭变故，父母含冤，本人受歧视的文章也曾零星见于报端网上。但是，完整地讲述一个地富子女一生遭际的文字，我还没见过。

三

韦先生的一生分为三个阶段。

第一阶段是文革前的十七年。他出生于广西柳江县三都乡（现为土博镇四案村）屯马屯，世代为自耕农。解放前夕，地价暴跌，他的祖父倾尽家中积蓄购进二十余亩田地，旋即被划为地主。土地、房屋、财产被悉数抄没，一家十口被扫地出门，搬到屯后山腰间一处茅屋中居住。其后，为谋生计，举家迁往三都圩赁房而居，依靠父亲行医，母亲挣工分维系生活。他的两个姐姐因家贫早嫁，两个哥哥成绩优异，却因出身而无法升学。哥哥们千里迢迢跑到新疆，谋求成为生产建设兵团的一员，皆因出身被拒。队里为了增加收入，派青壮社员外出挖矿，因为哥哥在其中，县里勒令所有的外出社员回来种地。这十七年中，从他出生到小学毕业，最好的衣服是妈妈做的一件纱背心，只有到大姐家才能吃上一顿饱饭。同学的欺辱，干部的歧视，一直与他形影不离。为了表明立场，他努力与家庭划清界限，在作文中刻意抹黑自己的父亲。为了争取进步，他踊跃参加学校的各种活动，在三都中学的文艺演出中，与同学一道演出了揭露美国种族歧视的小品。

第二个阶段是从1966年至1979年。1966年，正值他初中毕业的一年，文革爆发，被留校参加运动。到各地串联后，他回到家乡，参加了造反组织"广西422"[6]。这一组织一度被中央视为"革命造反派"，但在毛泽东批示的"七三布告"中，这一有着数十万之众的"422"，一夜之间沦为反革命组织。"广西王"韦国清调集军队，利用对立派对"422"实行血腥镇压。[7] 韦文德的家被抄，全家被迫逃亡，二哥致残，三哥被打死。他本人被关押、毒打、批斗，右臂一度残废。为了逃离政治的压迫，1971年他不得不放弃户口，沦为"黑人"，在贵州、福建、温州等地流亡。

流亡期间，他结识了众多的社会底层的朋友，干起了投机倒把（长途贩运）的勾当。他们倒卖粮票、贩卖片糖、宝塔糖、红参、猎枪火药、日产手表甚至猪肉和糖泡酒。"非洲村"（因倒流城市而失去了户口的"黑人黑户"的聚居地）成了他的匿身之地。[8] 火车站、

---

6 广西"422"是指南宁的造反派，柳州、梧州、桂林及其它县区的相同观点的造反派则称"造反大军"（广西师院的造反派称"老多"）。这些组织在反对韦国清（简称"反韦派"）方面有着一致的观点，彼此之间是平行的关系。广西文革史学者萧宏先生在《广西文革史》一书（待出版）中有详细的论述。

7 关于韦国清镇压"422"等"反韦派"的情况，萧宏在给笔者的信中说："韦国清1968年夏'七三布告'后，调动广西军区部队南宁屠城，据不完全统计，部队'联指'围攻解放路和展览馆，广西'422'被打死1493人，另有三千余'422'和四千多周边居民因钻进区展览馆下面的人防地道躲避炮火，被'联指'在邕江上游水库放水而悉数淹死。'联指'抓获俘虏9845人，（展览馆473人，解放路8445人，广西'422'赴京控诉团427人，'流窜犯'500人）。这些人先后关押在区文化大院、区电业局、南宁二中、九中、天桃小学、当阳小学、五里亭小学、南宁幼师、区交通学校、区看守所等地。关押在区看守所265人，区交通学校711人，南宁幼师441人，都被当着'杀人放火'、'四类分子'、'坏头头'、'国民党残渣余孽'、'反共救国团'等要犯、首犯。当着'要犯'长期关押246人。"见广西整党办公室的内部机密档案《广西文化大革命大事记——1968年》1987年编印。第130、131页。

8 韦文德对"非洲村"有如下的描写："在当时中国的几乎每一座城市都存在。广西的柳州、南宁、桂林的'非洲村'也都基本一样，只是各地'非洲村'的棚屋有些大同小异，所用的材料各有不同而已。柳州人善于砌筑，就自制些泥砖或者捡些随处可见的石块，或者烧过板结的煤碴饼，用些烂泥浆砌筑起来，与贵阳的'非洲村'相比，柳州这些棚屋较正规工整些。"这些群体里"不乏曾经是某些部门的书记、主任等党政领导级人物；也有的曾经是控管一方治安的公安局、科、所等带长字号的人物；有的也曾经是活跃在文艺舞台上，红极一时的星字号艺术家；更为常见的一部分人，则曾经是为人师表的老师等等。"

鸡毛小店、黑市窝点是他的出没之所。凭着机智勇敢，靠着江湖朋友，他赚过钱，但查抄、黑吃黑、拘捕、挨打、收容（他曾六进收容所）成了家常便饭。这期间，有多位年轻美丽的女性向他示爱，但他的出身和身份，使他一次又一次自动远离了心仪之人。

改革开放彻底改变了他的人生，乘着地富摘帽的东风，在亲友的帮助下，他告别了"黑人"身份，落户于广西河池市金城江镇，在蔬菜生产队当上了菜农。28岁那年，他结了婚，有了孩子。他不甘平庸，自己创业，搞过面条加工，建过砖厂，卖过凉粉、包子，开过汽车修理厂，做过猪牛皮生意，开过小卖部，还在一些公司里当过业务主任、副经理，还得过政府颁发的中级"经济师"的职称。

在各种"潜规则"之中，他奋斗经年，赚过一些钱，2000年以分期付款的方式在柳州市买了房子，由农民变成市民。他在路边摆了十年烧烤摊，终于因市容整顿而黯然收场。2012年他彻底失业，他用不多的钱为妻子买了社保，如今夫妇俩靠妻子每月两千两百余元的养老金度日。作为城市化的受益者，他的三个孩子受到了程度不同的教育，过上了勉强温饱的生活。

经济生活的拮据，没有影响他对文学的爱好。他的诗词作品在当地荣获一等奖、三等奖、优秀奖。他创作的百余篇小说、散文、杂记、诗歌，时有见诸报端网络。

四

韦先生从1997年开始写这本书，时断时续。2013年，他完成了此书的前半部《疯狂岁月中逝去的青春》。他当年的老师，孙国光先生为之写了序。我是通过这篇序言知道他的，[9] 后来又在《记忆》上陆续看到了此书的节选，[10] 听到读者的好评，我希望他继续写下去。韦先生不负众望，终于在2021年9月完成了此书的后半部，书名改

---

[9] 孙先生的序言写于2013年，题目是《〈疯狂岁月中逝去的青春〉序——读韦文德回忆录有感》，见《记忆》第235期。
[10]《记忆》曾分三期连载了这本书的部分章节。见第237、240和243期。

为《挣扎与奋斗：一个地主崽的一生》。韦先生在古稀之年创建了两个第一：他是中国大陆第一位完整地讲述了一个地主崽一生的作者，这本书是第一次揭示了文革时期地下黑市的著作。

2021.9

序 二

孙国光

一

本书作者是我在柳江县三都中学教过的学生（1963级初中），他的哥哥韦文学是我在柳江中学教过的学生（1959级高中），自我1968年离开三都中学后，就失去了联系。

当他于2012年在柳州市又见到我时，已经相隔45年，我已岁近耄耋，他也年过花甲了。他那中学时代孩童般的天真稚嫩已是无以追寻了。从他那沧桑的容貌和眉目间的坚忍神情，可见近半个世纪以来，他生活的艰辛和思想上的成熟。知他历尽磨难之后，如今事业有成，衣食无忧，儿孙绕膝，家庭美满，知足之情溢于言表，甚为欣慰，师生之情愈久而弥深。

作为他的老师，对他文革中的遭遇略知一二，对他的牵挂也常萦绕于心，如今他突然笑立眼前，让我莫名惊喜。他知我文革后曾在柳州师专和柳州市教育学院专事教授中国现当代文学，因此他拿来这本他多年撰写的回忆录文稿让我给他看看。于是我欣然接受了他的要求。他写的《疯狂岁月中逝去的青春》的回忆录，全书共有五编。开始他只是给我送来了第一编文稿，我从中了解了他的家乡，他的家庭，尤其是他那畸形的童年生活。从而引起了我进一步了解他独特的另类人生的渴望。越往下看，一节连着一节，竟产生了欲罢不能的感觉。

他的这本回忆录，让我感兴趣的不是他的写作技巧，而是回忆录中独特而真实的故事。对那疯狂的年代，以阶级斗争为纲，左倾思想猖獗的生活，他从其特殊的政治身份——地主狗崽子的角度展开的回忆，并以其特殊身份所作的论述，确实值得我们深思。他的这些论述不可能都完全正确，他也不强求读者接受他的观点，他只是在展示他的经历和他的人生感悟。他的命运是与新中国的命运息息相关的。在新中国诞生后的30年的历史中，共和国的每一个春夏秋冬，每一次风雨霜雪都在他的身上和在他的心中留下了抹之不去的印痕。这些印痕都在这本回忆录中一一得到展现。

二

作者在这本回忆录中详细描述了他而立之前三十年的人生经历，读后使我十分震惊。过去那疯狂年代——以阶级斗争为纲，极左思潮猖獗的生活，又一幕幕重现眼前。文革开始时，他不过是一个十五、六岁未成年的孩子，但他的遭遇竟是那样的复杂、凶险、艰辛……这实在是他三十年的苦难史。若从艺术角度去看，这部书可能有这样那样的不足；若实事求是地说，也不能说他在文革中的所作所为所思所想都是正确的，但这本回忆录却有着极强的可读性。

首先是它的真。它所描述的内容真，情感真，可谓是事实情真。有很大的感染力。

1950年土改时，他家因有五六十亩田地，因此他的祖父、父亲、母亲被划为地主分子，但作者生于1951年，应该说他是生在新社会，长在红旗下的一代。但因他生在地主家庭而身负原罪，从他出生时开始，便被划入政治上的另册，成了地主仔、地富子女、狗崽子、黑五类子女、可以教育好的子女……伴着他成长的只有歧视、困惑、孤独……。地主出身就像是如来佛套在孙悟空头上的紧箍儿，阶级斗争的"紧箍咒"一念再念，使他们整整三十年不得安生。

更不幸的是在文革中，他幼稚地相信了造反有理，为了表现自己革命，而陷入了广西的派性斗争，进而身不由己地陷入了文攻武卫的派性武斗中。由于他们的幼稚和天真，他们根本无法读懂当时那波谲云诡的政治风云：周恩来总理刚代表党中央和毛主席，作出支持广西"422"的"8·24"表态，让他们惊喜于自己找对了革命的方向，成了毛主席的"革命造反派"。眨眼之间，毛主席亲自批示的"七三布告"又宣布"422"是反革命组织。他们便从"革命造反派"变成了十恶不赦的阶级敌人。于是一派掌权的"革命委员会"便在全广西刮起了一股十二级的政治镇压的风暴，于是冤魂遍于广西大地，鲜血染红八桂山川。镇压手段之残忍，骇人听闻。而出身不好的文德和文德们则处境更加凶险和悲惨，被逼得四处逃亡，隐姓埋名，走投无路，饥寒交迫，惊恐莫名，屡陷绝境……对这种种，作者在他的回忆录中都有着真实而详细的描述。让人读来不禁发问：在社会主义的中国，为什么会发生这样的人间惨剧？

因为本书所描述的事件错综复杂，感情真切动人，读着有时会心惊肉跳，有时会扼腕叹息；有时恨愤交织按捺不住；有时让人同情之心油然而生；有时让人怒怨难平；有时让人意欲攘臂一助而显人性。当读到作者在描述中殷殷以待的曙光乍现之时，而为他们庆幸！为国家民族庆幸！

其次是本书的独特性。现在反映文革劫难之作，批判极左错误之作已是时有所见，但是以一个狗崽子的角度和身份，来全面真实反映特定时期生活的作品尚不多见。

所谓狗崽子，其实不是一个人两个人，他是一个客观存在的群体，是一个有着百万千万成员的社会群体，文革又将"黑五类"扩大成了"黑九类"，可见此类政治上的阶级异己在国人中的比例已不是"极少数"了。他们在新中国，在社会主义社会里，却长期过着一种另类生活，在政治上受着歧视，遭遇不公，他们都有着独特的感受。那时，什么人权、自由、民主、平等，都被打成了资产阶级的罪恶，剩下的只有阶级斗争，阶级专政，阶级仇恨。作者六岁时，报名上小学就知道不能讲自己是地主出身，到文革中逃亡各地，埋名隐姓，更不敢暴露自己是地主出身。这本回忆录描述了在那特殊年代，这个特殊人群特殊的生活遭遇，凸显了那个时代特殊的政治烙印。

再者，这本回忆录有着极强的现实性，文革被否定已经过去三十多年了，但随着时光的流逝，有些人对那时的灾难已逐渐淡忘了。而没有亲身经历过那场劫难的年青一代，已经把那段远去的历史冷漠的当成了故事。今天的中华大地举国上下都在倡和谐、健法制、重民主，为圆中国梦而励精图治，深化改革。但是有些人却仍然对文革极左那一套念念不忘，甚至在中国某些地方，文革阴魂不散，极左幽灵再现，文革妖火死灰复燃。更令人不安的是竟有许多许多人自觉不自觉地跟着人家唱红打黑，继续革命。因此读读这本回忆录，对我们是有警示作用和现实意义的。

三

作者的学历并不高，在他青少年风华正茂的时期，他是不可能获得读书深造的机会的。但他勤奋自学，博览群书，加之他有着丰富多彩的生活经历，所以能写出这部回忆录，实在是难能可贵的。也是作了一件于国家于民族，有着深远历史意义和现实意义的事情。

听说他还想要写第二部回忆录，写写他在新时期如何艰苦奋斗的创业史，今天这改革开放的新时代，同样给了他一个展示才华和智慧的大好机会，企望他能早日完成他的创业史。

2013 年 3 月于柳州

作者前言

少小无知家国忧，浮生羁旅渡残舟。
秦淮涕泪怜商女，燕市悲歌学楚囚。
负重呕心当驭马，躬耕沥血任轭牛。
悠悠往事云烟散，历尽沧桑风雨稠。

有这么一个群体，他们伴随着共和国出生，也伴随着共和国的苦难成长。他们的一生经历了太多的不幸和屈辱，但在共和国的史籍上，找不到他们的身影和足迹，他们的遭遇一直被埋没在历史的长河中。

由于他们无法选择的出身，在那人人自危的年代里，他们无法享有做人的起码尊严。他们也有崇高的理想，也憧憬着美好的未来，他们当中不乏才华优异者。但命运注定了他们的理想不可能实现。他们曾经迷茫、曾经绝望。改革和开放使他们获得了新生，看到了希望。但他们最宝贵的青春年华已被那曾经疯狂的岁月消磨殆尽。他们的人生最光辉灿烂的时光已被无情地蹉跎。他们中的一些人为此含恨郁郁而终。在新时期的改革浪潮中，他们当中也不乏成功者，这恰恰证明了，当年对他们的歧视，对他们的不公，埋没了他们大部分人的才华，也毁掉了他们的人生。假若，他们都出生在自由平等的环境里，杰出的政治家、科学家、军事家、企业家、文学家……也将会出自他们这个群体。

近年来，追忆"右派分子"的悲惨遭遇，或上山下乡知识青年的苦难经历，在报纸上、书刊里，在电影或电视剧中时有所见。但是反映农村"地富"子女的冤屈和不幸的作品却极为鲜见。虽然在一些电影、电视的情节中也穿插有这类人物的不幸身影，但却常常是犹抱琵琶半遮面，不敢对造成他们这个群体不幸的根源——阶级斗争及其

"血统论"的政策，作出实事求是的论述。和所有相同命运和遭遇的人们一样，我对此体验至深，心中有着难以忘却的痛楚。

人们习惯于给"伟人""名人"树碑立传。或者自己书写《回忆录》，书写《自传》，来回味自己曾经的辉煌。然而，作为阶级斗争年代中的"政治贱民"，我与生俱来的只有苦难。在饱尝了人生的酸甜苦辣之后，伴随着共和国起死回生的变革，我也获得了新生、看到了希望。在我并未志得意满的年届古稀时蓦然回首，自己前三十年的青春已悄然远去，这三十年以后的人生却还在延续。而在这三十年后的人生道路上，也并不都是灿烂的阳光。在命运的起跑线上，由于先天的不足，尽管我经过苦苦挣扎，最后只能为蹉跎了的年华而感叹。为此，我想把自己所经历过的人生如实地记录下来。《挣扎与奋斗——一个地主崽的一生》就是我一生所经历过的，至今难以忘却的历史。给后人留下一缕追寻历史的踪迹，这就是我写作这本书的初衷。

目　录

序　一　　启　之　　　　　　　　　　　　　　　　　I

序　二　　孙国光　　　　　　　　　　　　　　　　　VII

作者前言　　　　　　　　　　　　　　　　　　　　　XI

第一编　　生来正遇风雨稠　　童牛角马话春秋

 第一章　　故乡的往事　　　　　　　　　　　　- 1 -
 第二章　　我的家　　　　　　　　　　　　　　- 10 -
 第三章　　回忆第二故乡　　　　　　　　　　　- 23 -
 第四章　　童年记忆中的美好和酸涩　　　　　　- 37 -
 第五章　　在困惑中成长　　　　　　　　　　　- 43 -
 第六章　　户口与口粮　　　　　　　　　　　　- 50 -
 第七章　　自然界里的战争　　　　　　　　　　- 64 -
 第八章　　好人、恶人、阶级敌人　　　　　　　- 73 -
 第九章　　校园结义　　　　　　　　　　　　　- 83 -

第二编　　走南闯北闹革命　　游山玩水搞串联

 第十章　　　前途　　　　　　　　　　　　　　- 94 -
 第十一章　　自己选择的道路　　　　　　　　　- 102 -
 第十二章　　文革前夕的中学生生活　　　　　　- 110 -
 第十三章　　农村中学的文革记忆　　　　　　　- 127 -

第十四章　走南闯北　　　　　　　　　- 139 -
第十五章　游山玩水　　　　　　　　　- 149 -
第十六章　风暴前夜的上海　　　　　　- 159 -
第十七章　北京不再欢迎我们　　　　　- 169 -
第十八章　辽沈追梦　　　　　　　　　- 180 -
第十九章　回家的路上　　　　　　　　- 190 -
第二十章　被收容遣送而结束串联　　　- 201 -
第二十一章　"血统论"与当然革命派　- 212 -

第三编　造反何须有理　文攻武斗疯狂

第二十二章　农村的文革之火在燃烧　　- 221 -
第二十三章　文攻武卫　　　　　　　　- 241 -
第二十四章　抢占公社　　　　　　　　- 254 -
第二十五章　革命真的不是请客吃饭　　- 270 -
第二十六章　柳江县"反韦派"的覆灭　- 283 -
第二十七章　屠杀　　　　　　　　　　- 305 -
第二十八章　逃亡桂林　　　　　　　　- 320 -
第二十九章　亡命天涯　　　　　　　　- 329 -
第三十章　把生死当儿戏　　　　　　　- 342 -
第三十一章　悬首示众　　　　　　　　- 350 -
第三十二章　最后抵抗　　　　　　　　- 360 -

第一编

生来正遇风雨稠　童牛角马话春秋

第一章　故乡的往事

一

在一个偏僻、荒凉、贫穷的小山村里。那里没有山泉，没有河流。只有村后山腰岩缝中渗出汇聚成一股牛尿般大小的一涓细流，为了饮水，人们用竹子破开做成水涧，把水引到村边的小池子里。过去村里人少，不是旱年还是基本上够用。如果是旱年，就要到几里地外的水坑里，一瓢一瓢地把带有红沙虫的积水，舀到木桶里挑回家中，倒在水缸里沉淀后食用。这就是我出生的故乡。

这个屯子里居住着一祖同宗的韦姓族人。明朝年间，这里曾经是山深林密，虎豹出没，人迹罕至的蛮荒之地。韦氏之十代先祖韦思，因军功于1546年受明朝嘉靖皇帝赐封为柳州五都巡检官，携带家眷自东兰迁来，[1] 落户于三都拉寨屯。韦思过世后，其亲子韦银洞世袭

---

[1] 今桂西北的河池市东兰县。

巡检官职，并将官府从柳州迁到三都凤山村。银洞公享年九十而终，官职由其第六子志贤世袭。时逢明末朝纲腐败，农民起义烽烟四起，志贤兄弟顺应潮流，以其长兄志道为首揭竿举义，率领三都子弟响应造反。后因明朝重兵镇压，于1644年事败，官兵攻入凤山村，毁村灭族，致葬于凤凰山上的银洞公墓被官兵所掘，遗骸被焚毁。此即韦氏宗族史上闻名的"凤山惨案"。[2] 韦氏族人因遭受官府剿杀而四散于柳州周边乡野避祸。银洞公的第四子韦志顺之子孙，逃至距三都西北约八里多地的屯马一带的深山密林之中。此时，在中国北方，李自成军已攻进北京灭亡了明朝，建立了大顺国，历时方四十余天，随着明朝叛将吴三桂引满清入关，李自成败逃离京，满清帝国随即定都北京，建立了大清皇朝。约至1660年代前后，岭南一带也改朝换代归于满清统治之下。明末时期被官府剿杀，为避祸而四散逃匿的韦氏族人已无杀戮之忧，便纷纷各自就近于匿居之地落叶生根、成家立业。其中志顺之嫡孙韦光红、韦光握兄弟俩便创立了屯马屯。自此生息繁衍，到了我这一代人已是第十代了。

屯马屯中始终是同祖同宗的韦姓一族，别无他姓杂居。本村族人因世代受韦氏"一经堂"之"遗子黄金满籝，不如一经"祖训的熏陶，崇尚读书识礼。从立屯以来经过清朝到民国的近300年历史中，这个小山村曾经历过风火洪涝等自然灾害的侵袭，遭受过"绿林""红头军"等土匪强盗的掠夺和戕害；[3] 也遭受过日本帝国主义的侵略和蹂躏。在许许多多的天灾人祸面前，族人间总能同心协力。虽为此流过血死过人，但从未屈服过。屯马人不畏强暴的精神曾经在当地得到过广泛赞誉。

树大分丫，仔大分家。在这个屯子里，作为生产生活单位的"家"也就越来越多了起来。虽属同祖同宗的族人，由于"家"的存在，其长幼亲疏自然也就有所区别。各自都在为各自的"家"而奋发、努力，这都在情理之中。亲的割不断，假的系不来，自立屯以来十代人的历

---

[2] 韦汉超主编 广西民族出版社1996出版，中国姓氏通书丛书之二《中国韦氏通书》第222—223页。
[3] 滇军入桂攻粤时头缠红布，被当地人称为"红头军"。

史中，从未有过族人间相轻、相辱、相残成仇的记载。在生产生活上，由于各人的辛劳勤俭不一，各自能力和智慧的高低有别，不可避免地出现了贫富。囿于当时代生产力的落后，加之自然环境的恶劣和土地资源的贫乏，从这个屯子里实在难以找到真正意义的"财主"。由于屯中一祖同宗的血缘始终维系着族人间的关系，所以从来没有发生过仇富劫富，也没有因为贫困而饿死人的事情。

二

屯马屯的屯名因何而来，从来也没有过正式的说法。据不尽一致的口口相传，说是立屯后，这里就成了下连三都、柳州，上通土博并延伸到南乡（过去称宜山县南乡圩，现为宜州市屏南镇）乃至宜山、柳城等县的通商古道必经之地。由于村前有一块旱田和一口水塘，常常成为过往客商歇脚饮马之所，且水塘的壮语发音为"屯"，即"饮马的水塘""屯马"也就因此而得名，并相沿至今。

屯马屯后山状似牴角而立的水牛。村中人饮用的水就是从那水牛腰腹间长年不断自然流淌而下的，说不清来龙去脉，被人们戏称为"牛尿"的岩溶水。村子就在水牛山边的两个冲沟之间依山而建。房子都是就地取材，用山边现挖的夹着石粒子的粘土夯打成墙，用山间林中的杉木作桁条、椽皮，上面盖瓦或盖草而成。大多房子都是依山而建，形成阶梯式结构，前屋总比后屋低几个阶梯。整个村子部局零乱，不成街也不成巷，所有村间的交通几乎是靠那些不规则摆放而成的石头踏步来往走动。牛栏和住房连成一体，人畜共处一室，牛栏在下面，人住上面。在那个年代，耕牛是农民的命根子，牛是盗匪抢劫的主要目标，为了牛的安全，也就顾及不到牛屎牛尿的臊臭了。

村子周边草木葱杂，荆棘载途。过去曾经是老虎、豹子、野猪、狐狸、黄鼠狼等野兽出没的地方。村子里的小动物如鸡、鸭、猫、兔，经常给狐狸或者黄鼠狼叼走。大的如猪以及放牧在村外的牛羊也常被虎豹叼食，人被猛兽所伤的事件亦时有发生，所以人们出门劳作时，常要提防猛兽的侵袭。村里的一个三叔公，就在他家的红薯地里，被野猪撕去了屁股上的一块肉。村里人为了预防野兽，每家都养有猎狗以作报警之用。每年农闲时，或者发现有野兽踪迹时，就组织起来去围山打猎。大哥文斐十五岁那年，村子里曾经发生过一次虎患。大哥就曾亲身经历过一次英勇的、方圆百十里内广为传扬的为民除害的打虎行动。

那是我出生前两年的事了。一天，房族三叔家里的老母猪，在屯外觅食，晚上不见回家。第二天家里人去找猪时发现了血迹和拖痕，便断定是老虎所为。有老虎窜到屯子周边活动，对屯民们并不是一件好事，屯里的牲畜和人员，就有随时被伤害的危险。这不仅仅是三叔家一只老母猪的损失，而且会影响全屯人的生产生活，是全屯人面临的共同灾难。于是屯民们便自觉地集中起来，商量着如何去猎捕那只老虎。每家的男人，除老的和小的外，有枪的拿枪，没有枪的拿长矛、钢叉、砍刀，带上各家的狗，循着踪迹去猎捕那只吃了三叔家母猪的老虎。当时父亲不在家，爷爷又老了，大哥就勇敢地参加了这支捕猎的队伍。大哥是这支捕猎队伍中年龄最小的。他把我们家的那把短杆六五枪给房族三叔拿，他就拿着三叔的一把钢叉跟在三叔的身后。我们家的小花狗和三叔家的大黄狗，以及屯里所有会打猎的狗，都在队伍前面喷着鼻子四处散开，钻草丛、探洞穴，上蹿下跳，欢快地搜寻虎踪。当他们找到离屯子两里多的一座山背后的冲沟边上时，所有的狗便开始哼哼而畏缩不前了。族人们意识到老虎可能就在不远处，于是就把所有的人编组、分队，从冲沟两边悄悄地围了过去。没走多远，就看见那老虎正哼哧哼哧地在啃吃那母猪的残骸，草丛中一片狼藉。正在享受着美餐在老虎无暇顾及人们的到来，直到人们在它的周围找好地形，把它团团围住时，那老虎才站身抬头，朝四周张望，当它发觉并意识到对它的威胁时，便逞起虎威，发出一声令人胆战的吼啸。所有的狗在听到老虎的这一声吼啸时，都已经吓得趴在地下不敢动弹了。大哥他们躲在一块大石头后面，三叔拿的枪已经上好子弹，瞄准老虎。第一枪是三叔开的，受了伤的老虎，马上朝着大哥他们这边转过身来，准备发起反击。当时人们和老虎的距离约有二十来米，吓得所有的人都异口同声惊叫起来。这时，三叔的枪还来不及重新上膛，正手忙脚乱时，其他几把枪几乎同时响了。老虎身中数弹，倒在了地上还在出气。这时人们便一起小心翼翼地围了上去。大哥也跟着大人们一起冲过去，用手中的叉抵着老虎的眼睛，以防它会突然活转来。那些狗们都还不敢靠近老虎，只是在人们身后窜来窜去地喷着鼻子。我们家的小花狗倒还一直是跟在大哥身边，不时地凑近去嗅一嗅。等到确认老虎已经死后，六个壮汉把死老虎抬了回来。死老虎就放在我们家门前的地坪上，足有三百多斤重。

第二天把老虎拿到离屯七十里外的柳州卖，得了一百六十块光洋。用一部分钱贩了一些砂盐回来，放在板江寄卖，其余的钱回家后按人头平均分了，每人还各得十多块光洋。大哥也和大人们同样分得一份。寄卖在板江亲戚家中的砂盐，因为没有人去亲自打理，给人偷的偷、拿的拿，没赚到钱，连本钱最后也不知所终。

大哥在这次行动中虽然没有做出特殊的贡献，但是他年龄最小，人们在传扬这一事件时，他却成了受到颂扬的主要人物，都夸他胆大、勇敢。这些事情都是我懂事以后听老人们讲的。母亲也经常给我讲这个故事。每当母亲绘声绘色地重复着这个故事的时候，她那表情，那神态，总是表现得那么自豪、那么满足。我总想听听大哥自己讲。很多年以后，我终于听到大哥自己讲述这个故事。我问大哥："你当时真的一点都不怕吗？"大哥说："那种时候哪个不怕？但是有大人们护着我，也就不觉得十分害怕了。"

三

二十世纪二十年代初期，广西也和整个中国其他地方一样，军阀混战、盗匪横行。我们这样贫穷偏僻的小山村，也避免不了土匪的光顾。听母亲说，那些年我们这一带地方曾经遭到过"绿林""红头军"，以及邻县七洞来的土匪强盗的袭扰洗劫。土匪抢女人，抢牛，抢猪，抢粮食，凡值钱的都抢。尤其是1920年代，屯马屯曾遭遇一次极其惨烈的反抗土匪劫掠的战斗：一伙"绿林"土匪突然袭击了屯马，当时大多青壮村民都外出劳作，村中只剩下一些老弱病残及儿童，土匪已经到了村口时，才被屯里一个高度弱视，几如盲眼的九仁公（太叔公）发觉，来不及把门楼子关上，就忙着跌跌撞撞地摸索着回到家中，抓起一只铜盆，就当、当、当地敲起来，一面大声喊着"强盗来了"，一面把他家中的火药，拿出来分给有枪的族人，招呼还在家中的人们，快点跑上后山去躲起来。而他自己却不顾生死，没有跟着众人一起上山，一个人继续在村里敲着喊着报警。当强盗们冲进屯里来时，看到他还在敲，还在喊时，便把他抓了起来，用刀在他额头上划开一个口子，把他的脸皮自上往下拉到眉骨，盖住他的眼睛，但他仍然一边挣扎着，还一边喊着"弟兄们快开火，强盗进村了"。这时拿有枪的已经到了山上，以及在附近劳动而闻讯赶回来的族人，把所有的枪和村里藏在村后岩洞中的一尊土炮也都摆布就绪，就朝着已经进到屯中的土匪强盗枪炮齐鸣，一阵猛打，当场也打死打伤了一二十个土匪。土匪们见村里有枪有炮，自认不会讨得好处，便匆忙背起死伤的同伙，扛起所抢得的财物狼狈逃窜。那些逃去的土匪人数不下百人之众，当族人们看到来犯的匪群居然如此众多时，都在庆幸这一场力量悬殊的险胜。有过这样的灾难经历，村人们更加体会到团结的力量。

在这次匪难中，包括太叔公在内，以及屯里来不及躲上山的老弱妇孺，总共也死了五六个人。这是我们这个屯子的历史上，损失最为惨重的一次。九仁公是为整个村子而死的，族人们一直都在景仰和怀念他，他的故事也就一代一代的传了下来。直到现在，每到清明节，我们去为他扫墓时，都会以一种崇敬的神情向孩子们重复着这个故事。文富哥是村中第一个正宗的大学生。早些年，到处都在修撰地方信史时，文富哥曾经想把这段史实编写成集，放到《土博史话》作为地方信史发表，让它永世流传。但不知何故，文富哥至今未能如愿。他知道我爱写点文章在网上发表，就曾嘱托我完成他的这个愿望。

四

一九四四年，日本帝国主义的侵华战争已经是强弩之末，接近最后失败的时候，为了打通中国内陆与南太平洋的陆上通道，从钦州湾登陆，受到中国军队顽强抵抗，付出惨痛的代价后，占领了南宁、柳州、桂林。距我们屯七八里地的三都圩上，也被一小队日本鬼子占据了。他们在都鲁山下的路边修起了炮楼，经常窜到附近村子奸淫抢掠。有一天，一伙鬼子翻过石门坳向屯马窜来时，被族人们及时发觉，提前把老人和孩子以及重要财物和耕牛，都疏散到峒场里，其他青壮年就拿起武器，隐蔽在村外周边的山上。鬼子们来到村口时，所有的土枪洋枪就一齐向鬼子们开火。鬼子们看不到人在哪里，也不知有多少人多少枪，不敢进村，只在村口胡乱向山上打了几枪，看看时间又已近黄昏，再过个把小时天黑下来，他们担心找不到回头的路，害怕被村民们歼灭，只好逃回圩上去了。当时村里总共只有三把步枪，其中一把还是半截枪管的汉阳造，另外还有几把打铁沙的土猎枪，比不得鬼子们的三八式。村民们也懂得一点兵法所讲的"穷寇勿追"的道理，再者，村中也有两个妇女被他们抓住了，怕伤了自己人，便不去追击，只好任由他们从原路逃回圩上去了。事后人们在议论这事时，有的说："我们要是多有几把枪就可以消灭这几个鬼子了。"有的说："如果当时我们在'乾超坳'和'乾土坳'设下埋伏，阻击他们，不给他们回去，天一黑他们找不到回去的路，我们再一个一个地收拾他，或者放火烧山，他们就一个都跑不掉的被烧死了，这回太便宜他们。"人们都为没能消灭鬼子而惋惜，特别是为没能缴获那几把枪，而耿耿于怀了很久很久。

由于族人们勇敢的抵抗，屯里没有受到太大的损失。给日本鬼子抓走的两个妇女，后来也从圩上回来了，至于她们受到什么伤害，村民们都心照不宣地闭口不谈，久而久之也就淡忘了。

五

屯马立屯之前，这里本来没有路，族人们为了生产生活和通商贸易的需要，同时也是为了回到三都认祖归宗，便走成了从"乾超坳"经"乾土坳"到三都圩的山路。之后久而久之，这条路又被人们延伸到了经泗案到水源再到土博乃至通往南乡的路。村子通往三都的路，只是一条在杂草丛中，人和牛走出来的，坑坑洼洼的、翻山坳、钻树林、跨冲沟的羊肠小道。从村子出来，沿着村东侧的冲沟边一直往上，约一公里到达"乾超坳"顶。（"乾超"是这个山坳的壮话称谓，这一带山里人都讲壮话，所以这里所有的地名都只有壮话的名称，用文字记载就只有按壮话的音译）在坳顶上，迎着习习的山风极目远眺，只见雾蒙蒙之中，重峦叠嶂，眼前茫茫一片荒草萋萋、杂树丛生，看不见村庄也看不见路。

  坳顶上是一块约三丈见方的平地，是个休息的好场所。地面长着密密实实的柔韧的草皮，绿茸茸、软绵绵，犹如一张绿色的地毯铺垫在坳上。当人们气喘吁吁地从坳脚爬到坳顶时，迎着吹过坳顶的习习凉风，喝一口随身携带的、装在竹筒子里略含馊味，凉凉的米汤、稀粥，沁人心脾，既爽口解渴又充饥。然后席地而坐，或者尽情地伸展四肢，仰躺在草地上，闭目片刻，便觉心定气匀，浑身疲乏顿觉消失，一身轻松爽快。坳顶的两侧是长满芭芒草的山峦，每到秋天，芭芒草开满了白色的、像狼尾巴一样的花絮，满山一片白茫茫的，山风吹来，那花絮随风摆动，就像一幅巨大的白色的丝绸在风中飘拂那么壮观。此情此景，人在坳上，就犹如置身于一个美丽的舞台——绿色的地毯，白色的帷幕，以远山为背景。让人感觉另有一番情趣。

  休息过后，再往前走就是一路的下坡，人们都说"上坡容易下坡难"，因为坡陡路弯，路面又是被雨水冲得沟沟坎坎、崎岖不平。人走在那样的路上，两眼要盯着路面，而两只手又要不断地，拨拉开拦挡在脸面前的荆棘树枝，两脚不停地跳跃着行进，稍有不慎，就会被惯性冲得停不下来，甚至于被横在路面的荆棘绊倒。就这样走走停停、蹦蹦跳跳的钻冲沟、跨石坎、上坡下坡，走过约五里多这样的单边路，就到达"乾土坳"脚，"土"是"门"的壮语发音，从坳脚到坳顶约有二三百米高，那纯粹是由一块块石头自然而零乱的堆砌成高低不一的石阶，从石壁下岩缝中蜿蜒而上。有些地方得从两块石头的夹缝中侧身而过，如果是挑着东西，必须有两个人相帮着才能通过。坳顶两边是几十米高，壁立的石崖，坳上尽是一些高低突兀的岩石块，难找个平的地方坐一坐。整座山坳犹如一座七八米宽的山门，正如它壮话称谓的意思一样，它的官话说法就叫"山门坳"。从坳顶往下走两里多的山边路就到了平地。这平地的路两边是水田，路面并不平坦，也是给牛走成的坑坑洼洼。这坑坑洼洼里面积存着牛屎牛尿，每当人走到这里就会闻到一股浓浓的尿臊味。走过一公里多这样的路就到了边山村。从村里清朝末年的"三都大财主"的财主庄园前过，跨过一座"三都大财主"出资修建的，古老的石拱桥，再走半公里多的田间路就到了三都圩。

这条路是当时的屯马族人通往外界的唯一通道。三都圩是这一带地方的农副产品集散地。族人们世世代代就是沿着这条崎岖的山路，挑着他们勒紧裤腰节省下来的土产杂粮——红薯、芋头、木薯，以及木炭、柴火等，到圩上换回一些生盐、火油等生活用品。他们也是沿着这条通往山外的路，到柳州以至更远的地方，去寻找他们的梦想，也带回了山外的文明。

第二章 我的家

一

　　离村子东侧的水池约五六丈远的村子中间，有一排二进六间的土墙瓦顶的房屋，那就是我家的祖屋。但我只是在襁褓中的时候，在那里生活了几个月，我们家就从那里被扫地出门了，我对祖屋没有任何印象。以房子作为贫富区分的标准，我家那房屋与村里其他家的房屋，也没有多大的区别。整座房子唯一显得豪华的就是那门头板上雕着一只蝙蝠，但仅此一点也并不算得是与众不同，其他人家的门头也有同样甚至更漂亮的雕饰图案。在村子里我家算得是富家之一。但我家这富裕却常常成为族人们谈笑的资料。人们常取笑我们家的富裕，是我爷爷勒着裤腰带省下来的。这贫与富只是相对而言。在村子里贫的富的同样要下地耕作，同样喝玉米粥、燕麦粥，农闲时同样要吃红薯啃芋头，穿的同样是自己纺纱自己织，自己用蓝靛染的布，自己手缝的衣裤。村子里有瓦房也有草房，住草房的是相对贫困的人家。想过好日子是所有人的愿望，谁都不愿意过穷日子，富足之家脸面上总是多一点光彩。

　　我们村耕地少，除了在村子前面的十来亩望天田以外，在村子周边看不到连片的田地。只有那山旮旯里或是山坡坡上，东一块西一爿的，一半石头一半土的旱地。在这样的地里种庄稼全靠天作主，没有雨就干旱，雨大了庄稼会连土带苗给冲走。而且只能种些红薯芋头等杂粮。一年一季，收获少得可怜。而主粮就只靠村前和那些冲沟旮旯，一小块一小块，靠积水坑的积水浸润的望天田，种植的一年一季的水稻。年成好，从这些田里打的粮食也够一家人逢年过节时吃几顿干饭，平时舍不得吃，而只能喝两餐玉米粥或咽些红薯、芋头之类的杂粮了。我们的祖先就靠耕作这样的土地而一代一代的延续下来。

从太爷爷手中传下来到爷爷手上，我家约有三四十亩这样的田地。爷爷秉承太爷爷的家风，省吃俭用，节衣缩食，靠没日没夜地侍弄着这些田地来支撑着这个家。从爷爷到父亲已是两代单传，爷爷不指望他一向不安分的独生子能为他分担家庭的担子，唯有引领着他的儿媳妇——我们的母亲，跟着他风里来雨里去，里里外外的操劳。母亲生了我们这一大帮子女（四男四女），兴旺了这一脉人丁，结束了两代单传的血脉承继危机，爷爷当然是高兴得不得了。爷爷不免要谋划这一大家子日后的衣食住行、成家立业和发展壮大。这一切都得靠从田地里去抠？有了田地就有了希望。而仅靠原来这点田地是养活不了这一大家人的，必须规划着如何再添置些田地，于是爷爷更是勒紧裤腰带拼命地干，一切开销都更是加倍的精打细算。家里点的煤油灯从来都是调到如萤火虫般的光亮，不到天黑定了是绝不能亮灯的，这是爷爷定的规矩。家里吃的盐是爷爷严格控制的，掉落在地上的盐粒都必须捡起来，一丁点儿也不容许浪费。爷爷爱惜粮食胜过他的生命，平常日子是绝难吃到干饭的。只有在过年过节时才可以做一顿白米干饭，而且还不能煮得太干，那样饭量少用米多。母亲领会爷爷的良苦用心，在量米煮饭时都尽可能地屈着手指，在米筒口刮得尽量凹下去一点，煮的时候尽可能地多放一点儿水。但令母亲一生耿耿于怀的，是母亲生二哥坐月子时，才刚满三朝就要喝馊了的燕麦粥跟随爷爷下地干活。这件事情母亲就像鲁迅笔下的祥林嫂一样，对我们念叨了一辈子。

爷爷对这个像男人一样泼辣刚强的儿媳妇，从心眼里是认可和同情的。母亲跟着爷爷耕田耙地、播种插秧、砍柴烧炭、放牛喂猪、纺纱织布、缝补浆洗无所不做、无所不会。对于奶奶对父亲的袒护和对母亲的苛刻，母亲忍无可忍时免不了顶撞几句，但这里里外外的事还是要母亲来做。那时奶奶已是体弱多病，只能在白天母亲下地干活时，在家帮照顾孩子。晚上母亲回来后，所有的事就丢给母亲一个人了。母亲的艰辛爷爷是理解的，每当奶奶无端数落母亲时，爷爷总是平静的为母亲说几句公道话。日本投降后的第二年，奶奶生病死了，母亲肩上的担子更重了。白天跟爷爷下地干活，晚上回来还要做饭、喂孩子、喂猪，每一天都要起早摸黑不停不歇的干。

　　被爷爷指责为不务正业的败家子的父亲，不安分于农耕劳作，一心向往城市生活。父亲把一大家子儿女丢给母亲不管不顾，一直在柳州以杀猪卖肉或者贩些花生黄豆之类的小生意为业。小本生意所赚不多，除了吃饭要花钱，每月住客栈也要花不少钱，再加上父亲又沾上赌博的市井恶习，而且又赌得不精，经常中人家布下的局，连本钱都输得精光。所以从来不见往家里带钱，反而是一次次回家哄爷爷，说是要做什么生意，需要筹集些本钱。不管爷爷乐意不乐意，撮起家里的存粮挑到柳州卖，得一点钱又可以捣鼓一阵子小生意，待手头攒得有点钱时，又忍不得和几个生意上的朋友们聚在一起下注。最终的结果都逃不过一个输字，只好硬着头皮，提个斤把肉、斤把盐的回家对爷爷重复着同一个理由。重复得多了，爷爷也就不再去考问他的真假，破口大骂一阵后，还是无可奈何的，由着他为所欲为。父亲在爷爷心里的形象已经无法改变，所以父亲的主张、父亲的打算，爷爷根本不去考虑他的正确与否，听都不听。父亲由于长期在柳州闯荡，体验了城市生活与乡村生活的区别，一直梦想着做一个永久的城市人。父亲曾经有过一个大胆的计划，就是卖掉家里的田地，到柳州沙街买一间房子，一则可以作铺面做生意，二则可以把全家人搬到柳州住下，做城市人、做生意人。房子已经物色好，就待付款成交了。父亲回家与爷爷商量时，还没把话说完，爷爷对父亲怒吼道："你这个败家子，你不把这个家败完是不甘心的。你把田地卖光了，叫我们一家老老小小陪你去柳州流浪？你别白日做梦，这个家还轮不到你作主，除非我死了。"父亲无可奈何地对爷爷说："你死守着这点田地，累死累活的，一年到头，照样要啃木薯咽芋头，饭都不得吃一餐饱，一家人去柳州有什么不好？做生意哪点不比种田强？就是到柳江河边挑水卖都比在这个山旮旯过得舒服。你就守着你这点地，直到累死在这几块地里，永远守着你的地吧。"父亲无可奈何地走了。那是一九四八年，当时大哥正在龙城中学读书。

　　家里只有爷爷和母亲是无法侍弄这么多土地的，爷爷只好忍痛收留本宗族一个孤儿"二哥"来帮工，后来又收留了一个外乡流落来的逃兵老梁在家帮工。老梁家在忻城县，土改前就向爷爷辞工回他家去了，为了逃避抓逃兵，爷爷帮他乔装打扮成走亲戚的模样，让他徒步沿着公路回到他的家。他回到家后还给爷爷写来一封信报平安。土改过后，知道我们家划为地主，也还不时地来走往探视，像亲戚一般。那时请帮工一年要给几担谷子、几双鞋、几套衣服，那都是有行价的。至于房族二哥，那是本家兄弟，无父无母的，除按例要给谷子、衣服和鞋子外，爷爷还为他作主娶了个老婆。

母亲在心里赞同父亲的打算，她希望爷爷能同意父亲的提议，但她又不能公开地站在父亲一边。她知道爷爷是绝对不会同意的。但是母亲从心底里也厌倦了这穷乡僻壤的日出而作、日暮而归，艰苦而枯燥无味的农耕劳作，也向往着城市生意人的生活。我们三姨家就在谷埠街开了一家客栈，叫"容兴客栈"。当时大哥在龙城中学读书，就寄宿在三姨家里。母亲每一次给大哥送学费送伙食时，都是投宿在三姨家里。母亲看着三姨家过的生活，再回想自己为了给孩子送学费、伙食，挑着一担米走七十多里路到柳州，一路上一碗茶都舍不得喝。两种生活的对比，再加上三姨忙着生意，有时不免冷落了她，她那心中的滋味自然是不好受的。就不禁油然而生出也要做个城市生意人的想法。但是父亲自顾逍遥，在柳州金屋藏娇养小老婆，儿子在龙城中学读书，近在咫尺他都不管，还要母亲从家挑米来交学费、伙食。为此母亲一直心存怨恨，和父亲在一起时总免不了恶言相向，巴不得爷爷把父亲骂个狗血淋头才解恨。再者母亲也拿不准父亲心里到底打的什么主意，也就没有公开站出来支持他的主张了。

二

我们这个村子虽然偏僻贫穷，但却沿袭了祖先崇文尚武的传统。村里的文化气息一直以来都比较浓厚。从爷爷那一代起，村里的男孩子基本上都有机会得到文化启蒙教育。村里人都对文化抱有浓厚兴趣。人们农闲时聚在一起，都喜欢吟诗作对。爷爷和父亲还都可以在过年时，往自家门口贴上自己写的大红对联。村里每年都请有塾师给村里小孩子启蒙教育，到大一点后，就送到圩上读高小、中学。家里有读书人是一种荣耀，只要能考上，不管家里再穷，也会千方百计送孩子上学的。当时大哥和两个小伙伴同时考进龙城中学。他们俩家里人口少，比我们家有钱，学费生活费不愁交。我们家就只能由母亲挑着米去给大哥交学费了。大哥在学校的伙食费经常接济不上，有时就不得不到湾塘路口去喝粥。大哥当时在学校里算是穷学生。在龙城中学的中共地下党干部梁山写的《柳州星火》这本书中，曾以大哥作为穷学生"覃文斐"的原型，我从大哥保存的和同学合影的相片中看到，大哥确实是一派穷乡巴佬的形象——瘦小的个子，穿着宽大的土布裤子，短短的衣服。但是，当时能在龙城中学读书已是很了不起的。大哥曾经历过当时龙城中学中共地下党领导的"寻师运动"。[1]但是因为年纪小，还不懂什么政治斗争，也没有明确的政治目的。但是大哥也正是因为在龙城中学读的这几年书，铺就了他以后要走的这条人生的路。

当时社会重男轻女的封建思想还比较严重，女孩子是没有机会读书的。大姐比大哥大三岁，她只能帮妈妈带弟弟妹妹或在家帮奶奶做家务事。大姐十八岁那年，爷爷不但不给父亲卖掉土地，反而趁当时地价便宜，倾尽全家历年的积蓄，把所有的陈粮变卖，买下了十多亩邻村的好地，圆了他的发家梦。爷爷万万没有想到，就在大姐二十岁那年，村里搞土改，给每一个家庭划了阶级、定了成分。"塘里无鱼虾子贵"，因为爷爷置的那些田地，也因为父亲当了几年的村长，我们家被划为地主。土地被分掉了，房屋被农会没收了。家里没有什么值钱的东西，历年的积蓄在爷爷买地时都已花得精光，只有一些留作一家人青黄不接时备用的，平时舍不得吃的粮食，还有母亲自己织的几丈土布，全都被没收了。家里一下子变得一无所有。恰恰在这样

---

[1] 龙城中学老师中的中共地下党员身份暴露，为了应付国民党特务的抓捕而主动撤离，并制造龙城中学老师失踪案，动员学生发起"寻师运动"，给国民党政府制造麻烦，争取人民群众的同情。见政协柳州市委员会学习文史资料委员会编 1982 年 7 月柳州市印刷厂印刷《柳州文史资料汇编》第一至三辑第 293 页高天骥著"龙城中学的战斗历程"。

的年头，我却降生到这样一个不幸的家庭里，我一生中所有的坎坷和不幸只能说是命中注定了。大姐在我几个月大的时候，为了摆脱家庭的不幸，也为了寻求她个人的人生道路，含着眼泪，用稀粥喂饱了襁褓中的我，然后黯然地跟着迎亲的人悄悄地走了。没有嫁女的喜宴也没有出阁的仪仗。母亲含着眼泪把大姐送到村外两里多路，千叮咛万嘱咐后，才满怀失落地伫立在坡顶路旁，泪眼模糊地看着大姐的背影渐行渐远。母亲为没有给自己的长女哪怕是一件自己织的土布做的新衣服作为嫁妆而内疚、自责。大姐嫁到邻乡的潭村一个贫农家里。大姐离开了这个不幸的家，但她的心却一生牵挂着母亲和弟妹。

　　大姐出嫁了，一家人在饥饿中度过土改后的第一个寒冷的冬天。对我们家的遭遇，当时在贫协里当文书的房族二叔深表同情。适逢当时"广西人民革命大学"招生，二叔私下给大哥开了一张证明书，还把他仅有的两块大洋交给了大哥，叫大哥去南宁报考"广西人民革命大学"。光两块大洋是不够到南宁的路费的，二哥不得不含着眼泪，把他心爱的小花狗牵到三都圩上卖掉，才凑够大哥的路费。

　　小花狗是二哥从小养大的。它一身黑光发亮的毛，在它背部中间有一块巴掌大的白毛，就像一朵正在开放的雪白的花。它那两只灵动有神的眼睛上面，各点缀着一个白色的、和它的眼睛一样大小的、闪亮的圆点，好像在它的头上长着四只眼睛，使它更显得俏皮活泼。小花狗一直跟着二哥形影不离，很通人性。二哥和三哥在山里砍柴或者下套捕鸟，它都脚前脚后欢快地围着他们转。每当他们有所收获时，它更是汪汪地叫着跳着，欢快地摇摆着它那乌黑的尾巴。三哥先天近视，走路时它总是跑在前面，有坑坑洼洼的地方，它就停下来叫一声以示提醒，并回头看着三哥通过。碰着有毒蛇时，它就护在他们前边，汪汪叫着不顾命的扑向毒蛇，直到把蛇赶走。晚上，它就睡在二哥和三哥的床前。他们半夜起来撒尿，它都要脚前脚后地跟着。小花狗还跟大哥参加过打虎的壮烈的行动。二哥和小花狗之间已经建立了深厚感情，为了给大哥筹集路费，在没有其他办法可想的情况下，唯一可以换钱的只有小花狗了，二哥只得忍痛决定把小花狗卖掉。大哥和二哥他们商量这事的时候，它好像已经知悉了二哥的意图，当二哥用绳子牵着它走到"乾超坳"上时，它就哼哼地直往后退，屈着两只前腿，瞪着两只泪汪汪的眼睛看着二哥，像是苦苦的哀求，让二哥的心都快碎了。二哥哽咽着跌坐在地上抱着它的头，眼泪止不住滴落到它的脸上，滴落到它的眼睛里。二哥的眼泪和狗的眼泪融汇在一起，他（它）们的感情顿时也交融在了一起，它好似无可奈何的，委屈而顺从地依偎在二哥的怀里，二哥从它嘴巴里哼哧的出气声中，感觉到它内心的悲哀和痛苦。它好像理解了二哥的悲苦和无奈，它不再哼哼了，它低着头，静静地跟在二哥的后面，不再像平时那样前前后后地跑得那么欢快。到了圩上，当二哥与买主讲好价钱，伸出颤抖的手接过那点可怜的钱，并将绳子交到买主手中的时候，二哥忍不住哀痛的心，嚎啕大哭地跑着离开。当他跑得远远的又情不自禁地停下来想最后再看一眼小花狗时，看到了小花狗哀号着，奋力挣脱了买主手中的绳子，朝着他追过来。但是又被买主追上来踩住了绳子，并牢牢地拉住。小花狗还在挣扎着向二哥扑过来，却被绳子扯得两只前脚离地，像人一样地站了起来，还面朝着二哥猛蹬着两只后腿，两只前脚在不停地扑腾，绝望的汪汪地叫着，犹似向二哥做最后的诀别。这时，二哥已经没有勇气再看下去了，他泪眼朦胧地转过头，无声地抽泣着，呆呆地站在那里足有十多分钟。直到再也听不到小花狗一点声息后，才低着头悻悻的往家走.。他一路走还一路想着小花狗，手里紧紧攥着那卖小花狗得的钱。他深深地感到内疚和自责。

  对小花狗的内疚之情，一直深深地刻在二哥的心灵深处，一辈子都没忘怀过。卖狗的经过情节，直到我们都老了，几兄弟在一起时，他还总是经常反反复复地叙述着。

  大哥带着二叔给的证明书和大洋以及二哥卖小花狗的钱，义无反顾地离开了这个他生活了十七年的小山村，沿着那条唯一的通往外面世界的，崎岖不平的路，走向新的生活。大哥考上了广西革命大学。大哥为他自己，也为我们一家走出了至关重要的决定命运的一步。

三

　　爷爷发家的梦想，在这场改朝换代的社会大变革面前彻底地破灭了。前不久他还在为能够在自己的手上买进十几亩好地，为这个家添置家业而沾沾自喜，并因此而在族人面前赢得了普遍的赞许和荣耀。但是，这些土地还没有给他任何的回报，便连同他那短暂的喜悦和自以为是的荣耀，以及他作为人的最基本的尊严，随着他头戴猪笼糊成的高帽子、胸前挂着牌子、曲着双腿跪在斗争大会场中央的那一刻，随着"打倒地主阶级"的口号声而烟消云散了。爷爷没有仇恨，因为那些斗争他们（包括父亲、母亲、大哥还有村里的其他地主富农一起）的人都是本村同族同宗的族人。被斗的人和参加斗争的人都认为这是大势所趋，这是改朝换代，这是个人力量所无法逆转的社会大变革，是历史的潮流。就像清朝取代明朝，民国取代清朝一样的道理，人民共和国取代了民国。爷爷不懂得"社会进步"的大道理，他认为这是天意。爷爷对周易的阴阳五行、命理预测的研究有一定造诣，他信命。但是他在作出买地的决定之前，就没有预测到这场大变革。所以他更深信这一切都是命中注定的。爷爷也坚信打破不平等的制度，换来人人平等的社会是一件好事。人不死粮不断，只要渡过眼前的难关，凭着一家人的勤劳，总不会低人一等的。但是，爷爷已经老了，他再也挑不起家庭这个担子了。父亲因为是民国时的村长，是国民党政权基层组织的人员，在清匪反霸的自新运动中，向政府自新，被送到农场劳动改造。大姐出嫁了，大哥又走了。家里这老的小的一共七口人的生活的担子，就压在母亲一个人的肩上。

　　母亲把能做事的二姐、二哥、连刚过七岁的三哥都一起算上，做了分工。母亲和二姐带着三姐和我，每天到附近邻村的田里割马草。二哥、三哥由一个远房四叔带着去山里学烧炭。爷爷自己也不闲着，每天扛把刮子到人家地里去扒拉人家没收干净的红薯、芋头、木薯，多少也能帮补一些。

　　母亲每天挑着箩筐，一头挑着装有玉米稀粥（准确地说是米汤）的葫芦瓢子，一头挑着我。二姐背着不到四岁的三姐。到了田里就把我放在田头草地上的树荫下坐着，叫三姐看着我。母亲和二姐就蹲在旱地里用手扯、用镰刀割。不是什么草马都吃，只有那匍匐在地上，茎干青脆而带点儿甜味的，叫马鞭草的才能卖钱。两个人一天也就只能扯个五六十斤草。到中午饿了渴了，就到地头歇一歇，喝一碗稀粥。早餐和午餐也就这么一个葫芦瓢子的稀粥。母亲把它挂在树枝上，要吃了才拿下来。听二姐后来说，有一次，由于我们躲阴的树太大，树枝太高，装稀粥的葫芦瓢子挂不上去，母亲就把它绑在树脚下。三姐闹着饿了，就自己倒来一碗和我一起喝，却没有盖好。后来我在玩的时候，看到旁边有一堆圆圆颗粒的野兔子屎，就一粒一粒的捡到葫芦瓢子里去。三姐看到后就叫起来："妈妈、二姐，弟弟把兔子屎捡到粥里去了。"急得二姐赶忙跑过来一看，气得哭了起来，边要打我边骂："你这个蠢仔，人家饿得要死还舍不得吃，你把兔子屎放到里面去还怎么吃呢？"母亲过来后，从粥里一粒一粒地把兔子屎捞出来。后来几个人也还是不得不喝完那一瓢子稀粥，不然回家的力气都没有了。回家时，母亲挑着马草，二姐背着我，三姐就只好自己走路回家。回到家后，要给马草淋些水，放在阴凉处，到第二天天不亮，母亲就挑到圩上卖，换回一些米来。一担马草也可以换得五六斤米。加上二哥三哥跟着四叔烧炭卖，也可以分得一点钱帮衬一下。村里平时跟我们家走得近些的左邻右舍、叔伯兄弟的，这个一撮芋头、那个一畚箕红薯，有送的，有借的，大家伙帮着助着，到开的荒种的地又开始有了收获，这个关也就熬过了。

　　那时候的人，虽然划了阶级定了成分，但并不理解阶级斗争的意义所在，也不那么怕受牵连，同祖同宗的，谁家有个灾有个难的，看不过眼就多多少少的尽点情义。到逢着共同的灾难时，如面对老虎野猪、土匪强盗、日本鬼子来犯，大家还不是一起拼着命地抱成一团。逢着村里谁家迎亲嫁女、老人过世之类的红白喜事，还不都拿着封包或撮一两筒米的主动上门帮忙。然后再围成一桌一桌的凑在一起划拳喝酒，谈笑吹牛。平时的家长里短、恩恩怨怨的也就不再计较了。

　　那带着二哥三哥烧炭的四叔，性格豪爽，要强，平日里练武、干重活比力气，过年去乡里抢花炮，都爱和父亲较着劲儿，争着上场。

在斗争会上，也就是为了出平日里的那一口气儿，上去就踢了父亲一脚。过后了也就没事儿一样。看着我们家困难，就送来一撮红薯。后来又主动跟母亲说要带二哥三哥去烧炭，几岁孩子能干什么？卖炭的钱照样一人一份，母亲说小孩子不会做，能跟你学就很好了，不要这样分，都是你辛苦，就随便给一点做个意思得了。四叔就是不肯。当时四叔还没娶老婆，几年以后我们家已经搬到圩上住了，经母亲做媒给四叔找了一个好老婆。

母亲带着我们一家老小终于熬过最困难的一关，慢慢地恢复了元气。母亲也缓了一口气。这些日子里生活虽然艰辛，但在思想上，精神上还是轻松的，没有歧视，没有侮辱，人和人之间是和谐平等的。

四

我两岁时，父亲从劳改农场回来了。他在农场时，不知跟哪个师傅学会了中草医，用中草药医个外伤风湿、妇科不孕的一些病痛，还真有些效果。这附近山上有丰富的中草药，几乎能采全父亲所需要的，或者说他所会用的所有药品。父亲采全了他所需要的药，就开始在县内的几个圩场赶圩行医。所得收入倒也可以解决二姐、二哥和三哥的学费以及家里的油盐等花销。家里地里的活主要还是母亲打理，爷爷老了，只能给母亲搭个帮手。这个家，也就是母亲在当，名为当家，实际上没有什么可支配的钱财，就是多操份心而已。

二姐、二哥、三哥他们那时读书已经是要到三都圩上的学校去读了，他们一大早起来，爷爷已经为他们煮好红薯、芋头，洗完脸，各人手里揣几个红薯，芋头，边走边吃，和村里其他小伙伴一起，不管是寒冬暑夏的，赤着一双小脚，紧赶慢赶地沿着那条崎岖的羊肠小道，每天一个来回，十多里路，除去上课就是走路，回到家里已经天黑。就着母亲煮猪潲的火光吃完晚饭，也就累得打瞌睡了。拖着双板鞋随随便便舀一瓢水冲一下脚，忙着上床就睡了。那时候作业少，在学校就做完了，回家也没有灯做作业。第二天早上，天刚蒙蒙亮，听到母亲舂玉米的声响，就要爬起来，重复着每天同样的程序。二哥原来在村里就已经读了初小，到圩上学校已是读高小。三哥是直接上学校从一年级读起，二姐是在三哥二年级以后插的班，和三哥同年级。尽管生活艰苦，但是他们的成绩还总是名列前茅。经常得到老师的表扬。

白天母亲和爷爷出去干活，家里就只有三姐和我。三姐的任务就是照看我。原来的房子分掉后，就在水池的上头，在村子后面最高的坡上分给我们两间草房。沿着水池边的不规则的石头台阶，往上爬二十多级才到得家。我那时还不能走那样的路，所以必须有大人带着。三姐已经五岁多了，可以看着我，不给我乱走动。所以两姐弟每天就只有在家里面玩。

我四岁那年，爷爷的身体越来越衰弱，再也下不了地了，只能在家里照看我和三姐。爷爷不喝酒也不抽烟，冬天里就带着我们坐在门背的火塘边避风取暖，肚子饿了爷爷就拿红薯、芋头放在火边煨给我们吃。过了年，爷爷已经是病得路都走不稳，父亲给的药已经不起作用，红薯芋头是再也咽不下了，家里没有什么好吃的，只能熬一点白米粥喝，父亲赶圩回来就买几两猪肉给爷爷补补身子。爷爷总是到晚上我们都睡着时，才自己挣扎着起来煮，煮熟了就悄悄地把我叫起来："老满，快点起来跟爷爷吃宵夜了，"其实我一直没有睡着，因为爷爷在我睡前就交代过："爷爷煮好宵夜就叫你起来吃啊！"因为太少，姐姐、哥哥们就没有份了，所以我听到爷爷叫时，就乖乖地悄悄爬起来，以免吵醒三姐。没过多久，爷爷就油尽灯枯地死了。爷爷病的时候也没麻烦家里多少，也不用谁倒屎倒尿的，都是他挣扎着自己照顾自己。爷爷临死时对父亲和母亲说："本来我找了一卦好地，但是太远，花费大，家里没有钱，我死后，你们就把我葬在'讲果杠'（地名）的旧瓦窑旁边那块平地里算了，那个瓦窑已经破塌了，是有点不太好，但也没有大碍，这样你们可以省点麻烦。"奶奶死的时候，爷爷把奶奶葬在他亲自选的一卦叫"飞凤含花"的风水地，而且那时家境还好，给奶奶做了三天道场，奶奶的后事还算风光。但是在爷爷过世时已是今非昔比了，父亲只能以一副薄薄的枫木棺材草草地将爷爷葬于村边不远的破瓦窑边。爷爷在抑郁和贫困中与世长辞了。

五

爷爷过世后，父亲也还是一直在今天赶这圩明天赶那圩的行医卖药。为了减少跑路的时间，就在外面借宿，经常不回家。家里的事实际上就只有母亲在操劳。二哥已经在县完中读中学，在学校留宿。二姐和三哥还是早出晚归地到三都圩上读书，也就帮不了母亲什么事。三姐又到了该上学的年龄。再过两年我也可以上学了，那时就变成一家人都在跑路，家中就只剩下了母亲一个人。地里的活要干，家里的柴草、猪食、孩子们的缝缝补补，母亲就是三头六臂也无论如何都做不完的。母亲就成天的埋怨着父亲不顾家，父亲辩解说："我在外面不是去逍遥，我一天到晚挑着担子跑来跑去的，还不是为这帮孩子们攒点学费，这么多孩子读书，一到开学又要那么多学费，去那里要钱？不跑行吗？再说了，今天赶完这圩晚上要跑几十里路回到家来，明天早上又要赶早跑几十里路去赶那圩，跑来跑去我要跑多少冤枉路。"母亲听着也觉得是道理，但总是这样也不行呀。于是母亲便第一次心平气和地问父亲："那该怎么办呢？"其实父亲早有打算，只是找不到机会跟母亲提出来，因为母亲和父亲只要见面就只有恶言相向，争争吵吵，从无商量可言。以前爷爷还在，有爷爷镇着，两个人都不好吵得太过火，爷爷死后，两个人就毫无顾忌地、变本加厉的见面就吵。这一次也是母亲因为实在是支撑不下去了，而且自己又想不出什么解决的好办法来，就不得不和父亲认真商量了。

父亲见母亲这次是认真的要商量这事了，便也认真地说："以前家里有田有地，我就提出要卖地去柳州买房子，一起搬去柳州住，老爹死活都不同意，还骂我是败家子，你当时也不出声。现在落得个地主成分，地没有地了，钱又没有钱，而且搬去哪里是要经过人家当地人同意才行。前一阵子，我试问了一回圩上的贫协老主席，老主席倒是很好讲话，他说'现在都搞互助组了，大家的田地又一起合起来种，你来了又没带田没带地的，我得问问大家的意见。'如果你也同意搬去圩上，明天赶圩我就再认真的问一下老主席。"

母亲说："去圩上总好过在这个山旮旯，至少这帮娃仔读书没有这么辛苦。就是住的地方怎么解决？"父亲说："前段时间我倒也留意过这个事情，圩上有一家姓梁的，他女人恰巧是你的同村姐妹，他们一家现在都在柳州，圩上的房子是空的。"

没过多久，搬家的事就定了下来。就要离开这个生我们养我们的小山村，还没有给我留下什么深刻的记忆，我连我们家是什么样子都没有印象，唯一的一个模糊的记忆，就是从我们屋后蜿蜒而下的水涧，和顺涧而流的滴落在水池中叮咚的水声。

家一天就搬完了。没有什么可搬的，就那几床已经睡得硬邦邦的老棉套和几床被烟熏得乌黑的，打满补丁的老蚊帐。父亲和二姐各人一担就挑完了。三哥就扛些锄头刮子等工具。母亲的担子一头挑着锅碗瓢盆，一头挑着我，三姐跟在担子后面走着。我们是最后离开那个家的。没有恋恋不舍地感触。我只看到母亲的眼里似乎闪着泪花，迷蒙地看着那已显破败的茅草屋，抬起右臂，用衣袖悄无声息的轻轻地拭了一下脸，也不知是擦汗还是擦泪，长长地吁了一口气后，把担子挑上肩膀。我由母亲挑着，带着朦胧的希望，踏上那条唯一能通往外面世界的，崎岖的山路。走向山外，走向不可预知的未来。

第三章　回忆第二故乡

一

当天下午就在圩上梁姨妈家，用六张条凳、三副床板铺成了三张床，用三块泥砖在门背围成一台炉灶，架上锅，生火煮好在这里的第一顿饭，就算在三都圩上把这新的家安顿下来了。

这圩场的建筑布局就像一个人字。人字上西下东，这人字每一笔的起点和终点都是进入圩场的口子，向外可以无限延伸。那人字一撇的上头，有一条路到都鲁山前连通柳邕公路。快到都鲁山时，跨过纳湾河上的一座石拱桥，就到了柳邕公路的出口。顺路向西去可达南宁、宜山。人字一撇的下头往东到屯排山北麓与柳邕公路连接，向东延伸30公里就是柳州。那一捺从一撇的腰部起始，那个起点称三角地，从三角地向北捺去，跨过街头的两眼石拱桥、穿越营盘街到中心小学。再向北延伸，则需经过又一座连拱桥跨过后河，就可以直通龙女水库（当时还没有水库）。桥的下游向东流到鹤山前的伏龙桥折向鹤山北侧向东而去。鹤山的南麓是大鹤街（现称大河街）。大河街有一条村道，沿着中心小学校边进入三都街。在人字上部西北侧有一个出口，一条村路从水田中间向北，朝边山村后的犀牛山而去，在山前接上边山村大财主出钱建造的石拱桥，过桥左折就是边山村。

站在柳邕公路边的都鲁山上，向四周俯瞰，眼前是一片在都鲁山、屯排山、鹤山、犀牛山、虎山等群峰环绕之中的广阔田野。当春夏季水稻苍绿含苞之时，这片广阔的田野就像是一片绿波荡漾的湖面；柳邕公路沿着屯排山、都鲁山麓由东向西从绿野中穿越而过，就像是这广阔湖面的堤岸，整个三都圩就像是一只停靠在岸边的大船，随波起伏。四周出口向外延伸的路，就像是系向四周湖岸的缆绳，没有它们，这船将无所依靠而随水漂流。

三都圩在后河与纳湾河相伴而流的中间，在两条河水涨满河床，奔流成势之时，就像是两条奔腾的蛟龙，翻腾着向鹤山汇流而去。三都圩恰像是两条蛟龙戏耍之中的一颗硕大的明珠。据老人们说，三都圩是一个做生意的风水宝地。所以这圩上的有钱人多。

　　圩上所有的房屋都沿着人字的外沿比邻而建，每相邻两户之间的隔墙都是共建共用，一间挨着一间，安危与共。临街都是一式的骑楼。在当时算是有点规模格调的经商贸易之所。

　　圩上人称之二角地，是指人字下面三角形的非住房的经商交易场所，即"交易市场"。这市场是由通透式的梁柱瓦顶结构的四栋圩亭组成。那圩亭是解放前这圩上的张家、王家、韦家、梁家等几家人的产业，就像现在农贸市场一样，他们都是用自家的田地，自己出资兴建。每逢圩日向进入圩亭交易的人收取摊租（过去叫剥削，现在叫谁投资谁受益，这几家人土改时并不是地主富农，只有张家是小土地出租。那些有自家门面或在自己的骑楼下摆摊做买卖的，也就不用给谁缴摊租了。高头圩（即圩西头）还有一处圩亭，那是一家大地主的产业。解放后那圩亭以及包括所有的骑楼，都归市管会管理。圩亭及街边的摊租归市管会收。

　　这圩场上的民居商铺住宅都不宽，但进身很长，一般从骑楼到后门都有三进间，约二三十米，采光通风都不好，且大多没有后门。因为圩场周边都是水田，没有路可走，有后门的也只是走田埂路而已。我们住的梁姨妈家在三角地上部，前面两间是她们家叔侄住，我们住后面一间，进出要经过她们叔侄家，过一个天井就到，就一间房，没有专门的厨房，煮饭、吃饭、睡觉都在一个屋里，里面有一个用泥砖围成的房间，就是母亲和我以及二姐三姐睡觉的地方。

　　这间房子后面本来还有一间房子的，不知什么时候拆掉了，只剩下一堵一米来高的矮墙，濒临水田。我们的房门遥对着公路，从圩街的外沿到公路之间是连片的，以田埂分隔成一块又一块的水田。在这连片的水田中央有一口圆形的水潭叫滦龙潭。这个潭是消水潭，深不见底，由西向东流来的纳湾河到水碾房一分为二，一半流向滦龙潭的水进入地下河后，就不知往去向了。另一半折向街东的底下白坟，朝着鹤山，经过大河街南侧流向东去。从梁姨妈家淌过两块田就到滦龙潭。我们这座门算是后门，但对于我们也可以算是前门。因为我们挑水或洗衣洗菜，乃至热天洗澡玩水，都要到田间的那一眼冬暖夏凉的"拉么"潢口去。

二

三都自古以来三天一圩。每逢圩日，从上午八点钟起，在每一家门前的骑楼下就摆着凳子、摊板占着摊位。而在这之前，天还没亮，那些卖柴的、卖菜的，卖肉的就已经陆陆续续地，从四面八方汇聚到圩亭子下面，熙熙攘攘的开市了。所有粉摊的汤锅都冒出腾腾的热气，满街飘散着烧鸡烧鸭和叉烧的香味。特别是韦然的狗肉摊，更是飘溢着让人睡着觉都能闻到那股浓浓的生焖狗肉的，令人馋涎欲滴的香味。

想到韦然的三都狗肉，还真是柳州一带，方圆百十里地内出了名的人间美味。三都人也因此而养成爱吃狗肉的习惯。但凡朋友聚会或什么工程开工、竣工的，特别是后来每年秋收过后的大修水利运动，被生产队派去修水库时，大家就用生产队发的伙食补助，在开工前，去买只狗来杀，名为庆祝开工，实为大饱口福。不管怎样，那味道就是和韦然亲手弄的差那么一大截。毕竟那是人家世代祖传的手艺。

三都人爱吃狗肉，对韦然这个人也就有了特别的亲近感。韦然的狗肉好吃，韦然的故事也成了三都街人不可或缺的精神食粮。对三都街的记忆中，就少不了韦然的逸闻趣事。

韦然家在大河街，他在三都一带算是个知名人物。一是因为他的生焖狗肉绝技远近闻名。更因为他为人豪爽、耿直、刚烈、幽默，尤其是他的直言不讳和敢作敢当的无畏和直率，大人小孩都喜欢他，甚至于把他的话当成座右铭、口头禅。"人头换芋头"这句话，就是从他的口中讲出来的。他这句话里透出的是一股弱者面对权势的反抗精神。这句话流传至今，成为三都街人不畏强暴、顽强不屈的精神口号。

按土改时划的成分，韦然的家庭成分是小贩，小贩即相当于贫农。但由于他的心直口快，不知什么时候起，政府就给他戴了个"四类分子"的帽子。帽子他心安理得的戴着，从来不喊冤枉。政府开的"四类分子"会议他从不缺席，民兵派的义务工他照做，想说的话他还是照说，想做的事他还照做，还真有点死猪不怕滚水烫、天不怕地不怕的劲头。但从来没听说他做过什么伤天害理的事，倒是经常因为弱者抱不平而得罪了那些干部和民兵。

他吼出"人头换芋头"这句话的故事，是发生在三年饥荒过后的1962年秋天。之前三都圩的这些繁荣景象，在我的印象中已经消失殆尽，三都圩作为圩场的功能，已经被取消了几年之后，刚有限的恢复了自由市场，由有史以来的三天一圩，改成了一个星期一圩，有市场管理委员会严格监管。入市交易的商品，主要是人们为了度荒而拆房得来的旧瓦，旧桁条椽皮，拿来圩场卖，以期换些土产杂粮回去度荒。那些土产杂粮是由于政府允许有限的开荒，从那些偏远的，有荒可开的山弄垌场，开荒种的红薯、芋头、木薯等土产作物。但凡工业品只有供销社经营，且没有多少商品可卖，柜台里也只有些稀稀拉拉凭票供应的布匹、肥皂之类的东西而已。食品类也只有食品站凭票供应的猪肉，而且也是时有时无的。那些在柜台前排队的，大多是非农业的居民，农民就是有钱也没有票。农民自己养有的猪、鸡、鹅、鸭、兔都必须由食品站收购，个人是没有权利屠宰卖肉的，但对于狗却没有规定。

韦然是非农业居民户口，没有什么职业，因为他是四类分子，合作粉店又不要他。那时合作粉店在街上也是仅存一两家，是国家定量给他们的大米指标，一天的粉也卖不了几个小时就卖完收摊了。所以粉店的职工也是由上级定的，用不了几个人。韦然也就不得不操起他的老本行卖狗肉。卖狗肉市管会也是不准的，没有办法，他那二十四斤米的口粮指标，也还要有钱才买得起，饭总是要吃的呀！生活逼得他不得不硬着头皮，拿起他弃之多年的打狗棒，重操旧业，走村串巷的买来一只狗，一大早起来拾掇干净，到十点多钟时，就挑着焖好的狗肉、砧板、案桌，到三角地王继周家门口的街边摆起个狗肉摊子。

冷落萧条的圩日又开始飘散着阔别已久的狗肉香味，招来不少面带饥色的食客。六分钱一两熟狗肉，人们三分钱六分钱，半两一两的，就着那张小方桌、小矮凳，外带一杯半杯私酿的木薯酒。生意倒还可以，但却招来了市管会的人，说这是投机倒把，要韦然收了摊子，到市管会去接受处理。此时，那些吃客怕事的，就急急忙忙三口两口吃完就走。那不怕事的，就坐在那里，边吃边看热闹。看热闹的人越聚越多，把个狗肉摊子围成个人圈，说什么话的都有。大多都是私下里议论着，也都是表达了强烈的不满，但又不敢明着站出来跟市管会的理论。韦然一直都采取不理睬的态度，照样拿着那把切肉的刀，该切肉的切肉，该舀汤就舀汤的招揽着客人，也不抬眼望一下那个市管会的人。那市管会的人见他居然敢对自己置之不理，便拿出了国家干部的威风，吼道："你这个四类分子不服从管制，把你捆起来，送公安局去关起来。"边吼着边冲过去要捡韦然的摊子。人们屏着气看着，只见韦然虎着脸，不声不气地抬起拿刀的手，狠狠地就劈在砧板上，暴出一声怒吼："来吧！人头换芋头。"这一下把围观的人弄得目瞪口呆，那市管会的人被这一下歇斯底里的怒吼也吓得瞠目结舌，束手无策的下不了台，只得灰溜溜地低着头，从人缝中挤出去，铁青着面孔，不声不气地回市管会去了。在他背后的人群中暴响起哄堂的喝彩声。人们为韦然的勇气喝彩，也为自己终于得出了一口憋屈已久的恶气喝彩。这"人头换芋头"的口头禅便自此在三都流传开来。

　　像韦然那样的人，在那阶级斗争的年代里，被作为阶级斗争的典型批斗是经常的事情。他自己觉得已是司空见惯的不当回事儿了。而街坊邻居们也都把对韦然的批斗会当作是一场文艺晚会来欣赏。大家都记得，在一次韦然的批斗会上，有人揭发韦然曾经说过希望蒋介石回来的话。人们知道这可是个严重的政治问题，大家都猜测韦然不会承认的。但是出乎大家的意料之外，想不到他却很坦然的当众承认了。当那些干部们质问他为什么希望蒋介石回来，是不是要等蒋介石回来了好向贫下中农反攻倒算搞报复？并呵斥他老实交待。韦然不慌不忙的，脸不变色心不跳，正儿八经地答道："你们现在总是拿我斗来斗去的，我总是只有挨斗的份，我希望蒋介石回来了，我也就可以斗他一下。"他的话一出口，会场上立即嚓起一阵笑声。搞红海洋那阵子，街上沿街骑楼走廊的柱子上都给红油漆刷成了红色，并全都刷着标语口号。那天，韦然也在人群中看工作队的人在用黄油漆描着"毛主席万岁"的标语，他又是本性不改地忍不住对一旁的人说："错了！"工作队的人一听这话，扭过头一看是韦然在说，马上把手中的笔和油漆放下来，伸手抓住他的臂膀质问他："你这个四类分子，竟敢当众讲'毛主席万岁错了'？"，韦然奋力甩开那人的手说："毛主席万岁就是错了嘛！应该是毛主席万岁、万岁、万万岁。"那人被他弄得啼笑皆非又无可奈何。在场的人又是禁不住窃笑。在一次贫下中农忆苦思甜大会上，韦然这一次是被抓来陪斗的，见那个经常在会上反反复复不知道诉了多少遍苦的人又照本宣科的发完言后，他也以一脸委屈的模样，苦着脸诉起苦来，他说他命最苦，才八个月大就给地主打工，受着地主残酷的剥削。主持会议的干部斥责他蓄意捣乱。他辩解称："我是挨地主剥削呀，为什么又不准我诉苦呢？"那会议主持人似乎很实事求是地说："你这不是故意捣乱是什么？你才八个月大就会打工？"他接口答道："我在我娘的肚子里头才八个月大，我娘要去给地主打工，我不就是挨地主剥削吗？"他的"狡辩"引起会场上的又一次哄堂大笑。这些韦然的故事，尽管都是很久以前的事了，现在让人听起来还是觉得新鲜过瘾。再往下一代人，就不会有人知道这些故事了。

<h2 style="text-align:center">三</h2>

说起那个被韦然"人头换芋头"吓着的市管会的人，年纪在三十岁左右。当时三都市管会也就他一个人。他的权力可大着呢。赶圩的，摆摊做买卖的，都得看他的脸色。卖柴火的，卖菜的，卖猫的，卖狗的，卖蛇、卖蚂拐的，只要他说你是投机倒把，轻的没收罚款。敢于和他论理的，就是不服从管理，把你用绳子绑起，挂个投机倒把的牌子游街示众。

据说那个市管会的人不是本公社的人，由于他的权势、地位，在三都街讨得了一个算得上是百里挑一的漂亮老婆，但他在三都人眼中并不受人待见。那些受过他处理的、没收过东西的人，对他恨之入骨的人还不少。在这些人当中，也还有些和韦然一样，敢于"人头换芋头"的人，在那忍无可忍的情况下，给来点硬的招式。我就目睹过这样一个场面：在一个圩日的下午，有个从村上来的老农，用个鸡笼子装着两只兔子在街边摆卖，被他连兔带人的抓到市管会去，那人辩说是他自家养的，怎么是投机倒把呢？他硬说人家是贩来的，就把兔子没收了，叫人家回去大队开证明来。迫于他的淫威，那人只好悻悻地回家去，过到下一个圩日，那人还真的开得了证明，来到市管会找他要兔子，他却说，那么多天了，哪个有空帮你养兔子，已经交给食品站去了。那人听得是眼冒火星，二话不说，抡起手中的扁担，照着他的头就劈了下去，好在那扁担长，被楼板挡了一下，减缓了力道，只把他的头劈得血流满面，幸好还保住了他的一条命。那个老农后来给公社的公安抓走了，据说被判了两年劳改。

那个老农在新兴农场劳改的两年里，那个市管会的人，不知什么时候也从三都街消失了，传说是带着他老婆孩子，调回他老家所在的市管会去了。再后来，听人们议论说，他因为贪污，也被判了十几年劳改。在他劳改的那段时间里是毛主席重提阶级斗争的年代，让他终究熬不到刑满，就在劳改农场里病死了。过后，人们议论到当年的自由市场和市管会时，不免都提到他，也都不禁感叹天道轮回，恶有恶报。平心而论，那也不是他个人的错，那是他的工作，他能不管吗？他不管，他的工作就会丢掉。当时，那样一份工作有多么珍贵？没有过硬的后台能得到这样一份工作？大家心里都明白着。尤其是动辄以阶级斗争为纲，你不把别人当作阶级敌人，你自己就成了阶级敌人，放着谁来管都差不多。但不管怎样，做事还是要凭点良心，有点分寸好。人们在私下议论时都这么说的。

四

话又回到三都圩原来那曾经繁荣昌盛的年代来：每逢圩日，到得十点多钟，那卖百货的、日杂的铺面、货摊也都开张迎客了。那些邻近乡镇乃至柳州市里来的小商小贩也都顾不得歇口气，就赶紧着在各自的摊铺把货摆出来。那些从乡村峒场来的，有挑着、背着或拎着的谷子、大米、玉米、黄豆、花生，及红薯、木薯、芋头等土产杂粮；扛着木头、板子、新做的桌子、板凳、箱子、碗柜等家具，以及犁、耙、锄把等农具；还有卖竹编的箩筐、畚箕、簸箕、筛子、菜篮以及各式雨帽、遮阳帽等手工艺品的；贩卖耕牛和家畜，如猪、猫、狗、兔和鸡、鸭、鹅等家禽的，都各自自觉的分行入市，做起了生意。裁缝的、理发的、染布的、打铁的、补锅的，也都各自忙碌于施展自己的手艺。这时从高头圩到底下圩的底下白坟（因有一座气派的白色的不知年代的大坟墓而得名），乃至营盘街到中心小学，街两边的摊铺把本来就不宽的街面，挤得只剩两米多的通道供人来往。这时买东西的人、逛街的人来来往往摩肩接踵，人头攒动。吆喝叫卖的、讨价还价的、见面招呼的、客套问候的、逗趣取乐的、斗嘴骂娘的，熙熙攘攘，人声鼎沸，一派升平祥和、繁荣昌盛的景象。

　　三都街是生意人聚居的地方。相传这里还是个老虎地，每圩百十头猪肉上市都可以卖得完。那么多的土特产品从四面八方汇聚而来，到散圩时也不见有往回挑的。人们说，如果这里有一条大河流过，水路交通方便，这里的繁华绝不亚于柳州。这话有道理，古时是以水路交通为主的。似这般景况，这三都街上谈不上商贾汇聚，却也是小商小贩云集之所在。就拿这街上的居民来说，多半是生意人，都善于经商，成天和钱打交道的，自然就不乏有钱人了。柳州一带自古以来流传有一句顺口溜："一都米、二都女、三都大财主。"这话并非谵语，都是有根有据的。土改时划成分，这街上的住户，四家中就有一家是地主或工商业兼地主。在阶级斗争的年代，四类分子都必须在自家的门头上钉着一块写明家庭成分的牌子，从高头圩往底下圩数，隔着一两家就有门头钉着牌子的，有时还连续两三家都是，当然其中还包括有其他四类分子在内。

　　这街上众多的富人（相对于本街的穷人），之所以能聚敛起足够把他们划成地主的土地、财富，在那弱肉强食，人人都想发财的年代里,除了他们具有精明的经营之道外,也和他们都具有勤俭耐劳的精神分不开的。

　　这街上的工商业兼地主中,有手艺人,有杂货零售商,有行医卖药的,而当时最为有钱的,还数那几家开米粉店的。而他们的辛勤刻苦是人所共知的。从每天夜里的凌晨一点钟起床,就开始淘米、磨米、生火、烧水,要在天亮前把米粉蒸好,还要赶早到肉市买回筒骨熬汤,买回粉肠瘦肉,切好烫好,天一亮就一边摆摊开市,一边切粉、烫粉待客,忙得不停不歇。到八、九点钟时,作为家庭主妇的"地主婆",还要腾出时间,用洗磨洗桶洗锅的水煮猪潲喂猪。每家至少喂养四、五头猪,一年总要出个两、三栏。养猪可不是轻松活,光端潲水就会累得你直不起腰来。实际上卖粉这一行业的经营利润大部分来自于养猪的收入。通过这种形式,他们完成了财富的原始积累,在发家致富、出人头地的思想动机下,拼命地、省吃俭用地倾其所能,不失时机地购置田地、房产。他们家庭人口多的,基本就是自己劳作。人口少的,就不得不雇工。雇用的帮工也多是自家的亲戚、近邻,没有这层关系的,还找不到这份工作。产业大了,要顾生意就没有余力顾及田地农活,那就只有雇长工打理,或把田地租给别人种。在农活季节上忙不过来,还要雇短工,这其中就形成了剥削关系,土改时也就成了被斗争的对象。

五

　　其实在当时的社会大环境下,不论是富人穷人,无不都在做着发财的梦。谁都想出人头地,富甲一方。但是各人的客观条件和智慧能力不一样,各人的运气也不一样。在为生存和发展的拼搏中,就有成功者和失败者之分。在这些成功的所谓富人当中,家处集市的,则具有经商的客观条件,赚钱的渠道就相对宽些,所以精明的人,在有资本的情况下,就谋划着向城市购置产业,以求发展。而其中一部分"土财主"们没有这样的智慧和胆略,就只有靠节俭来苦苦的维持这份来之不易的祖业,维护这份自以为是的虚荣。

长塘村的贫协主席老华洋,在韦然的狗肉摊边喝酒吃狗肉时,讲了这样一个笑话故事:说是他们村有一个在土改时被划为地主的人家。那个老当家的,是个出了名的节俭和死要面子的人。他不光是对他家的长工吝啬,对他自己家的人,甚至对他自己也一样小气。他家除了过年过节有些酒肉外,平日里是绝难尝到荤腥味的。但是他又时时在村人面前吹嘘着他家天天晚上都有肉吃。他吹得多了,人们也就信以为真。但是从来没有人看见他上街买肉,都以为是他家里长年存有腊肉。终于有一天傍晚,人们看到他气急败坏的操着扁担,骂骂咧咧的追打他家的老猫,从他口中嘟囔的"他妈个 X 这个死猫,连我抹嘴巴的肉都给拖走,我不打死你才怪!"的话语中,和其后他的家人,因不满其吝啬而透露出来其中的奥秘才知道:原来,他为了显示他家庭生活的滋润和富足,不至于让人们把他看成是守财奴,就在他家灶台上长期吊着一块不足二两的肥猪肉,每天晚饭后,他就用这块肉把自己的嘴巴抹得油光发亮后,胳肢窝夹着一杆长烟斗,提着一张小板凳,响响地打着饱嗝,志得意满的到村中间的大榕树下,跷起二郎腿,抹一下嘴巴,把整个脸都抹得泛着油光。然后用草梗剔着他那发黄的牙齿,口中嘟囔着:这牙老啦,吃点肉都卡牙。接着就眯起眼睛,吧哒吧哒地抽着他的叶子烟,向天仰着头,喷出浓浓的烟雾。老华洋讲完故事,在场的人都笑起来,他自己也笑得嘴里的酒都喷出来了。他又喝了一小口酒,夹了一丁肉放到嘴里嚼着,然后眨巴着嘴巴得意地说:"要么么多田地做什么?到头还不是给土改完了。还不如我,天天有酒有肉有饭吃饱,比什么都舒服。"这个故事不管是真是假,人们都相信,那些农村里的地主们的田地,都是从他们的牙缝里省下来的。当然在这些富人当中,也包括在穷人们当中,不乏奸诈狡猾之徒,为了攫取财富,而不惜损人利己,甚至于做出图财害命,伤天害理的事来,这是所有的人,包括富人、穷人都不会见容的。

##

老华洋(这是他的外号,没有人知道他有没有正式的名字,也许压根就没有人给他起过名字。）身材高大魁梧，为人豪爽、义气，因为自小父母双亡，又家徒四壁，无田无地，虽勤劳，但就是嗜酒如命，所以终身未娶，一人吃饱全家不饿的鳏夫一个。平日里靠给人帮工赚些口粮外，专以卖柴为生。过去三天一圩，一圩一担柴火。每圩日早上九点来钟，这街上的人们准能听到他"让开！让开！猫抓刺喔。"的吆喝声从高头圩响到底下圩。人们只要听到他的吆喝声，远远地就主动地给他让路，夹道欢迎似站在街两边，目送他挑着一大担整齐的高山柴，汗水淋淋地，迈着沉稳的步伐向底下白坟的柴行奔去。卖完柴得了钱，就到粉摊边一碗米粉一碗酒的吃起来、喝起来。他特别爱到韦然的狗肉摊，要一碗狗肉粉，一碗酒，边喝边聊。和酒友聊，和韦然聊，摆古论今。他虽没有文化，但他的记性特别好，声音洪亮，口才也不错，一两酒下肚，常常能侃侃而谈上个半天，再加上和韦然趣味相投，韦然有空时又添上一勺半勺汤肉，倒上一两二两米酒，也不嫌他误了自己的生意，就陪他边喝边聊，有时能聊到散圩收摊为止，才瘾足肚饱的踉跄着步子，到圩亭下的肉行去，再买它一斤半斤卖剩的便宜的猪肉，再用他随身带着的光身的军用水壶，到杂货店里灌上一斤酒，挂在扁担头，扛着扁担，满面红光的微笑着，心满意足、步履蹒跚地回家去，一路上逢人就爽朗的打声招呼。他虽嗜酒，但他饮食有度，从不见他犯过糊涂，发过酒疯。

土改那年，他已是快五十的人了，工作队见他鳏寡孤独一人，家里穷得是标准的贫农，就动员他当村里的贫协主席，他不想干，工作队说，打倒地主以后要分田分地的，他就当了。不过他这人做事公平，讲良心，不冤枉人，不害人，在斗地主时，有一些人总想趁机泄一下私愤，动辄拳打脚踢，欲置人死地而后快，他总是拉着拦着。他说："都是本村同祖同宗的兄弟，过去有什么过节恩怨，现在他的财产也分了，田地也分了，也算是他的报应了，何必要伤他身子，伤他性命，搞得过分了，以后总要低头不见抬头见的，自己给自己留条路走，恶有恶报，善也会有善报的。"人们都认为他的话实在。

工作队也认为他对党的政策掌握得好，后来就推选他为贫协模范代表，坐公家的车去省府南宁开会。开会回来后，乡里召开群众大会，工作队让他上台讲话，他事先也喝了一点酒，红润的脸庞，满脸笑容地走到台前，清了清嗓门，用地道的本地壮话，朗声说道："我这次搭傍老毛，得坐公家的车去南宁开会，去南宁玩。南宁那里房子又高又大，街宽宽的，路平平的，我们村也像那样就好了。这次开会，吃饭不要钱，管吃饱，餐餐有肉，就是没有酒，"听到这里，人们都笑起来，工作队的就提醒他，要讲点开会的情况和感想，于是他歇了一下，继续说道："这次去南宁开会的人很多，会场里人千人万，有男有女，我远看近看，左看右看，一个人一个样貌，一个不同一个。"人们哄堂大笑起来，工作队的人感到不满意，只好叫他停下来。其实他所讲的这段话并没有什么错误，而且很含蓄，只不过他不会用政治宣传的方式来表达而已。从他的话里可以理解为："翻身解放了的人民，生活美满、幸福，各族人民心中感激共产党、毛主席的英明领导，并立誓团结在共产党和毛主席的周围，决心捍卫我们来之不易的革命成果，建设我们的新国家。"

老华洋分得了田地，他也还是坚持打柴卖，他的生活没有改变，不过他不用给别人帮工换粮食了，他侍弄着自己的田地，收获着自己的劳动成果，以他的老本行换来酒钱肉钱，他觉得他的生活已经足够自在，足够惬意的了。但是这样惬意的生活却在不久的几年后，完全破灭了。人民公社化，把给他的田地又收走了，公共食堂虽然吃饭不要钱，但吃不饱。随之而来的大跃进，大炼钢铁，把山上的柴火都连根拔光了，就是有柴火也没有地方卖了，他失去了他原来的自由。又过了没有多久，连公共食堂也没有饭吃了，人们都浮肿的浮肿，有的因吃野果野菜中毒而死的，有被老糠堵塞肛门，憋闷而死的。那些死的人有和他同龄的，也有比他老的，比他年轻的。他在浮肿和饥饿难捱的时候，曾感慨地对人说，以前我没有田地，帮过地主打工，卖我的柴火，我还从来没有像现在这样挨饿过。他终于没有熬过三年的饥荒。

七

说到三都圩的繁荣热闹中，还真不能忘了热闹中的米行。每一个圩日，在圩棚下除了肉行，就数米行占的位子多，那些口袋装着的米，箩筐装着的米，一袋挨着一袋，一筐靠着一筐的，雪白的米摆满了两个圩棚都摆不完，有些还得摆到骑楼下面去。那米行中摆卖的米中，尤以"一都米"堪称上品。"一都米"指的是进德人种的油粘米。当时还没有化肥，进德人种植水稻，特别讲究使用农家肥。他们利用进德靠近柳州的环境条件，每家人都备有淘粪车，在夜深人静的时候，拉着粪车，到柳州的公共厕所淘粪。他们用这种粪肥种出来的油粘米，确是远近闻名的米中珍品。那稻谷碾出来的米粒，状似织布的梭子一样，两头尖尖体形修长，色如碧玉般油润光亮。那油粘米煮的饭也有讲究，过去都用鼎锅煮饭，把米淘净放入锅中，在米面上多留两指厚的水，快火煮沸后，滤出多余的米汤，用锅铲将水和米拌匀，再以快火煮沸，然后扒出灶中的炭火，将饭锅置于炭火中焖，到炭火自然熄灭饭便熟了。这时你打开锅盖，一股白蒙蒙雾一般的蒸气喷薄而出，满屋子飘散着浓郁的饭香。往锅里看时，那饭粒儿一颗一颗的好像是跳着舞似的，表面犹如涂着一层油似的晶莹剔透，舀上一碗慢慢咀嚼品味，那饭粒儿柔韧绵软、糯香爽口。这时你如果去贪吃菜肴，却反而败味，可惜了你那一嘴特有的饭香。这一点不是吹嘘，我现在还记得很清楚，小时候偶尔得吃上一顿油粘米饭，纵使有再好的菜，我宁可光吃饭而不吃菜。

每圩都有进德人或米商从进德贩来油粘米入市交易，而且总是主导着米市行情。但是，在那以吃饱为追求的年代，都找涨饭的米买，一般人家是舍不得吃油粘米的，因为油粘米不涨饭。只有油水足的人家有条件讲究味道，才爱买油粘米。这街上的生意人还是有不少买油粘米吃的，所以也很少有烂市的状况。

再说那"二都女"，指的是成团一带的女子。成团女子以漂亮、能干而出名，一般青年男人都以能娶成团女子做老婆为幸事。这街上家庭条件好的青年，有几个娶了成团姑娘，个个都是五官端正线条分明，高矮适度，丰满而不显肥胖；语言风趣而不失优雅；性格随和、善良，温柔中带着刚强；心灵手巧，又能吃苦耐劳，且都有一两门持家的手艺，都是当家的好手。在以后那饥饿的年代里，她们曾经以编制福建帽卖，而带动不少街坊度过多少个青黄不接的难关。

她们编的竹壳帽原名叫福建帽，后来在柳州一带出了名后就叫柳江帽。这种帽子是以两毫米宽均匀的篾条，编织成许多五角星形的图案构成帽子的骨架，以本地特有的竹壳，用硫磺熏白展平后，铺盖在面上，再以彩线交叉成五星形固定住帽叶，缀上一个尖尖的帽顶，这种帽子既遮阳又挡雨。盛夏酷暑，烈日当空时，出门下地，戴着一顶这种帽子，既通风、凉快又轻巧，不怕日晒也不怕雨淋。帽子的大小与人体的比例协调自然，不管是男女老少，戴着这种帽子既美观又大方，还具有一番别致的壮乡风情，确是县内一宗特产。据说这种帽子曾得到过刘少奇的赞扬。是三都圩日上市交易不可或缺的一宗手工艺品。

这些都是我对第二故乡——三都街和与三都街有关的最初始的，美好的、也有沉重的记忆，一生一世难以忘怀。在经历了半个多世纪的风风雨雨后，重新开启记忆的闸门，这些童年的往事就都止不住信马由缰地，一幕一幕的在眼前重现，感觉就像是昨天才经历过的事情，那样清晰，那么亲切，那么令人感慨。

第四章　童年记忆中的美好和酸涩

一

　　1955年的冬天，我们家终于搬到三都街上安顿下来了。过了年学校开学了，二姐、三哥上学就方便多了。早上起来尽管没有早餐可吃，但走几分钟就到了学校，中午放学可以回家吃饭。晚上放学回家，吃完饭后可以从容的做作业或温习功课，她们的学习成绩就更加好了。特别是三哥，尽管是先天的高度近视，但却是非常的刻苦好学，每天吃完晚饭，就低着头在昏暗的煤油灯下，几乎是伏在书本上看书，他的作文在班上从来都是第一，很得老师的赏识。他的班主任经常来家访，所以对我们家的情况非常熟悉。老师经常勉励母亲："你的几个孩子都很聪明，无论再苦再穷，都要想办法供他们读书，以后他们会很有出息的。"母亲谨记着老师的勉励和预言，在以后的日子里，尽管曾穷得吃了上顿没下顿，但是没有哪一个孩子因为没有学费而读不了书的。然而老师的预言，却仅仅成为母亲和我们心中美好的向往，而永远无法应验。老师们连自己以后的命运都无法预知。

　　街上的父老乡亲们接纳了我们，我们一家的生活有了新的开始。父亲以赶圩行医卖药为业。母亲则参加街上农业互助组劳动。

　　在当时的社会环境下，政府的医疗卫生事业还很不发达，特别是农村地区，没有医院没有诊所，人民群众的疾病诊疗，主要依赖于民间医生。而民间医生所秉承的医术，就是传统的中医药，即当地民族民间医术、民族疗法，以及就地取材的原生中草药的应用。当时人们对西医还不了解，而西医方面的人才，大多是从国民党军队里出来的旧人员，这样的人才很少，人们一下子还适应不了西医。相比之下，民间草医是人们比较熟悉的，成本最低，诊疗费最便宜，且效果也有其独到之处。所以父亲这一行还是有一定的市场，赖以维持生计和孩子们的学业,还是勉为其难的。

父亲以一担草药从三都——拉堡——成团——三都的循环往复着,赶完这圩赶那圩,从不间断。只有在缺药时,就停下一天,回老家山里采药。每逢三都圩日的头天晚上,父亲就会从成团圩赶回家,以便明天趁早于家门口的生意。同时对他也是一次间歇的休息。一早起来父亲就叫我和他一起,扛着长板凳和床板,到梁姨妈家前门的骑楼下摆好药摊子,霸地方。夏天时就叫我在药摊边摆张小饭桌,几个茶杯一个白瓷壶,顺带着卖山楂茶,一分钱一杯。大热天也能卖个一毛两毛的。同时还可以看着父亲帮人治病,跑前跑后的帮递递东西捡捡药的,到散圩时帮父亲收收摊,就可以得到一两颗一分钱一颗的水菓糖的奖赏。到散圩时,父亲还会去肉摊上买一些人家卖剩的猪肠牛杂等便宜货回来,一家人也可以解解馋,尝尝荤。

每个圩日都会有个把几个腰腿风湿、胳臂疼痛的来找父亲诊治。父亲就把个破碗片敲成三角尖儿,尖尖利利的,用药酒泡过消毒后,就往病人痛的地方扎两三个小口子放血,随后就拔火罐。拔出乌黑的毒血后,就在拔火罐留下的,乌黑圆形的血痕处搽药酒,边搽边拍,搽到最后时,就响响地"啪、啪、啪"的拍三下,口中念着"药到病除,好了!"之后,叫病人起来活动活动,病人一般都会起来扭扭腰、伸伸胳膊踢踢腿,检验一下效果,然后高兴地说:"真的舒服多了,不痛了。"父亲就给他们抓药,一包泡酒,三包煎水熏洗。泡酒药是五毛一包,其他就三毛一包,总共也就一块多钱。父亲总要交代他们用完药后,再来复诊,再抓包药巩固一下疗效就算治好了。父亲这样给人治病,靠的是自己的劳力和医术,药是自己上山采的,不用成本。所以治个病花不了多少钱,而且那时一块钱能买几斤米呢。那时上学,一个学期学费也才一块多两块钱。父亲行医卖药的收入,也就够我们几姊妹兄弟交学费了。还可以解决家里生活所需的油盐酱醋和日常的蔬菜,不时地还可以改善一下生活,过年过节的还有鸡有肉和白米干饭,可以饱吃一顿。母亲在互助组劳动分的粮食,也可以维持一家一日两餐稀饭的食用。这样的生活比起在老家的刀耕火种,披荆斩棘的劳作要舒服得多了。我们一家人都感到从来没有过的舒心和满足。

二

父亲的医术还是可以为人们所接受的,对于某些疾病的疗法和某些药材的应用上,都有其独到之处,也还是有些神效的。例如他以"走马胎"和"血党"配伍辅以"当归"行血,治月经不调,妇女不孕等妇科疾病屡有奇效。所以在县内多处乡镇,都有经他治愈的不孕不育症妇女,因喜得子女而感于他的再造,而提着鸡鸭蛋酒来认契爷,我们也就平添了几个这样的契姐。过年过节的少不了一些孝敬的礼物。在之后我们处于危难的时期里,走投无路时,这些契姐们也都表现出了诚挚的亲情,体现了人性的善良。

在那种年代,小儿惊风是父母们最为担心的小儿急性多发病,父亲却善于用那只有在崖壁北面的岩缝里才会生长的"羊蹄风"的肉根,嚼碎了敷在小儿的脑门上,只需片刻便止住了哭闹而安然入睡。醒来就病态全除,玩耍如初。不可不谓功效神奇。本街邻里不少小孩子得到过救治,转危为安。

由于人们对饮食卫生不是那么讲究,痢疾腹泻的疾病时有发生,来找到父亲,父亲从不推延,立马到田边地头扯一把"叶下珠"或是"含珠草",视病情而定,教病人如何用法,常常是药到病除,灵验无比。似这种小病痛的,用些独门单方就可以治好的,父亲从来不提要钱。特别是本街邻里。有些病人出于旧的观念和习俗,认为求医不给钱怕药不灵验,非给不可,父亲也只好收一点做做意思,以免病人心不安而造成心理疗效不佳。为医者是懂得心理治疗的重要作用的。有些不懂医道的人,可能指斥这是医者的虚伪,那是一种偏见和无知。在那政治挂帅的年代,以畸形的政治去扭曲人善良的本性,制造矛盾和仇恨,并冠之以阶级斗争的理论,唯恐天下不乱。在不久以后的岁月里,当父亲的行医不得不转入地下时,对于某些人来求医,实在是处于两难的境地,是医也不是,不医也不是。医了怕给人抓住把柄，不医时又怕得罪他会遭受报复。就是医了也还是两难，收钱怕得罪他，不收钱又怕说成糖衣炮弹、收买腐蚀，而冒这个风险本来是为了弄一点油盐钱，有时就不得不横下心来，横竖都是一刀。

父亲照常的挑着他的药担子，今天赶这个圩明天赶那个圩，有时回家有时不回家。母亲每天晚上吃完饭，就牵着我到那些伯娘叔婶大嫂们家里说笑摆古。母亲虽然没有文化，但是她摆起刘三姐和七仙女的故事时，却是极为生动感人的。刘三姐的故事还没有编成歌剧、拍成电影广泛流传之前，我就已经是经常趴在母亲的腿上，听着刘三姐的故事，或是听母亲唱着刘三姐的山歌睡着的。女人们在一起难免不时地开个女人们常开的玩笑，引起哄堂大笑时，我也禁不住地懵懵懂懂地跟着笑，这时大婶大嫂们就会逗我、笑我："小娃仔懂什么，大人笑你也笑，人家这里都是女人，你个男人家来这里干什么？"这时母亲就会轻轻地，拍着我伏在她腿上的头，不无慈爱地说："满仔爱跟娘嘛！睡啦、睡啦。"每次都是睡着给母亲背着回家，朦朦胧胧的伏在母亲的背上，耳朵里响着母亲匀匀的心跳声。感觉是那样安详那么惬意。

三

到了一九五七年，三姐已经九岁了，中心小学出了招生广告，家里准备给三姐去报名上学，却还没有给我上学的打算。三姐去报名，我也跟三姐去看热闹。排队到三姐了，我就在三姐旁边，考试的老师正好是三哥的班主任韦炳端老师，他去家访时都认得我们。当他考完三姐后，我们正准备走，他就拉着我的手问："你不想读书吗？为什么不报名？"我说："我爹说要再大一点才给读书。"他就问："你几岁了？"我答说："六岁了。"他说："年龄够了，你想不想读书？"我说："想。"老师问我叫什么名字，我就说还没有学名。老师说："我帮你起名好不好？"我应道："好啊！"于是老师说："你几个哥哥叫文斐、文学、文武，有文有武还要有德，你就叫文德吧，好吗？"我高兴的唯恐怕被别人抢去一样，迫不及待地答道："好啊！

好啊！"老师就让我数数。我从一数到了一百，远远超过要求的标准，老师高兴的说好。接着老师例行公事地问我："你家什么阶级成分？"我支支吾吾不知道怎么回答好，不待我回答，老师就对我说："你们家的成分是地主。"并且写在报名表上后对我说："好了，你可以回去等张榜了。"我就和三姐退到教室外面，仍然在窗口边继续看别人报名。

其实，在老师问到我的家庭成分时，我是知道我家的成分是地主的，而且隐约知道，地主成分是不光彩的，所以我不愿让人知道，我特别不乐意自己告诉别人我是地主崽，也不知道对老师是必须如实说的，所以就下意识地支吾了一会。当时像我一般大的孩子们对"阶级成分"的含义是不太明白的。正如街上的一个小伙伴，他的小名叫"阶级"，他家姓刘，报名时老师问他家什么阶级时，他就答非所问地说："我叫刘阶级。"引起在场的老师们都禁不住的哄堂大笑。这个故事一直到现在，街上和我一般年纪的人都还记得清清楚楚。这个"阶级成分"从我的学生时代开始，就一直成为我心中沉重的包袱。我害怕每学期开学的注册报名和填表之类的事情。这些事情让我在同学面前感到尴尬，感到自惭形秽、低人一等。特别是渐渐长大，渐渐有了思想、有了自尊以后尤为如此。

快开学了，学校在三角地张贴了新生榜，公布了新生名单，老师给我起的名字排在第二十六班，三姐的名字被排在第二十七班。看了榜，我心中自然是高兴得不得了。

我们的第一个班主任老师，是个年轻漂亮的女老师李国贞。从她当时那令农村姑娘打心眼里羡慕的一身穿着打扮，看出她是个城市姑娘。但是，她对我们这些农村小学生的慈爱和关怀，是我的记忆中留下的，作为"老师"的可亲可敬的最好形象代表。关于她怎样给我们上课，怎样教我们读书已经没有印象了，但是，她从几里外的野营地，把一个生病的学生像亲弟弟一样，汗流浃背地背回学校的情形，在我心中刻下了一生一世都难以磨灭的"老师"的印象。每当我回首学生时代的生活，对老师的可亲可敬之情不禁油然而生，而李老师总是作为"老师"的形象代表，第一个出现在我的记忆中，使我一生对老师怀着崇敬和感恩之心。虽然在之后是非颠倒的年代里，我也曾因一时的狂热和无知，伤害过我的老师，使我感到深深地自责，有幸的是，在事隔三十多年后，我终于还有机会在同学聚会时，当面向老师道声"对不起老师"。

毛主席、共产党是我从课本中最早学到的词。我最初的理解认为，毛主席、共产党是两个人的名字。老师总是以崇敬的表情给我们解读这两个词，随后伴之学到的是救星、太阳、翻身、解放、地主、资本家、压迫、剥削、仇恨、反抗、斗争、推翻、报仇雪恨、革命、阶级、阶级斗争、阶级立场、忆苦思甜等等词汇。我们这一代人，就是跟随着这些，饱含着政治含义的词汇的不断出现，不断升级，反复的诵读，反复的听写、默写、造句、作文而成长起来的。我们的成长是那么的快速，以至于使得我们过早地失去了稚嫩和童真。在我童年的有限的天真和欢乐中，总是夹带着酸涩、尴尬和自卑。童年的所有单纯、温馨、和谐与美好是那么短暂，消逝得那么的迅速。甚至于让人来不及回味、留恋。

第五章 在困惑中成长

一

在我还没有上学之前，就已经掀起了国民经济建设的大跃进。从1955年冬天开始，就掀起了全国性的农田水利建设运动的高潮。三都龙女水库，就是这时候开始兴建的。这是县里抓办的工程，调动了全县的主要劳力，县里各行各业、机关干部、所有中学、小学的老师、学生都来支援。柳州市和柳州铁路局的工人老大哥，也派有人来支援水库建设。因此，后来的"龙女水库"就改称为"工农友谊水库"。

这座"工农友谊水库"1955年冬天刚修好，却于1956年5月20日就被洪水冲垮了大坝。于是当年冬天又重新修。但是不幸的是，到了次年的1957年的6月17日，"第二次修好的龙女水库再次被洪水冲垮。冲毁农田1744亩，损失国家投资款及物资计钱币64186元。1958年冬另选坝首改建为中型水库。"[1]

所有参加修水库的人，挑着畚箕、行李，自己带着粮食，到工地上临时搭起的工棚里住下来。水库工地实行军事化管理。起床、吃饭、出工、收工、开会、睡觉都听号声。所有的路口由民兵持枪把守，除集体行动外，任何人要外出必须有指挥部的假条，不得随意来去。

修水库的工作主要是挖土、挑土、打夯筑坝。整个工地人山人海，分布在各个山坡挖山取土。挑土的人从各个山头汇集到一起，排成一条条游动的长龙，游向大坝。到大坝上倒完土，挑着空畚箕，又自然地汇集成一条条长龙往回游走。从早到晚，由人排成的长龙以大坝为中心，向周围各个取土点辐射延伸，来来往往，川流不息。

---

[1] 引自2002年9月《沧桑岁月》编委会编纂出版，广西日报社印刷厂印刷的《沧桑岁月——三都·里高拾珍》第10页"大事记"第14页记述。《柳江县志》也有记载。

我们学校在假期里，也组织全校师生去参加修水库的劳动锻炼。学生没有具体任务。我们一年级的小学生两个人抬一畚箕土，也汇到那长长的人流中去穿梭往返。刚开始时，我们觉得人多热闹、好玩，还试图数一数人数，数呀数的就把数数乱了，又得重新开始。可永远也数不清楚，就只好放弃了。但是却禁不住好奇心，边抬着走着，边去留意那些来来往往的，表情各异、神态不一的男男女女、老老少少。

　　在那一条条长长的人流中，年轻人都喜欢排在一路，一个跟着一个，一边挑着跑着，一边吹吹牛、开开玩笑，一路上喧声闹语，步履轻盈，构成一幅热火朝天、干劲十足的劳动场面。待到跑了一阵子后，那渴饿累乏一齐都袭来时，这时你再留意那来往人流中的那些年轻人，原先那蓬勃的生气已消失得无影无踪，换之以一副副气喘吁吁、汗流浃背、步履沉重的模样，一路低着头，一路蹒跚地迈着步子，不时地空出一只手来，擦拭并挥洒那模糊了双眼的汗水。那一条条往返穿梭的长龙，已不再像原先那样奔腾跳跃，而已是疲惫不堪，懒洋洋地蠕动着。

　　在那人流中，不时出现一支模样、装束独特的队伍。他们大多穿着当时农村青年普遍向往的，在胸襟上印着小字的劳动布工作服。不少人戴着眼镜，文质彬彬的，他们每个人肩上的扁担，都缠着或垫着厚厚的毛巾或者衣服。挑着担子时，两只手臂平伸着，紧紧地抓住扁担两头的畚箕绳子，仿佛害怕畚箕会掉下来似的。由于他们腰身僵硬、呆板，步子跟跄的挑着担子，弄得两畚箕土很不谐调的甩动，甩得他们更加趔趔趄趄。尽管是寒冷的冬天，他们一个个面红耳赤，汗水不停地从鼻尖往下滴。他们一趟一趟的挑着土，艰难地爬上大坝，然后又挑着空担子，随着返回的人流往回走。从来也听不到他们的话声，更难听到他们的笑声，偶尔看到他们同行的几个人，从行进的队列中腾挪出来，闪过一侧放下担子，刻意的慢慢地伸直腰杆，默默不语地相互对视着，不约而同地抬起手臂，交叉着，去揉捏自己那肯定已经红肿而疼痛的双肩，长长地呼出一口气。然后抹去脸上的汗水，无可奈何地皱着眉头，重新挑起那沉重的担子，又回到那行进的队列中去。他们每一个人的腰间都挂着一块书本般大小的木牌子，上面用黑墨汁写着"右派分子"四个字。他们是从柳州铁路局下放到农村来监督劳动改造的。在这工地上，大约有几十个这种人，他们都由单位派来的专人对他们进行管制。

在参加兴修水库的队伍中，有些是不情愿并且企图抵抗逃避的人，他们是被民兵从家里用绳子捆着押来的。这些人也都背着和右派分子牌子一样大小的，上面写着"坏分子"的牌子，不同的是，他们在挑土时，有民兵拿枪跟着，身上还绑着绳子，不过没有被押来时捆得那么紧了。

对于那些背着牌子的人，我懂得是一种耻辱，我为他们感到难堪，但我不知道对他们应该是同情还是鄙视，只是在我幼小的心灵中，烙下了一个时代的印记。直到十一届三中全会后，我在一些有关的文史资料中，才看到对他们这一群体的经历和遭遇，作出了正面的评价。使我滞留心中几十年的疑惑有了答案。

二

在工地周边的山腰上，到处都可以看到竖立着的"愚公移山""人定胜天""团结就是力量"的标语、口号牌子。凭着"愚公移山"的精神，"人定胜天"的勇气，以及"团结"的力量，历经一九五五年第一次修好，一九五六年垮了又修，修了又垮，人们反复经受着洪水涝灾之苦，承受着田园淹没，房屋倒塌的财产损失，也浪费了国家拨付的大量建设资金。还有人民的辛劳和汗水，甚至于付出了生命的代价。但是党没有被失败所吓倒，带领着人民，又用了一九五八年的一个冬天，在来年雨季到来之前，水库又重新修好了。这体现了在共产党领导下人民的力量，集体的力量，是什么人间奇迹都可以创造出来的。"我们要建设共产主义"的豪言壮语，在社会上、在学校里不绝于耳。所不幸的是，我们第二学期正当年考时，一九五八年的雨季来了。考试的头一天晚上下了一晚上的雨，早上起来，母亲正要送我和三姐冒雨赶去学校参加考试，走到街口的连拱桥时，桥面已被洪水所淹没，站在街口往周围望去，所有的稻田都已淹没在茫茫的混浊的洪水中，看不到一点绿色。母亲赶紧带着我们回家。我们家靠近田边，水已经进到门槛，而且是越涨越高，雨还在越下越大，到中午时，家里进水已经有一尺多深了，家里的东西都捡到床上，水再涨就要冒过床铺，淹过石头房基，这些坯砖房就会被洪水泡塌，后果难以预料。

街上已经不时传来房屋倒塌的声音，滦龙潭淹没在洪水中无影无踪。滔滔的水面上，漂浮着从纳湾河上游冲下来的，垮塌房屋的桁条椽子，床板，木头，锅碗瓢盆，以及淹死的牲畜家禽等等。整个三都街就像漂浮在茫茫大海中的一叶孤舟，随时都可能整个的淹没在洪水中。好在下午时洪水便慢慢消退了。

这次洪水是在晚上发生的，我们以为又是第二次垮塌的工农水库还没有修好而涨的洪水。后来才知道是位于三都街西部方向，于一九五七年冬到一九五八年春天刚修好的三斗水库，又重演了工农水库前两年的垮坝事故。人们一点思想准备都没有，所以造成的损失特别巨大：大量的房屋倒塌，耕牛牲畜被洪水淹死冲走，所有的待收割的稻谷被洪水淹泡发芽霉烂，有些村庄还有人员被洪水冲走的。

连续三年的三场洪水，起因于三都境内新筑的，工农水库和三斗水库大坝，在修建时没有经过缜密的勘察和设计，选址不当，且在建设时，领导者一味追求进度指标，缺乏科学的技术指导，而经不起暴雨的袭击，一夜之间被暴涨的库水冲得无影无踪。汹涌暴虐的洪水，几乎把三都及其下游的六道、成团、百朋，甚至于县城拉堡都溢为泽国，损失惨重。但是这场洪水没有浇凉人们对大跃进、人民公社的"狂热信心。在成立了人民公社之后的每年冬闲时，都没有停止过修水库的工作，不是工农水库就是三斗水库，从来也没有闲过。但是到了一九六三年的大旱，却还是未能"人定胜天"，所有的"河水断流，山塘、水库干涸，70%的农户受灾缺粮。"[2]

---

2 同上《沧桑岁月——三都·里高拾珍》"大事记"第15页记述。

三

第二学期里，我们是在边学习边劳动中度过的。本来盼着放暑假时，可以和小伙伴们到纳湾河里练游泳，到收过稻的田里打泥巴仗，度过一个休闲快乐的暑假。但是刚放假没多久，就到处都成立了人民公社，学校又临时通知回校参加支援农业劳动，到附近村上帮收割稻谷。去时每人自己带一只口盅或一只碗，到哪里劳动都有饭吃，而且是管吃饱。当时我还真喜欢去参加这样的劳动。老师们领着我们高高兴兴地，排着队到不远的大河街收割早稻。到得那要收割的稻田里，只见水稻长得特别的茂密，那稻秆儿因为撑不住那金灿灿、沉甸甸的稻穗，而全都倒覆在田中。就像是在田中铺撒着一地的黄金，找个站脚下镰的地方都没有，只好站在田埂上弯着腰，先用镰刀割下几把稻子，才腾出个站脚的地方来。一个班的学生围着一块稻田收割，差不多要一整天才收完，那割下来的稻子找地方堆放都困难，在田中摞得太高而翻倒在田水中一地都是。我们收到一半时，听老师宣布有县里和公社的领导来看望我们来了，叫大家停下手中的工作拍手欢迎。生产队食堂的人也跟着领导一起给我们送饭来了，我们就休息下来先吃饭。大家拿着碗都拥去让饭堂的人给我们舀饭吃。老师趁我们吃饭时，向我们做着现场宣传，赞美着人民公社大跃进的大好形势，和农业丰收的大好景象。老师讲的这些，我们在公社食堂的墙报上都看到过，至于亩产多少万斤的概念，我们当时还不太理解，看着眼前我们自己收割下来堆满田间的稻子，我们也就深信不疑了。后来回到我们自己街上生产队里参加劳动时，零零星星的听大人们讲到，我们生产队也有那样丰收的田块，但那是从其他田里移植过来，集中在一起为了给领导看的。

除了到生产队参加劳动之外，第三学期里，学校还掀起了大积肥活动，学生们上学放学都带着一只畚箕，遇到路上有牛屎，猪屎、狗屎、人粪等等，就都捡到畚箕里，带到学校去集中起来，送到生产队去。后来搞科学种田，还发明了颗粒肥料。每天劳动课时，到附近的坡地铲草皮，烧成灰。到街边的阴沟、阳沟里铲肥泥，挑回学校操场合着草皮灰堆放,去学校公共厕所抬来大粪水淹泡着。待放学回家吃过晚饭后,再回到学校,各人自己带着一盏煤油灯,围坐在那用粪水淹泡过的肥泥堆周围,忍受着令人呕吐的恶臭,用一双双稚嫩的小手,把那掺杂有拖着长长尾巴的粪蛆的肥泥,搓捏成一颗颗汤圆大小的泥丸子,就是颗粒肥料。

四

之前不久,整个街上已经由几个互助组合并为一个合作社,参加劳动可以记工分,年尾可以按工分分粮食。没过多久,又由合作社改为人民公社,办起了公共食堂,吃饭不要钱,想吃多少吃多少,吃饱为止。每个人一个陶罐子,各人吃几两,要事先到食堂里报计划,然后食堂就按计划下米,一罐一罐放大蒸笼里蒸。吃饭时一人一罐饭、一碗菜,刚开始还都有点肉呢,我们可高兴死了,从来没有过这么好的生活。可母亲却不敢给我们吃这么多,报计划时总比别人少报一两二两的,担心到年尾口粮不够。母亲是不懂得政策,她只是节省惯了,我们家吃饭的人多,就她一个人劳动,如按劳取酬,一年分的粮食够一家人喝粥都不错了,怎么敢放开肚皮吃干饭?她不知道这是共产主义。母亲的担心后来成为了事实,不过这不光是我们一家的问题,而是全国的问题。母亲的担心和节约都无济于事。

办公共食堂时,公社里来人,把各人家里所有铁制的锅盆铲勺,全都收去大炼钢铁了,那时正是全民大炼钢铁运动的高潮。收来的那些锅盆铲勺,都砸烂了堆放在高头圩的田里,摆满了大大的一块田。后来用车子(不知是汽车还是马车)运到炼铁厂去了。那时到处都有炼铁厂、小高炉。

我们县最有名的,是县里在黄岭办的小高炉炼铁厂。那个厂曾经因为大炼钢铁运动,出了四个烈士。听老人们说,当时根本就没有人懂得炼钢的技术,都是糊弄的,那小高炉是一半挖在地下,一半砌在地上,炉膛口在地下部分,就像石灰窑一样。炼钢用的原材料都是杂七杂八的烂铜烂铁,还有那些不知是不是铁矿的矿石,而用以加热的燃料是木炭，熔炼时要人到地下的炉膛口不断的添炭加火。

其中有一台小高炉，烧了一个星期也不见熔化，只得继续不间断的轮班添柴加火。直到有一次，下去烧火的人，已经超过换班时间很久却不见上来，接班的人下去换，也不见那人上来。领导又叫一个人下去看，还是不见上来。接着又派一个下去，还是不见上来。一共已经是四个人在下面了，上面叫又没有回应，才意识到问题的严重性，再不敢给人下去了。向上级领导汇报后只得停火，找来懂行的人，讲是因为缺氧窒息而死的，待熄了火后，才把四具尸体抬了出来。为他们开了追悼会，在都龙坳公路边，做了四座大大的坟墓，追认为烈士，每一座墓前立了一块石碑，碑题为覃某某烈士之墓。碑文内容是："……一九五八年十一月九日在大炼钢铁运动中为抢修高炉而光荣牺牲。"至今那四座坟墓，仍完好的，默默地，矗在距柳州市约十四公里的都龙坳旁，掩映在树丛杂草中，周边是一大片的葡萄园。每年清明节，只有他们的家人去给他们扫墓。当人们开着各式各样的车子——摩托车、微型车、宝马轿车、奔驰轿车，经过那四座坟前时，没有人会刻意停下来，去追思那墓的主人。已经没有几个人记得他们是怎么死的了。但他们确确实实的，见证了一段狂热和愚昧无知的历史。

至今令人无法理解的是，一个马列主义的政党，一个泱泱大国的政府，总是那么善于创造出一些史无前例而荒诞不经的"奇迹"来，令人哭笑不得、无所适从，但又不敢不从。全国上下所有国人家里的锅盆铲勺，变成了炼钢的原料，送往小高炉里回炉，变成一砣砣铁不是铁，石头不是石头的废铁屎。所有原来郁郁葱葱、古木参天的百年老林子，被作为炼钢的燃料砍伐殆尽，变成一座座光秃秃的山岭石丘，满目苍凉了几十年也没恢复过来。在那狂热的年代里，一个十亿人口的泱泱大国，一个拥有数千万党员的，世界上最庞大的政党，竟然为自己的愚昧、愚忠和盲目崇拜，为领袖的狂傲任性和无知，付出了惨痛的代价。

第六章　户口与口粮

一

公社食堂按各人想吃多少报多少，按需分配计划下米做饭的制度，执行了没多久，到1959年春天青黄不接的季节时，就难以为继了。开始实行口粮定量，一天中晚两餐，劳动力每人一顿四两，其他人每顿三两。虽然觉得不够吃，但也还过得去。不久后这个定量也保证不了。起初食堂是用米筒量干米下锅，后来就把米先泡涨了再量，蒸出来的饭看起来量还不少。但那饭却是不干不稀的，吃起来压根就没有饭味，只是为了填肚子而已，哪还讲究什么味道。就是这样的饭，我们家也不能原样的吃。母亲总是把全家的饭领回来后，用家里唯一可以煮东西的瓦罐，把所有的饭重新煮成稀粥喝，再添加些野菜或者其他的东西，这样吃后至少有一点饱的感觉。到了夏收以后，也好不了多少。挨到秋收过后，刚收的粮食也不知到哪里去了，日子也还是不见好过。天气越来越冷，又接近期考，那段时间里是最难挨的，使我体会到了饥寒交迫的真正滋味。

早上饿着肚子去学校，瑟缩着坐在四面透风的教室（原武圣宫庙的庙堂）里，心不在焉地任由老师在讲台上有气无力的讲课，反正什么也听不进去。老师也不过是到课堂里来打个照面而已，连教案和课本都懒得拿，更没有力气拿起粉笔在黑板上写，只是搂着双臂，缩着脖子，在讲台上转着圈子，等待下课的钟声。

给我印象最深的，是每天上午给我们上算术课的韦老师，他总是在上课的钟声响过很久，才穿着一件破旧的，肩膀上露着棉絮的棉衣，腰间捆扎着一根用稻草搓成的绳子，胳肢窝夹着课本和教案，低着已显浮肿的脸颊，蹒跚地来到讲台上，微微抬起右手，制止住要起立喊老师好的同学们后，便开始讲课。他不管同学们听还是不听，只顾讲着,连眼睛都懒得睁,(其实他的眼皮已经浮肿得只剩下一条缝了)下课钟声一响,他就头都懒得抬的自顾走了,同学们还来不及起立叫老师再见。韦老师是我们街上的人,他妹妹当时是我们本县的第一个女副县长。韦老师是老师中第一个因为饥饿而浮肿的老师。

　　下午最后一节课是自习课,老师也没有到教室来。天气越来越冷,刺骨的寒风从四面八方灌进教室里来。同学们都坐不住了,就挤在教室角落里做一堆,避风取暖。我那时穿着一件大哥穿了二哥穿,二哥穿后到三哥,三哥上初中后才轮到我穿的破棉衣,上面缀满补丁,里面的棉花已经板结,整件棉衣变得僵硬、冷滑。乍一裹到我只穿着一件,讲不出材料和款式的,破旧单衣的身上时,不由得我禁不住地打着哆嗦。我下身穿着一条补丁压补丁的单裤,光着脚丫穿着母亲做的布鞋。我这样的一身装束,挡不住从领口和下摆,往胸口和肚皮上吹进来的风。母亲就用一根鸡肠带给我捆在腰间,多少也起点作用。同学们的情况也不比我好多少。有些同学比我还差,光着一双发红的小脚,身上连一件僵硬的破棉衣都没有的挨到这个时候。中午回家喝的几口米汤、稀粥,早在拉了几泡尿时已经拉空了。身体里仅存的一丁点儿热量,被那风儿一吹,便冷到了肚子里,冷到心里。从嘴巴里呼出的气都是冷的,肚子不自禁地在收缩,浑身在不停地颤抖,上下颌不由自主地打着哆嗦。尽管和同学们一个挨一个的挤做一堆,还是冷得上牙打着下牙,瑟瑟发抖的声音都可以相互听得见。相互间能感觉到彼此急促的心跳。

　　也不知怎么的,那一年的冬天特别冷,也特别长。天天下午都这么又冷又饿地挨着等放学。终于有一天实在熬不住了,有一个同学不知是随意还是有意地说了一声:"我们逃学回家吧。"想不到就这么一句话,竟然有那么强的号召力,居然使全班同学都好像听到放学的钟声一样,争先恐后地拿起书就往家跑。这事成为学校点名批评的集体逃学事件,所有逃学的学生都受到处罚。我们家住街上的几个学生,当天晚上就被追到家里的班主任,带到公社食堂里排队示众,并当众宣布由食堂罚我们一顿饭。不知道那天晚上别的同学是怎么过的,我却只得把母亲和三姐的两份饭分做三份吃。而我们被罚的那份饭自然也没有剩到第二天，估计是让食堂里的人吃了。由此以后，不管再饿再冷，很少再有学生逃学。

二

那时的口粮是和户口捆得死死的，户口在哪，口粮就在哪。二哥、三哥分别上高中、初中，户口在学校。二姐是在农业中学读书时，已经和当时是铁路工人的姐夫结了婚，嫁到柳州去了。但农村户口进不了城市，二姐成为中国第一代的城市黑人黑户。

二姐户口还在生产队，口粮就还在生产队，但是队里说，人不在不给口粮。母亲去论理："人不死粮不断，那边不给口粮，这边又不给口粮，不是要饿死人吗？"结果是以一种相互妥协，但又是明显刁难人的解决办法：不能给米，只能给她一份饭。但是人在柳州，总不可能每天从柳州来回跑的吃两顿饭吧，那怎么办？母亲只好一顿一顿从食堂把二姐的饭领回来，把饭放簸箕里晒干，攒起来留着。二姐半个月回来一次，带回柳州重新煮成粥吃。二姐的口粮就这样维持到食堂解散，以后就连这份饭都没有了。二姐和姐夫只好两个人吃姐夫一个人的口粮。以姐夫那微薄的工资买些红薯，再加上她们在铁路边种些猪肚菜（产量较高的猪菜）之类的杂食掺和着吃。一直维持到1964年，她们的大女儿都两岁后。那时政策稍有些许的松动了，二姐抱着女儿到派出所死缠硬磨的，她和女儿的户口才得以解决。

对于经历过那个饥饿年代的人们而说，"六零年"就是饥荒的代名词。1960年春节前，已经是常常断炊了，食堂只好安排人去找野菜来代替。那时整个三都街就一个公共食堂，几百人吃饭。派几十个人集体去找野菜野果，如金猫（长着金黄色绒毛的蕨类植物的块根）、薯良（块根发达状如柚子的，供销社收购作工业染料的野生植物）等可以吃的，不会吃死人的东西。这些东西也不是随处都有。附近的山上，在58年大炼钢铁时已是搞得光秃秃的了。连草都长不出几棵来。只有到我们老家屯马的深山冲沟里才有。老家的山里也不是过去那样的郁郁葱葱了，只有钻到冲沟深处的杂草丛中，才偶有幸存的这一类植物。这全民性的挖野菜吃野果行动，在不到几天时间，所有能吃的东西便被扫荡一空。这山里周边村子的人，早已是吃这些东西的内行人，都知道什么地方有这些东西，而且，早就私下里捷足先登了。

那一年春节，我们过了一个别开生面，忆苦思甜的"革命春节"。在节前，食堂的人就放出消息说："今年过年，我们要过一个有意义的、内容丰富的年。"孩子们怀着美好的希望，苦苦地盼着。59年春节吃的红烧肉还记忆犹新，总在幻想着重温旧梦，期盼着能再次一饱口福。

年三十那天一大早，孩子们就跑到食堂里，把能当饭桌的木板、簸箕、砖头摆成桌子，把凳子和当凳子用的石头、砖头、木头按每桌十个人的摆好，在食堂里玩着等开饭。孩子们由于抱着希望，都忘记了现实的饥饿，在食堂里跑着闹着，甚至于忘乎所以的，跑到食堂的厨房里去看厨师们做饭。这可是犯了大忌，厨房是不能随便去的。平时里，厨子们量米蒸饭的动作可不怎么规范，所有的罐子都写有名字，他们也都熟悉得闭眼都能拿出自己家的罐子和领导的罐子，还有那些平时里和他们套着近乎的人的罐子，在量米时总可以在不经意间往这些罐子里多添一抓、半抓的米。在炒菜时也不都是一锅炒的，油多油少那味道就大不一样了。那时能在食堂里做事的可就不是一般的人了。那可是掌握着特权的地方，这个特权就是多吃多占。"多吃多占"这个词就是那个年代发明的。

现在叫腐败，贪污贿赂都是腐败。提到腐败，一些没有经历过那个年代的年轻人，都说是改革开放以后才有的，这不是事实。也许那一抓米只是开始，拿一抓米和几千万元人民币比较，当然不可同日而语，但是那时的一斤米是可以救一条人命的。所以说孩子们闯进厨房是犯了大忌，结果被那个叫老肥的食堂主管（那时不知叫他主任还是什么长）恶狠狠的给赶了出来。这个人可是被群众私下里恨透了的，平日里狐假虎威，喝五吆六的，他能说会算，不知怎么的打从办公共食堂起，就一直由他掌管着众人的油盐柴米，所有人都饿得只剩皮包骨头，虚弱浮肿的，他却仍然时时肥壮得油光满面的，好像就他一个人不是在食堂里吃饭一样。

晚上，等到那些下田劳动的大人们都回来后，老肥敲响了开饭的钟声，人们就一齐呼啦啦地拥向饭堂，以户为单位，相互调节，每十人一桌。坐好后，由老肥亲自来点验过人数，才能上饭上菜。听到食堂的人动作起来，所有的人便都不约而同地，朝厨房方向转过头去，看着他们把"饭菜"端出来，分发到每一张"餐桌"上去摆好。每摆好一样就报个名。我们也搞不清楚叫什么？是什么？只听得他报有"红烧肉""扣肉""豆腐白菜火锅"还有其他几样，现在已经叫不上什么名了，当时也不知叫什么的。那"红烧肉"是用"金猫"切成方块焖成的，那"扣肉"是用"金猫"切成大块猪肉状搭配着红薯块过了油锅装碗蒸好的，仅那"豆腐白菜火锅"是货真价实的白豆腐和大白菜。没有米饭只有"年糕"。"年糕"是以"薯良"磨成浆，用布袋过滤成浆粑，和着红薯浆粑以及少量的大米浆，放簸箕里蒸熟，还顶有年糕样的。没有糖，是以红薯的甜味儿代替了糖，吃起来也不怎么太难吃，就是有点涩。

那天上午我们听到了猪叫声，听说是杀了一头猪，却看不到猪肉。据说是全都炼了油，只在豆腐白菜里看到几星油花儿。整个年夜饭除了豆腐白菜外，其它都是野生的。也难为了老肥他们，不知他们从哪里学来的这套手艺，把那些个杂七杂八野生的东西，弄成有模有样的"色、香、味"俱全的七八个菜式来。如果是现在，能用野生的东西弄出这些花样的一桌菜来，绝对是价格不菲的环保大餐。但在那时候，人们长期缺米少油的营养不良，把这些不易消化的东西，一下塞到肚子里去，到了晚上就胀得睡不着觉。加上豆腐的作用，我们一家人就都稀里哗啦的泻了肚子，一晚上爬起来三四次，那时人的生命力还挺顽强的，把肚子拉空了也就没事了，只感到饿得慌，两眼直冒金星，浑身没力。

三

在寒假里，在家也是又冷又饿地难受，我就跟着三姐拿着刮子，到收过稻子的田头石头旮旯里挖野荸荠。野荸荠个子就像花生米那么大点,要从挖出来的土块里慢慢掰出来。一个人挖,一个人掰,一天也能捡个一满碗。在河里洗干净,回到家里用辣椒钵子舂烂成粑,然后捏成一个一个汤元丸子。野荸荠含有丰富的淀粉和糖分,下锅煮熟还挺好吃的。家里就母亲和我们姐弟俩,每人也可以连汤带丸子的分到一小碗。有时我们也去捡些野菜回来给母亲弄来吃,母亲弄野菜的办法还顶多的,弄得还都能吃得有滋有味的,也没出过什么事。就有一次,母亲出去拾肥时,我和三姐没有地方出去,就在家里想办法,把父亲的药——"土茯苓"拿来舂,用箩斗筛成面,然后蒸成卷粉一样,白生生的,也没有什么怪味儿。等母亲回来后,又炒些蓖麻籽捣烂做油,煮些野菜汤,烫着饱吃了一餐。到了半夜,母子三人就同时感觉肚子痛,我们都意识到是中了"土茯苓"的毒了,却也无可奈何,只能听天由命。结果经过上吐下泻后也就没事了,算是福大命大。

四年级第二学期开学后,天气还是那么阴冷,还是那么饿,我都有点支持不住,都不想读书了。母亲说:"你不读书在家做什么,你在家就能有饭吃吗?"想想也是,去学校和同学们在一起,有时还可以暂时忘记饿,就去了。边读书边挨着过日子。一天一天地挨着,心中也不知道要挨到什么时候是个头,只是渺茫地挨过一天又一天。

一天早上起来,天下着细雨,还刮着呼呼的北风。昨晚上一夜就没睡好,三个人挤在一床僵硬的破棉被下,一双脚就没暖和过。肚子空空的,头直发晕,浑身打着冷战。就跟母亲说,今天不想去学校了。母亲摸了一下额头,说是病了,也就同意去叫同学代向老师请假。三姐也请了假。母亲要去山上拾肥,家里什么吃的都没有了,也没有火烤,在家也难熬,赖着要跟母亲一起出去。心里面总幻想着跟着母亲就一定有办法。于是母亲就说,昨天刚下过雨,那就去捡石头菌吧。于是就跟母亲去山上捡石头菌。石头菌是长在山上的石头缝里,刚开春下雨时就一簇簇的长出来,状如黑木耳,捡回来洗净煮汤,有油盐佐料,其实很好吃,汤很鲜美。到了山上,天又开始飘着冷雨,山上的风更大,更冷,无孔不入地从领口沿脖子往胸口、衣服里灌。不时地还带进去几颗雨点儿,直感觉冻得肚皮都仿佛僵硬了。上牙不由自主地打着下牙，下巴颌已经不听使唤，话都讲不来了。我实在受不了这种风吹雨打，饥寒交迫的煎熬，就忍不住呜呜地哭了起来，很伤心。自己也不知道是为什么哭？对谁哭。只是觉得委屈？又不知道受了谁的委屈，无可奈何的只是想哭。母亲就说：哭什么呢，又不是谁叫你来的，你饿谁不饿？母亲就把我领到一个背风的崖脚避风。我就一个人瑟瑟抖抖的，干脆放纵着上牙不自主地击打着下牙"得、得"地响着，泪眼汪汪地缩在崖脚下，等着三姐和母亲拾了肥，捡了石头菌后才回家。母亲和三姐捡了一篮的石头菌，回家拿到瀵口洗干净，煮了一锅，放一点盐和一点炒好捣烂的蓖麻籽，一家三口吃个饱，身上也觉暖和了，就这样总算又度过了饥饿难挨、春寒料峭的一天。

四

我们吃"土茯苓"中毒那时，父亲是一个人住在大队卫生所里。大队卫生所有两个人。一个是搞西医的，父亲是中草医，两个都是地主分子。当时对有一技之长的四类分子，政策还允许利用他们的特长为社会服务，同时也便于对他们的人身管制。

卫生所的职能，是给群众平日里一些小病小痛施以诊疗。医护人员的口粮由大队发给，所以父亲就一个人在卫生所里吃住。父亲本来饭量大，一个月九斤米的口粮再怎么节约也不够吃。父亲就打主意找些能吃的、野的东西来掺和着吃。那时的野菜也不是那么容易找的，只要有什么能吃的，他就吃什么。蛇和四脚蛇（蜥蜴）、蛙类、老鼠都是父亲最可口的美餐。每当他抓到这些东西时，他就会回家叫我去跟他一起吃，免得母亲总说他只顾他一个人而不管儿女。

在1960年春夏之交的青黄不接时，连食堂"老肥"都面带饥色了，更多的人出现了浮肿的状况，几乎每户都有人浮肿。队里就在奇云家办起留医所。父亲他们卫生所就负责给那些浮肿的病人治疗。父亲当时自己就已经全身浮肿了，面对着满满几屋子，六、七十个浮肿病人，父亲他们有再高明的医术，没有粮食，也是徒劳而无功的。慢慢地，眼看着一些人实在熬不过去了，也就让家人抬回去了。那时饿死一个人好像不是什么事儿，死了就死了，家里人用一床烂席子一卷，抬出去挖个浅坑就埋了，没有引起人们多大的关注。人们只是很平淡的，相互传递着一句屡见不鲜的话题："某某家又去了一个"。

从留医所抬出去的人越来越多，上级也在想着办法解决。后来从上面拨下来一些黄豆、花生麸、麦麸，米糠等"营养品"给留医所，作为给浮肿病人的营养补助。待熬到夏收，其实还不是到真正收稻谷的季节，只是稻子刚灌满浆的时候，队里就为了应急，而提前收了一些还没黄透的谷子，分给各家各户自己用火炒干了，连着谷壳一起磨了熬糊糊吃。我们（包括已经浮肿的父亲）终于度过了这一关。父亲也因此而落得个"浮肿佬"的外号。其实这样的外号不只应该属于父亲。只是因为父亲是治疗浮肿病人的浮肿医生，而被病人戏称为"浮肿佬"。

在最难熬的1959年到1961年的三年间，人们把所有可以想的办法都想出来了。胆大的、又走投无路的，为了活命，什么事情都敢干。比如偷呀抢呀。不过那时候所有人都一样，去哪里偷哪里抢？只有盯着队里的、地里的，只要是能吃的，就有人偷。我们街上就有一个特大胆的，姓韦，名叫万年，是个绝对标准的贫农，他身材高大，人也憨厚，在他实在忍受不了饥饿的煎熬时，他趁着为队里放牛的机会，把牛赶到我们老家那边的山洞里杀了一头。在洞里先把内脏煮了吃，把肉就挂在山洞里腊起来，准备着等事情过后，再慢慢吃。他回队里就说是牛找不见了，结果不出三天，就给民兵们侦破了。我看着民兵埋伏在他家门口，等他从家里出来时，两个持枪的民兵把他打翻在地，用绳子五花大绑的就送到县里去了。后来判了两年刑，劳改回来时划为"坏分子"。那些腊在山洞里的牛肉，不知道我们队里人谁得吃了，反正下落不明。对万年的下场和结果，人们有同情的，也有钦佩和赞赏的，但没有人恨他。他劳改回来后，尽管他也是四类分子其中的一类，但也没有人羞辱过他。

在三年的饥饿经历中，我们品尝了人类历史上，有记载和没有记载过的，在饥荒年代能代替食物的所有物质。除了观音土外，我全部都亲身经历和品尝过。所谓的草根树皮，吃糠咽菜这些形容饥荒挨饿的词语，对于从那个年代过来的人，我们的体验至今记忆犹新。现在的人们所无法理解的是，米糠或野菜做的食品，竟然是当年公社疗养所的营养食堂，给浮肿病人特批的营养食品。可想而知，浮肿病人的体质本来已是极度衰弱，胃肠所能吸纳的油脂几乎为零，胃肠内分泌已经极度贫乏、干涩，再吞咽这样的食物，那吞咽过程本身就是一种折磨。进到胃内唯一能起到的作用，就是能填充胃肠里的空间，短暂缓解一下饥饿的感觉。之后就是缓慢和痛苦的消化过程。这些痛苦滋味，我们（包括那个年代过来的所有农村人）几乎都有过亲身的体会：那干涩粗糙的糠巴从嘴巴进到食管，其全部的进程、所到达的部位都可以感觉得清清楚楚，就像一把刷子一样，把食管壁仅存的胃液刷抹得干干净净，甚至于可以把食管壁膜刮破。进到胃里，经过一番的翻腾，那胃就像是被摩擦一样火辣辣的难受。从胃排入肠内的过程，是最漫长最痛苦的过程。当你感觉到肚子胀满，到厕所里蹲着老半天，要拉又拉不出来，人们说"拉屎握拳暗使劲"，但由于体弱，那劲如何都使不出来。有的人就不得不用手指抠，甚至用木棍撬，忍着万分的痛苦，好不容易抠出一坨坨带血的，硬如石头般的粪蛋。拉完便，人也就给折磨得筋疲力尽，站都站不起来了。有些老年人也就这样的，不堪疲弱而死在厕所里。而有些则因为实在拉不出便而活生生憋死的。

五

关于饥饿的故事俯拾皆是。但我所不能理解的是，就在那样的生活氛围下，在学校里，我们却还要经常的参加"忆苦思甜"大会。请一些从旧社会过来的，翻了身的老贫农，到学校来诉旧社会受的苦。歌颂新社会的甜蜜生活。可我们这些少不更事的孩子们，都无从理解什么是苦，什么是甜。无法理解那些从旧社会过来的人们，是如何的活过来的？怎么就没有听他们说到浮肿和因饥饿而死的事例呢？在那些乐而不疲的"忆苦思甜"会上，也曾经闹出过许许多多，老贫农在"忆苦思甜"大会上，实话实说的笑话故事。如街上的老贫协主席，在一次"忆苦思甜"大会上,诉说了解放前他在一个张姓地主家当长工时,地主自己吃瘦肉,给长工吃肥肉,用苦麻菜("麻"与方言"马"同音)当马肉,来戏耍和欺骗长工的故事。引起台下的小学生们偷偷议论说:"我们现在有肥猪肉吃,叫我干什么就干什么。"

在"忆苦思甜"诉苦会上,有些老贫农诉着诉着,就诉起了眼前的苦来,让主持会议的人哭笑不得。

最苦的三年过去了,传来了中央文件,允许开荒了。但在这周边都是水田的三都街是没有荒可开的。原先随我们家之后从老家搬出来街上住的房族二叔、四叔等几家人,就又陆续的搬回老家去,开荒种红薯木薯来度灾年。回去的第一年,四婶就生病死了。四叔也因为饿了,捡了人家地里的一条木薯煨来吃而中毒死了。他们家可都是贫农啊!留下一个孤苦伶仃不满七岁的儿子,在父老乡亲们,特别是曾经资助过大哥去南宁读革大的,二叔的照顾下,居然顽强的活了下来,且在改革开放后,凭着自己的本事,堂堂正正地成了柳州城市人。

饥饿和贫穷一直延续了十几年。我的所有的童年、少年到青年时代的记忆里,偶尔的一顿饱饭,都会给我留下深刻的印象。记得在公共食堂解散后的第一个春节,二哥三哥放寒假回家后,他们就筹划着一家人的春节。那时自由市场已经有限制的恢复了,柳州市里的一些饭店也恢复了营业。听说,到春节时会增加一些肉食供应。到饭店里吃饭,每一个人可以供应一盘红烧肉之类的肉菜和酒。二哥和三哥就计划着,回老家那边山里砍柴,然后运到柳州卖,赚些过年钱。两兄弟花了一个星期时间,砍回五百多斤柴火,跟别人借了一架木轮手推车,到年二十九晚上,两兄弟就把柴火装了满满一车,冒着呼呼的北风,连夜拉到柳州去。到得柳州,天也刚亮,正好赶早市卖给饭店,得了十多块钱。两兄弟高高兴兴的,跑到谷埠街三姨家洗了一把脸,吃着从家里带去的冷红薯,早早地就到街口的鱼峰饭店排队买饭。一直等到下午两点钟,才开始卖晚饭,一个人只卖一份。他们买了两份红烧肉,一瓶白酒。用从家里带去的口盅,把肉和饭装好,就急急忙忙往家里赶。他们轮流拉着手推车,一个拉一个坐,近乎小跑地往回赶。那时我们还住在梁姨妈家的房子，我和三姐就一直爬到屋后的矮墙上，翘首望着从柳州来的公路上，直到看见二哥拉着上面坐着三哥的木轮车，疲惫不堪进了街口的路。他们进到家里，天也黑了。

　　那天晚上，一家人都很高兴，吃着从柳州买回的红烧肉，父亲喝着二哥三哥从柳州买回来的瓶装酒，无比惬意地把酒杯轻轻放到嘴边，慢慢地吮吸着，发出悠长的嗞嗞的声音，啧啧自得地品味着酒香。二哥三哥都喝了，我也高兴地喝了一小杯酒，吃完饭我就醉了。记得母亲把我放到床上睡时，还埋怨二哥他们给我喝酒。我这一觉一直睡到第二天的傍晚才醒来。醒来时以为还是当天的晚上，还不知道自己已经睡了足足二十四个小时。也许是因为第一次喝酒就喝醉的缘故吧，之后，在我的一生里，对酒就没有什么嗜好。

　　那天晚上我喝醉了酒，但当时吃饭时的高兴劲却还记得很清楚。二哥和三哥边喝着酒，边讲述着，他们如何把柴火运到柳州的过程，以及在柳州的见闻。他们说：一路上，他们一个人在前面拉，一个人在后面推。下六道坳时，二哥在前面死力的抬高车把，三哥就在后面下死力踩住车尾，尽量往下压着路面，以减慢下溜的速度。上都龙坳时，因为坡太陡，车太重，怎么拉怎么推都上不去，还直往后溜。半夜里又找不到人帮忙，只好把一部分柴火卸下来，把一部分先拉上坳顶后，再回来一捆一捆的扛上去。尽管当时是寒冬腊月，把两兄弟都弄得汗流浃背的。三哥对饭店里的见闻印象特别深，他兴奋得放下碗筷，手脚并用地比划着说：那排队买饭的长长的队伍，从饭店门口排到维新巷口，有本市人，也有外地来的人；有老人也有小孩；有拿着口盅饭盒的；有捧着菜盆大碗的；一个挨着一个，冷得缩着脖子，搂着手臂的；有的不停地跺着脚以驱赶寒冷，都在耐心地等着，不时地踮起脚尖，斜着脖子往饭店里望，眼巴巴地看着饭店里柜台上，那些冒着腾腾热气的饭菜，散发着诱人馋涎的香味。终于开卖了，他们排在前面，卖柴的钱只够他们一个人买一份红烧肉，外加一瓶白酒，他们舍不得尝一块肉，就把两盘红烧肉连汤带肉，全倒在口盅里带回来了。母亲眼含着泪光，怜悯地看着三哥细眯着的那不戴眼镜的眼睛，不无痛心地颤抖着手，往他碗里夹一块肉，催他先吃了饭再说。而母亲那天晚上自己只吃了一块肉。

六

年三十那天，我和三姐在屋后的残垣上，守望着二哥三哥从柳州回来的时候，听到了国邦家杀猪的声响。后来知道是他家杀了那一头喂了一年多的猪过年。杀猪过年，是我们许多年都没有听说过的事了。

国邦的父亲是个银匠，是个手艺人。手艺人都精明，更何况他这是祖传的手艺，世代和金子银子打交道，就不免积累了一些家底，理所当然在土改中被划为地主。我们这街上实行了人民公社化后，所有街上人不分农业或非农业户口，都一概地成为公社社员。也不例外地和所有的人一样，共同承受着饥饿和浮肿。当政策稍有松动可以有限的开荒种养时，房前屋后、田边地角，能有一抓土的地方都有人种着东西了。他却不知从什么地方弄来一只猪苗，放在后院里喂养。那些年，本来属猪食的米糠菜皮，都被人当作营养品救济浮肿病人了，能让猪吃的就基本上没有了。猪和狗只要见着人拉的粪便就都抢着吃。他便想到了在田边一处生根石的旮旯上，用石头围起了一座露天的公共厕所，用一只木桶，把人们每天到他厕所里拉的粪便，接回他家后院里喂猪。可想而知，那时人吃的那些东西经过人体的消化和吸收后拉出来，还能有什么营养？却弄得满屋子长年的大便味。那猪养了快一年半了，却还长不到30斤。那猪就长得像阴沟里的臭鼠一般，一副尖瘦细长的嘴巴，两只耳朵薄得像两片枯黄的树叶，竖在那皮包着骨头的脑壳上。肚皮瘪瘪的，腰弓背拱的，身上的毛像刺猬一样，稀疏、粗硬而尖利，四只腿犹如四根棍子，走起路来就像人踩高跷一样摇摇晃晃，让人看去都认不出是只猪。国邦他们家知道，那猪再养也不会再长了，就只好杀了过年。后来听他们家人说，那猪杀后的肉都是一股浓浓的人便味道。不过也不见他们把它扔了。

国邦他父亲的精明，在于他应对饥饿和贫穷的点子层出不穷。猪养不大，就又不知从什么地方弄来了一窝蜜蜂，养在他家后院的屋檐下。在那没有糖的年代里，那蜂蜜可是难能可贵的。但过了不久，国邦家的蜜蜂在经历了一场意外的，家蜂与野蜂的战争后，几乎濒于灭绝。但是它们还是顽强的生存了下来。但想不到的是，当蜂群正在努力的进行恢复重建中，又变成了资本主义的尾巴被割掉了。国邦家的猪也不见养了，蜂群最后也不知所终。

七

在经历了三年饥荒过后，虽然不再浮肿、死人，但是粮食问题远远未得到解决，始终处于有上顿没有下顿的贫困之中。每年秋后分得的粮食，仅能勉强维持到年节，过完年就是青黄不接的荒季。每家每户都在挖空心思地想办法度荒。每年到了荒季，国家就会向各生产队象征性的借出一些粮食，由生产队分给各家指标，但还得用钱买。于是又要向生产队借钱去买。那微乎其微的几斤米，还维持不了一个星期，要挨到夏收新粮入库的七月、八月。那是整整五个多月的漫长日月，全靠当时允许少量开荒所生产的木薯、红薯、芋头等杂粮，在有限开放的自由市场上相互调剂。因此，在成立人民公社时取消的农村集贸市场，又不得不重新恢复起来。

农村政策经过一阵子调整，有了些许的松动。恢复了农村集市贸易，我们这街上又开始有了圩日。但不再是过去的三天一圩，而是改为一个星期一圩。

有了市场交易活动，于是这圩日又显出了热闹的气氛。围绕着度荒所需的钱、粮问题，人们都绞尽脑汁地琢磨着，用什么手段才能获得一点度荒的钱粮。市场管理规定的政策，只准许在市场内进行自产自销的交易，不得倒买倒卖。于是就出现了地下的倒买倒卖活动。为了控制这种倾向的扩大和泛滥，就有了市场管理委员会作为管制机构。市场管理委员会在打击投机倒把和割资本主义尾巴运动中，发挥了权威的市场管制作用。在严格的市场管制的同时，从公社到生产大队直到各个生产队，对于人（公社社员）的行动就更加的实行严格管制了。除了晚上睡觉外，没有任何个人活动的时间。要侍弄那点合法的自留地，只能在收工回来和饭前的那一点时间。但不久，开荒，打柴卖，饲养猪，饲养鸡、鸭、鹅、兔，等等家畜家禽，就又都属资本主义活动，受到打击。所有的农产品的上市交易，包括前面所提到的韦然卖狗肉，和老农卖兔子的活动，就都属于投机倒把，受到市场管理委员会的严格禁止。阶级斗争的调子也随之越来越高了。

  人们在忍受着因粮食匮乏而饥饿的同时，却还要忍受着人为强加的阶级斗争的折磨。三分"天灾"是过去了，而七分人祸却在愈演愈烈地考验着中国老百姓的承受能力。

第七章 自然界里的战争

一

在我的童年时代里，人们都在为生活而劳碌，没有多少空闲时间，开展什么群众性的文化娱乐活动。但在逢年过节时，特别在春节期间，三都街还有一些热心人士带头发起，组织一些文娱活动。三都圩作为这带地方的政治、经济、文化中心，自民国时起，就养成了对民间文化艺术的爱好习惯。到人民共和国成立之初，这种习惯也还能够沿袭下来。农业互助组、合作社阶段，还没有政治第一这样的概念，人们的生活习惯和思想言论，还比较自由，人和人之间的关系也相对和谐，阶级意识还不怎么浓厚，在人群中也还没有以阶级划线的政治要求，阶级歧视不那么明显和公开。对一个人的评价，还不是以政治为标准，而是习惯以传统的人性道德作为标准，人和人之间的相喜相恶，大多以性格爱好相近为依凭。人们日常的文化生活不多，但是，过年的时候，也还能开展诸如篮球比赛、舞龙舞狮或者武术竞技等活动。据大人们讲，在我们当地，还有一项非常传统的，群众广泛参与的规模很大的抢花炮的体育运动。解放前几年，每年过年时都在龙屯庙开展抢花炮的运动会，场面甚是热烈。但是新中国后，就再也没有组织过那样的活动。我们老家屯马在过去历年的抢花炮活动中，曾经因为得过大奖，而在当地百里方圆内小有名气。但是，自我出生后，就无缘经历那样的场面了。

我们家搬到三都街后，在我还不太懂事的时候，记得每天晚饭后到街上玩，还可以到几家门口的骑楼下，听一些大人们拉拉二胡，唱唱桂戏之类的业余活动。那时，街上还有一个由民间戏曲爱好者发起成立的业余剧团，每天晚上都在排练节目，那也是孩子们可以玩耍又可以听戏消遣的地方。当时，这类业余文化团体的成立，不需要经过哪些部门的审批注册，三都街不缺这方面的人才，组建那样一个团体不是什么难事。有那样一个业余剧团的存在，过年时，便在街头"底下白坟"的空地上搭起个戏台，为群众演出他们平时排练的桂戏或采调的一些传统剧目，可以丰富一些群众的文化生活需求。到我真正懂事后，这些业余活动竟也不知不觉间消失了。

到了人民公社以后，公社的文工团取代了民间业余剧团。文工团排练的都是现代剧目，那些传统剧目也就随之永远地退出了新时代的文化舞台。随着民间故事《刘三姐》的走红，广西把《刘三姐》改编成歌剧、电影，一时间刘三姐的山歌唱遍了大江南北。于是，广西各级政府文化部门都争相组建文工团，公社以上自不必说，有的甚至于到大队一级都有文工团，且所有的文工团演的都是《刘三姐》。三都公社文工团就是为《刘三姐》而诞生的。后来在一切为政治服务的时候，那些清明节，端午节，重阳节等等传统节日被当作封建传统禁止了，文工团的节目就都是为政治节日如妇女节、劳动节、建党节、建军节、国庆节、元旦、春节等等，那几年的每一个节日，演的都是《刘三姐》。这是新中国的文化习惯，只要得到政府文化部门认可的节目，大家都一哄而起抢着排演。在当时那种文化生活贫乏的环境下，《刘三姐》的剧情内容还是很能迎合人民大众对艺术欣赏的趣味需求。由于文工团的演员阵容强大，表演的专业性相对于业余剧团的水平高，舞台布景也比较正规，所以能普遍受到群众欢迎，以至让刘三姐达到家喻户晓的程度，尚能让群众百看不厌。《刘三姐》的走红，在一定程度上带动了中国文化的繁荣，尤其广西。但这样的繁荣维持不了多久，便被毛泽东发动对文化的革命给扼杀了。[1]

在此同时，被斥之为封建传统的体育项目，如舞龙舞狮也被禁止了，每到节日，由公社组织的体育项目就是以各大队为单位的篮球比赛，以及拔河比赛。这种活动尽管单调，也能为我们这一代少不更事

---

[1] 据广西"文化大革命"大事年表编写小组编，广西人民出版社1990年出版，广西民族印刷厂印刷，广西新华书店发行（内部发行）的《广西文革大事年表》中图3—4为编绘成批判《刘三姐》的连环画。刘三姐的扮演者黄婉秋遭到残酷迫害。

的少年儿童带来不少乐趣。由于文化生活的贫乏，人的好奇心理自然转向其他方面寻求刺激。比如斗蟋蟀、斗鸡、斗狗、斗牛等等，也能起到一定的补充作用。再后来，斗蟋蟀被当成资产阶级的腐朽生活方式，受到批判，养鸡又被当成资本主义尾巴而受到限制的时候，只有养牛是为了服务于生产劳动，当然受到鼓励，但并不是为了斗牛而养牛。狗是因为会听人话，且忠于主人，又不用喂食，所以养狗也就不受人关注了。还有这些东西，于是偶尔便有机会看看狗打架，牛打架的场面，倒也是一种难得的刺激。那种场面虽然血腥残忍，而人们却往往为那样的场面而热烈喝彩，也就不顾及其他了。由此也锻炼了人们对残忍和血腥的适应性。而我在那样不谙世事的年龄阶段，看到那样的场面，不免将之与阶级斗争和争夺政权的战争牵强附会地做着联想。在我幼小的心灵上产生了诸多难解的谜团。

二

狗的争斗打架，都是人为挑起的动物间的残杀，不时可以得见。在自然界里，出于动物间的丛林法则，而发生的残杀和争斗，却是难得遇见的。在我还处在少年时代的1961年和1962年的两年间，我有幸先后目睹了两场可以称之为"战争"的搏斗场面。其场面的残忍不亚于人类的真正战争。其场面的宏大犹如人类战争的压缩版。而其从中体现出来的品格、精神、和智慧，令我震撼。尤其是它们所表现的那种在没有强迫，没有指令下的自觉精神，可以说人类也难以望其项背，自叹莫如的。

那是两场令我终身难忘地，从始至终亲眼目睹其全过程的"空战"。其一是一窝家蜂与一群野蜂的战争。还有一次是在"蜜蜂战争"后的次年，一场鹰与雀的战争。两场都是精彩绝伦、扣人心弦的空中搏杀。搏杀的双方所体现出来的顽强和智慧的场面，是现代电影电视技术，所无法刻画和表现得出来的。由于这两场自然界的搏杀给我留下的印象过于深刻，至今已事过半个多世纪，但我脑海中的记忆依然历久弥新。每当我回忆起来，我的内心依然那么的震撼。

在国邦家后院的屋檐下,他父亲饲养着一窝蜜蜂。出于对蜜蜂的社会形态与我们当时的人民公社体制极其相似的好奇和兴趣,我有意识的关注蜜蜂的生活模式。通过平时大人们对蜜蜂的叙说,我了解了蜜蜂的精神世界和它们所组成的社会形态:蜜蜂的社会是由蜂王、工蜂和雄蜂等成员组成的。我原来以为所谓的"蜂王",便是蜜蜂社会里的当然统治者。在它所统治的社会国度里发号施令,统领和管制着所有的工蜂和雄蜂。然而并非如此。在蜜蜂的社会里,蜂王、雄蜂和工蜂,都有着明确的社会分工,而它们的分工是基于它们的社会的延续和发展的需要而定的。蜂王在一个蜂群中只有一只,它的生理条件具有繁殖后代的机能,所以繁殖后代是它专门的职责,它担负着发展壮大族群的义务;而雄蜂的生理机能适合于与蜂王交配,所以它就分工负责协助蜂王繁殖后代。雄蜂在蜂群中属于极少数且享有特权,它们无须从事各种劳役,不受群界限制,可以随意串群到任何一个自然蜂群中生活,各取所需的享用蜂粮,各尽所能的与蜂王交配,而不受指责。因为雄蜂不承担生产劳动的义务,所以雄蜂的过多存在成为蜂群的负担;在蜂群中,工蜂是最任劳任怨的一群。它们担负着蜂群中所有的劳务:如采花粉、酿花蜜,抵御敌害,守卫蜂巢,筹集、酿造蜂粮,哺育蜂儿,侍候和饲喂蜂王,营造巢房,调节蜂群内温湿度等等苦活累活。在雄蜂的缺失或失职的情况下,它们其中的部分将要替补雄蜂的职责承担繁殖种群,与蜂王交配的义务。工蜂在蜂群中是绝大多数,是蜂群的实际管理者,蜂群中的事务由它们决策,由它们执行。蜜蜂们都很自觉的接受和遵守这种制度和分工。在自然的蜂群中,雄蜂现象属于自然现象,被蜂群所认可和接受。蜂群内部不存在等级和斗争,不存在剥削与被剥削,不存在统治和被统治的政治矛盾。它们各负其责,各尽所能,各取所需,和睦相处。

蜜蜂的社会形态,恰似我们心中的"共产主义"理想社会。我们平时被灌输的"共产主义",不正是这样一个社会吗?而我们正在施行的"人民公社"制度不恰似这样的社会吗?但是我们却难得像蜜蜂那样的生活。

这就是自然界与人类社会的现实差异。可见任何事物都有其特性，是不能机械照搬套用的。蜜蜂的社会形态的优越，是基于蜜蜂个体品格的高尚。它们的恪尽天职、各负其责，自觉奉献，克己奉公的品格风尚，尤其是它们的勇于牺牲的精神我倍感钦佩。那是因为我有幸目睹了蜜蜂的那场"卫国战争"，它们那种面对死亡而毫无畏惧的精神，令我感触至深。

那是在一个寒假里的一天下午，我和一帮小伙伴在国邦家后院里玩。忽然间，我的注意力被蜜蜂异乎寻常的嗡嗡声吸引了过去，我循着那响声朝屋檐下的蜂窝看去，只见平日里不声不响默默工作的蜜蜂，正从那蜂巢口出出进进、匆匆忙忙、络绎不绝。从它们发出的嗡嗡声中，显出它们的繁忙。但又不像是去采花蜜的样子。只见从蜂巢出来后的蜜蜂，一个接着一个的自觉列成队形，朝着院墙外隔壁家的园子边，一棵落光了叶子的椿树飞去，绕着那树飞了一圈就折返回来。我再定眼一看，发觉那椿树上，正簇拥着一团拳头大的一簇蜜蜂。我正好奇于那蜜蜂为什么要飞到树上去结团时，不到几分钟的时间，我看见远处的天空中正有一群蜜蜂，密密麻麻、浩浩荡荡地，由远而近，向那挂着蜂团的椿树蜂拥而来。到了那蜂团周围，就都嘤嘤的纷纷汇聚到那蜂团上。蜂团在瞬间越集越大，顷刻间在那棵椿树上，挂起了一个鼎锅大的一簇蜂团，在不停地翻爬蠕动，发出嘤嘤的蜂鸣声。这时我头顶上那窝家蜂，也还在陆陆续续的分成一小队一小队的，从巢里出来。飞到那椿树上的蜂群周边，转了个圈又飞了回来。并有一部分进到巢里去。其余的蜜蜂则在蜂巢外围盘旋着。看到这些不寻常的举动，我才意识到，那椿树上的蜜蜂是一群外来的野蜂。于是我继续怀着好奇的心，想看看这些蜜蜂是如何分辨自家伙伴和外来的野蜂？想看看它们又是如何相处的？于是我回过头来仔细地观察着屋檐下的家蜂，眼光跟踪着它们从巢里出来后的动向。

我看到蜂巢口上的蜜蜂，一个接着一个的进进出出。虽然显得异常繁忙，但却井然有序。此时，从那蜂巢里出来的蜂们，一出到外面就都自觉地一个接一个的扑扇着翅膀，飞向屋檐外的空中，排成了数列纵队，组成一个长宽约一米的方阵，朝着椿树上的那群野蜂飞去。在那野蜂周围盘旋了一圈后就飞回来了。有一部分又进了巢里，有部分还在蜂巢前方两米多的空域盘旋着,组成一个扇形的飞行队列,似乎在严阵以待的向外警戒着。果然,在它们之后不到半分钟,便飞来一群与它们规模相当的野蜂,在飞临它们的警戒线时,那严阵以待的家蜂们就毅然决然地相向蜂拥而上,一场激烈的蜜蜂的空战就这样开始了。

蜜蜂的战争不像人类战争一样,靠技术装备的优越和智慧取胜。它们是靠恪尽职守,靠舍生忘死、毫无畏惧的精神,靠"个"多势众而取胜。因为它们的装备是一样的,只靠着屁股上那一颗刺,而那一颗刺也只能用一次,用过刺的蜂儿也就随之自然死亡。所以它们的战争注定了就是同归于尽,就是战斗的双方,败者死,胜者也死的拼杀。但是它们并未因此而逃避,反而是义无反顾的前仆后继、慷慨从容。看那警戒的蜂群,一发现那来犯的野蜂接近了它们的警戒线时,就一个个毫无顾忌,奋不顾身的迎头蜂拥而上,各自寻找着目标,捉对儿厮杀。虽是空战,却又采用着陆战的肉搏招式,一个抱着一个的我螫你、你螫我,然后双双落地,同归于尽。看着那样惨烈的场面,当时我激动得不知所以,乃至油然地对它们生出一种恻隐和钦佩之情。

第一批来犯的野蜂和警戒的家蜂,都已拼搏牺牲殆尽,紧接着又是第二梯队更大规模的空中搏杀。只见那椿树上的蜂群,似乎是获得了前方的信息,顿时蜂拥而起散开,只留下刚来时的一个拳头般大小的蜂群,可能是在护卫着其中的蜂王。其余全部出动,在空中散开足有十多平方米宽的空域,黑压压一片的,向这家蜂所在的院子上空飞来。这边的家蜂此时也正源源不断地,从巢里紧张而井然有序地出来,然后一线儿排开,摆出了全线防御态势,沉着地向着来犯者迎了上去,准备决一死战。只见它们前锋一经接触,即都是同归于尽的招数,一个抱着一个的你螫我、我螫你,霎时又都是毫无例外的双双落地。落地后的许多蜂儿还保持着一个抱着一个的姿势。转眼间院子里的地坪上,就落满了密密麻麻的垂死的精灵。有的屁股上拖着一支带肉的刺,有的还在扑扇着翅膀,发出微弱的嘤嘤声,在垂死的蠕动着、挣扎着,直到悄无声息的死去,一动不动的撒满了一地。然而却不见那些生者们有丝毫的退缩，仍然一批接着一批，前仆后继。到了后来，双方拼杀得几乎死亡殆尽，已经没有能力组织起规模的战斗了，但那些残存的蜂儿依然毫无退缩的，毅然决然地飞向战场的中心，寻找搏杀的对手，直至最后牺牲。

这时，头顶上的嗡嗡之声越来越微弱，那原来给蜂群遮盖着的一片天空，顿时间云开雾散般敞亮。但在那片空域里，还有一些稀落的后来者，仍然还在恪守着自己的天职，在找不到对手的情况下，兀自在空中巡防警戒着自己的领地。

这时，那椿树上仅剩下的一抱拳头大的蜂团，已知自己的伙伴们这一去已是没有生还可能，但它们坚守着自己的职责，全心全意的护卫着蜂王，而没有擅离职守，去为其他牺牲的伙伴报仇。此时那家蜂的巢口也仍有一些蜂儿进出，但是也没有能力再组成攻击的队伍，去向那椿树上的野蜂寻仇。约过得半个多小时，只见那椿树上的野蜂依次散开，嘤嘤告别那些殉难的伙伴，簇拥着它们的蜂王，向屯排山方向飞去，去寻找它们的生存之所。那家蜂也只有重新筹划着重振家业。

目睹了这一场蜜蜂的战争后，觉得这是一场蜜蜂的悲剧。但从这悲剧中对蜜蜂有了更深的了解，我钦佩蜜蜂社会的自觉奉献的集体意识和精神。

三

无独有偶，在我目睹了蜜蜂的战争过后，我又看到了一场可遇而不可求的鹰与雀之间的空中搏杀。

那是在"蜜蜂战争"过后的第二年，一个秋高气爽的假日里。天空湛蓝湛蓝的，没有云彩也没有风，太阳懒洋洋地照着。我和母亲坐在门口邻家的菜园边晒太阳。母亲在为我侍弄着那本来已经补丁压补丁的衣服。我在一旁百无聊赖地抛着石子玩，不时地仰头朝那湛蓝旷远的天空瞭望。正在这时，听到从都鲁山巅传来几声凄厉的鸟鸣，那鸟鸣声中透着凄惶和惊悚。我循声望去，只见都鲁山侧马路漬的上空,有一只矫健的山鹰,正在追击着两只娇小的,形似山雀般大的小鸟。两只小鸟在前面双双忽左忽右,忽上忽下的灵巧的飞着,一次一次的逃过了山鹰的扑击。它们时而合到一起,并肩齐头奋飞;时而分开一左一右,一上一下。那山鹰在后面锲而不舍的穷追猛赶,紧紧追赶在那两只雀的后面。

在那空旷的蓝天下,那一大二小的三只飞禽,正在空中展开着殊死的搏杀。它们忽而似剑指长空,直插蓝天;忽而又收起翅膀闪电般的俯冲而下。那两只雀时而发出凄厉而惊惶的尖叫声,但却仍然沉着而刚毅地应付着强敌的追赶和攻击;它们利用自身机灵轻巧的优势,跟那鹰在空中周旋着。两只雀儿配合默契,不舍不弃。当那鹰向其中一只追去时,另一只就机灵的急速返回,绕到那鹰的后面,并急速飞到那鹰的上空;这时,那只在鹰的前面被追击的雀,即时的向下向上、向左向右的不停地变换着姿势和飞行的方向;时而俯冲急速下降,引着那鹰也俯冲而下,紧紧追击;时而又振翅高飞,快速的向上爬升,那鹰又跟着猛扇着翅膀,奋力向上追去;无奈那雀儿体轻身巧,随心所欲,变换自如。那鹰虽雄健凶猛,却如何也追不上它。这时那鹰只顾及追赶它前面的一只,已完全无暇也不屑顾及那只在它自己上空紧追而来的另一只雀儿,会对自己造成的威胁。当它只顾尾随那只前面向下俯冲的雀儿时,眼看就能将那只在自己前下方逃遁的小雀"爪"到擒来的时候,不曾想,就在这千钧一发的刹那间,那只在其上方的雀,却以比它更快的速度,闪电般地从其上空俯冲到它的头顶,向它的眼睛攻击,这时它不得不放弃即将到嘴的猎物,想返回来对付那只向它攻击的小精灵,奈何此时它体形大的优势反而成了劣势,想改变向下俯冲之势为腾空而起,谈何容易,就在它稍微停顿,欲改变身形的当口,那只在它头顶上向它俯冲而下的雀,正好毫无畏惧地向它的眼睛闪电般的攻击,它只好本能的收翅快速下沉,才避免了自己的眼睛被叮个正着的悲剧。

这一击也是非同小可,尽管没能准确地叮着那鹰的眼睛,但却避免不了被那尖利的雀嘴狠狠地啄了一下,可想而知,这一击可算是痛彻心脾,足以令那傲视长空,不可一世、威猛矫健的空中霸主,本能地发出了撕心裂肺般,凄厉仓皇的惨叫声。这时,那两只雀儿就势汇合在一起,快速的升高,趁机双双逃离。而那鹰却不由自主地随着俯冲的力道,向下跌落了几米。那鹰经过一番猛烈的追击,此时已显得疲累,又加上受此一击,更是痛累交加,抬头向上望去,与对方之间上下距离已经拉长了几十米。以此时的疲惫之身,要重新升空追击谈何容易,只得无可奈何地望空兴叹,悻悻地飞向三村一侧低矮的山峦上,找个暂时歇脚的地方喘息。

那两只雀在鹰的上空盘旋了一圈后,见那鹰已是自顾而去,不再来追击它们,于是便以凯旋的喜悦神情,吱啾、吱啾的相互唱和着,上下翻飞嬉戏着,向都鲁山巅飞去。

我呆呆地聚精会神地看着这一场精彩的空战,真心钦佩那两只弱小的精灵所表现出的强大精神。我问母亲那两只雀是什么鸟?母亲用壮话说是"启夕鸟",她说这种鸟是专门与鹰作对的,它们总是一公一母的两只结伴同行,在鸟类中,鹰和隼都怕它们。

这场"启夕鸟"与鹰的战斗,虽然没有造成血腥和死亡,而它们的精神和智慧,却给我以有益的启迪。它们也和那场蜜蜂的战争一样成为我一生抹之不去的记忆。我由衷赞叹蜜蜂的高尚品格,我也钦佩"启夕鸟"的不畏强暴精神和机巧的生存智慧。自然界的这两场争斗给我留下了深刻的记忆。在之后的岁月里,我总是不时地有意或无意间地把它们回忆,我以它们的精神支撑着我在逆境中生存的勇气。

第八章　好人、恶人、阶级敌人

一

在三都下街有一个外号叫"恶仔"的人，家里没有兄弟姐妹，从他父亲到他两代单传，我们当地称之为"独龙仔"。他自小受父母娇宠，喊风得风，唤雨得雨惯了，养成天不怕地不怕的蛮横霸道的习性。又自恃生就一身的蛮劲横肉，与人稍有口角，动辄拳脚相加，非要打得头破血流，而且是赢得输不得的二赖子角色。人们都怕他，不愿惹他。一般崇尚文明礼仪的人家，就只能对其敬而远之了。他平日里和街坊邻居，为个针头线脑的小事，明知自己没有理都要纠缠不休，若给他抓住个把柄，就非要你跪地求饶不可，否则就别想得到安宁。他不光人霸道，连他养的那条黄狗都仗着他的势，每当他与人争吵，他的狗都会跟着帮腔作势。如果他的狗与别的狗打斗，他也少不了亲临现场吆喝指挥。胜了他则洋洋得意，败了他就拿着木棒，亲自出马参战，为他的狗报仇出气。这种场合，人们尽管愤愤不平，也只是敢怒而不敢言，没有人敢出来指斥他，怕他纠缠不休。于是便更助长了他的嚣张，都三十好几，娶妻生子为人父的人了，仍未见有所收敛。但是，这人间事，强中还有强中手，一山还比一山高，也还有人敢于和他叫板的。

中街的超甫和恶仔俩人年龄相仿，都是独龙仔。家里又都是贫农成分。但超甫则是个明事理的人，最看不得那些恃强凌弱的人。早些年在柳州当工人时，见过世面，又能说会道，看过《水浒》《三国》，经常给我们摆些梁山好汉、刘关张桃园结义的故事。超甫原来在柳州工厂里时，就是厂里的篮球运动员，又是街上每年春节期间，各村篮球比赛的组织者，所以在这街上很有些人气，且还会些拳脚招式，身手灵活，又富有正义感。每当恶仔耍赖欺人的时候，他只要在场，就会站出来评理,恶仔就不得不有所顾忌。俩人之间也因此而结下了宿怨,互不相让,彼此心中始终想着找机会分个输赢,论个高低。终于有一次,恶仔的狗与上街文玉的狗打斗时的惨败,而引发了他们俩人间的公开决斗。

二

　　文玉是个铁匠家的独龙仔,是我小学同班同学,和我挺要好的。他家养着条训练有素的猎狗,一身的白毛,长得粗壮威猛,我们经常在晚上带着它出去捕猎。这周边近处没有深山老林,狐狸野兔自然是难得一见,但是田间的野猫,田貉狗之类的小野物却也经常成为它的猎物。为此,这狗在街上就有了名气。而恶仔的狗却只会在街上耍赖斗狠,人们对它的厌恶之情也就溢于言表了,恶仔自然心怀不忿。

　　在一个冬闲天里,那天艳阳高照,温暖如春。恶仔百无聊赖地带着他的狗溜到上街,也是该他今天有事,当他经过文玉家门口时,那只猎狗正好如一尊石狮似的蹲在门口,虎视眈眈地看着恶仔和他的狗招摇而来。当走到它面前时,那恶仔的狗却不自量力耀武扬威的,示威性地哼哼了两声,惹得那猎狗忍无可忍地,怒不可遏地威武的咆哮了两声,吓得恶仔那狗马上仆下尾巴,蹲到恶仔脚边,寻求主人的庇护。恶仔大伤了颜面,便弯下腰,拍着它的屁股骂道:"妈那个X的,怕什么卵?走,去咬死它。"就将他的狗猛力地向那猎狗推过去,他那仗着人势惯了的狗,经他这么一撺掇,便又重新翘起尾巴,狂吠了两声,就向那猎狗蹿了过去。

　　那猎狗毕竟是个久经历练且有灵性的狗,多少有些主权意识,在自家门口,岂容入侵者猖獗,咆哮一声就旋风般地扑了过去,当即就将它扑倒在地。本想震慑一下,给它一个下马威算了,不想它却不识好歹的仗着主人的淫威,倒在地上还挣扎着朝那猎狗的脖子咬了一口,亏得那猎狗退让及时,未伤及皮肉,却也被扯去了一嘴的毛。那黄狗得以趁机爬了起来,龇牙咧嘴的与那猎狗对峙着。猎狗彻底地恼怒了,再度向它扑了过去。于是一白一黄两条狗撕咬成一团。只见那白狗着着狠招，尽向那黄狗的脖子咬去。那黄狗也并不怯场，一次次狡猾地避过白狗的攻击的同时，抱着两败俱伤的拼命架势，虽被那白狗扑倒在地，也还不忘顺势反击，不顾白狗的居高临下，专朝白狗的腿部腹部乱咬。

那白狗尽管久经战阵，但面对如此撒泼的无赖，也免不了屡屡中招，虽不致命，却也伤痕累累。那白狗的经验老到，它尽找那黄狗致命的脖子为攻击点，只要一下狠心，那黄狗必死无疑。但那白狗似乎念其同类，只想教训教训它，并不想置它于死地。不曾想因自己一念之慈，非但不为对方所感化，反而变本加厉，着着狠招地疯狂反击，纠缠不休。那白狗欲罢不能，暴怒之下狂吼一声，趁那黄狗被扑倒从地上爬起尚未站稳之机，龇着两颗尖利的獠牙扑向那黄狗，从侧面咬住它的脖子不放。那黄狗赖以反击的嘴巴已被牢牢控制住，动弹不得，失去了反击的机会。又被从侧面强力的冲击下，侧翻在地上。白狗仍然咬住它的脖子并死死地压在地上。白狗这次是确确实实的震怒到了极点。只见它怒目圆睁，大嘴一合，马上从那黄狗的嗓眼里传出嘶哑的哀鸣声。

这时早已围满在周边看热闹的人群中，不约而同地喝起彩来。就在这千钧一发之际，恶仔不知从哪里弄来一条扁担，气急败坏地就朝着白狗腰部狠力的劈了下去。那白狗本欲适可而止，趁着胜利的余威，松口退场。岂料受此猛然一击，且袭击者又是手拿棍棒的对方的主人，只好无奈地惨叫一声，跟跄着跑回屋里去。恶仔的这一突然举动，顿使围观的人们的喝彩声戛然而止，纷纷转变成对恶仔的谴责。

这时文玉已从家里冲了出来，哭骂道："操你妈恶仔，狗打架你也要帮，你赔我的狗来。"恶仔在众人的指责下明知理亏，却还强辩说："它要咬死我的狗，我就打它。"这时早在人群中看热闹的超甫忍不住从人群中挤了出来，说："狗打架是你先惹起来的，狗打不过了你人又出来帮，你是人是狗呢？"恶仔正被众人谴责得无言以对，理屈词穷的时候，被超甫这一骂，更觉无地自容。于是就恼羞成怒地耍起赖来，冲着超甫出气。骂道："关你卵事，我又没打你的狗，你想怎么样？"超甫回道："路不平众人踩，你不讲理，哪个都可以讲你，你想耍蛮，我可不怕你，你想怎么样都可以，我奉陪到底。"两个人你一言我一语的，仇人相见分外眼红，互不相让。最后恶仔见围观的人没有一个帮他，就想找退路下台阶，便说："今天你想仗着人多，我也不怕你。"超甫知道他的用意，便封了他的退路："你也不用找退路，我不会以多欺少的，今天就我们俩一个对一个，也不准拿东西，只靠拳脚分输赢，打到服输为止，不服输不准走。"围观的人听超甫这样一讲，一方面想看热闹，再一方面也实在是想让超甫教训一下恶仔，便异口同声地叫好，在众人的撺掇下，恶仔已无路可退，只好应承下与超甫的决斗。

三

这街上历来有个习惯的规则，就是如果发生什么纠纷和争吵，公讲公有理，婆讲婆有理，互不相让的，又不接受旁人的调解，为了避免没完没了的纠缠不休，酿成仇恨，就由在场的众人现场监督，采用公开决斗的方式解决。决斗中只要有一方认输，或被众人裁判确认被打败了，决斗则告结束。至于决斗中双方有伤无伤，是输是赢，有理无理，都不得记仇，否则便是触犯众怒，受舆论谴责，成为众矢之的。决斗时也有规则，不得采用抓、击对方下身的所谓下三烂卑鄙手段取胜，违者除被判输外，且受对方反击而致伤致残自负。以一方倒地为止算一局，三打两胜定输赢。

达成协议，围观的众人就主动地向周边散开，形成一个圆形的场子，让超甫和恶仔面对面的立在场子中间。由当时在场的，凡事都爱出头主持公道的"老江湖"黄三叔自愿出来当主裁判。

黄三叔虽然是"四类分子"，但他平时也是个好打抱不平，爱管闲事的人物。黄三叔家里本是小商小贩，也属于贫下中农成分。他和韦然一样，都是人为制造出来的"阶级敌人"。和韦然不同的是，他毕竟是因为解放前走过江湖，混过世界的人。古话讲的"人在江湖走，没有不湿鞋的"，他不时地，也实实在在地搞过坑蒙拐骗的营生，特别是他曾用"蒙汗药"谋过人的钱财。所以解放后清查他的历史时，由于他自己平时向人吹嘘过他过去的"侠义"故事，凭着这些事实，就把他划为坏分子，于是他自己也不觉得冤枉。每当有运动来的时候，也就免不了隔三差五地像韦然一样的挨批斗。

在会上，他的事情来来去去的，就那么一些坑蒙拐骗的，他自己都经常吹嘘的事情，在批斗会上，人们没有什么新鲜的事可以追究的，就逗他玩似的故意追问他以前是用什么东西做成的"蒙汗药"去毒人家的？于是他总是以一种很得意，很神秘的神情答道："你去公安局开个同意书来，我就可以告诉你蒙汗药的配方。"人们指斥他坑人害人、道德败坏。他也就貌似忏悔的辩解说："我上蒙贵州佬，下骗玉林客，专吃资本家，对不起贫下中农。"

像他这类行为乖张，性情古怪，讲话都是信口开河不计后果的人，被干部们讨厌但又拿他无可奈何，就给他戴上个坏分子帽子，归入了"四类分子"之列，好对他实行管制，不让他乱说乱动。但这种人往往都是死猪不怕开水烫，玩世不恭的秉性，他根本就不把那些批斗会当一回事，也不把被批斗当作是耻辱，反而是把那些批斗他的人，当作他反讽的对象，经常出言嘲讽，取笑批斗者的无知和孤陋寡闻。那些被嘲讽者往往因被当众嘲弄得恼羞成怒而乘机施以拳脚，他也就无可奈何的，好汉不吃眼前亏的缄口不语，冷眼相对。那些来参加批斗会的群众，也乐于来听他讲故事一样的踊跃。到了文革年代，武斗成为常态，成为"革命"的时候，像黄三叔和韦然这样的人，知道不像往常了，也都变得规矩了许多，不再敢跟"革命"作对，不敢像原来那么乖张了。但黄三叔还是一如既往地，凡遇上街坊邻居争争吵吵的事情，还是改不了喜欢出头，主张正义。

当时人们对世事的评判是以人之常情、世俗伦理为是非标准的。人与人之间还不是以阶级成分划分好人、坏人。黄三叔过去走过江湖，见多识广，又能说会道，加上他爱管闲事，凡事总爱出来充当裁判。由于他通常处事确也客观公正，经他评判的纠纷，都得到人们普遍认同，所以人们都喜欢他出来主持公道。包括恶仔也不好反对。

四

　　黄三叔看看超甫和恶仔都已各自紧紧腰带，甩甩手的准备就绪了，就宣布开始。只见恶仔光着油光发亮的上身，只见他两臂一沉，微握双拳，浑身就鼓起了一砣砣的肌肉疙瘩；他那一双天生鼓凸，布满血丝的眼睛，给人以怒目圆睁的感觉；两边太阳穴青筋暴露，脸颊两边腮肌凸现、牙关紧咬，以一股拼命三郎的架势瞪着超甫。

　　超甫则穿着一件印有 1 字号的白色背心球衣，微微蹲下身子，一副预备跳起抢篮板球的姿势，神态自若地看着恶仔。两边僵持了约两分钟，谁都不肯先出手，周边围观的众人反倒沉不住气了，嚷嚷着催促动手，黄三叔又再一次发出了开始的口令。于是对峙的双方都向对方逼进了一步。这一步刚完成，超甫紧接着就虚晃了一招，右手伸向恶仔眼前，迅速划了一个弧，然后握拳收回肋下。这一招激怒了恶仔，他乘势以右脚向超甫胯间插上一步，两手向超甫下腰抄将过去，企图把超甫的两只手一起抱在腰间，然后把整个人扛起两脚离地，使其失去重心，再顺势向其右后方摔去的同时，右脚跟进，拦截其悬空的两只脚不能先行落地，超甫必将给摔得四脚朝天。恶仔毕竟不是等闲之辈，他的这一招如果能一气呵成，超甫必败无疑。但是超甫在球场上奔跑跳跃练就的灵活身手，进退自如，恶仔右脚刚一插到他的胯间，他的左脚已迅速向左后侧挪了半步，当恶仔俯身伸手来抱他的手和腰时，他的两只手反而乘恶仔身体前倾的时机，左手抓住恶仔的后脖颈，一个侧转身，右手压住恶仔的腰背。左手一拉，右手顺势一推，右脚同时跟进半步，挡在恶仔两只脚的前方。这一招借力打力，把恶仔推得跟跄了两步后，摔出去四五步远，嘴巴啃泥、四脚爬地的仆倒在地上。

　　这第一局恶仔输得干脆利索，凭着他的性格，他不可能服输。他爬起来，红着脸拍拍身上脸上的土，也不等黄三叔发出第二局开始的口令，趁着超甫还沉醉在胜利的喜悦当中，毫无防备的时机，冲上去从后面抱住超甫的腰，把超甫抱起双脚离地，猛力向一侧摔出去。超甫猝不及防地被这样一摔，凭空也飞出去四五步远，全凭他身手矫健，就在他即将落地时，扭转身子，把本来是屁股落地变成两脚先着地，跟跄了一下，用两只手撑住地面，身体没有倒地。这一局分不出胜负，算打平。还有一局，若是超甫赢就算决斗结束超甫取胜。如果是恶仔赢，就还要比一局才分输赢。

这一局黄三叔是吸取了上一局的教训，重申了经他宣布开始了才算，给了双方准备的时间。黄三叔宣布开始后，双方都没有急于出手，各自都弓着腰，在场子里打转转对峙着，都想寻找对方的破绽。恶仔吸取了第一局的教训，超甫虚晃了几招，他也没有出手。他也给超甫虚晃了几招，超甫也没有理会他。两个人的劲力不相上下，只是超甫占了点身高的优势。恶仔也有自知之明，把自己身高上的劣势变成优势，专从超甫的下盘找漏洞，趁超甫又向他伸出双手在他眼前虚晃时，以双手将超甫的双手向外挡去时，乘机急进一步，弓身贴近超甫，以双臂紧紧抱住超甫的下腰不放。

超甫欲掰开恶仔的两臂已是不可能，又想借助居高临下的优势，从上往下压恶仔，恶仔这次是有备而来，已先站稳马步。超甫用力往下压，他就顺势向下蹲；超甫要往上撑起，他就顺势借力要将超甫扛起来摔。超甫甩不脱他，又压不倒他，如果这样相持久了，超甫难免在闪展腾挪中露出下盘的破绽，一旦两脚离地悬空，必被摔倒无疑。这种情势下，超甫知道，既然甩不脱，就必须紧紧和他缠住，不能让他甩，于是不得不居高临下地从恶仔的腰背上，反抱住恶仔的腰腹部，猛力向下压，同时又可以稳住了自己的马步，不致飘浮给恶仔以可乘之机，又能控制着恶仔，让他有力气而使不出来。

这时恶仔撑又撑不起来，脱又脱不开身，反而要尽力抵御超甫向下压的力道，否则被超甫压下来，自己整个的身体都在他的身下，头脸都有可能被他的身体的重力压伤。在这危急关头，恶仔反应也够快的，只见他迅速地松开抱住超甫腰部的右手，采用攻敌之必救的手段，不顾决斗规则，狠命向超甫胯下阴部抓去，超甫遭此狠招突然猛袭，痛彻心脾，惨叫一声，松开双手。这时恶仔想乘机脱身，也松开了抓住超甫胯下的右手。就这一刹那间，超甫得以缓了一口气。超甫此时已是怒从胆边生，直起腰，用左手按住恶仔的头，运起丹田之气,勾起右肘拼了全力,向恶仔的后心命门穴自上向下猛击。

只听恶仔闷哼一声,仆倒在地,令全场人惊呼并为之失色,都以为出大事了。超甫也吓得呆立当场,不知所措。过得足足有两分多钟,才见恶仔面色惨白,从地上爬了起来,目光呆滞,一语不发地朝人圈外走去。围观的人们也一语不发的主动的让出一条路,看着他向下街走去。看着他走远了,人们才开始你一言我一语的议论开来,都说是恶仔不守规矩。自此后,恶仔一个月都没有出门,听说他到过保和堂捡了一付泡酒的中药,大约是在家疗伤吧。

这事过后,恶仔自知理亏,也就不愿提起,他的品性好像有所收敛,行事不再像以前那样凶蛮。超甫偶尔提到这件事,也有点后悔当时情急之下,下手过重。文玉的猎狗休养了一个多月也恢复了,文玉去当兵后,猎狗就给他村上的亲戚领走了。人们都把这事当着是人与人之间难免的磕磕碰碰的小事,很自然的,事情过去了,久而久之,人们也就慢慢地淡忘了。

五

那时人们还不习惯于用阶级斗争的观念看待世间事物,谁也没有把超甫和恶仔之间的矛盾和争斗,看作是阶级斗争。但他们各人在群众心目中的形象自然还是有所不同。自古以来,在人们各自心目中就免不了有好人、恶人之分。在街坊邻居人和人的相处中,各人自有一套为人处事的策略。忍让谦和是大家都公认的美德。这种美德维系着人和人之间的和睦关系。这种美德也成了人们心目中区分好人、恶人的标准。那时,人和人之间的关系比较单纯,有了这一套相沿成习的标准,也就可以基本上融洽各方面的关系了。对于人群中极其个别的,被大众公认为恶人的人,大家也就本着忍让谦和的原则,忍他、让他、避他、由他、耐他、敬他、不理他,久而久之,他也就恶不到哪里去了。

自从给人划了阶级,定了成分,特别是强调了阶级斗争观念以后,人和人之间的关系,便被人为地强加以政治的概念。使人和人之间的关系变得混乱和复杂,使正常的人格受到扭曲,使人们心目中固有的那套准则,那项美德遭到质疑和破坏,让人们在生活中无所适从。导致人们对真理和谬误的认知和辨识背离客观,失去标准。在人群中不再以"好人""恶人"定义,而是以"阶级"来区分谁是、谁非。而且动辄以朋友、敌人来区分身边的所有人,不是朋友,就是敌人。是敌人就要斗争,就要以暴力革命的手段打倒和消灭。并且提出了"在有人群的地方都有左、中、右"的观点,于是,在整个社会上,在街坊邻居中,在族人亲人中,甚至于在一个家庭里,都有敌我之分。到处都有敌人,时刻要提高革命的警惕,严防着"阶级敌人"的破坏。于是乎风声鹤唳、草木皆兵,于是社会秩序变得"安宁"了,人的品德变得"高尚"了,于是"夜不闭户""路不拾遗"了。然而,人们却时时刻刻担心着,什么时候自己会无缘无故地成为"阶级敌人",而被五花大绑的押到批判台上,让革命群众无情的批判,甚至于"专政"。或者是到个什么运动一来,让"革命群众"给消灭了。于是,人们也就无须闭户关门了,说不定夜里什么时候全副武装的民兵们会来喝令开门,来为你"站岗放哨",你便无须担心会有小偷强盗会来破门抢劫,何况家无隔夜之粮,也无可抢之财,就更无可遗于路旁的物了。

几年以后,阶级斗争更为激烈了。恶仔终于又有机会得势了。他得到大队干部们的青睐,得以在批判牛鬼蛇神的场合跑前跑后,台上台下的吆五喝六,并可以领着人们挥拳头喊口号,可算是出了一阵子的风头。其实,干部们在平时对他那近乎无赖的人品作为也并不欣赏。只是在阶级斗争的政治氛围里,在暴风骤雨的政治运动中,需要他这样的人充当马前卒在前面吆喝开道,正如土改时需要依靠的一些二赖子地痞一样。因为这样的人斗争最坚决,下手最果断。而他正好是这样一个角色,干部们自然也就对他青睐有加,而充分利用他的特长,给群众做出一个带头的榜样。恶仔看似暴戾鲁莽,其实,他也不失其内在的精明。在他几十年的生活处事中,多少还是吸取了一些有益的经验教训的。他也或多或少的看透了一些世事的沧桑,有他一套处事的谋略。平日里见他雷打得响,但是往往到了关键时刻就见不到他下的雨了。干部们领略了他的精明，对他也就不抱过多的期望，不过是利用他一下罢了，到头来也没有给他多少实在的利益。等运动那一阵子风过后，他没有了利用的价值，就将之弃如敝屣的晾到一边去了。再到得后来，人们被政治玩得厌烦了，不愿理会什么阶级什么政治了，恶仔的年纪也越来越近于老迈，再也没有了他的用武之地，年轻的一代人也就不怎么留意和在乎他了。

　　超甫由于平时爱打抱不平，特别是文革初期参加批斗了大队支书李大姐，又在观点上支持了造反大军，自然不受干部们所喜欢。于是就经常地成为"学习班"里的审查对象。对于与恶仔过去曾经有过的过节，也不算什么深仇大恨，至于恶仔在运动中的小人得势，狐假虎威的德行，他自己这时已是自顾不暇，也就懒得理会，再也不愿出头去管恶仔的闲事了。

　　人们对于好人、恶人的观念也都变了。每一个人在心中评价别人的好、恶的时候，又开始恢复了以人性道德作为标准，而不再是以"阶级斗争"的观念来区分好人坏人了。"阶级斗争"作为权力斗争工具的时代过去了。但是还会不会是一个循环，人们总也免不了有些许担心。毕竟，它留在我们心中的阴影太浓太重了。但愿它只是成为人们回忆往事时，不经意间用来作为相互调侃的词汇吧。

第九章　校园结义

一

在我六年的小学生时代里，经历了大跃进、人民公社，大炼钢铁，以及公共食堂的成立到解散的全过程。其间除了承受刻骨铭心的饥饿外，也学会了很多的劳动技能。如：挖土挑土、铲草皮烧草皮灰，拌粪泥捏颗粒肥料，浇水种菜，收割稻子，拾肥除草等等。参加劳动时总是觉得比在课堂上课开心。我热爱劳动，在每一学期的操行评语中，老师是这样给我写的评语。

在小学的六年里，除了特别饥饿的六零年，学校里的教学秩序还是比较正常的。尽管那几年都是饿着肚子读书，但还是可以学到不少的知识。学校除了要教我们学习书本上的知识，同时还尽量地给我们灌输革命的优良传统。所以，在我们所学到的文化知识中，几乎每一个字、每一个词汇都是与政治有关。对革命历史中的英雄人物：如黄继光、董存瑞、邱少云、赵一曼、刘胡兰等等的故事，我们都耳熟能详。"东方红""社会主义好""少先队员之歌""中华人民共和国国歌""国际歌"我们都能声情并茂地唱出来。尽管对共产主义是什么并不完全理解，但是我知道那是伟大领袖为我们设定的远大理想。我崇拜毛泽东，热爱共产党。正如一首歌中唱的："我有一个愿望，是个美好的愿望，等我长大以后像边防军叔叔一样，我端着转盘枪守卫着边疆"——这是一首我很爱唱的，且自认为唱得很富于感情的歌。我和所有青少年一样，怀着远大的理想和美好的愿望。

但在现实中，我们的愿望却又显得那样的渺茫，让我穷尽一生也无法实现得了。

现实的社会里，在书本中，在课堂上，老师教会我懂得了旧社会的罪恶和新社会的美好。懂得了在旧社会存在阶级、阶级压迫和阶级剥削。地主是压迫和剥削穷人的阶级敌人。同时又让我感到困惑：新社会已经把旧时代的不公平推翻了，自己当家作主，不再受地主的压迫了，而为什么又要反过来把地主们打翻在地，还要再踏上一只脚，叫他们永世不得翻身呢？这不又是一种新的压迫和不公平吗？而且这种不公平已经在我们幼小的心灵上，蒙上了一层浓重的阴影，挥之不去。而且随着年龄的不断增长，这一重阴影让人觉得越来越浓，越来越重。

我们所有在校的少年儿童和所有的大人们一样，经常的参加各种各样的"贫下中农忆苦思甜大会"。通过学习和开会，我们懂得"刘文彩"是地主阶级的典型代表，"收租院"是他剥削农民的历史见证。在他的"水牢"里残害过许许多多的贫苦农民。高玉宝的《半夜鸡叫》我们也能背得一字不漏。我痛恨刘文彩和周扒皮似的贪婪和残暴。我为我的家庭是地主感到羞愧和无地自容。

在学校里，在同学中，我为我自己的出身而深感自卑和孤独。我害怕孤独。我害怕小伙伴们、同学们都嫌弃我，孤立我。我害怕和别人吵架，我不怕挨打，而是最怕别人骂我是"地主崽"。对于我来说，这样的骂更甚于鞭子抽打的痛苦和难受。

有一次我在学校的球场上打球，后来一批低年级比我小个的同学，仗着他们人多势众，硬是要把我撵走。在和他们的据理力争中，他们自知理屈词穷，但他们其中有一个知道我家世的，就恼羞成怒地骂了我一句"你是地主崽"。就这么一句话，便把我骂得面红耳赤、无言以对。我只得灰溜溜的唯恐逃之不及地，低着头跑开了。在我的身后响起他们开心的哄笑声。那个骂我"地主崽"的小同学，当时可能并不知道"地主"是怎么回事，但他一定是从大人们的话语中知道，"地主"是最低人一等的，是"落水狗"一样灰溜溜的，最容易欺负而不敢反抗的人。为此，我曾经恨过我的父亲。但我无论如何也恨不起母亲和爷爷。因为我从父老乡亲们的闲谈中，知道母亲和爷爷是一生勤劳而艰辛的。是母亲和爷爷起早贪黑、省吃俭用的维持这个家。而父亲却没有给这个家增添过一砖一瓦、一分田地，反而在不断地败家。对父亲恨归恨，却无论如何也难于把父亲与周扒皮相比。后来随着思想的不断成熟，经过一阵子反思过后，反而觉得父亲是对的，如果是依着父亲的做法，我们家就不会背上这个"地主"的罪名了。

挨骂的故事尽管不是经常发生的，但这毕竟是我幼小心灵上的疮疤，促使我过早地去思考，本来不属于我们这个年龄段的孩子应当思考的问题。在书本中所接受的思想教育，让我觉得与现实生活中的逻辑无法吻合。书本里、故事中的人和事无法在现实生活中，找到可以对号入座的例证。为了某种需要（那时我还不懂得是政治需要），人们被人为地强制性的对号入座，在各自不同的位置上去扮演着自己并不情愿，也不熟悉的角色，为此而演绎了整整一代人的悲哀、荒唐。也因此而毁灭了多少人美好的理想和本来应当美好的人生，甚至于生命。

为了迎合政治需要，使得人和人之间的关系无所适从。父母子女、兄弟姐妹、亲戚朋友、师生同学等等关系，无不以阶级出身作为标识。物以类聚，人以群分，尽管造就了多少荒唐、多少啼笑皆非的故事，演绎了多少的悲欢离合，生离死别，仇怨悲苦，但却也始终抹杀不了人的善良本性。

毛主席讲过"出身不由己，道路可选择"。这话里包含的深奥的政治哲理，我们无法理解其中的真谛。我企望能够理解，并企望能从中找到我可以选择的路。但是，哪样的路才是我可以选择的路呢？我也企望得到同情，企望着能和所有的小伙伴们人人平等。所以，在我读小学的那些年代里，由于朦胧无知，对一切似是而非的事物感到惶惑、茫然，唯有对同学间的情谊倍感真挚，倍觉珍贵。在我童年的记忆中，抛开那些饥饿、贫穷的痛苦记忆，其实也还有值得我回忆和珍惜的，是同学间的同窗情谊。在三都小学，我们26班的同学在6年的同窗生活中，建立起来的，充满着童小无猜和真挚的感情，是令人难忘的。特别是在高小阶段临毕业的五、六年级时，全班27个男女同学间的那种没有相互歧视，没有相互排斥的天真烂漫。是我一生中最为珍贵的记忆，让我终身珍惜。

班里要数我和胡义文、刘建康三个最小，也特别合得来。我们一起上学，一起回家，在一起玩耍嬉戏，看连环画等等。那时的连环画主要都是《水浒传》《三国演义》等古典名著的故事。那时所谓的课外书就这些。我们喜欢看这些书。我们崇拜梁山好汉108将的疾恶如仇，劫富济贫的侠义精神，我们敬佩《三国演义》里桃园三结义的刘、关、张的重情重义。

我们三个小伙伴之间的感情，已经达到如我们本地俗话说的"尿泡饭"的程度。五年级的一个星期天，在学校的操场上，我们三个人在一起议论着桃园三结义的故事。由于心灵的相通，刘建康提出要学刘关张搞桃园三结义。话刚出口，就随即得到我和胡义文的附和。于是我们不烧香，不磕头，不喝酒，也没有誓言，仅以相互牵牵手的简单方式确认，就算结拜为异姓三兄弟。三个人都是同一年生，论月份，我是老大，胡是老二，刘是老三。从此以后，我们更团结，更亲密。

二

在那些饥饿贫穷的年代里，最能体现彼此间关系的紧密和融洽的，就是对食物的分享。我们三个人中，不管谁家里有可以拿出来吃的东西，都是真心实意地三个人一起吃。玩的东西也是如此，有什么玩的大家一起玩。三个人中，我家最穷，很少有可以拿出来给大家分享的东西。平时里一起吃一起玩的东西，基本上都是他们两人从家里拿来的。

我们三个人，出身于不同的家庭，从出身和家境的角度，我是当时在社会中身份最低贱，最让人看不起的。我家是从贫穷、偏僻的山弄垌场搬到这三都街上来住的，连住房都没有的，最容易被人看不起的一类家庭。家里因为是地主成分，土改后就一无所有，兄弟姐妹又多。每学期开学时，都要经过两个我最怕过的关：一个是学费关。每一学期开学时，父母拿不出那么多学费时，我是小的，我总要含着眼泪去找老师申请缓交。第二个是开学报名关。每一个学期开学报名时，都要填个表，老师都要问一下家庭成分。每当这个时候，如果有其他同学在场时，我总是不得不以尽量低的声音，极不情愿地说出"地主"二字。至于生活上的衣服鞋帽及学习用品，从不敢与人攀比。歌中唱的"小呀小儿郎，背着那书包上学堂……"，但是从我开始上学到毕业，就没背过一个书包，哪怕是兄姐们背过用过的旧书包。因为我们家的众多兄弟姐妹中，就没有人背过书包。为这些，我就感到自卑，感到不如人，羞于与人交往。但我又因此而感到孤独，我渴望交朋友。对于所有愿意和我交朋友的人，我都是以感激的心情去与人相交。所以我与胡义文和刘建康都是以心和他们相交，特别珍惜和他们之间这份感情。在几十年的风风雨雨期间，为了生存，或为生活各奔东西，心里却总还免不了相互的牵挂和关怀。

　　胡义文有一个姐姐，两个弟弟。公共食堂解散后，他家虽然也是生产队的农民，但他父亲有一驾马车。当时赶马车搞运输，帮供销社拉土产农资，尽管收入不高，交了队里的副业款，多少还有点剩下的，也算是有点经济来源。他们几姐弟的学费也就有了保障。他家的生活相对于我家，就是比较好的了。在当年那种政治氛围中，他家还有一个更令人羡慕的政治资本——他家除了是贫农外，他父亲还是从江西老革命根据地过来的老红军。据说是在长征途中流散到这里才定居下来的。听他父亲说，当年他在老家参加红军时才十多岁。后来随红军长征，在血战湘江的战役中，被一颗子弹打中脚板而负伤掉队。后被桂系部队俘获时就地处决，但他命大，在枪毙他时，连打三枪都不响，一个桂系军的连长认为他命不该死，就把他留下了。他负有伤，没法子继续当兵，那连长就把他送回自己老家的保仁乡家中收留做长工。东家见他人老实，就把他当作随从，带到三都街来。之后在三都街成了家，并在三都街参加土改。像他这种情况，自然就是标准的雇农了，但在三都街上，他毕竟是个外来人，在分地主的财产时，自然也就由那些当地的贫农们说了算，所以就只分得背街的两间瓦房。以他家当时的条件，土改工作组本也打算把街口转角的，有门面的房子分给他们家。但他不是本地人，也就不同于土生土长的，在这街上生活了几辈子的本地人了。那些好点的房子就都给那些本地的土改积极分子争走了，就剩最差的一处房子分给了他们家。要说这房子差，就房子本身来说，在三都街也不算差，都是一样的泥砖瓦房，其中一间还有一层木楼，只是采光、通风和交通太差。这套房子前后四间，只有一个前门一个后门。没有窗子，只有房顶的几片亮瓦透进一星微弱而模糊的光，在屋里根本分不清白天和晚上。这前后共四间的房子，是原来一个当过乡长的地主家的，当时没收了这个地主的房子时，把前面当街的两间留给他们自己住后，从中间隔断，把后面两间没收了。这后面的两间被中间隔断后，前后交通给隔断了，连空气都无法流通。一年四季不见天日，屋里阴暗潮湿，热天霉臭闷热，冬天则寒气彻骨。把这样的房子形容为"牢房"并不为过。这房子前后分为两家，后半部进出就只有后门，出了后门就只有以房后溪边的田埂为路。沿着田埂路向左就是乱葬岗"台锣"坟场。向右走就到街北的连拱桥作为进出圩街的通道了。胡义文家在这房子里住了不到两年，就搬到北街他外婆家（原来是他父母亲的东家，土改时划为地主，后到南宁随子女生活）住后，他们家就把这两间房子卖了。

之后这两间房子经两度易手，给我家以当时的 120 元钱买了下来。我家原来借住梁姨妈的房子，公共食堂解散后的 1962 年，她家人要收回房子，在队长的同意下，我们家曾搬到原来队里做公共食堂，四面没有墙的房子，二哥三哥他们用泥浆和着稻草糊成四面墙，就暂时住下来了。父亲母亲考虑到孩子越来越大，以后总要成家，不能没有个窝，因此，也不知父亲他们从哪里东筹西借来 120 元钱，买下了这两间房的各半间。至此，尽管这房子进出极不方便，但是，我们在三都街总算有了真正概念上的家。

三

从我们家到圩街上，进出走的是又窄又小的溪边田埂路，七拐八湾，坑坑坎坎。白天走尚且趔趔趄趄，晚上难走就可想而知了。特别是没有月亮的夜晚，伸手不见五指，走在这样的路上，面对着乱葬岗的憧憧坟影，不免陡增几分阴森恐怖。我经常因贪玩到夜深才回家，不得不硬着头皮，走在那条田埂路上，一面要留意脚下的路，生怕一脚踏空，就会摔下路边的溪里或水田里。或者踩对经常出没在田埂上的毒蛇。一面又情不自禁地去留意那坟场里的动静，心总是禁不住的咚咚地乱跳。逢着四五月间的阴雨天气，夜黑漆漆、雨蒙蒙的，三步之外看不清人形，在你不经意间，不由自主地将眼光朝那坟场方向望去，经常会看到绿莹莹的鬼火，在坟堆中飘飘忽忽，时隐时现。时而又从房顶上或坟场中，传来闹春的猫的追逐撕咬的，凄厉的惨叫声，更是令人毛骨悚然。

那时的物质生活贫乏，更谈不上精神文化生活，一到晚上，到处黑灯瞎火的，一家人在那昏暗的煤油灯下，没有多少话可说。再加上母亲和父亲在一起，历来说不上三句话，就会翻起旧社会的老账，吵吵闹闹的，更使得我们做儿女的觉得，待在家里了无生趣。只想着往外面跑，与街上的小伙伴玩耍游戏，消磨时间。

对于小孩子们来说，尽管生活上的饥饿和艰辛，有碍于身体的生长发育，却也抹杀不了孩子们的童趣和天真。每到晚上，孩子们就都聚集到一起，玩捉迷藏和分边打仗。一玩起来就什么都忘记了，时间也就过得特别快，一下子就到了深夜十一、二点钟，小伙伴们就都各自散去，回家睡觉。每逢这个时候，对于我来说，就又要经历一次胆量的历练，独自行走于那条不太远，但却充满着危机和恐怖的回家的路。如果这一晚上是和胡义文在一起玩，他就会邀我到他家去和他们几兄弟一起睡。每当这种时候，我当然就会巴不得地怀着感激之情，欣然接受他的邀请。

由于受家庭环境的熏染，平时到同学、朋友家玩，我都很自觉地如俗话说的"出门看天色，进门看脸色"，留意人家父母家人的态度脸色，一旦稍有不快的表示，我便会自觉知趣地退让，避免自讨没趣而遭人嫌弃。但在胡义文家里还没有遇到过这样的情况。

在胡义文家过夜是经常的事情，但是他父母及兄弟从未对我表露过丝毫的厌恶之情。而且在他们家还不时地有些煮红薯、芋头或者青菜稀粥之类的夜宵吃，只要我在，都有我一份。每当这种时候，我也不会来之不拒，总会尽量地婉然拒之。但是他们每次都是那么真心实意、盛情难却。况且我肚子确实也饿得慌，尽管觉得不好意思，但每一次都和他们一起吃了。胡义文的父母亲是忠厚、诚实、纯朴、善良的典型的中国农民。他们没有商人的市侩，也没有市井势利小人的趋炎附势和落井下石。他们没有因为我的出身而干涉过胡义文与我的交往，也不以我家境的穷困，而对我表露过鄙夷的神情。他们在我心中的美好形象，不是因为我曾经受过他们的恩惠，而是在那以阶级斗争为纲，道德沦丧的年代里，他们始终没有以他们特殊的身份，趁机去投机钻营，捞取政治资本，而是始终保持着做人的本分。胡义文承继了他们的这种品格。以致我们之间的友情能保持久远。

我和胡义文坐一张桌子，学习时都是互相探讨，互相帮助。所谓"互相探讨，互相帮助"，对于我们来说，无非是做作业时，不懂的就互相问，互相教，互相抄袭。以及考试和测验时的相互作弊也是免不了的。胡义文是班里的算术尖子，特别是应用题最是拿手，而我是最怕应用题的。做作业时，我不会做，自然就问他，他也就是把他的作业给我看了。实际上也就是抄他的作业了。不过从抄袭中，多少还是起到了启发的作用。在考试和测验中，我有些不会的，也会偷偷问他或看他的。现在回忆起小学时候考试作弊的事情，还令我羞愧不已，觉得对不起他。那是小学毕业时的珠算考试。我有一题不会做，自己想了很久，直到他已经做完要交卷时，我才急着偷偷地问他。他去交卷时，就故意把他的草稿留在了桌上，我把他草稿上的几个口诀，写在了我的试卷上交了卷。结果，我的珠算毕业考居然得了100分，而他反而比我少了几分。如果我不是抄他的，我的得分无论如何都不会比他高的。为此我感到内疚。事后我曾经委婉地向他表达了歉意，而他却并不在意。为此也并没有造成我们之间的隔阂和不快。

四

建康家的成分是小贩，小贩就是贫农。他家又是当时人们最羡慕的非农业，有国家定量供应的口粮，不怕天灾，不怕挨饿。他父母是做小买卖的，卖些小食品之类的，虽然不怎么富裕，但是他和他两个弟弟的学费和学习用品都是不缺的。

他父母除了经常到柳州进些糖果小食品，再自己熬制些姜糖，炸些油堆，每逢圩日就在自家门前摆个摊子卖，空日子就逢哪是圩赶哪圩，虽然赚不了大钱，小钱还是不断的。每个月购粮证上的口粮，一毛几分钱一斤老米还是买得起，不用愁没有米下锅。他们三兄弟每天早上上学前的酱油炒旧饭总是令人嘴馋的。

平日里，我和胡义文上学经过他家门前，顺路邀他一起上学，逢着他母亲正熬制姜糖时，我们就在一旁看她在木桩上扯糖、剪糖。姜糖是用姜汁把红糖化溶，再以慢火熬到能拉得起丝时，然后把熬制好的糖从锅里起出来，放在簸箕里晾凉至不烫手为止。再用两手捧起挂到墙边的木桩上，木桩上有个木钩子，就用这木钩子挂着糖反复的拉扯，扯成母指般粗细后，就用剪刀剪成一颗颗棱形的糖果。每一次她扯到最后还剩下一小截不够一颗时，她就会拿来分给我们吃，那糖有一股浓浓的姜辣味，又香又甜，能暖胃止咳治感冒。

过去，在我们本地，所能吃到的水果，也就只有本地产的桃、梨、番石榴、黄皮果等等南方水果。北方产些什么水果我们不知道，更谈不上能吃过了。我第一次吃苹果，是建康他母亲去柳州进货时，买回来给建康他们三兄弟一人一个。建康自己也不是经常能吃到苹果的。但他却想让我们共同分享这少有的新鲜。便把属于他那一个，带到学校与我和胡义文三人一起分享。我们用小刀把苹果分为三瓣，每人一瓣。那一瓣苹果拿在手上，就嗅到一股从来没嗅到过的，清醇浓郁的果香。一下子舍不得吃，拿在手上仔细把玩着，端详着。那鲜亮紫红的果皮，白嫩的果肉，拿到嘴边又舍不得直接放进嘴里，先用鼻子反复地、尽情地，吸取那股南方水果所没有的特殊香味。最终忍不住地往嘴里送时，也只是一小口一小口地细嚼慢咽，仔细地品味着那爽脆细嫩的口感，清香流溢的甜汁，感觉到从未有过的美妙和神奇。我当时的那种高兴、那种幸福、那种满足的心情，一下子找不到什么恰当的语言来表达，便情不自禁地举着手中咬剩的苹果，喊出了"毛主席万岁"来。现在说起来似乎觉得太夸张。但是在当年那种政治氛围下，习惯于把所有的美好和幸福，都归功于毛主席。包括地里长出一个大南瓜，队里的母牛生仔，以及久旱的天忽然下了雨等等。在群众性的喜庆场合，表达欢乐和幸福的最高形式，就是高呼这样的口号。而一瓣苹果的神奇美味也确实令当时的我，感到特别的高兴和从没有过的幸运，便信口，但却是由衷地喊出这口号来的。

现在，我住的小区对面就是水果批发市场，来自全国各地，包括从台湾、美国等地渡海而来的，各种各样的水果琳琅满目、铺天盖地，而从北方运来的各品种的苹果，更是长年不断，要吃苹果那是轻而易举的事。然而，那快半个世纪前的第一次吃苹果的那个情景，那种滋味，仍然清晰的历历在目，当时的那种心情、那种感受也还能深切的体会得到。

那年由胡义文相邀，当年在校园结义的三兄弟，在我家的聚会中，还都津津乐道着第一次吃苹果的故事。建康还提起我当时喊那口号的情形。

五

五十年弹指一挥间，转眼间过去了，我们三个年已花甲的老人，在童年时代的那种政治氛围下，建立起来的那份感情，却依然如故。这是人性的真实体现，是难能可贵的。人和人之间的关系本来应当如此。但在那个人性被政治扭曲的年代里，人和人之间的关系，却变得让人感觉到血腥，感觉到残忍，感觉到恐惧。人和人之间的关系里，充满着阴谋和算计，充满着诬陷和扼杀。使本来正常的人际关系，扭曲变形成政治的工具，成为政治阴谋的载体。让人感到恐惧，而不敢正视人和人之间，正常存在的人际关系。但是，那个时代终于过去了，人性终究抛弃了丑恶而回归于美好。

我们当年在校园里"结拜"的三个异姓兄弟，都已年过花甲，但有幸都还健在，都还有幸生活在这人性化的年代里，继续着我们之间历经半个世纪的兄弟情谊。相互的关怀，相互惦念。再也不用去顾虑什么阶级的界线，也不需要伪装什么阶级的"觉悟"。胡义文凭着他在恢复高考时，自己努力获得的机会，作为师范学校的教导主任，已经退休了。而刘建康作为铁路工人也已退休。他们都有一份退休的工资，不愁晚年生活无着。我虽没有退休工资，但也不需要再为一日两餐而担忧了。我们的孩子们都有了各自的着落，他们这一代人，比我们那一代人活得惬意幸福。他们想读大学就凭他们的能力水平，他们想入党也凭他们自己的努力。他们不用再担心要在履历表上填什么"家庭成分"了。我们三个老人，尽管各自还都有各自些许难念的经，或者些许的不尽人意，但从那个年代走过来的人，都没有太高的奢望。在彼此间，谁家有个什么喜事难事的，都会相互知会一下，通知一下，老弟兄们又乘机得以团聚。我们不求有山珍海味，但求有"一壶浊酒喜相逢"的机会，举杯对饮，让"古今多少事，都付笑谈中"，就觉得如意和满足了。

第二编

走南闯北闹革命　游山玩水搞串联

第十章　前途

一

　　一九六一年，二哥和三哥同时在各自的学校，高中和初中毕业了，都以相同的原因在高考和中考中名落孙山，失去了继续上学的机会，回家当了农民。

　　中考的落榜，三哥显得很坦然。一来，因为家里太穷，不能继续上学也就无所谓了。在三哥读初中的三年里，正是大饥荒的三年，忍饥挨饿就不用提了，此前，每个学期的学费都是靠父亲赶圩卖药攒的。人民公社、公共食堂时，所有的市场都取消了，父亲已经不可以赶圩卖药了，只能在大队卫生所里拿工分，我们的学费也就不知道怎么交了。我不知道三哥那几年是怎么过来的。记得在他初中二年级时，为了给自己配近视眼镜，他休学了一年，到柳州跟大表姐夫拉板车，做苦力，自己赚钱买的眼镜。二来，三哥知道，生活的艰难容易克服，因为我们苦惯了。而能否升学的首要条件是家庭出身，出身是无法选择，无法逾越的鸿沟。所以他能坦然面对现实，不为落榜而耿耿于怀。

　　三哥在校时，不光是文科写作方面名列前茅，他还有爱唱歌，爱吹笛子的艺术爱好。我就是受他的影响，而喜欢唱歌的。我跟他学会了不少歌，比如"草原之夜""高原之歌""怀念战友"和"花儿为什么这样红"等等。他的笛子也吹得不错。高度近视给他生活上造成极大的不便，使他无法在我们家那昏暗的小楼上长时间的看书，每当经过一天的劳累，一口气喝完那充作晚饭的稀粥，到了晚上夜暗时，他总是拿着一张小板凳，拿着他心爱的长笛，到屋后（对于我们家来说是屋前）溪边，在隔壁家的残垣上坐下来，面对着"台锣"，用笛子吹奏着他最喜爱的"草原之夜"，时而又练练他那还算宏亮的嗓子。在这街上的青年人中，他还可以算得上是个有些艺术天赋的人。每当夜深人静时，这街上的人们总可以听到，从"台锣"方向传来悠扬的笛声，和三哥那优美抒情的歌声。

　　二哥一直是靠大哥负责学费和伙食费读的书。大哥每个月从自己的工资中拿出三分之一，按时给他寄 9 块钱伙食费。所以他比三哥过得好些。他没有辜负大哥对他的栽培，学习很努力，各科成绩都不差。特别是文科，写作是他的强项，高考时，他自认为发挥得不错。结果没能考上，他就老想不通，不服气。二哥有时看问题过于天真，有些脱离实际，不肯面对现实，总是往好的方面想。他对自己的学业抱有足够的自信，立志要成为大学生，所以高考的落榜，出乎他的意料之外。于是就有一股不到长城非好汉的倔劲，矢志不移，立志继续复习，明年再考。回生产队后，白天参加劳动，晚上就孜孜不倦的伏在煤油灯下看书复习。到第二年高考时，到大队、公社开了一张证明，又去县里招生办报了名，参加了第二次统考。结果是可想而知，在苦苦地等待了一天又一天，望眼欲穿，所有的学校都开学了，却始终没有等来那一份，他自认为他应该得到的"录取通知书"。在那段时间里，我看到他一脸的沮丧和失落，难以自拔。我看到，他曾经不止一次地偷偷地落泪。那些和他同辈的伙伴们以及长辈们，都对他开导和安慰道；"算了吧，你家这种成分，能够读到高中已经很不错啦，现在我们这街上才有几个高中生？再怎么样，那大学都不会轮到你们这种家庭成分的人的"。面对着现实，他也只好认命了。他不无感慨、极不情愿地决定，不再去参加高考了。但他没有放弃自己对知识的追求。他在劳动之余的所有时间里，始终没有离开那昏暗的小楼，倔强地伏在那盏闪烁昏黄的煤油灯下看书，练写作——写散文，写诗歌。然后寄到报社或杂志社投稿，结果都给退回来了。但他仍在继续不停地写。他爱写诗，平时里，他一旦遇到些什么事情，他就会触景生情的，吟出几句诗来。我不懂诗，但我觉得他的诗，读起来还是朗朗上口的，意境也很不错。我最喜欢他的一首诗，是表达他自己心境的一首七绝："生来正遇雨风稠，渺渺茫茫又一秋。名落孙山无限恨，唯忧热血付东流"。这首诗是二哥一生的写照，伴随着二哥一生。

二哥总是有一股怀才不遇，壮志难酬的落寞感，始终不能释怀。其实，当时的中国，尽皆如此，就我们这街上，这两年来，和二哥一样，从柳高、宜高毕业后，高考落榜的就有林桢南、刘如德、张鸿让、张鸾英、韦月英、韦锦悦等，都算是这一带方圆百十里地方，有才气的优秀青年男女，不管出于什么原因，毕竟都名落孙山了，他们大多数还都是非农业家庭，家境都比较好，至少不愁饿肚子，不愁没有学费。

林桢楠的落榜就不屑说了，没有人感到意外。因为他父亲林摩天，曾于1949年前，任过中华民国总统府侍从室少将秘书长，据说与蒋经国私交甚密。1948年秋末，国民党在中国大陆的失败已成定局时，他曾回到三都，想把老婆孩子接到贵阳去，举家乘专机飞往台湾。但他回到家后，还没有做好父母、老婆的思想工作，重庆就来电报催他立即赶往贵阳；因为飞机不能在贵阳为他一个人延误时间，他只好无奈抛家弃子，只身赶到贵阳去。据当时街上的一个中共地下党员韦彩然事后披露：他临走时，两个人还专门有过一次会面，算是街坊邻居的诀别吧，他曾开诚布公地对韦说："我早就知道你是共产党，我是国民党，我们是本街兄弟，既无家仇也无私怨，但各为其主。现在天下马上就是共产党的了，这天下大势由不得你我个人所能左右，你们当政以后，我只希望你们不要像覃××那样就好。"说完话后，双方相视无言，也不相互为难，他便匆匆离去，留下年迈的父母、老婆及三个未成年的子女。此一别后音讯杳然，竟成永诀。[1]他家在土改时划为地主，外加个"官僚"，那是名副其实的。林桢楠在他们家是老二，上有一个姐，下有一个弟，俩兄弟恰和我二哥三哥同龄，来往也较密切。他母亲是重庆人，民国时的大学生，是知识分子，子女所受的文化熏陶势必不浅。加上林桢楠个人天赋聪慧和精明，在当时的学子中，自然是顶尖人物，凭着他的沉着干练，高考成绩自然不差。他的落榜，在那个年代就是理所当然的事了。

刘如德家也是地主，但他父亲曾经资助过中共地下党，临解放时他大哥追随共产党，且在县公安局里当了个股长，是共产党的人，但属中共地下党系统，在"控制使用"之列，当时并不吃香，且县官不如现管，政审这一关要在公社、大队过，他在公安局的大哥要同家里划清界限犹恐不及，更不敢过问公社里的事，这一关自然也是无法通过的。

值得惋惜的是张鸿让，他大哥张鸿志是中共广西地下党的追随者，于1948年受地下党的派遣，到广东游击区参加武装斗争，经过广东怀集县国民党统治区时被捕后杀害，成了三都街唯一的中共烈士。他家虽是烈属，但他家的成分却是小土地出租者，比富裕中农略高一级，毕竟和贫下中农、无产阶级还有距离，他是因为什么原因落榜，我们无法知道。人们猜测他的落榜也与家庭成分有关，不是没有一定道理。不管出于什么原因，他终究是和二哥一样的落榜了。幸运的是，他经过复习，第二年再考时，终于考上了一所中科学校。

当时刚经过反胡风、反右派、又反彭德怀右倾机会主义等运动，对知识分子的政策越来越严厉了。再加上这类政策，在上面规定是一个样，而到下面执行又是一个样。高考招生，由招生院校按考分评选通过后，却须先由生源地基层部门负责政审。实际上，一个青年学生

---

[1] 文中所提覃××为三都街人，据老辈人说，在日寇侵占三都时，他在家中做饭招待日本兵，被当地人斥为"汉奸"。

的命运前途，就掌握在大队支书和公社书记手中了。大队支书和公社书记的政策水平及道德素质，主导着农村青年的前途和命运。在当时的中国，特别是农村干部中，对于读书人，既是羡慕又是忌妒。况且那些读得书的读书人，又大多是地主资产阶级家庭出身的孩子。对于那些基层干部来说，他们在心理上是不能容忍的。权力在他们手中，就难免趁机出于嫉妒，而不择手段的压制刁难，甚至于陷害。由此也激发了一部分受害人的逆反心理。虽囿于形势的拘束，不敢表现出来，在内心里却深怀着不满，甚至于走向极端。

离三都街上不远的大成村，有个韦辉华，是在二哥后一届毕业参加的高考。清华大学给他的录取通知书已经寄到公社，就因为家庭成分是地主，而被公社扣了下来。不知他是怎么得到的消息，令他绝望不已，几欲跳崖自尽，一气之下，写了一封信，分别寄到报社和一些政府机关，表达了自己对现行政策的不满，结果被以现行反革命罪判了15年刑。"四人帮"垮台后，1977年刑满，戴了顶四类份子帽子释放回家，却已是不惑之年，青春不再了。为生存计，不得不到偏远的山旮旯里，找了一个患有严重神经病的癫女子入赘，苟且成家，凄惨地聊度一生。对于二哥"唯怨青春付水流"的心情就可以理解了。

二

一九六二年，我和三姐都五年级了，三姐一来因为生活的艰难，再加上学校里浓厚的阶级斗争的气氛，经常在学校里，在班级里，召开忆苦思甜和诉苦大会。在那样的场合里，所控诉的地主阶级的罪行，呼喊的每一句口号，无异于往我们这些地富家庭出身的孩子脸上打耳光。无异于要我们为我们的父母、家庭承受着没完没了的批判和斗争。那种心情是难以言喻的。三姐是个女孩子，她承受不了这些，所以她宁可不读书。

对于二哥三哥的现实遭遇，使我对自己的前途也抱以悲观的情绪。所以，我读书也并不怎么用功。只是出于自己对知识的渴求和兴趣的本能，上课时自然而然地，自觉地听着老师的讲解，课后就不怎么积极的钻研复习了。到一九六三年夏天，小学毕业了。参加中考时，没有考虑考上考不上，没有心理上的压力，很自在地，但还算认真的填写着试卷中的每一道题后，早早地就交卷出来了，被教算术的周老师批评道："还有那么多时间，不认真检查一下，忙着出来干什么"。

　　中考过后，没有去想是否会被录取的事，已经做好了参加劳动的思想准备，所以也就没有什么企盼和期待，一切就都不在乎了。每天早上，帮着母亲烧火熬稀饭后，就和小伙伴们相约着到纳湾河游泳、打水仗。大姐来赶圩时，回家见我没有什么事可做，就叫我上她家里玩。到大姐家里做客是件开心事，她们家里还有芋头、红薯可以解馋，至少不会挨饿。她们村的小伙伴们都很好客，也很喜欢我，我每一次到他们村，他们都爱和我玩。到了大姐家后，天天都和村里的小伙伴们到村边的河里游泳，钓鱼，晚上就在村里玩捉迷藏。由于我天生的嘴巴甜讲礼貌，加上姐夫在村里的人缘好，使我受到村里所有的大人和小孩们的赞赏和喜欢，满村子的人都"小舅、小舅"的叫我，给大姐、姐夫挣了不少面子。姐夫也就特别喜欢我。大姐的公公婆婆也不嫌弃我。在大姐家的几天里，吃得饱，玩得开心，把什么事都给忘了。直到三哥跑到大姐家来叫我回家，说是学校叫去领录取通知书，才想起了中考的事。得知自己还可以读中学，心里自然是喜出望外啦。要回家了，没有忘记跟村里长辈和小伙伴们告个别，大姐也没有忘记趁机宣扬一下我就要读中学的事。

　　跟着三哥一路上蹦蹦跳跳地回到街上，没有回家，就直接到学校去，找到校长。校长故意卖关子问我道："有什么事吗？"我说："不是学校通知我来的吗？"校长又故意问我："你想不想读中学？"我答道："当然想读啦！"校长随手从抽屉里把录取通知书拿出来，叫我签了名，才交到我手上。拿了通知书，满怀喜悦的真诚地给校长深深地鞠了一躬，兴高采烈地回了家。

三

我上初中的那一年，生活开始有些好转，每家都分得一点自留地，可以自己种些蔬菜玉米来帮补些生活。每家都有任务要养些鸡呀、鸭呀、猪呀交给国家，完成国家征购任务后，就可以自己吃或者拿到自由市场卖。政治空气也没有前几年那样紧张了。街上那些有文化的，像林桢楠的母亲那样的四类分子，都给安排到学校里当了老师。父亲又可以赶圩卖药，每月给队里交30元副业款，队里给记工分。

二哥是队里唯一的高中生，由队里群众推选，安排做了生产队的会计。二哥总是适应不了社会的现实，看事物总是那么理想主义。队里的几个队干偷偷地多分了一点粮食，他自己也得了一份，他却把这事看成贪污，把这事向大队举报了。结果得罪了干部们，自己也没有得到大队领导的赞赏，不久就以家庭成分为借口，把二哥生产队会计的职务给撤了。二哥更加郁闷、困惑和消沉。

在我读初二那年，街上那些非农业家庭的青年，都被组织起来，送到农村（其实我们这小小的圩场也不是城镇）插队落户。公社发给他们新的棉被、蚊帐、热水瓶、口盅、牙刷、脸盆、锄头、镰刀。他们胸前戴着大红花，整齐地排着队，满面春风的敲锣打鼓、欢呼口号，从夹道欢送的人群中走过，高高兴兴地到板江大队的根伦村，插了队，落了户。成了中国最早的，第一批上山下乡的知识青年（只要是参加了上山下乡就可以冠予"知识青年"的衔头）。相对于原本就是农民，特别是出身不好的青年农民来说，他们是多么光荣，多么幸运。我曾向往着，如果我能像他们一样，到再苦再穷的地方去都乐意，只要能摆脱家庭出身这个沉重的政治包袱就行。

二哥三哥算是名副其实地有点知识的青年吧。通过毕业回家后的几年劳动，越来越觉得这生活既艰辛又枯燥无味，每天日出而作，日落而归，还受饥挨饿，衣履不全的。思想压抑得似乎让人透不过气来。对前途感到无比渺茫。他们开始不安于现状，总在思索着怎样才能换个环境。他们已经到了婚娶成家的年龄，他们曾经考虑过以上门入赘的方式，摆脱这种环境，但又不甘心就这样抛却所有的理想和抱负。

我们家在圩场上，每逢圩日，二哥他们在周边几十里地村上的初中、高中同学、朋友，趁赶圩时，都爱来家歇歇脚，顺便谈谈各自的生活感受。谈谈知识，谈谈各自不灭的理想和抱负，也交流着方方面面的各种信息。有一个人提到，在六道有一个他初中时的同学，家里出身也不好，五几年时自己跑到新疆石河子军垦农场。那里军垦农场需要人，也不论成分，不用转户口，就把他留下了。现在在那里过得很好，还曾经给他写过信，他还有他的地址。这个信息激起二哥他们的向往。他们以为，军垦农场是革命青年聚集的地方，那里过着部队一样的生活，是青年人施展抱负和知识才能的地方，正是他们理想之所在。他们其中几个人就筹划着，到秋收过后，农闲时，家里分得粮食，就可以卖一些粮食换钱作路费，去新疆找那个老同学帮忙，在军垦农场里待下去，改变一下环境，改变一下前途和命运。

那是我刚进初中的第一个学期，刚秋收分配过后，二哥就和三哥商量，把家里刚分得的一家六口人的口粮 500 斤谷子卖掉 200 斤，得的钱仅够一个人到新疆的路费。他们决定给二哥先去，待安顿下来后三哥再去。他们是瞒着母亲和父亲卖的粮食。直到二哥走了以后，母亲几天不见二哥的踪影，问起三哥，才知道这件事情。母亲气得号啕大哭道：全家人就这几百斤谷子，不晓得够不够吃过年，你们卖去两百斤，家里过年吃什么？三哥劝道：他都差不多到乌鲁木齐了，你哭还有什么用。母亲听不懂"乌鲁木齐"是什么意思，又听说要坐几天几夜的火车才到，那边又是天寒地冻，冰天雪地的。她更是捶胸顿足的哭喊着："棉衣没有一件，卫生裤没有一条的，你们要去那个乌鲁木'薯'干什么？冷都冷死你们了，去那里又有谁收留你们？"母亲是又气又担心，只有在心里祝福他们平安如愿。

二哥出走新疆的行动，是他们对前途和命运的无奈抗争。这样的抗争，在我们当时当地的青年人当中，引起不小的震动。在大队和公社干部们的眼中，这样的举动是不可容忍的胆大妄为。我们一家人为此而惴惴不安。

第十一章　自己选择的道路

一

　　二哥出走几天后，队长安排劳动找不到人，问家里人，家里人也不敢说他去了哪里，只说不知道。队长就向大队报告，大队支书和民兵营长三天两头地跑来家里问，并警告说："如果再不回来，就报告公安局，给公安局抓回来，就会被送去劳改的。"家里也不知怎么答复，只好说："我们也不知道他去哪里，他做了什么坏事，该劳改就劳改罢了。"说是这样说，父母亲心里总是提心吊胆地担心着，而三哥却好像胸有成竹一样，笃定的等待着二哥的消息。

　　快到年了，终于有了二哥的消息。大队里来人到家里说，二哥是跑到新疆去，已经被公安局抓起来了，新疆那边已发了电报过来给县公安局，叫派人去押回来。得到这个消息，家里就更担心了，不知怎么样才好。母亲又急得哭了起来。我们都担心着二哥的命运。

　　我们在忐忑不安和忧心如焚中，度过了那一个春节后，在元宵节的前夕，二哥胡子拉碴，蓬头垢面，浑身腠臭地，带着满身的虱子回到了家。母亲看着他这个样子，顾不了责骂他。烧水给他洗澡，把所有的衣服换下来，用开水烫虱子。到街上理了发，刮了胡子后，才恢复了原来的人样。

　　二哥是自己回来的，不是被公安局押回来的。二哥说，他们从柳州上了南宁到北京的火车，经过湖南、湖北，到郑州换上从上海开往乌鲁木齐的 59 次快车。沿途经过河南、陕西，甘肃等省到新疆。在火车上呆了七天七夜，其间在戈壁滩上，火车就走了整整一天一夜。那时正是严冬时节，在火车上看出去，那戈壁滩茫茫无际，没有山、没有水，没有树、没有草，尽是一些褐色的，拳头大的石子和沙丘，一眼望不到头。呼呼的风夹带着沙子，扑打着车窗，那细细的沙子从门缝、窗缝往车厢里钻。那带沙的风吹在人的脸上，给人的感觉是又冷又痛。火车在风沙中摇摇晃晃，嘶嘶地喘着粗气，慢慢腾腾的向前爬行着。一天下来，人的身上脸上都沾上一层厚厚的沙子。在整个旅途中，这是最难挨的一段，特别是冷得难受。车上本来有暖气，但给那无孔不入的风一吹，也就没有了暖的感觉了，那些北方人还都穿着大衣，尽管是破旧和肮脏，却也可以抵御一下那肆虐的风沙。而穿着单薄的小棉袄、一生都没有穿过棉裤的南方人，这一路就是实实在在的折磨了。二哥从家里带着在学校时，大哥给的一件旧的列宁装棉袄，在柳州上车前买的一条卫生裤，脚上穿着一双胶底球鞋。他们三个人都穿的差不多一样单薄。满怀着希望，忍受着难以想象的折磨，到了乌鲁木齐，身上的钱所剩不多，不敢在乌鲁木齐住下来，就直接到汽车站买票上汽车，赶往石河子农场。按地址找到了那个朋友，那个朋友说，现在情况和以前不一样了，农场也不能随便招人。在他们的恳切要求下，那个朋友也尽了最大的努力，带上他们去找场领导，场领导答复说："现在政策是这样，农场也没有权利招人，你们还是回去吧，来这里也是做农业，当农民，和在家里都一样的。"无奈之下，他们在农场住了几天，要告辞那个朋友的时候，才厚着脸皮说："我们带出来的钱已经花光了，回去的路费都没有了。"那个朋友倾尽所有，也仅能资助他们三个人到乌鲁木齐的路费。

　　本来想，到了乌鲁木齐后，想办法找工做，赚一点路费回家。到了乌鲁木齐，饿着肚子，转了一天。在那寒冷的大西北，正是大雪封门的季节，街道上所有的商店、工厂、机关单位，都挂着厚厚的棉帘子，很少看到有人在街上行走，偶尔看到铺满白雪的大街上，留下稀稀拉拉的几行脚印，哪里有什么工可做？

　　眼下他们需要的是生存。已经身无分文，何以为继？归途茫茫，英雄末路，他们徘徊在天山脚下乌鲁木齐火车站前的雪地中，茫然地眺望着眼前掩隐在白雪下的整个城市，零乱低矮的房屋，屋顶上是一片白茫茫，分不清是瓦屋还是土屋。从屋顶伸出一截T字形的烟囱，时而冒出袅袅的乌黑的煤烟，在屋顶上徘徊不去，犹如在一张白净的纸上，撒泼着几滴墨汁，在慢慢地向周边浸霪扩散，让整个城市上空，飘荡着乌漆朦胧的一团团迷雾，显得死气沉沉，找不到一点南方在这个季节里的那种喧闹和生气。昨天下午从汽车站里出来吃的一块5分钱、一两粮票的烙饼，晚上是在火车站里喝的一口盅热开水，暖着身子，三个人相互搂抱着，瑟缩在候车室里一个避风的角落，度过了一个难熬的夜晚，至今粒米未沾，饥肠辘辘。刚才他们曾试图厚着脸皮，以问路的方式，到车站附近的人家去，向人诉说自己的经历和窘境。但是所有问到的人中，却没有一个人能理解他们的真正意图，或许有些人看着他们的窘态，心中明知道他们的意图，却装着不理解，没等他们把话讲完，便随意地打个手势，指去一个方向，叫他们快走。他们低声下气到只缺手中拿着一个破碗，挂着一根打狗棒的乞丐装束了，却始终没有人给他们一分钱一两粮票的赞助，或施舍一个馒头一块饼子。不是说所有的人都那么无情，那个年代人人自顾不暇，哪个又有多余的钱粮去施舍别人？他们大半天的行乞，唯一的收获就是，有一个南方人给他们指出了一条，使他们能够回家的路。

他们在万般无奈，举目无亲，几近绝望的时刻，求生的本能使他们忘却了，在书本中学到的那一点尊严和对监牢的恐惧。他们依照那个好心人所指点的路子，决定去收容所"自投罗网"。然而却并不那么容易，收容所只乐意收留那些不愿意自投罗网的人。收容所叫他们去找民政局，他们只好又饿着肚子，从市郊走到市区去找民政局。到民政局里，那管事的干部上下打量他们后，问他们要公社的证明。他们又怎么会有证明呢？于是把他们定性为盲流人员，逐一审问了他们各人的姓名，家庭成分，文化程度，住址以及来新疆的目的等等，并一一记录在案。当知道他们三个人都是地主家庭成分，便严肃地训斥道：你们不好好在家参加劳动改造，到处乱跑想干什么？直到快下班时，给他们开了一张盲流人员收容通知，叫他们自己又走回到郊外的收容所。待他们去到收容所时已是亮灯时分，收容所的工作人员凭着民政局的通知书，把他们领到一个用大铁锁锁着的铁门前，用钥匙打开那扇沉重的门，叫他们自己进去后，告诉他们一个房号，便把门关上。他们隔着门，以哀求的口气喊道："同志，我们都一天一夜没有吃东西了，肚子饿得受不了了。"但是从门外却传进来咔嚓的锁门声,并冷冷地应道:"今天的晚饭已经开过了。"随后就是渐渐远去的脚步声。他们只得沮丧地自己朝着那监舍走去。

二哥说,他们进去找到他们那个房号后,里面的土炕上已经睡着的几个人,见有新人来,就都爬起来,其他房舍的人也来看热闹。有好事的人问这问那的,其中有些一身邋遢、灰头土脸、污秽不堪的乞丐;也有些装束稍微整齐但却形容憔悴的,像二哥他们一样的人;还有一些外表也算整齐,看神态却有些儿玩世不恭的,年纪都是十来岁,据说都是些搞小偷小摸的扒手仔,是被抓进来的,他们是不愿自投罗网的那部分人。他们嘲笑二哥之类的人,居然愿意自投罗网,太没有本事了。不过到了里面的人,多数都能同病相怜,对二哥他们的身世也深表同情,都认为像他们这种家庭出身的人,都会是像书中写的一样,曾经有过风光的过去,现在是跌滩落魄了,是受父母的连累。于是那些先来的人,便匀出一床污秽不堪的棉被和一些稻草给他们。那天晚上,他们三个人就饿着肚子,和衣而卧,挤在那床稻草上的被子里,在收容所里度过第一个晚上。他们就是在收容所里喂养着那满身的虱子带回家来的。

二哥他们在收容所里待了一个多月,每天吃着两顿玉米窝头,在工作人员的监管下参加劳动。据说是要攒够他们的伙食费和回家的路费。本来年前就应该给他们回家,但是正好逢过年,工作人员要过年,也就不管他们了。待到过了年初五,收容所的人开始上班了,便着手分批遣送这些盲流人员。二哥他们是和甘肃、陕西、河南、湖北、湖南的一起,这些一路向南来的做一队;那些到郑州后继续向东走的做一队;向北去的就另做一队。那些不愿回家的,则被用绳子绑做一串押上车。二哥他们是自投罗网的也就没有必要用绳子串起来了。一路上每到一个省会站,就有当地收容所的人来接收转送。到了河南郑州后,那些被绳子绑着的人就只还有两个人了,一个是湖北的,一个是湖南的。从乌鲁木齐上车后的第六天下午到了长沙,工作人员留给二哥他们在车上的一顿饭钱后,就押着那个湖南的人下车了,二哥他们就自己随着火车,第七天中午回到了柳州。他们是从柳州走路回家的。

二哥试图闯出一条自己选择的道路，到头来不得不灰溜溜的，狼狈不堪地，带着满身的虱子，回到这个尽管也破烂，但却比收容所干净的家来。二哥这次的出走，唯一的收获是，领略了一些外面世界的广阔天地。但却没有找到一条自己可以走的路。

二

二哥回来后，被公社叫去教育了一顿。大队在群众大会上、小会上，多次指名严厉的批评，说他不肯接受贫下中农的监督，逃避改造，对社会主义不满等等。

二哥回来后还是不安分，对于他们这些有点知识有点思想的人，当时的现实也确实难以令他们安分。一个生气勃勃的青年人，一年到头累死累活的，在田地里摸爬滚打的侍弄着粮食，但到头来就没能尽情的吃饱过一顿真正的大米干饭，没能穿上一身整齐的衣服。每人一年的3尺布票，家里人多的，全家人凑起来倒是只够给一个人做一套衣服，但却找不出钱来买4、5毛钱一尺的布，做不起一身能体现青年人朝气的新衣服。二哥三哥一年所能添置的新衣服就只有9毛钱一件的纱背心而已。白天劳动，晚上睡觉都穿着，热天倒也容易过，可冬天的什么棉衣、卫生衣、卫生裤想都不敢想。特别是卫生裤、秋裤之类的，压根从来就没有穿过。尽管南方没有北方那么冷，可只穿着一条单裤的滋味，总是不好受的，谁都知道暖和的感受舒服。他们都是该谈婚论嫁的年龄了，这样的生活境况，再加上个家庭成分，他们连想都不敢想，只好假充自命清高地对人说，不想成家那么早，以体现自己志气高远。

1963年以后，经过对农村政策的一些调整，稍有些宽松，生产队也可以组织些青年人，出去做零工，搞点副业收入。但这些好事只能是贫下中农才有资格的，二哥三哥就摊不上了。二哥从新疆回来的当年，双抢农忙过后，他的同学传来消息说，八一锰矿要人去挖矿，一个月可以挣得几十块钱。二哥跟队里的青年们讲了后，那些成分好的青年就出面和队长说。队长同意组织一些青年人出去弄点钱回来，准备年终分配时有点钱过年。于是他们就瞒着大队,悄悄地让二哥带着去锰矿联系,联系好了,要回来大队开证明,大队是不会同意给二哥去的。他们只好在证明上写着那些贫下中农子弟的名字,给大队盖章,二哥三哥就只好冒名顶替,瞒天过海的去挖矿。其实挖矿并不轻松,但是可以得到现钱,除了交给队里的副业款外,多多少少还剩下一点,比在家里劳动要好得多。

他们去挖矿约有两个多月,就到了秋收时节,大队干部来队里检查秋收,见队里的青年劳动力一个都不在,就问队长。本来队长并不同意二哥三哥出去搞副业,但队里人都同意他们去,况且这条门路是二哥带出来的,从全队的利益考虑,也只好屈从于大家了。现在大队干部问起,想瞒也瞒不住了,就老老实实地把事情都讲了出来。这下问题就严重了,大队把情况向公社汇报,公社向县里汇报,县里就给锰矿下了个指示,就把整个副业队给赶了回来。

在锰矿做工的那段时间,他们还都赚了一点钱,除交给队里每人每月30元外,剩下的钱够他们买黑市米吃。被赶回来时,每人还都买了新毛巾,新牙刷、牙膏,各人都买了一对当时最新出产的海绵人字拖鞋,穿起来软绵绵的,挺舒服挺新鲜的。二哥买了件衬衣,还买了几本杂志。三哥把他所剩的钱买了一支长笛花去2块多后,倾尽所余的17块钱买了一件当时最新潮,最漂亮的,灰兰色咔叽布两面穿的夹克衫。这是他一生中穿的最好的,自己最称心的衣服。也是他自己挣钱买的唯一一件衣服。后来他就穿着这件衣服,闯新疆、游桂林,逃难贵州。直至他最后死在群众专政的棍棒之下时,仍然是穿着他这件最心爱的衣服,被埋在都鲁山下一个浅浅的土坑里。

三

二哥他们在努力地改变自己现实的境况,尽管事实已经证明他们无可选择。但是他们还在继续幻想。在他们从锰矿被赶回来后,搞完秋收,进行年终分配,原本打算通过挖矿搞副业,为队里挣一点钱,在年终分配时会有一点钱过年。这个希望因二哥他们的参与而破灭了。所能分到的粮食也和往年一样，到得家里也就几百斤谷子，却反倒欠了队里的几十元超支款。春节到了，又一如既往象征性地，简单的过了一个年后，三哥又开始酝酿准备他独闯新疆的计划。

三哥和二哥又瞒着母亲，把家里的谷子卖掉一部分，得了百多元钱。过完年节后，在我们南方是春暖花开的季节了，而在那遥远的新疆，严冬过后是冰雪消融的时候。人们说，下雪不冷化雪冷，三哥选择这个时机独闯新疆，穿着他那件新衣服，罩着里面的旧卫生衣卫生裤，到了乌鲁木齐，下了火车以后，立即便感受到了彻骨的寒冷。街边还到处都是残存的雪堆，正在慢慢地消融。街上流淌着污浊的雪水，很快就浸湿了三哥脚上穿着的那双塑底布面的波鞋，只要停下来，脚就会冻僵。

三哥没有直接赶去石河子农场，而是在乌鲁木齐的石河子农场办事处的招待所住了下来，给那个朋友发了一封电报，第二天，那朋友就回了电报，劝他不必到农场去，以免浪费钱，因为他的愿望不可能实现。有了这封电报，三哥虽然没有证明，也就可以在招待所住下来，三哥还没有完全失望，他自己到自治区民政厅，到市民政局，到其他农场办事处，去央求，去争取。都没有用，全国的政策是一样的。三哥带的钱也快用光了，招待所的住宿费已经交不起了，只好跟招待所说给家里发电报，叫家里汇钱来。招待所才同意他暂时住着等钱。

三哥是在招待所给大哥发的电报。他知道唯一可以救他燃眉之急的只有大哥。三哥在招待所等电报的日子里，就什么地方都不去了，成天待在招待所里，一天早晚两餐，各一个三分钱一两粮票的馒头，一盅热开水。外面很冷，房里有个煤炉，可以取暖。三哥在家时没烧过煤，不懂得有煤气中毒。那天晚上特别冷，他就把所有的门窗都关严来睡觉，结果在不知不觉中，在半夜里就晕死过去了，幸亏第二天早上被服务员发现得快，给送到医院抢救才捡回一条命来。等了一个星期，大哥的汇款才到，三哥结了招待所的账，就揣着剩下的钱，买火车票往回赶。大哥汇的钱除了车票钱和伙食费，还略有余，三哥在车到善鄯时，还下车给我们买回来一盒哈密瓜干。

三哥这趟新疆之行，没有达到目的，虽然也经历了一次鬼门关，但却比二哥他们那次少了许多旅途的磨难,还多少带着一点游山玩水的浪漫情趣。三哥带回的哈蜜瓜干又香又甜,是我一生中,第一次吃到的最美味的果脯食品。也是三哥生前,给我留下的手足亲情和兄长形象的最后记忆。三哥回到家后,没有人知道他去过新疆,他当时出走时是向生产队请了假去治眼睛的。

第十二章　文革前夕的中学生生活

一

从我进中学的 1963 年起，国民经济经过一些整顿，已经出现了逐步恢复的迹象，人民的生活也有了些微的好转。国家对教育事业也比之前闹饥荒的年头更多了一点关注。而学校的教学质量，一直都是校领导和老师们关注着，尽管学校生活条件相对于城市学校的差。

我们的学校是一座新建没多久的，只有初中部的中学。校址建在离柳邑公路不到 300 米的一个乱坟岗上。所有建筑都是一式的红砖青瓦结构。白色的屋脊，朱砂色的封边吊檐；教室正面是一条骑楼式的走廊。走廊和教室里是平实的三合土地面。教室外墙是清水红砖墙面，里面四周墙壁及天花板用石灰砂浆批荡粉刷，加上南北两面对开的玻璃窗，既通风又光亮。教室里白净而整洁。一式的课桌依着教室东西走向摆放，面向讲台、黑板，整齐地排成四行。分四个学习小组，每班可容 40 至 50 个学生。全校共有 8 间教室，分成两幢，南北相向排列在学校操场两边，之间约有二、三百米宽。操场的东面北头，是一幢与教室一样规格的两间教研室。南头是一幢两间的女生宿舍，和教研室之间隔着一片空地。再往南到操场南面教室的背后，是男生宿舍，与教研室和女生宿舍，形成一线长排各自独立的几幢房屋。男生宿舍周边是学校的劳动园地，一年四季种着各种蔬菜。

学校操场的西面北头是两排教师宿舍。教师宿舍的南面是两个并列的篮球场，球场旁边是学校图书室和校长办公室。学校操场在教室、教研室、学生宿舍以及教师宿舍和校长办公室、图书室环绕之中。整个学校的地面，以南北相对的两排教室的西头拉直，有一条土坎，土坎相对高度差约 70 厘米。把整个学校分成西高东低的两个部分。坎上部分是篮球场和教师宿舍，以及校长办公室和图书室。

学校的体育锻炼设施门类齐全：在操场西南角沿着土坎边，一线设置有单、双杠等体操设施；还有排球、羽毛球场。土坎上的篮球场北头有爬杆、吊环以及为跳高跳远设置的沙坑；沙坑旁还有练举重的石担。学校的乒乓球室就设在学生食堂（兼学校礼堂）里。

在学校的建设中，对环境的美化也比较注重：在操场的周边都栽着一排排整齐的冬青树，及其他花卉灌木。在教室和宿舍背面，栽着的大叶桉或小叶桉树，都高过了教室，四季都可以看到绿叶。春夏时节还不时可以看到缤纷的花卉竞相开放。我们的学校是当地的最高学府，这样的环境在我们那小地方可算是独一无二的了。

美中不足的是，学校离河边较远，饮水条件比较恶劣。没有泉水也没有井水。学校的食堂就建在水沟边上，老师学生饮用洗漱都取自水沟里的水，饮水卫生无法保障。

柳江县除县完中外，相对于其他中学，三都中学各方面的条件是比较优越的。尤其是学校的师资水平，在全县可算是一流的。这一点不可否认，是得益于从 1962 年开始进一步强调的"阶级斗争"政策。当时全县的最高学府是"柳江完中"，我们学校只能算是二流学校。原来全县所有水平较高的老师，都聚集在柳江完中。而这些老师们当中的绝大多数，又都是出身不好，或有这样那样历史问题的。在强调阶级斗争后，这一部分老师就都被裁撤，分配到下面各农村公社中学去。三都中学刚建校时称为"柳江一中"，相对于其他公社中学，教学条件算是比较好的。所以那些被柳江完中裁撤调离的老师当中，最好的大都给分配到我们三都中学来。使我们学校成为名副其实的"柳江县'第一'中学"了。好在这些老师们不管到了哪里，都能保持着知识分子对知识对教育的严谨负责态度。所以学校的教学风气，一直是端正而严肃的。

二

那时我们都还没用上电，宿舍里用的是煤油灯，晚自习时，所有的教室和教研室都点着汽灯，倒也使整个校园显得亮堂。不时从教室里传出的琅琅书声中，透着一股校园所特有的，朝气蓬勃的青春气息。

　　因晚上还有晚自习，所以家在近处的学生，也都必须在学校留宿。学校的男生宿舍每班一间，里面是上下两层的大床架，睡觉时一个挨着一个，每一个人也就是七八十厘米的空间。冬天的拥挤，反而觉得暖和，到了天气炎热的夏天就难挨了。一间宿舍只有前后两个窗子，给几十顶蚊帐一顶连着一顶的挂起，就把两个窗子给堵得一丝风儿也透不进来。窗子也就只起到给蚊子通行的作用了。如果不挂蚊帐，那些成群结队的花蚊子，足可以在十分钟内，把你叮得浑身的疙瘩，极痒难挨，让你彻夜难眠。在二十多平方米的房间里，几十个人挤在一起，光是人的体温，就把整间宿舍熏成一个大蒸笼似的。汗臭、脚臭、再加上个别同学的腋臭，还有窗脚下，一些同学在晚上从窗口往外撒的尿臭，真是百味杂陈，把同学们熏得头晕脑胀。每天晚上从熄灯哨响起至入睡前，是同学们最难挨的时段，好在年轻人都嗜睡。

　　女生人数不多，宿舍不分班级，而是以床架为单位，全校女生都挤在两间大宿舍里。

　　我们一些家在附近的学生，只在学校住，不在学校开膳。在学校开膳的学生每月给食堂交14斤米，3元钱的伙食费。按当时的政策规定，初中生每月口粮指标是28斤，农业户口的学生由国家补助14斤米的指标，由食堂统一到粮所买。食堂每天开三餐，早餐是每人一两米的稀粥，中午、晚上各四两米饭。不在学校开膳的学生就没有早餐可吃了，只有放午学时走二三里路回家吃午饭。在学校开膳的学生有午休时间，而我们回家吃完饭再赶回学校，已经没有时间休息，就直接等上下午课了。待到放晚学后，又要走一个来回，回家吃晚饭后，再赶回学校上晚自习。一天四个来回，十多里路，风雨无阻，天天如此。在夏天的酷暑天季里，晚上不能睡好，中午又要头顶着烈日来回赶，汗流浃背不说，待赶到学校，刚在家喝的那一点稀粥，就给几泡尿和汗水消耗殆尽了。天气闷热，往往在下午上课时都昏昏欲睡，无精打采的疲惫不堪，没有精神听课。有时还会在课堂上瞌睡而被老师罚站。

　　由于有国家的 14 斤口粮补助，所以我在家里得到母亲的特别照顾，专门为我用砂罐装上米，拿到隔壁粉店的大灶里，用蒸粉灶里的火炭煨。中午一罐，晚上一罐。那用炭火煨出来的饭又香又甜，特别好吃，就是从来都未觉得饱过。到青黄不接的季节里，就没有特殊照顾了，只能和家里同甘共苦。但我已是觉得，有些愧对哥哥姐姐他们了。他们一天辛辛苦苦劳动，也只能喝两餐稀粥而已。三姐的朋友张鸿英来家找三姐玩，见我一个人吃砂煲饭，而家里人都喝稀粥，就开玩笑地为三姐她们抱不平说："你不做工反而吃干饭，你妈不公平。"母亲就说，我们家以后的大学生就看他了，只好优待点咯！鸿英姐心直口快地接口道："大学生就轮不到你们这些地主崽了！"她并无恶意，只是实话实说，她大哥虽是烈士，但她六哥张鸿让同样因为她们家的小土地出租的成分而考不上大学，更何况我们。但她这一句话确实给母亲的心头，浇上一瓢冰凉的水，也深深地触动了我内心的痛。我和母亲当即都无言以对。

三

　　在生活上，吃好吃坏，是饱是饿，别人都看不见，而一个人的穿戴却能体现人的精神面貌。爱美之心人皆有之，衣着的整洁与否，能体现一个人的尊严。但我却连一件能给我以自信，和一点点尊严的，像样的衣服都没有。

　　在整个小学阶段，我从未体验过穿新衣服的喜悦。小学毕业时，在我再三的央求下，母亲为我买了一件白纱背心，我就穿着这件背心与胡义文和刘建康照了个合影留念。因此曾遭到周老师的评论："穿背心来照相留念，不严肃。"有什么办法呢？实在是找不到比这更好的了。在全班的毕业合影留念和在毕业证上的半身像，穿的是母亲用二哥的旧衣服改的学生装，上面是补丁压补丁，实在分不出哪块是原来的布，哪块是补上去的。比电影《白毛女》中杨白劳的那身衣服，有过之而无不及。这件衣服我一直穿到中学里。毕业证上的半身像，是我一生中照的第一张单人相片，被我一直珍藏着。我把它贴在笔记本中，还配上文字说明："我是剥削阶级家庭出身的孩子，我应当穿着这种破烂的衣服，去体验旧社会贫下中农的悲惨生活，努力改造自己的思想，和自己的家庭划清界限，听党的话，听毛主席的话。"在三十几年后的同学聚会时，从部队军官转业到柳州汽车厂，当部门领导的老同学韦嘉月，还能清楚地记得我的那段文字说明。可惜那张相片在文革抄家时丢失了，否则它将成为那个年代物质生活的最真实的写照。

在中学时，看到一些非农业户口的，家庭条件好的同学，穿着整洁漂亮的衣服，我总在心里偷偷地羡慕着，总梦想着能有一件新衣服穿。但那是多么难以实现的梦想。因为做一件衣服，不光要有钱，还要有布票，布票是没有办法可想的。梦想终归是梦想，本不敢奢望能够实现，但却给我遇到一个可以实现我的梦想的机会。为了实现这么一个渺小的梦想，我竟连尊严都置于不顾。回想起这件往事，至今还觉得惭愧不已。我的梦想的实现，居然是凭借于，我是一个学习小组长的小小职务上的"特权"：学期中，班主任钟老师召开班干、小组长会议，说是学校得到国家拨给一些补助的布票，每班可以得五尺，救济特别困难的学生，所以召集大家来议一议，看谁最困难。在讨论中，其实谁都想要，但又都不好意思讲出来。从一开始，我就希望同学们帮我提一下，但是没有一个人开口说话。其实每一个人都想得到，但又都不好意思开口。我想了很久，又踌躇了一阵子，才终于鼓足了勇气，语无伦次的向老师说道："我穿的都是哥哥的旧衣服，我想有一件新衣服。"话讲完的时候，居然自觉无地自容，羞愧地哽咽着，埋下头哭了起来，最后是怎样散会的都不知道。

也许是钟老师在平日里已经注意到，我的衣衫褴褛的程度，是班级里无人能比的。我如愿以偿地得到国家救济的五尺布票。后来母亲为我筹得了一元五角钱，买了五尺兰仕林布，到车缝社做了一件胸前有两个袋子的衬衣。这就是我的第一件新衣。那年在学校召开的文艺晚会上，我就穿着这件衣服参加了歌咏比赛。而过去逢着学校召开的文艺晚会，我都是借穿同学的衣服去参加的。

到了 64、65 年时，国民经济逐步有所好转，农民的生活也有了一些细微的提高，农村的集贸市场比较的活跃起来了。各方面的供应指标也有所提高。原来每人每年的三尺布票也提到了五尺。母亲用卖糠攒下的钱，买了一丈多黑色咔叽布，为我们三兄弟各做了一条西装裤。这是我的第一条新裤子，而且是西装裤，我高兴得要命。穿着这条裤子，我不用再撩起裤腿撒尿了。然而，这条裤子还没有穿过几次，却让队里的老母牛牴破了，还险些连命都给搭上。

那是一个秋收时节的农忙假期里，大人们都在忙着秋收，队里就安排我放一头刚生仔的母牛。放牛是比较轻松的活，就是牵牵牛，不给它糟蹋庄稼就行了。那天我穿着新裤子，牵着那母牛到正在收割稻子的田基边吃草。那刚出生的小牛仔在后面跟着，母牛已经在前面很远的地方吃着草，那小牛却在田基边睡着，没有跟上来。出于对小牛的爱怜，我把手中牵着的牛绳放下，返回去想把那小牛抱过来。当我走到小牛旁边，正欲躬下身去抱那小牛时，那母牛却误以为我会伤害那牛仔，竟愤怒地低着头朝我冲过来，用它那尖利的长长的弯角，从我后面突然向我撩了过来，那角从我屁股后面撩穿我的裤裆，把我倒挂在牛角上甩着，还想把我牴在地上。

当时在场收稻的人们看了都惊呼起来。三哥当即迅速跑了过来，抓住牛绳把牛头拉起来。我这时也从惊吓中醒悟过来，急中生智，双手抓住两个牛角，用力把裤裆挣破，才得以脱身。气得三哥边狠狠地用绳子抽打那母牛，边骂道："你个畜牲，好心帮你抱仔，你倒恩将仇报。"这时队长却跑过来指斥三哥："它是畜牲，懂得什么？打死它你要挨赔的。""刚才人都差不多给它牴死你都看不见，它是畜牲它还会疼仔，人命还不比畜牲的命值钱？我弟被它牴得差不多命都没有了，不见你着急，这个时候你才过来。"三哥应了他几句，同时也停下手来。好在队长是个文盲的老实人，也不和三哥多作计较。

我穿着被牛牴破裤裆的新裤子，余悸未消地低着头往家跑，一面跑着，一面在想着我的新裤子，想着队长的话，想着三哥的话，到底是我的命值钱还是那牛值钱？其实我最耿耿于怀的还是我那条新裤子。后来母亲帮我把裤裆补好。好好的一条新裤子，在后裆上补着一块又大又厚的圆形补疤,好在是原来做裤子时剩下的布,不怎么难看,倒像一条加固的新裤子,那是一条真正为我量身定做,被我视为最爱的西装裤。我每一次穿上后都舍不得换下来,直至去串联时,还是我随身携带着的最好的一条裤子。

四

在中学的三年时间里,物质生活的贫乏,对于我来说是那么的刻骨铭心。加上在当时那种阶级斗争、政治第一的政治氛围下的校园生活,让我感到极度压抑而自感前途渺茫,曾一度让我产生过弃学的念头。出于本能对知识的渴求和对生活的向往,虽然最终坚持了下来,但是,却让我的思想过早的变得复杂,促使我过早地去思考一些,在我们那个年龄段所不应当思考的问题。使我很难做到"无忧无虑"的专心于学习。所以我的学习成绩曾一度处于班级里的落后生之列。成了老师经常关注的对象。老师不时地在班会上旁敲侧击的鞭策,虽然没有直接点我的名,但是从老师的话语中我领会得到,为此我从来没有责怪和怨愤过老师。平心而论,老师对我是公平的,老师并没有歧视我,反而是想通过发挥我在文艺和体育方面的爱好和特长,来激发我对学习的积极性。但处在当时的政治氛围下,囿于我与生俱来的政治上的原罪,使我因对前途的绝望,而陷入了自暴自弃的境地不能自拔。所幸的是,读中学的三年里,我们能受教于共和国历史上,最具有真才实学的一代教师。使我们能学到不少真正有用(相对于之后的工农兵管理的学校)的知识。

我们的学校里,汇聚着当时许许多多的知识精英。我们的校长张芳蕊和她的丈夫——我们的语文老师孙国光,都是开封师院毕业南下支教的大学生。我们十九班的班主任戴裕华老师、化学老师胡德基、体育老师何道炳、音乐老师韦桂善等等,我们学校的所有年轻的老师,都出自中国知名学府培养出来的朝气蓬勃、血气方刚、思想进步的青年才俊。我们学校里还有一批一生从教,具有几十年丰富教学经验的,从旧社会过来的老知识分子,老教育家:最老的彭望震、覃彦珍老师当时都已年近花甲，是个满腹经纶、面目慈祥的跨时代的老知识分子。彭望震老师的妻子溥若，据说是清朝皇族爱新觉罗氏族裔，是个"格格"级的人物，当时担任着我们学校图书室的管理员；还有教英语的黄绍林老师，是个专事外语教育的，跨时代的教授级的老教师；刘仁辉老师曾在民国时期的无线电台担任过无线电技师，精通英、俄两国语言，担任我们的英语老师。

我们二年级的语文老师梁宝权，也是民国时代的大学生，一生从事教育，精通民族文化，是个刚正不阿，施教严格、让人肃然起敬的老教师。他们大都循循善诱，受学生爱戴。他们各自都有着各自不俗的经历和学识。但可悲的是，他们那些不俗的经历和学识，在把知识分子视为"臭老九"的年代里，都成了他们政治上的污点，长期压抑着他们的心智。使他们的才华得不到发挥。更令人痛心的是，在其后更为疯狂的年代里，他们当中有的身陷政治冤狱，更甚者，有的老师竟惨死在"造反有理"煽动起来的疯狂而失去理智的学生手下。酿成了史无前例地灭绝人伦的旷世悲剧。

我对于中学时代的回忆，不乏怀念和依恋，也有着抹之不去的苦涩印痕。怀念老师们的循循善诱、和蔼亲切。留恋那教室里的琅琅书声，和学校操场上天真无邪的欢声笑语。然而，那个时代抹之不去的历史印痕，却更激起我的沉重反思。老师们曾教给我们文化科学的同时，也教会了我们思想。在本该无忧无虑的，学习科学知识的青少年时代，因世事的乖张，却让我们不合时宜的，过早地为身世而伤怀。我对孙老师给我们上的语文课情有独钟，我本来并不是课堂上很守纪律的学生，课堂上思想开小差是我经常被老师批评的缺点。

由于当时的课本中充斥着仇恨和斗争的煽情，对人性的童牛角马的扭曲灌输，所以同学们对上语文课大都感到乏味。但在孙老师的课上就显得别开生面。同学们常常被他的旁征博引、侃侃而谈所吸引。他善于用典故故事，来引导我们去领会课文中的哲理。我们尤其喜欢他上的古文课。他对古文的讲解，简直就是一堂生动的历史典故故事会。不由得我们不聚精会神地听他讲解。他的故事让我们增加了对课文的理解，加深了我们的记忆。我们跟着他从范仲淹的《岳阳楼记》中，领略了古人的经典名句："居庙堂之高，则忧其民；处江湖之远，则忧其君。是进亦忧，退亦忧。""先天下之忧而忧，后天下之乐而乐"等等。古仁人的爱国爱民的高尚情操，曾激励着我们不自量力的，常以"先天下之忧而忧，后天下之乐而乐"自勉。忘却了自己既无缘庙堂之高，连江湖之远，亦无可立足安身之所的人。这天下之忧及天下之乐，岂是我们所能奈何得了。

五

在当时突出政治的社会氛围中，在教育为无产阶级政治服务的教育方针主导下，教师的处境也是极其尴尬的。他们的责任是要教育学生从德、智、体上得到全面的发展。首先是从道德教育方面引导、培养学生成为具有高尚的道德品质，和崇高理想的人。但是在当时的现实中、课本里、教材中，却处处充斥着虚伪和空洞的政治口号。对于我们这些当时只有十多岁的初中生来说，是无法辨识这"德"和"智"的真正内涵的。我们所知道的"德"，就是"政治思想品德"，其中以政治作为首要。就是首先要懂得阶级斗争，懂得谁是"敌人"，谁是"朋友"。然后要和敌人划清界限，要和敌人作坚决的斗争。这种阶级斗争的观念，充斥在社会的每一个角落，尤其在作为教育领域的学校中。要培养无产阶级革命事业的接班人，就更是概莫能外了。在老师和老师之间，在老师和学生之间，在学生和学生之间，都有着充分的体现。学生们要被培养教育成为"螺丝钉"式的，"头上长角，身上长刺"的敢于亵渎文明，蔑视科学文化的阶级斗争的驯服工具。我们无法把"德""智""体"区别开来理解，只要能领会了这样的"德""智"和"体"也就都在其中了。这就是所谓的"教育为无产阶级政治服务"。作为有知识、有阅历的老师，自然能分辨这"智"的真伪。但当时要把许多悖于科学常识的东西，灌输给这些正在成长中，不谙世事、思想朦胧的学生，将来会给社会造成什么样的后果，是可想而知的。但是又不能不这样去教。后来又把"智"斥之为资产阶级所专有，进而又说成知识越多越反动。刚刚过去的反胡风，反右派，反右倾机会主义等等，历次政治运动还都历历在目。知识分子的噩运尚未到头，惊魂未定，确实令老师们无所适从。一年多以后，老师们的担心变成了事实。

为了教学的需要，同时又要迎合政治的需要，老师在讲课时，对一些涉及政治的东西时，出于自己的前途和处境的考虑，往往会言不由衷。在初二时，梁宝权老师上我们的语文课。有一次，梁老师布置课外作文作业时，作文的题目是"我的父亲"。这样的作文题目对于其他同学来说，是好写的。每一个孩子对于养育自己成长的父母，必然有很深切的感受。在自己心目中的父母，肯定是慈爱而善良的。父母的艰辛，在儿女的心中树立了永不磨灭的伟大情怀，和崇高形象。中华民族的传统道德文化，崇尚儿女对父母长辈要有感恩和孝敬之心。

在这道作文里，只要选择一些在自己心中印象深刻的几个事例写进去，体现出自己对父母的真挚感情，文章就能写好。而对于我来说，却让我觉得尴尬和为难。因为我不能把我对父亲的真实感情表露在作文中。由于父亲是地主，是阶级敌人。但从人伦的角度，父亲给了我生命，给了我生活上的关爱，在我的心中也不难找到父亲令我感动的事例。比如说：在那刚刚过去的饥荒的年代里，浮肿的父亲把捉到四脚蛇（蜥蜴）当作一种享受，而回家把我叫到大队卫生所去，和他一起分享。为了给我学到一点生活的技艺，为了给我解馋，在我放假时，带我到成团赶圩卖药。午饭时，一点有限的荤腥先让我吃饱，他才舍得吃。在我的眼中，父亲并不像书中那些以残害别人为乐事的恶人，对于那些贫苦的求医人，也常以一句淡淡的客气话而解人之难——"拿去吧，只要病好就得了，不就是几条树根吗？又不是我种的。"这样的事例也曾令我感动。然而，我却不能如实的这样写。我只能是从《半夜鸡叫》里的周扒皮，从刘文彩的罪恶罗列中，从历次的阶级斗争忆苦思甜大会中，获得地主阶级所共有的荒淫、残暴、贪婪的共性，然后编造一些类似的故事情节，塑造成我父亲的形象。我把父亲曾经经历过的四次婚姻——尽管荒唐但却是当时社会习俗所允许的，除我母亲之外，曾经有过三次短暂的婚姻。他的元配——我们的大妈，在我母亲已经成为他的二房之妾后，因难产而死。之后他在柳州做生意又相继先后结识了两位女子，带回家时，爷爷出于他父子已是两代单传的考虑，同时因父亲弃农经商，家中农活缺少人手，权当是娶回一个劳力，也就默许了他的这些荒唐的婚姻。但是却不能见容于性格暴烈的母亲，最终都被母亲一一气走了。母亲与父亲一生的抵牾也正起因于此。

　　对此，我把这些事件的情节加以篡改，套上阶级斗争的特征，描述成："我的父亲出于地主阶级荒淫无道的本性，强抢民女为妾，一生娶了四个老婆，并把她们当着牛马看待，强迫她们每天起早贪黑的劳动，稍有懈怠，便以鞭子抽打，并关在牛栏中，不给吃不给喝。致使其中一个暴死于牛栏中，另外两个因病不能劳动，不但不给医治，反而被逐出家门，之后生死不明……。"我自认为如此编排，极符合当时形势下的阶级斗争的逻辑，再加上我对文章词句的修辞，和所表现的思想，也是极符合时代精神的。满以为，作文交给老师批改后，一定会得到好评。但是，梁老师曾因求医而认识我的父亲，父亲的知书识礼，尊师重教，给他留下不错的印象。他也曾因缺粮而敢于托我从黑市中给他买过黑市米。因此对我的家庭身世他是有所了解的。所以，他在批改我的作文时，知道我的作文中的情节纯属杜撰，这是作文的大忌。而且生造编排这样的内容来贬斥自己的生身父母，也是一种道德的沉沦。但是梁老师又不好直白的给我指出，只得在作文后面，批了这样一句批语："真是这样吗？"

　　作业发下来后，看着老师的批语，我感觉到这是对我的质问，我无颜面对老师的质问。我在内心思考、领会批语的内涵和老师的良苦用心。老师的批语让我明白的是，写作、讲话、做事，都需要真实。为此，我自觉无地自容和深深地自责。同时，我也为此而感动得暗自落泪，感动于老师自尊、自重、自爱和诚实的循循善诱。在之后的"文化大革命"运动中，我也曾因无知和偏狭地伤害过个别老师，但是我没有以这一足以致梁老师获罪的证据，给他以落井下石。当时他已调往比我们这个学校更偏远的洛满中学任教，但却不幸没能逃过"文革"劫难，和刘仁辉老师、覃庆居老师一样、成为那场运动的牺牲品。

六

戴老师是我们的班主任,上我们的数学课。他是我们柳州本地师专的毕业生。他戴着一副深度近视眼镜,文质彬彬,潇洒大方、亲切和蔼、平易近人。他多才多艺,拉得一手能激人振奋、朝气蓬勃的手风琴。他曾带着我们屡屡在学校举办的文艺晚会上夺冠。课余时间,我们经常情不自禁地,随着他悠扬而激昂的手风琴声,合唱着他教会我们的苏联歌曲《小路》或《莫斯科郊外的晚上》。他所编排导演的话剧小品,也曾屡获嘉奖。在当时的阶级斗争的大气候里,我深感自卑,但在班级里,除个别专以打小报告表现政治进步的人,有意疏远我们这些出身不好的同学外,绝大多数的同学并没有孤立我们。同学之间还都能融洽的和睦相处,这是与戴老师一视同仁,平等相待的表率分不开的。戴老师曾单独地找我做过思想工作。他对我说,我知道你因为自己的家庭出身而自卑,出身不由己,道路可选择嘛,越是处在不利的处境,就越要加倍的努力,读好书,学好知识,自己去争取改变自己的命运。老师没有嫌弃你,同学们也没有嫌弃你呀。戴老师的话令我感动,催我奋发,正像他所讲的,他一直没有嫌弃我,而且还尽可能地给我机会,激励我的特长。

学校每一次的文艺会演和比赛,戴老师都给我作为班级的代表,上台表演。他所编排和导演的英语话剧小品,使我在台上表演的白人小孩的形象既滑稽又可笑,再加上何老师为我用面粉捏的勾鼻子,我们的节目曾获得全场的掌声。他还指导我在《红灯记》中把那个汉奸翻译演得激起全场一片鄙夷之声。他推举我到校文艺队参加大型剧目《南方来信》的排练,并让我担当一个反美游击队的越南小孩的主要角色。但遗憾的是,还未能演出,在当时许多的报刊上,就已经陆续发表了各种各样的批判文章。浓重的政治气氛弥漫着整个社会。老师们的话语,也都显得与之前不同的谨慎了。同时,我们也开始进入紧张的,毕业考试的复习阶段。学校原来排练的剧目就都中途而废了。同学们都满怀着信心和希望的进行复习。而我则更显消沉。所以毕业考我没有考好,但我没有太多的失落。

我们毕业的那一年，政治气氛比之我们刚进中学时越来越紧张了。在意识形态里，隐隐透露出一派山雨欲来风满楼的肃杀之气。但是，国民经济经过一段时间的整顿，生活状况不再那么窘迫，国家经济建设显出了上升的势头。对知识和人才的需求，也好像显得有些急迫，国家开始注重经济建设人才的教育和培养。在我们刚毕业考过后，全国各省区的各行各业的，中等专业技术学校也应运而生，并向我们这些应届的初中毕业生大量招生。如"广西商校""广西水电水利技术学校""桂林饮食服务技术学校""柳机技工学校"以及"广西幼师"等各地的中等师范专科学校等等中专学校。根据我们学校的条件和当时的招生规模，中考的录取率肯定不会低。而以我个人的情况，虽然毕业考没考好，但在复习中再加一把劲，在考试中放开心态，沉着应试，再如果能排除政治因素的影响，考上个把中专恐怕也并不太难。当我在学校里看到那许许多多的招生广告时，也曾一度激起我的一线希望。但是，绕不开的家庭出身的政治因素这个残酷的现实，让我升学的梦想和热情又被无情的浇灭了。

在中学的最后一个学年里，阶级斗争在学校里，变得越来越公开和表面化。在政治课上，在老师们给学生的训导中，越来越多的提到家庭出身，也越来越多的强调阶级斗争。老师们在学生当中，鼓励进步学生和落后学生之间的斗争。在同学之间已经悄然出现了先进与落后的分野。出身好的学生成为天然的进步生。在老师的鼓励下，自觉或不自觉的疏远出身不好的学生，和所谓的落后生。学校和老师们出于升学率的考虑，老师们也不得不考虑一下策略，抓住那些平时成绩好，比较有希望的学生，作为重点培养的对象。而对于一些没有希望的落后学生，和出身不好而根本没有升学希望的学生，则基本上处于放任自流。在当时的"教育为无产阶级政治服务"和"政治第一"的教育方针主导下，好学生的标准首先是政治表现。政治表现好，学习好不好是次要的。而政治表现不好，学习再好，也不能算是好学生。当时在招生工作中，有一条由学校保送升学的特殊政策：只要是政治上表现好，就可以得到保送。而学习上就不一定是好的了。这个政治表现好的标准，自然首先是家庭出身好，尤其是在学校里或在社会上，敢于同"落后思想""错误行为"作斗争的学生。这样一来，就助长了一些争相表现的个别学生，以揭发别人的错误来表现自己的先进，来积累自己的政治资本。于是在同学间，也就应运而生了相互监视，和打小报告的风气。甚至有些人为了表现自己而本末倒置，把本该放在第一位的学习置之不顾，而专事去发掘同学的错误思想和言论。为了获得同学的错误思想和行为的证据，甚至去同学个人的行李箱中，偷偷翻找同学的信件或日记，然后向学校、老师报告。以争取政治表现的资本。这样的学生在得到老师的青睐的同时，却也难免受到同学的孤立和排斥，被同学们私下里指斥为"特务"。

　　在学校里存在这样的政治风气，使学生们的思想受到极大的束缚，使学生们很难做到无拘无束和身心愉悦。尤其像我这样家庭出身的学生，随时都要警惕着自己的言行。在校会上，在班会上，校长和老师的训导中，无时不充斥着政治口号，无时不灌输着阶级斗争的意识。强调进步学生和落后的学生之间，要划清界限和进行斗争。而不是之前提倡的，要帮助落后的同学。并且也开始对学生的错误，采用批判形式的检讨会、生活会，让犯错误的同学当众检讨，和当面接受同学的批评，其中也不乏鼓励相互间的检举和揭发。批评的话语中也往往含有浓厚的阶级斗争意识，和专用的政治术语。我曾因为口角而与一个同学打架，后来被汇报到老师那里，我被责令在班级专场生活会上检讨，而且老师要求我在自己的思想检讨中，要联系自己的家庭出身。这是对我精神上的严重打击。因为家庭出身是我最忌讳向同学们提起的事。让我当着全班同学的面，并且是作为检讨而坦白出来，无异于在众同学面前揭了我的疮疤。为此我倍感无地自容。这次事件是在临毕业的学期里，让我感觉受到莫大的侮辱和打击的同时，也使我对自己的升学和前途的最后一点幻想，彻底的破灭了。出于担心受进步同学的嫌弃，我也就主动的与一些原来关系不错的进步同学，逐渐的疏远，并保持着一定的距离。却主动的和一些条件与自己相差不大的同学为伍。

　　存在着进步同学与落后同学的分野，同学间的关系也就开始出现了相互的攻讦与嫉妒。那些被进步同学向老师打了小报告，而沦为落后的同学,对于那些因打别人的小报告,而被老师视为进步学生的同学,在内心里自然是嫉恨的。而那些专心于学习而成绩好的同学,也不屑于那些专向老师打小报告,而获取政治资本的人。因为在政治表现上,他们被挡在了后头,在竞争上就处于了劣势。我不知道自己有没有被打小报告的记录,我自知我自甘与落后为伍,是因为我命中注定的出身。而我的那一次检讨,也确实是因为我打了同学。至于老师要我上纲,联系我的家庭出身进行的思想检讨,我倒是确曾心生怨愤,导致了文革开始时趁机向老师泄愤。但是到运动向深入开展以后,我的思想也就渐趋成熟,明白了那是大势使然,并非老师的恶意首创,老师也是不得已而为之。任何一个老师都不会乐意让自己教出来的学生沦落为社会的渣滓。

七

毕业考过后,我正在思想中预演着,去适应离开学校以后的生活。轰轰烈烈的"文化大革命",便在学校中铺天盖地地开展起来了。这场运动,这场"革命",把一代人的美好希望击得粉碎,化为泡影。把我本来并不美好的前途和命运,推向了更为苦难的深渊。

"文化大革命"到来之际,我的心是忐忑的。所有的人也许都和我一样,包括各级干部、知识分子、军人、工人、农民,都不知道这场运动的目的和动机。更何况我们这些十来岁的中学生。刚开始的时候,所有的人都错了。起初我们只认为这是一场文化的革命,当然应当就是在学校的范围内,对教学方法或者是老师们提提意见。从学生的角度想,也就是出一出平时对老师的一些不满和气愤。同时也企望于通过运动达到对教育制度的改革。从我个人的角度考虑,则是希冀于改革一下,在学生中推行的政治歧视政策。谁曾想,我们的猜测,恰恰与毛主席发动这场运动的初衷背道而驰。我们没有想到,这场运动竟然是以学生采用内容近乎荒唐的大字报,对老师进行人身攻击和侮辱的形式,轰轰烈烈开始的。学生在向老师攻击和泄愤的同时,那些平时"政治表现好"的学生,竟然也不甘落后的,一反常态对老师的毕恭毕敬,而积极参与到这种荒唐的行为当中,也想通过这样的运动,来表现自己始终紧跟"革命形势",维持自己在政治思想上,始终先进的形象。

　　而我却抱着一种完全另类的企盼和幻想:这场运动既然已是不由我们的意志所能主导的到来了,或许经过这场运动之后,阶级斗争的政策会有所改变,不再继续那样搞阶级歧视,政治环境会相对宽松。我们这些出身于受歧视的阶级家庭的子女,会获得相对平等的生存条件。我曾经怀疑之前的那些种种做法,会不会是下面的基层干部,违背毛主席、党中央的政策,乱搞的一套?大跃进、人民公社的事例,已经证明了这样的事实:大炼钢铁、公共食堂,以及亩产十三万斤等等,[1] 都是下面的基层干部,为了邀功请赏而乱搞的。所以,后来这些干部不都被中央处理了吗?这样的事例,证明党中央毛主席的政策,并非像基层干部们理解和执行的那样,是那些基层干部在给党和毛主席的脸上抹黑。这场运动,就是要整顿和教育这些干部的。至于平日里一再挂在嘴边的马列主义,我们还没有机会认真读过。再者,就是读了,我们也没有那么高的思想认识水平。

　　我们从开始有思想时起,就懂得在人与人之间存在着阶级、阶级斗争;革命是一个阶级推翻一个阶级的暴力的行动;革命的目的,就是要推翻人压迫人、人剥削人的不合理的制度。就是要建立没有剥削,没有压迫,人人平等的,人民当家作主的共产主义社会。我们对这些概念一知半解。每当我在思想困顿时,不由地苦苦的思索而不得其解。现时的政策和做法,似乎不符合这些概念和逻辑。我对阶级斗争的思考认为:有压迫就有反抗,被压迫的阶级起来革命,使用暴力打倒和推翻压迫他们的阶级。又反过来压迫和剥削被打倒和被推翻了的阶级,成为新的压迫阶级和剥削阶级。如此冤冤相报,周而复始,永无休止。到什么时候才能达到没有剥削、没有压迫?共产主义何时才能实现?共产主义岂不成为空想了?

---

1 详见附录五:据网络(广西地情资料)《环江毛南族自治县志》第二十章第二节"亩产十三万斤"

或许人们会想，地主剥削阶级只是少数人，而绝大多数的是贫下中农，少数人压迫多数人是反动，多数人压迫少数人是真理。但这真理却与共产主义的消灭阶级、消灭剥削、消灭人压迫人的宗旨相违背。毛泽东曾说过："马克思说，无产阶级不但要解放自己，而且要解放全人类，如果不能解放全人类，无产阶级自己就不能得到解放。"当时的现状与毛泽东的思想以及马克思的理论，是如何辩证如何理解？是我们这些半大孩子所无法明了，老师们也无法明了，多少著名的革命理论家也明白不了的。

　　当时这种思想是极其危险的，一旦有所表露，便是十足的现行反革命思想。将会落得身败名裂，受到口诛笔伐、批倒批臭。就会永世不得翻身。我只能是自己在思索和臆度：或许这场运动是为了纠正这些观念和政策的。伟大领袖毛主席和他的党，总不会是要自己搞乱自己为之浴血奋战，创立起来的国家吧？伟大领袖发动这场运动的动机和目的，连他的同生死、共患难的亲密同志和战友都无法理解。我们这些少不更事的青少年又岂能洞察得了？我们跟着一个个中央文件的传达和学习，沿着一个个"最高指示"所指引的路，越陷越深，陷入道德沦丧，草菅人命，家破人亡、冤狱遍地的万劫不复的深渊。

　　这场革命让每个人都怀着各自不同的美好期望，不由自主地自投罗网而人人自危。最终没有一个人得到好下场，达到自己的愿望。连这场革命的发动者，也在还没有达到，也没有希望达到他的预期目的的失望中，"无可奈何花落去"的黯然长逝了。给他的臣民们留下的是长长的叹息——有如释重负般的解脱；有扼腕顿足、大势将去的哀号；更多的是：在茫然之中夹杂着的新生和希望。

　　我就在这样的境况下，结束了我的初中学业。但是我们并没有毕业离校，我们还要被留在学校，接受这场政治运动的考验和洗礼。

第十三章 农村中学的文革记忆

一

我们学校的"文化大革命"运动,是以传达中共中央的"5.16"决议开始的。但当时学校也不知道这个运动怎么开展,如何进行。而全国性轰轰烈烈的"文化大革命"运动,则是以北京大学的第一张大字报作为开端的。6月2日的《人民日报》全文刊登了大字报,并同时发表了评论员文章《欢呼北大的一张大字报》,趁势予以大肆报道和宣传。这份报纸传到我们学校,已经是6月中旬末。《人民日报》的消息在学校里不胫而走,在学生们中间传开了。1966年6月下旬,县里给学校派来了文化革命运动工作组,工作组以《人民日报》的文章,作为宣传和鼓动学生的工具,引导学生们以大字报为武器,向老师们发起了斗争。于是,以大字报为象征的"文化大革命"运动,就在我们这个农村中学校中,如火如荼地开始了。

由于运动的来势迅猛,我们无暇留意,是谁贴出的第一张大字报。第一张大字报的内容是什么?是针对谁、攻击谁的?这些我们全然都不知道也无心考察。只是看到五颜六色、纸张各异,内容五花八门的大字报,霎时间贴满了教室、宿舍、食堂。就连操场边的桉树脚下,但凡可以刷浆糊的地方,都是大字报或标语。在所有学生还懵懵懂懂间,所发生的这一切,向学生们传递着一个令人兴奋的信息:不用上课了。且可以任意发泄平时对老师的不满情绪。

在我的记忆中,我们学校里,是否成立过正式的"文化革命领导小组"没有一点印象。学校里的运动,好像是学生们在瞬间自发起来的,没有组织,没有领导,没有特定的对象,没有明确的目标。但是写大字报的笔墨、纸张却是学校供给的。从大字报的内容看,主要是学生对老师的意见和批评,特别是各班班主任首当其冲。慢慢地扩大到所有的老师，几乎无人幸免。也有学生之间的相互攻讦。大字报的内容大多是揭露老师的生活作风，或一些教学方法上的问题。真正涉及政治的、思想的很少。那时的中学生涉世不深，思想单纯，观察能力和思考能力不高，没有那么多的联想和分析，还不会往政治上上纲上线。从大字报所体现出来的思想感情，纯粹都是学生们，出于对老师平时在教学中的作为和方法不满，而趁机发泄对老师的怨愤。大字报的写作水平可想而知。除了我们毕业班得以读完三年初中课程以外，一二年级，特别是一年级的学生，基本还是小学生的作文水平。所以从大字报的书法和内容水平看，给人的感觉就是一塌糊涂，不伦不类，难以和"革命"扯上关系。给大字报中的批评对象看了，不知所以而啼笑皆非、无所适从。从大字报的行为现象及其后果看，唯一一点能够与"文化、教育革命"扯得上关系的是，学生对老师在教学中的行为道德的口诛笔伐，彻底颠覆了自古以来师道尊严的师生关系，和教学秩序。老师们被搞得斯文扫地、狼狈不堪。

从我们学校的情况看，有一点也许是与其他学校有所不同的现象，是在那大字报的海洋中，找不到针对校长及其他校领导的大字报。这个现象说明一个问题：即校长在学生们心目中是普遍受到爱戴的。同时也证明了学生们的大字报，完全是出于个人对老师的爱憎表达。而没有多少"革命"的含义。

运动的开始阶段，平时班级里的"落后生""调皮生"是写大字报的积极分子。而那些平时"政治表现好"的好学生，为了维护自己先进的政治形象，在这种时刻表现得也并不那么理智清醒。也在自觉或不自觉地随着大流，把平时对自己青睐有加，刻意培养自己的老师，当着大字报的攻击对象。"好学生"平时里受到老师的器重，关系自然比较的融洽，对老师比较顺从，或者也可以说，他们对老师还多少存在一点敬畏感。而"落后生""调皮生"，平时受老师的批评较多，师生关系也就不怎么融洽。甚至于存在着对老师的怨愤情绪。在那"教育为无产阶级政治服务"的教育方针主导下，在教学中要求"突出政治"。在这样的教学氛围下，老师对"好学生"和"落后生"的定义，没有量化的标准。不是以学习成绩的好坏为依据。而是以老师对学生个人在感情上的好恶来决定。学生在老师心目中的等级地位，决定了学生的进步、成长，甚至关系到命运和前途。让学生感受到老师给予的不平等待遇，埋下了学生对老师的不满情绪。

　　这些教育上的大政方针，本来并不是老师们所能左右得了的，但尚属幼稚的学生们，又何曾会从大政方针上来思考分析。也不可能敢于从那样的角度去理解、去质疑。他们最直观感受到的，就只是老师在平时的教学中的作为，和情感的表露。他们心中对这种不公平的不满，也就只能是迁怒于老师了。事实上，老师们心中又何曾对这种不公视而不见，而是因为老师们毕竟思想较为成熟，经历较为丰富，知道什么可以表露，什么不可表露而已。平时由于传统的师道尊严，学生对老师或多或少的存在着敬畏心理，不敢表露出来。当这场运动提供了适合他们宣泄这种情绪的话语环境的时候，学生们，特别是"落后生"们，势必如干柴遇上了烈火似的趁势而发。学生们的情绪，成了这场运动的催化剂。

　　让伟大领袖对达成这场运动的目的和初衷，更充满了信心。毛主席对学生们的这种情绪无疑洞察秋毫，充分利用。这场运动以"文化革命"的名义，从学校中开始发动，以学生充当急先锋，也就让人感觉到名副其实、顺理成章的了。从之后的发展状况看，这场革命就不只是在文化领域范围内的革命了。

二

　　我们学校的大字报内容，大多数是学生们出于对老师的情绪发泄而收罗的一些荒唐内容。大多都是些生活作风方面的问题。但也不乏对老师的教学方法提出的意见。这方面的意见，都是学生们因切身体会，有感而发的。有些意见，还在无意间涉及了当时的国家教育的大政方针。如有些大字报针对学校当时所执行的，"教育为无产阶级政治服务"的教育方针的过程中，没有真正的贯彻"德、智、体"全面发展的"又红又专"的精神。事实上存在着片面地强调"突出政治"的"红"。在学生当中形成的政治歧视，无疑的，在那些出身不好的学生们的幼小心灵上，投下了阶级压迫的阴影。这种歧视和不公平的现象，造就了极少数"政治表现好"的学生的特权利益。而伤害了其他绝大多数的学生。在那教育资源极度有限的背景下，升学关系到所有学生命运和前途的切身利益。在学生们努力无望的境况下，在心中滋生了不便言说的不满情绪是普遍的。这种情绪一旦找到了宣泄的机会，它就会趁机暴发，而形成一股可以借势的政治动力。

在对学生的"政治表现"的评定中，老师，特别是班主任老师，当然的负有提交第一手资料的责任和权利。老师在施行这个权利的过程中，难免存在着主观印象所产生的作用。这种现象在平时可能不被学生们过多的关注。但在招生工作中就被凸显出来了。平时在学生们心中积累下来的不满情绪，也就随之具有了暴发的动力。尤其恰好又是"文化革命"的开端，老师也就理所当然、首当其冲地成为学生们为"表现革命"，而迁怒和泄愤的对象。成为这场运动最先的受害者。

老师为推荐保送某个学生，受到全班学生的反对，并以大字报进行抨击的事例，在我们班里就曾发生过。大家都认为：仅以政治表现好为推荐标准是不公平的。老师出于教学方法上的需要，抓住学生中的"先进"和"落后"典型，以激励先进，鞭策后进，是老师们惯用的教育方法，无可厚非。在强调阶级斗争的大环境下，老师经常要求"先进"的学生，要敢于和"落后思想"作斗争，并强调"先进"学生要和"落后"学生划清界限。这就不可避免的，促使"先进"学生以向老师打别人的小报告，来表现自己的先进。也就不可避免的，造就了学生之间的歧视和隔阂。也埋下学生间乃至师生间的相互积怨。学生们所不满的，本来应当是当时国家的现实教育方针，和招生政策，这种思想在平时是不敢表露的，只是到了"文化大革命"运动，轰轰烈烈开展起来之后，学生们才有了公开宣泄不满的机会。出现众多同学联名写大字报，抨击老师对待学生的不公平，正是出于这样的原因。老师们成为学生们不满于当时的教育方针政策所迁怒的对象。当时这样的例子虽然只是在我们一个毕业班里暴露出来。但是，这种情绪在学生们的内心世界里，早已是普遍存在的。

在运动初始阶段，学生们在领袖的鼓动下，虽然都处在懵懵懂懂的心理状态中。在学校里乃至社会上，事实上已经隐含着维护现行体制，或渴望改革的不同思想倾向。这两种思想倾向，成为领袖借以发动这场革命的动力。领袖出于其政治的需要，他想打破的是现行体制中存在的，不利于推行其个人意志的，潜在的思潮。他想维护的是他个人的思想权威。

三

在大字报和标语铺天盖地的时候，我怀着复杂而矛盾的心情，和我当时最要好的同学、朋友香云，积极地投入了写大字报的行列。我参与发掘和罗织老师罪名的荒唐行为。我们找不到什么可写的内容，我们便用整张的旧报纸，粘连成门帘式的，在上面用大号毛笔写着"坦白从宽"之类的大字。然后贴在几个老师的宿舍门头上，就像一幅门帘一样，把整个的门口挡住。老师们进出时必须小心翼翼，生怕碰落这些大字报。形势使我们失去了理智，混淆了是非和爱憎的标准，连我们平时所特别爱戴和尊敬的戴老师，也未能幸免于我们的捉弄和伤害。而我当时唯一在心中，能够为自己的行为，作出合乎人性的辩解的理由是：我那次因打架而在班会上的大失脸面的检讨，一直让我对老师耿耿于怀，终于得到了发泄（私愤）的机会。这是我内心不便言说的真实动机，我把社会现实造成的，对我的不公现象的怨愤，即"对社会的不满"（这在当时是个足可导致个人政治生命死亡的罪名），错误的发泄到老师的身上。我在做这些事的时候，并没有感觉到得以宣泄的快感。反而隐隐感受到莫名的沉重和惶惑。每当晚上息灯过后，总难免睁大着眼睛在想：自古以来"一日为师，终身为父"。我们把老师捉弄得如此狼狈不堪，岂不是大逆不道？这是对文明的亵渎，对文化的摧残。而我们这样做又会从中得到什么？当时我还没有把这种现象，联想到秦始皇的焚书坑儒似的，摧残知识分子那么严重的程度。但我脑海中却不时浮现着，早些时候在水库工地上的，那些腰间挂着个牌子的右派们。又联想到更早的土改运动中，我的父母们的狼狈不堪、命如蝼蚁的任人践踏。我从内心里不由产生了对老师们的同情。

这种同情是弱者对弱者的，同病相怜的同情。从那时起，我已经开始了对自己的行为的反思。我在心中背负着深深的自责。尤其是我从道听途说中隐约获知，我们学校这些经过正规高等教育，科班出身、胸怀真才实学的，来自祖国四面八方的老师们，大多都是因为出身或者其他的政治原因，从柳江完中被贬调到我们这生活条件相对艰苦，层次相对低级的乡村学校来"锻炼"、来接受"考验"的。他们本身已经饱受着许多不便诉说的委屈，我们的行为无异于给他们伤口上撒盐。

经过一段时间的折腾，学校里的秩序一片混乱的时候，县里给学校派来的工作组，传达了中央什么文件精神。运动似乎要结束了，大字报的狂潮制止住了。对前阶段在运动里，各个班级出头露脸，积极参与运动，且出身不好的学生，都受到了不同的处分。我们毕业班的这类学生受到的是"政治不及格"的处罚，被剥夺毕业的资格。我们班有多少个同学不得毕业，我不知道，我和香云是确实得到了明确告知的。香云家是贫农，但他父亲是旧人员，被戴着坏分子帽子，也就属于"四类分子"了。对于学校给我的处分，我自己认为是理所当然的。我毫无怨言。我在为我就这样结束了我的学子生涯，而感到悲哀。至于毕业与不毕业，对于我本来就已经无关紧要。

从运动开始至今，这种折腾只是在学校范围内进行。随着学校的放假，这场运动也就好像就此偃旗息鼓了。这个假对于我，已经意味着将永远失去了我据以获得知识的机会。而不仅仅是眼下我生活学习了三年的这所学校。我已经做好了思想准备，尽管我的心中依然存在着，对知识的渴求和对学校的眷恋之情。那段时间我常常在心中哼着《毕业歌》："七月的熏风吹送着花香，祖国的大地闪耀着阳光。迈开大步走向生活，条条大路都为我们开放。再见了，亲爱的母校！再见了，亲爱的老师！看啊！看啊！您哺育起来的小鹰，展开了翅膀。"这歌里充满着忧伤和绝望。我没有感受到阳光的闪耀。我不得不过早地迈向生活，在我的前面没有哪条道路是为我开放。从此再见了的母校、再见了的老师,他们将是我一生中最持久的依恋,也是我心中永恒的记忆。

四

回到家里,我已经安心的参加到生产队里的劳动了。但时过不久,学校又突然发出通知,召回所有学生,包括应届毕业生,一律回校继续参加"文化大革命"。回到学校后,我们才得知,学校里进驻了县里重新派来的工作组。在前阶段运动中受到处分的学生,都得到了平反,恢复了名誉。这意味着我也获得了毕业的资格,给我的人生又注入了一丝朦胧的希望。在新的工作组的领导下,运动又重新开始起来。这次不同的是,大多数的老师也参加了进来,开始喊出了"革命无罪,造反有理"的口号。斗争的矛头开始指向校领导。经过了前阶段的自我反省,我不再关心也不再参与了。我的心境与先前截然不同,之前是由于长期的压抑,想趁机宣泄、放松,以获得出气的快感。现在却是触景生情,感到惶恐、迷惑。许多老师也好像并不怎么热心,对这场运动,他们依然揣度不透自身的命运和遭遇。

在我们学校里,是否有过对张校长的批判,我没有参加,所以也就没有印象。我自觉地接受了之前的教训。加之此时一些带有旧社会政治印痕的老老师,在7月初到县里柳江中学进行"文化大革命"集训时,都已经被定作"牛鬼蛇神"和"黑帮"加以排斥和隔离,并纷纷成为批判的对象。在工作组的授意下,学校当时已经开始有了由"红五类"家庭子女组成的红卫兵组织。而我们这些"黑五类"子女,是没有资格参加红卫兵的。因此,大字报我都懒得看。至于有没有批判校长的大字报,或者给张校长戴上些什么性质的政治帽子,我没有印象。我只是在学校里不时看到张校长似乎镇定自若,只是不再和平时一样的笑眯着双眼,不再是笑容可掬的透着一股慈祥的模样了。而是变得对任何人都一样的不怒不威,一脸惶惑无奈的表情。这时,人们还没有变得疯狂,从学校里批判会稀稀落落的口号声中,看出了老师们也并不热衷于去斗争校长。在运动的初始阶段,所有的老师们以为又要来一次反右派斗争。但没有多久，那些胡作非为的学生们（包括我）却给收拾了、处分了，老师们可以扬眉吐气了，也可以写别人的大字报了，但却反而使他们更感到迷茫，更加不可理解。几乎没有人怀疑这场运动不是党中央的决定。所有的人根本就没有想到，这场运动会是毛主席个人发动起来的。老师们在猜想：中央发动这场运动的目的是什么？不会是为了整肃这些不谙世事的学生们吧？当那些受到处分的学生又得以平反时，他们又不得不怀疑这又是一场针对知识分子的"引蛇出洞"的运动。又将是一场知识分子的大灾难。

老师们无法猜透，这是毛主席针对中央高层的政治权谋。老师们和学生们只是受利用的工具。但是在老师们当中，也不例外的存在一些自认为政治条件好的，可以从运动中获得好处的人，在揣摩着高层领导的心理。琢磨着如何去迎合这场运动。去争取成为运动依靠的对象。去创造自己政治上积极的形象。在学校的运动刚经过了一个反复，而进入到让人琢磨不透，无所适从的时候，毛主席号召开展的红卫兵大串联，在全国各大城市间开始了，并逐步漫延波及全国各地农村。毛主席号召的大串联，无疑是鼓舞学生们更加疯狂地投身于这场运动的兴奋剂。让每一个年轻幼稚的学生，都以为自己赶上了一个千载难逢的，去见识社会的，表现自己紧跟毛主席干革命的机会。他们为此而欢欣鼓舞，欣喜若狂。我也渴望着有幸参加到这股洪流中，去了解外面的世界，去见识一下城市人的生活。

从 8 月 18 日毛主席在天安门城楼上，第一次接见红卫兵时起，从全国各地各学校都推荐有红卫兵代表进京，接受毛主席的接见。这是一件多么伟大而幸福、崇高而光荣的待遇。我们学校的工作组，从各个年级里，挑出了几个根正苗红的，平日里表现积极进步的学生，作为学校的红卫兵代表，到县里集中。与其他学校一起，由县文革带队，上北京见毛主席。有一个低年级的学生从北京回来后，对同学们说，他们在天安门广场上见到了毛主席，那是一个多么激动人心的，欢声雷动的场面，多少人的鞋子被挤落在天安门广场而不自知，只顾着向天安门城楼涌动着，高呼着"毛主席万岁！万岁！万万岁！""无产阶级'文化大革命'万岁！"。他还说："中央文革还设国宴招待了各地进京的红卫兵代表,在人民大会堂里摆了几百桌宴席,上面摆满了山珍海味,那桌子是自动旋转的,会自己把菜送到你面前。"当时我们听了觉得不可思议和无限向往。向往着祖国的伟大首都,向往能亲眼近距离地目睹伟大的领袖毛主席。但是上北京见毛主席的好事,我是想都不敢想的,因为我不是红卫兵。

五

在我们这样的乡村学校里,自从校长成了批判的对象后,校长已经不再拥有权力。学校的一切秩序都被打乱了,老师们也无所适从。一切就都由工作组掌控着。对于革命大串联,工作组除推荐了几个红卫兵代表,参加县里统一组织的赴京串联外,没有人来发动和组织学生的串联活动。我们根本就不知道,学生可以自己组织起来出去串联。当全国性的大串联已经在全国所有城市中,一浪高过一浪地掀起来时,我们还在议论着那个从北京回来的红卫兵代表带回来的所见所闻。同学们以忌妒的心理在议论着,揣度着那个同学对我们的吹嘘。同学们不服气地议论着:他压根儿就没有见过毛主席,更没有什么国宴可以参加的,哪会有什么自己转动的桌子。议论归议论,但我们还是很羡慕他的。由于小地方的消息的闭塞,大串联是什么意思,我们根本不敢想象。因为出去串联是需要有钱的。坐车要钱,吃饭要钱,而我们这些农村学生,哪个家里能有钱可以供孩子出去旅游?

形势的发展,令我始料未及。我连做梦都不敢想的事情,竟然梦幻般地,有了成为现实的可能。在由工作组派出的学校红卫兵代表上北京串联之后,我们学校的几个老师也自己组织起来,到县"文革办"借了路费,到南宁去串联。去看广西首府的"文化大革命"。他们回来后,我们从他们的口中,才开始知道一些,有关革命大串联的真实情况。原来,所有的学校师生,包括各机关单位的干部职工,都可以自己组织起来,到北京乃至全国各地去串联。而且串联费用是由国家出的。全国性的大串联活动,在外面正进行得如火如荼。老师们鼓励我们也自己组织起来,到外面去看看。我们得到了老师的启发,开始酝酿着组织一个串联队出去串联。

在胡德基老师和孙国光老师，以及何道炳等几个老师的热情支持下，我和我们班的韦香云、李克新和杨启朋四人，以及20班的韦思学、杨启贵、覃继祥等七个男生，就自己凑合着组成了一个串联队。其实这个时候，全国铁路运输已经无法正常运行了。乘车串联已经进入尾声，中央文革已经宣布停止各地学生的乘车进京串联，而我们却才开始准备。当时，中央文革虽然宣布停止串联，但一时间又制止不住。为了减轻铁路运输的压力，就提倡徒步串联。胡老师提议我们，组成徒步长征串联队。为了获得"文革办"的同意和支持，我们也只能提出徒步串联的要求。于是老师们帮我们制作了红袖章和红旗，提议把我们的串联队命名为"红旗长征队"。学校给我们开了一张证明，并发给我们每人几十元钱的串联补贴费和粮票。准备就绪，我们便于11月25日下午两点多钟起程，背起各自准备的包袱，告别了给我们送行的几个老师，沿着柳邕公路，向我们长征串联的第一站——县城拉堡徒步走去。

我能参加串联，家里都很高兴和支持，二哥为我到生产队借了25元钱，并亲自带我到百朋他的同学覃仁健家，借了一本全国分省地图册，以备于我们在串联中有明确的目标和方向。

三哥则把他自己买得的白布，拿去染成草绿色准备自己做件军装，知道我要去串联，他自己就不做了，而把布给了我，在车缝社做了一件四个兜的军装。那年头，有军装穿可是一件令人羡慕和得意的事。意味着你是军属，特别是有四个兜的军装，则更是象征你是军官的子女。我的军装也是有四个兜的，但是由于染布的技术低劣，那个草绿色就不怎么标准，染得黄不黄，绿不绿的，又不均匀，有点近于现在的迷彩服一样，虽然是新做的，却更像是旧军装。这样倒好，但美中不足的是，我无法找到上面有"八一五角星"的标准军扣。是母亲不知从什么地方找来的，旧衣服上的扣子，而且其中还有一颗是已经残缺崩边的。让人一眼就可以看出不是正规的军服。当时我的身材矮小，就算是部队最小规格的军服，也没有合我穿的。我穿着我的"军服"——只能算是仿军服的"儿童装"，和思学、克新他们的正宗军服比，我的仿造军服便会真假立辨。但我还是特别喜欢和爱护的，它毕竟是一件新衣服。

当天傍晚，我们走到了拉堡，被安排在县文化宫的接待站里。那里已经有从其他地方来的串联队的人住着。第二天，我们到县文革办公室又各人领得了一顶正式的军帽，我戴着这顶军帽，穿着我的自制的新军服，照了一张相，和同学们一起到县文革办了学生证（那时学校没有学生证），作为出去串联的个人身份证件。但在以后串联途中，我并不怎么喜欢出示我的这本学生证，因为在学生证上，清楚地标明着我的家庭出身——"地主"。

我们在县城把所有的准备工作做好后，于27日下午，整整齐齐的打起包袱，穿着我的军服，戴着军帽，戴着印有"红旗长征队"的红袖章，由克新擎着"红旗长征队"猎猎飘扬的红旗走在前面，按高矮次序一字排开，我跟在队伍的最后面。迎着初冬的寒风，英姿飒爽，雄赳赳，气昂昂，唱着响亮的"红军不怕远征难，万水千山只等闲"的革命歌曲，用普通话高喊着"下定决心，不怕牺牲，排除万难，去争取胜利！"的最高指示，踏上了革命大串联的征途。

从拉堡到柳州11公里的路程，我们始终保持着整齐的队列，意气风发，斗志昂扬。一路上歌声不断，革命的口号声不断。还一路走着，一路向相遇的所有路人，和与我们一样长征串联的学生，分发着我们在学校准备好的革命传单。分发传单的任务由我负责。我衣帽整齐、仪容严肃地，每遇着有人相向而来时，我便从队伍后面，以军人标准的姿势出列，提起双臂，微握双拳，以正步跑的姿势，小跑着到人们面前，立正，敬礼，然后把红色的传单用双手，毕恭毕敬的递到人们的手中，然后敬礼，归队。这一切都是在学校就已经训练好了的。我自己感觉自己俨然如一个标准的军人，一个毛主席的红小兵而荣耀，我自己认为自己，已经在跟着毛主席干革命了。

当我还在外面走南闯北的"革命串联"的时候，母亲在家里、在街上，在人们面前不无荣耀地、祥林嫂式地重复着："我那个小仔出去搞革命了"。似乎我的"革命"会给她摘掉戴在她头上，造成她一生羞辱的地主帽子，会给她挽回些许做人的尊严。她认为，是毛主席喊她的小儿子去干革命的，她的儿子是和毛主席一边的，是和共产党一边的，是光荣的，是值得夸耀的。

她没有想到，她儿子参加的这场毛主席发动的革命，最后是在毛主席亲自批示颁发的"七三布告"的镇压围剿下，几乎使她的一家惨遭灭门的灾祸。

第十四章　走南闯北

一

由七个同学组成的"红旗长征队",是我们学校第一支学生自己组织起来外出革命串联的队伍。这支队伍除了我和香云外,其他几个队员都是根正苗红的子弟。思学的父亲是县武装部部长,克新的父亲是柳州市里一个公安消防队中队长。其他三个家里都是标准的贫下中农。香云家里成分是贫农,在学生证里家庭出身一栏,只填上他的家庭出身"贫农",但他父亲是"四类分子",在学生证上是没有注明的,他也还比我好。我是这支队伍里出身最不好的一个。在我们七个人之间没有歧视,没有争斗。他们出身好的几个同学,从来没有以我的出身嫌弃过我。思学成为我们大家默认的队长,重大的抉择都听他的。

我们从县城出发,走了两个多小时,傍晚到达柳州,在马鞍山下的屏山小学革命大串联红卫兵接待站里住了一晚。用我们自己的钱和粮票买饭吃,用自己带的被子铺床睡觉。第二天起来,吃过早饭,打起行装起程。沿着屏山大道,向三门江走去。一路上精神抖擞,仍然是一路走一路红歌不断。也还是一路的给沿途遇到的,络绎不绝的其他长征串联队,分发我们自己油印的革命传单。其内容都是众所周知的转抄来的。走到三门江林场时,不知道是什么时间,就用串联费在林场小商店买了一个小闹钟,这一路上也就有了时间观念,我们的行动也就有了计划。

我们在林场吃了一碗粉后,到三门江渡口随着轮渡过了柳江,继续向鹿寨行进。又走了3—4个小时,才走到雒容,已是疲惫不堪,再一打听,到鹿寨还有将近20公里,一个个就像泄了气的皮球,不再有先前的那些雄赳赳气昂昂,对还要赶到鹿寨的决心已经动摇。有人提议，到雒容火车站乘火车到鹿寨，立即得到所有人的同意。下午正好还有一趟往桂林方向去的火车。用串联费买了每人一张3毛钱的车票，上车到了鹿寨。出站时，看到很多和我们一样，戴着红袖章的串联红卫兵，根本没有票也同样出站，并没有人拦他们，我们才懂得原来还可以免费乘车串联的。当晚我们就住在鹿寨中学接待站里。

第二天早上起来，打起包袱排着队又出发了。我们沿着铁路走，刚起程时，精力充沛，一如既往地唱着毛主席的语录歌："世界是你们的，也是我们的，但是归根结底是你们的，但是归根结底是你们的。你们青年人朝气蓬勃，正在兴旺时期，好像早上八九点钟的太阳，希望寄托在你们身上。"一路歌声一路笑声。

此时已是深秋时节，秋高气爽，凉风拂面。我们兴致勃勃，斗志昂扬，满怀着革命的英雄主义精神，向往着崇高的革命，满脑子的豪情壮志，伟大理想。一面走着，一面在心里设想着：等到我们哪一天走到北京的时候，我们也要像解放军当年进北京时一样，搞一个入城式，排着整齐的队列，手臂上戴着"广西红旗长征队"的红袖章，高高地举起"广西红旗长征队"的红旗，雄赳赳、气昂昂的走到天安门前，毛主席的像下，去向毛主席的像致敬。向毛主席宣誓："伟大领袖毛主席，我们壮族红卫兵坚定不移的忠于您的伟大思想，忠于您的革命路线，誓将无产阶级'文化大革命'进行到底。在您的领导下，打倒一切走资本主义道路的当权派，誓死捍卫无产阶级专政！"或许我们会得到北京红卫兵们的热烈欢迎，我们或许会成为从祖国南疆步行长征到北京的，少数民族红卫兵的英雄楷模，到时候伟大领袖毛主席和林副主席会亲自接见我们，那种场面，那种景况将多么的热烈，多么的激动人心。走着想着，在脑海里幻化着一幅幅振奋人心的画面，行进的脚步也就觉得轻快。我的个子虽然矮小，我背的包袱也不比他们几个大个子的轻，但我仍然能和他们一样，精神抖擞，斗志昂扬，而且还都是我走在最前面。

走铁路不比走公路那样自在，可小步可大步。走铁路是要按着铁路枕木固定的间隔，一根枕木一根枕木地数着走。从鹿寨到黄冕29公里，我们连跑带跳的，至少要走58000多根枕木。个子高的，一根枕木走一步倒也合适，但当时身高不足150厘米的我，就近乎跳跃式的小跑了。这样消耗的体力也就特别大，待快到黄冕时，我便觉得渐渐有些体力不支了。

行进途中有时会有火车经过，又要从铁路上下到路边避让，在避让客车时，往往会从车上传来车上红卫兵，和一些旅客的问候声和致敬声。不免又平添不少勇气和信心。但有时也从车上传来不少同辈人的揶揄和嘲笑："小将战友们，为什么不坐车呢？你们这样像蜗牛一样爬，革命什么时候才能成功呢？等你们走到北京，'文化大革命'都结束了！"听着这些泼凉水的话，又使我们失去了不少的信心。

精神可以支撑体力，但体力毕竟是有限的，待到终于走完29公里，到了黄冕站时，两条腿的膝盖都发软得站都站不住了。从上午十点出发，走走停停，到黄冕站已是下午六点了，再往前走，要到永福才有接待站。走到天黑也赶不到前面的接待站了。再走也实在迈不动腿脚，只好决定到黄冕街上过夜。从火车站差不多还有2公里的路程，从渡口坐船摆渡过洛清江，才到得黄冕街。我拖着疲惫的身躯，几经瘫坐路边又爬起来的勉强跟着队伍。到了黄冕街上的接待站，被安排在一个民居的小阁楼上，把行李一丢，便躺倒在铺有稻草的楼板上，闭上眼睛，尽情地喘着粗气。歇了两个多钟头才爬得起来去找饭吃。找来热水泡了一下脚，就草草地上床躺睡。回忆着一天走过的路程，那些从车上传下来的揶揄的话语，于是我们都在盘算着，从柳州到北京2300多公里，要走两个多月才到，比起红军的长征，那是微不足道，但现在是新时代，有现代化的交通工具，我们为什么不利用呢？但是我们想到，坐火车要买票，我们每人身上还不足100元钱，又能到得哪里呢？我们还是下决心：坚持就是胜利。一定要走到北京去。

我们计划着明天的路程，是要赶到永福县。沿着铁路从黄冕到永福是51公里。按我们的速度，那是要走一整天的。回想今天一天的行程，才30来公里，已经走得我们筋疲力尽，明天要走50多公里，会是什么样的滋味是可想而知的。每个人心里都油然而生出畏缩和紧张的情绪。但是却决然没有半途而废的想法。我们在心中默念着

"下定决心，不怕牺牲，排除万难，去争取胜利。"的毛主席语录，疲惫不堪的惝惝睡去。

一直睡到又一个上午的10点多钟，大家都醒了。但就没有一个人首先开口提议起床。都想赖在暖和的被子里多赖一阵子。一赖就赖到12点多，给尿憋的实在睡不下去了，才骨碌碌地爬起来。待洗嗽过后，找饭吃饱了，就已经过了下午两点多。打起行装，背起包袱，不再是刚从家里出来时的雄赳赳和气昂昂了。迈着懒散的步伐向码头走去，登上摆渡的木船。坐在摆渡的木船上，没有心思去留意那江中清澈见底的流水，和洁净的黄沙。还有那船底悠然而过的五彩的游鱼。心里只在想着怎样去走完今天的路程。渡过洛清江下船上岸，向火车站走去的一路上，还明显地感觉到昨天的疲累，两条腿的肌肉隐隐作痛，那背上的包袱一颠一颠地扑打着腰背。两根背带勒得两肩发麻。慢慢地走着，短短的路程，加上等待渡船的时间，到得火车站时，却已是下午四点多了。我们不约而同地，就坐到候车室外的水泥台阶上，放下包袱就休息起来。这时站务员过来，问我们是去哪里的，有没有票。我们说是要到永福去。他说要坐车就买票。我们说休息一下，不坐车。他见我们打着红旗，戴着袖章，也就不多问。

站务员的这一问，倒使我们打起坐车的主意来了。我们在相互议论着在鹿寨下车出站时看到的情景。我们为什么不可以像别的学生一样？理直气壮地坐着车走呢？我们不也是串联的学生吗？于是我们计划着，把红旗收起，等车子进站停下时，我们就冲上车去。我们坐在站台上等了2、3个小时，到车站亮灯时，就听到从远处驶来的火车，鸣着汽笛进站停下。我们七个人分从几个车门同时上车，待我们都已找好座位坐好后，站务员才发现，当他喊着追上车来的时候，车子已经鸣笛准备起动了，他只好无可奈何地下车去。

二

我们在车上坐了快3个小时。在当天晚上12点多到达桂林南站下车。到车站外面的红卫兵接待总站，办了接待手续，把我们分配到榕湖边的市人委接待站。我们就边走边问路,到了人委接待站,被安排在人委大礼堂铺着稻草的地铺上睡觉。那里已经住满了来自四面八方的串联的红卫兵。我们找了一块空地,也不去找吃的,也不找水洗漱,就草草地铺了床睡下了。

桂林的初冬并不像柳州那么暖和。睡在铺着薄薄的稻草的水泥地板上,还是感觉着一股彻骨的寒冷。我们只好两个人一组的垫一床盖一床,我个子小,就挤在他们中间。第二天起来时,我的两个脚膝盖有些肿胀疼痛。到接待站的卫生所找医生看了一下,医生摸着我的膝盖说,天气这么冷,你还穿这么少这么薄,是受冷了,要多穿点,暖和了就好了。医生开了两颗阿斯匹林解痛了事。其实我并不觉着冷,我在柳州三门江就已经买了一条秋裤,平生第一次穿着秋裤,感觉暖和得很。可能是前两天走累的缘故吧。就是冷也没有办法,我们从家出来带的钱,和文革办发给的串联费一起,每个人也就几十不到一百元。这一路花来,已所剩无几,没有可能再买得起什么东西了。我们还正愁着今后还有那么长的路,怎么走下去呢?当时我们还不懂得,在接待站吃饭是可以不用钱的。我们在踌躇着拿不定今后的主意的情况下,在接待站继续住下来。

在桂林的几天里,我们并不关心和理会,街上的大字报、小字报写的什么内容。我们觉得,那些都和我们没有多大的关联。要打倒谁,批判谁,那是中央的事,只有他们才知道应当打倒谁。我们倒是对传说中的"桂林山水甲天下,阳朔风光赛桂林"怀着强烈的好奇心。想去看一看这甲天下的山水,和我们家乡的山水有什么区别。这场革命给了我们这难得的机会,或许是我们这些农村孩子一生中唯一的机会,机不可失,时不再来,于是我们趁着身上还有的不多的钱,按地图上的路线,自己掏钱买车票,买门票(当时我们还不懂得红卫兵所拥有的许多的特权)游览了七星岩、独秀峰、象鼻山、叠彩山。以及桂林皇城等等,桂林著名的风景名胜古迹,乘着渔民的小船渡过清澈的漓江,我们登过骆驼山,爬过穿山。我们还不失时机地专门花了一天时间,到阳朔去游览了碧莲峰美丽的风景。我们尽管足迹遍及桂林几乎所有的景点,完全是出于好奇。也出于为今后回学校时，积累一些在同学们面前吹嘘自己见多识广的材料。我们没有骚人墨客的雅趣，去感叹祖国河山的美好；也没有古仁人忧国忧民的情操，去感慨世事的纷繁和国运的多舛；更没有旅行家的闲情逸致，去体会天公造化的神奇。我们只是浅显地，以自己的所见去比较我们头脑中已存在的事物。觉得桂林山水的美丽，在于它的每一座山峰都那么挺拔秀美，且绿树成荫。与那微波荡漾，清澈透亮的漓江，山水相依。共同炫示着天地造化的山川灵秀之气，烘托着勃勃生机。而我们家乡的山，却是在大炼钢铁时，被砍得只剩下光秃秃的，兀立的褐色的石棱和岩壁，显得零乱、枯燥、萧条和沉闷。

我们不是旅行家，游览桂林山水，只对眼前看到的事物产生一种直观的感觉，唯一的感悟是：这天地造化的山水之与众不同，在于它的山山有洞，洞洞有水，山奇而水秀。

在这走马观花式的游览中，不时看到，那苍劲的古树干上，在青翠摇曳的竹林中，随处可见用刀子刻画的"××红卫兵串联队到此一游""××××革命造反队到此一游"，还有如"革命无罪，造反有理"，以及"下定决心，不怕牺牲，排除万难，去争取胜利。"等等毛主席语录之类的口号和标语，也不少见到一些石雕壁画，被破四旧的锤凿打砸毁坏。看到这一切，不禁油然生出隐约无奈的忧虑——"革命"就是破坏？这些千百年留下的古迹，一经破坏，就再也不可能恢复了。"破旧立新""不破不立"。新的可以立，但一切旧的就都是反动吗？都应当消灭掉吗？那被破掉的却都是民族的历史，人类文明的历史，一个民族毁掉了自己的文明、自己的历史，那就只有剩下愚昧和无知了。一个愚昧的民族，又能为人类创造出什么新的文明呢？"革命"的概念，在我的心里变得越来越模糊。

三

在桂林玩了几天，把身上的钱花得所剩无几，我的身上就只有6元多了。晚上睡时，把衣服脱在地铺头前的排椅上，第二天起床时才发现钱被人偷得精光，变成一文不名的穷光蛋了。好在他们几个小心的，把钱放在贴身处，才不致全军覆没。为此我们气愤的吵吵嚷嚷起来，引得整个接待站的人都围拢过来问究竟。其中有个从上海来的串联队，他们和我们年龄相仿，是上海第六搪瓷厂工读学校的。他们八个人，也都是男生，他们听了我们的述说后，知道我们是步行长征串联的。而且才是刚出家门，以后的路途还很远。对我们的涉世浅薄、天真朴实，他们深表同情和理解，他们邀请我们跟他们到上海去。他们正好办有十几个人到上海的火车票。我们于是欣然同意与他们同行，冒充为他们一个串联队的。他们领头的叫王洪清、黄惠新，其中一个叫龚存友的，个子和我一般大小。他们的性格与我们挺合得来的，可算是志同而道合。与他们的联合，就算是我们大串联中第一个，也是唯一一个由两地学生联合起来的革命串联队伍。

他们毕竟是从大城市出来的。我们从他们那里，学到很多我们原来不懂的东西。他们说："你们其实不用自己背着包袱，所有的接待站都准备有被褥。到接待站吃饭也不用自己掏钱的，只要去办理一下借钱借粮的手续，就可以得到饭票。"于是我们便把我们的包袱，从邮局寄回家去。每人就提着一个小包包，和他们一起，在桂林火车站登上了北去的列车。

我们由步行串联变成了乘车串联。在桂林站我们跟着新结识的上海同伴，随着人山人海的旅客和串联红卫兵，拥着挤着，推着托着，费了九牛二虎之力，挤上了从南宁开往北京的6次特快列车。车厢里面人㩗着人。在行李架上有人，在椅背上坐着人，在车厢过道上人挨着人，有站着的，有坐着的，有蹲着的，有在座位下面睡着的，没有一个地方是空的。我们十五个人仗着人多势众，占领了两个车厢连接的地方一直到厕所的门口。地板上什么都没有，我们就席地而坐。实在累得不行了，就只有坐着打盹。那些过往的人，要上厕所的人，不论是男是女，就只有从我们身上、头上跨过去，爬过去。有个串联的女同学，因为尿憋得慌要上厕所，从车厢里一步一步地爬着、钻着、挨着、挤着，到了我们旁边，见我们个个都伏着头睡觉，找个插脚的地方都没有，又不好意思从我们头上爬过去，就哭着央求我们给她让个道。

当时的情况，我们要是站起来给她让道，她就只好从我们中间挤过去，本来我们就已经是身体挨着身体，她要从中间挤过去，必定免不了男女间生理器官的紧密接触，而且还不一定能挤得过去，更难于避免男女授受、肌肤相亲之嫌。我们这些农村孩子，毕竟没有城市的孩子那么开放。在学校里，和女同学讲话都怕被同学取笑，哪曾有过拉手并肩相拥之事？所以我们出来串联时，都不要女同学一道。此时，我们宁可用传递的方式，坐着不动，就把她从我们的头上托送到厕所里去。在厕所门都无法关严的情况下，她也顾及不了那些少女的羞涩，迫不及待地悉悉索索地撒起尿来。从厕所出来，我们也顾不了臊臭，主动地又把她从自己头上传递过去。

在大串联中，这些事情都不足为奇，不足为耻，串联的红卫兵在大城市里，找不到厕所，就男男女女的一帮人围成一圈，在周围掩护着，让尿急的人在人圈中，在大街上撒尿也是常有的事。

这趟列车名为特快列车，但列车的开行没有一定的时间可言，走走停停，停车时间比行车时间还长。停车也没有规定的站点，有时在荒郊野外，有时在站里站台，一停就是几个小时，从来就没有个定数。本来是一个晚上的路程，结果要走上一天一夜，甚至于两天两夜。

中途停车的时候是最难挨的，车厢里空气污浊，气味杂陈，汗臭、口臭、脚臭、腋臭。特别是我们在厕所门口的屎臭、尿臭，更是让人几乎窒息。好在当时是冬天，要不然在车厢里，闷都会把人给闷死。在这样的环境里，是传染病传播的最好场所，在我们到达湖南时，得知中央刚下发了通知，叫串联的红卫兵不要到韶山去，不要到井冈山去，那里已经在流行传染病，死了不少串联的学生。

我们是在株洲下车转车的。我们两个串联队一行十五个人，在株洲给分配到长江冶炼厂接待站住了一个晚上。第二天临走时，不知什么原因，上海的队友与一帮大学红卫兵吵起架来。对方是五个河南开封某大学学生，和三个山东济南师院的学生。他们个个都是牛高马大的，根本看不起稚气未脱、精瘦矮小的上海仔。而上海人又有一股不服输的精明劲和犟劲。他们知道真的打起来，绝对不是人家的对手，便仗着还有我们这些广西的同盟军。小个子龚存友跑来对我们说,那些河南佬拿了他们的东西,还想打他们,现在双方正对峙着,叫我们快去帮忙。这是责无旁贷的事情,我们便毫不犹豫赶去了。对方见我们人多势众,留下一句"咱们走着瞧吧!"便扬长出厂而去。他们走后,我们议论着:他们是不是串联的红卫兵?怎么乱拿人家的东西呢?此时,我却忘了自己在桂林也是被偷了钱的!为此事,我们第一次领略了"文化大革命"中,谓之武斗的群殴群架,也知道了实力就是权力。但这还不是什么派性的武斗。

我们要走时,向接待站借要从株洲到上海的路费,接待站说是没有钱借,就发给每人够在车上一天吃的四个馒头。我们把几十个馒头分做两个塑料袋子装起来,作为在东去的列车上的干粮。

我们到湖南时,已经是寒冬时节。株洲正在下着大雪,漫天皆白,呼啸的北风夹着雪花,吹打在我们衣着单薄的身上。对这寒冷的体验,我并不觉得新鲜,倒是对那难得一见的,漫天飞舞的洁白的雪花,抱着一种新奇感。我们从来没有见过这样的大雪,像棉花球一样的在空中飘飞着,悄无声息地落在人的身上、头上,脸上,轻柔而冰凉,让人感到清新振奋。雪花飘落在地上,积了厚厚一层,白茫茫一片,走在上面,发出唰唰的声响。在从冶炼厂到火车站的一路上,我们和上海的同学们一起,多少带着一点胜利者的喜悦,在飘飘洒洒的雪花中欢快的蹦蹦跳跳,时而抓起街边的雪花,捏成雪球相互追打着、嬉戏着,在雪地上留下了我们一串串杂乱而清晰的脚印。

在火车站的候车室里人满为患,地板上都坐满了人。大多是串联的红卫兵,也有干部、军人和工人。也有背着铺盖卷儿的,浑身脏污的农民。就像我们所看见过的,河南或者安徽出来讨饭的人的装束。候车室里找不到落脚地的人,就都跑到站台上待着。在站台上就没有在候车室里那么暖和了,很多人给冻得坐不住,只好搂着双臂在站台上蹦着跳着暖身子。

那时的火车是没有准点的,有时晚点几个小时,有时晚点一天两天是常有的事。我们在站台上等了整整一天,饿了就啃着接待站发的馒头。冰天雪地的,那馒头都冻得像石头一样。但对于我们这些从农村出来的，挨过饿的孩子来说，白面馒头要比我们家乡的木薯粑粑好吃多了，我们是很珍惜的，担心如果车子老不来，我们的馒头就坚持不到上海。

到了傍晚，终于等来了一趟往东去的列车。我们就不管列车的车次和来路，只要是往湘赣、浙赣线去的，我们就往上挤。从车门上不去，我们就从窗子爬。高个子同学先把我们这些小个子，一个一个的托起来，从窗子塞进去。把行李递上去，然后上了车的人又把在车下的人拉上来。车上的拥挤情况和我们从桂林来的时候是一样的，能找到一个站得住脚的地方就不错了，不敢奢望有坐的地方。

乘一趟车就是一次意志的磨炼。炼耐力——耐干渴、耐饥饿、耐瞌睡、耐站，还要耐憋尿、憋屎、憋气。

我们坐的列车一路上走走停停。在江西的新余、鹰潭，浙江的金华都分别晚点停留了很长时间。到第二天晚上十点多，车子才到杭州。

杭州是个旅游胜地，我们是从书本上知道的，在地图册上也有介绍。我们想到应当在杭州下车，游览一下西湖的美景。在车子快到杭州时，我们就向上海的队友们提出，让他们先回上海，我们要在杭州下车。他们没有什么意见，就欣然地把车票给了我们。并给我们留下他们学校的电话，约好我们到上海时打电话给他们。他们自己就随车子先回上海了。

第十五章　游山玩水

一

从湖南往东过来的一路上，气候都是寒冷的，间间断断的下着雨、飘着雪。我们从杭州站出来到街道上，扑面而吹来一阵凛冽的寒风，杭州的天气似乎比湖南更冷些，也许是靠近海的缘故吧。在寒冷中夹带着些许的，我们从来没有感受过的那种潮润的咸涩味。

到了杭州市接待总站，把我们安排到桃园小学，住进一间铺着地铺的教研室里。由于时间已经过去了四十多年，过去的一切都已模糊，这个桃园小学在杭州市的哪个方向，哪条路上，现在都已记不清了。在二十多年后的1991年重返杭州时，曾有心故地重游，试图去体验桃园小学的沧桑，却已找不到地方了。但是当年在杭州，在桃园小学里发生过的一些故事，却还记忆犹新，总也忘不掉。

我们是半夜里到的杭州。到接待站安顿下来已是凌晨两点多了。一路上，我们在车上都是啃着冷馒头充饥，水都没办法喝上一口，一直盼着到接待站能吃上一顿热饭。但是到接待站食堂一看，早已没有人了，便向接待员发了几句牢骚。她似乎对我们这些从广西少数民族地区来的，土气傻冒的农村孩子没有什么好感。她极不情愿地给了我们一壶开水，把我们给打发走了。回到住处，我们只好就着热开水，啃着从株洲带来的又冷又硬的馒头。凑合了一顿后，把白色透明的塑料袋里还剩下的十几个馒头连同袋子一起，随手就放在地铺上。这个接待站给我们留下了自串联以来的，第一个不好的印象。

第二天起床后，去食堂吃了饭回来，发现不见了那一袋馒头。我们找到接待站，却看到有人在围着看一张大字报，我们就凑过去看。不看则已，一看，顿时使我们火冒三丈。那接待站的接待员拿走了我们的馒头，且以馒头为题，写大字报诬蔑我们糟蹋粮食。并上纲上线的指斥我们是资产阶级思想，有损于毛主席红卫兵形象等等。于是我们愤怒地找到接待处里，与他们论理："这馒头我们还要吃的，我们并没有扔掉，你们怎么可以在我们不在的时候，就把我们的东西拿走，而且不了解情况，就写大字报诬蔑我们浪费粮食，攻击我们是资产阶级思想，我们是从广西壮族自治区来的，这馒头比我们在家吃的任何东西都好吃，都珍贵。我们从株洲过来，一路上吃的就是这些馒头。我们是毛主席的红卫兵，响应毛主席的伟大号召，出来搞革命大串联，紧跟毛主席，要把无产阶级"文化大革命"进行到底。"我们也针锋相对地，上纲上线的引用毛主席的话说："没有调查就没有发言权，你们如此敌视毛主席的红卫兵，看不起我们少数民族，你们才是资产阶级思想，是对少数民族的歧视，对我们的偏见。"经过我们一番理直气壮，充满着革命激情的，振振有词的辩驳，他们好像意识到问题的严重性，并且也自觉理亏，便向我们道了歉，并按照我们的要求，用大字报作了公开诚恳的道歉。至此，我们到这个接待站来的所有怨气才算都出了。

其实，在和接待处的辩论中，我们虽然是振振有词，但我个人的底气是不足的。特别是说到"我们是毛主席的红卫兵"时，我的心是虚的，我最怕人家问起我的家庭成分。

我们从家里穿出来的衣服，已经很难抵御杭州的寒冷，接待站的人一改当初对我们的冷漠和鄙夷的态度，关心起我们的生活起居来了。一位年长的女负责人慈祥地抚摸着我的头，问我："这么小小年纪就出来，你父母放心吗？"我没有应她，我不知道怎么回答她的话，我只想回避她的谈话，怕她纠缠不休地问这问那，我怕我会无言以对，见我不接她的话头，她就上下打量我，摸摸我身上的衣服，裤子，然后惊讶地说："哎呀！怎么才穿这么一点衣服？天这么冷，受不了的！"这一下我才有了话和她谈。我说："我们那里没有这么冷。"她说："不行、不行！你们这样要冻坏的，我给你们开个介绍信，到总站去想想办法。"于是她就跑回办公室，给我们写了一张介绍信，大意是写，广西来的几位少数民族同学，因为衣服单薄，已经影响了他们的身体健康，请市接待总站给解决棉衣的问题。

我们拿着她给的介绍信，按照她指引的路，到杭州市文化革命领导小组，找到了红卫兵接待总站，凭着那张介绍信，办理了手续，每人"借"得了一件新棉衣，一条新卫生裤。这可是我一生中第一次穿上的新棉衣，新卫生裤，穿在身上，感觉到从来没有过的温暖。

回到接待站里，我们怀着感激之情，专门去向她道了谢。她很高兴，还和我们聊起我们的家乡广西。问我们家乡的壮族的风俗，还聊了桂林的山水，阳朔的风景。她说："你们广西桂林的山水甲天下，我们杭州也不错的，'上有天堂、下有苏杭'，杭州西湖的风景可是很美的，你们到这里可一定要去看一看"。她还给我们介绍了西湖的三潭印月、苏堤、断桥残雪；还有岳坟以及岳坟前面跪着的宋朝大奸臣秦桧的铸铁像。她说，秦桧害死了岳飞后，老百姓把岳飞埋在西湖边，并铸成秦桧的铁像，跪在岳飞的墓前。人们去瞻仰岳飞墓时，都憎恨的朝秦桧像吐唾沫；她说还有灵隐寺也很美，灵隐寺是世界有名的佛教圣地；在西湖的东岸有柳浪闻莺；在南岸有净慈寺，在净慈寺里，有全国闻名的文物"五百罗汉"。净慈寺是传说中济公活佛所在的寺庙。我们高兴的听她讲着，也向她介绍了我们广西的山水风景。我们和她的关系越来越融洽了，决定接受她的建议，用一天时间专门去游览杭州的风景名胜。

二

我们从地图上熟悉了一下杭州的交通、地理情况和名胜古迹，计划好了游览的路线。

我们一大早就从湖滨公园乘车到了断桥残雪。此时来游断桥残雪是正当时。西湖上空正在稀稀落落地向湖面飘洒着雪花，那雪花落到湖里，便在湖水中融化得无影无踪。那零落的雪花飘落在断桥上、白堤上，留下一片白色。经游人踩踏，雪地上留下纷乱的脚印。在那纷乱的脚印之间，剩下东一堆西一簇的残雪；湖面上起伏的波澜被风驱赶着，一波接着一波地涌向堤岸，奋力地冲向石块砌筑的，坚实的岸基，意欲扑上岸来，但每一次都力不从心的无奈地，在堤岸边溅起些许细碎的浪花后快快退去，前面的退去，后面的却又接踵而至，不停不歇。溅落在堤岸上的水花，融化了岸边的残雪，化作雪水流回湖里。

我们七个人，穿着接待站发给的一式的新棉衣，新卫生裤，迎着扑面的寒风，跨过残雪依稀的断桥，在白堤上由东向西游逛（对于我们来说，游逛比游览更贴切）。到得孤山东南隅，就是秋夜赏月之胜地"平湖秋月""万顷湖平长似镜，四时月好最宜秋"，无奈"平湖秋月"的碑石已成为"四旧"，不知所踪。领略秋月清辉的时节也已过去，我们也就不做停留地踏雪而过，走向中山公园。在中山公园里，也不过是走马观花而已。凭着我们的那点文学修养，又哪能领会得了"水水山山处处明明秀秀，晴晴雨雨时时好好奇奇。"的意境。

沿着白堤向北登上湖岸，往西走不远就是岳坟。我们以崇敬的心情，去瞻仰民族英雄岳飞的墓，也想以世人所共有的鄙夷心理，去唾弃大奸臣秦桧跪在岳墓前的塑像。但是连同岳飞的塑像一起，都已被破四旧的红卫兵们沉入湖底，无影无踪了。我们连岳飞墓都没有看到。

那时，人们对岳飞和秦桧的尊、恶之情，在各自的内心是鲜明的。对于忠臣和奸臣的话题，在大家的心里都有着心照不宣的认同。历史上的忠臣和奸臣，都已经有了历史的定论。而在现实中的忠奸，又有谁可以定论呢？对于1959年在庐山会议上被打倒的彭德怀，在全国老百姓心目中，没有人认为他是害国害民的奸佞之徒。在人们的内心世界里，都是把他当作为民请命的清官、忠臣，然而，为什么要把忠臣打倒呢？而现实中的奸臣，在当时老百姓的心目中，也已经有了明确所指，但谁都不敢公开表露自己的观点。北京市副市长吴晗的一出《海瑞罢官》的历史剧，已经成为"文化大革命"的导火索，并因之而被打倒批臭。随之是党内最大的走资派"刘、邓、陶"的相继落马。人们更是如云里雾里，懵懂糊涂。对于"忠臣、奸臣"的话题自然是口若寒蝉、投鼠忌器了。人们把对现实中的奸佞之徒的憎恨与鄙夷，都发泄在秦桧等人的身上，秦桧作为中国历史上奸佞的代表，在承受着历史的和现实的，最为刻骨铭心的双重唾弃。对文革年代的群众，人们都习惯于用当时的文革专用术语，给那些有不同看法的群众冠之以"受蒙蔽的群众"，事实上老百姓并不都是"愚不可及"，也不是那么容易受蒙蔽的，在他们心中都有一杆秤，孰重孰轻，谁忠谁奸，他们心中明白，但囿于当时的生存环境，不得已隐而不露罢了。

我们都向秦桧的塑像原来所跪的位置吐着唾沫。当时只有16岁的我，对政治已是有了模糊的理解。而更多的是，对政治斗争、阶级斗争的恐惧。对彭德怀、刘、邓、陶的被打倒，我也在心中抱着不平，那都是出自三年饥饿的亲身经历，并没有去做过多的思考，在当时的境况下，错与对是没有标准的，不能以世俗的道德为标准，当时的法律又是形同虚设，而伟大领袖的话一字值千金，唯有他的话就是标准，就是圣旨。人们尽管在心中有许多的困惑，但都不得不貌似虔诚的崇拜，同声高呼万岁。我和所有的人——老人、青年人、壮年人、少年儿童；干部、军人、工人、农民、学生们出于同样的心理和动机，都是为了要保存自己，而不得不隐蔽自己真实的一面。表露出来的，则几乎是完全一样相同的面孔。

我们走马观花式的继续游览着。从岳坟出来乘上公共汽车，直奔灵隐寺而去。灵隐寺在西湖西北方北高峰山麓的飞来峰前，是我国佛教十大名刹之一。据相关史料记载，灵隐寺在香火鼎盛时曾有九楼、十八阁、七十二殿，有僧田万余亩，房屋1200余间，僧人3000多，一直是世界佛教团体进行宗教交流的场所。

我们到达灵隐寺，只见寺前一条近乎干涸的小溪，静止的水面上漂浮着许多落叶。

进了寺门，迎面就是雄伟的天王殿，弥勒佛的坐像迎门矗立着。他的背面就是护法天神韦驮像。再往里就是更为巍峨壮观的大雄宝殿。其建筑结构的神奇，装饰的精美，是我们这些从偏僻农村来的孩子见所未见，闻所未闻的。更令我们不可思议的是，那尊高大庄严的释迦牟尼像，及其座下的莲花宝座，和其上部的佛光顶盘，共同组构成天地合一、佛光普照、佛量无边的虚幻境界。身临其境，不由得你不油然而生虔诚肃穆的向往之心，皈依之意。

据寺内的文字介绍，其总高度是19.6米。坐像是由24块香樟木拼雕而成，其巧夺天工，精美绝伦的雕技，更令我们赞叹不已。

在大殿两侧还有神态各异，栩栩如生的"二十诸天"和"十二圆觉"像，还有殿后的150多尊海岛立体群塑，真是使我们大开眼界，大饱眼福，感慨天下之博大，中华文明之精深。

据史记，灵隐寺香火最盛时，每天有朝香者18万余人。可以想见，那将是多么兴旺的景象。然而在当时"破旧立新"的时代，寺里显得异乎寻常的萧疏和清冷。到寺里参观的大多是以串联为名，来猎奇探胜的学生。国务院出于对历史文物的保护，谨防红卫兵无法无天的破坏力，专门制定和下发了关于保护名胜古迹和历史文物的通知，在寺门外张贴着。才使得这座古刹得以完整保存。但在寺里也不少见当时流行的革命标语。寺里偶尔出现文物保护单位佩着胸章的工作人员，诵读着毛主席语录，去阻止那些越轨的行为。寺庙本属于和尚、僧人修炼的场所，我们怀着好奇心理，本想来一睹和尚的尊容，却不知所踪，难得一见；寺里香火清冷，景象凋零；那些专门来朝香拜佛的善男信女几乎绝迹。偶尔有三两个港澳打扮的侨胞，从包中拿出当时人们用以熏杀蚊虫的蚊香，在香炉内点燃以代佛香，而后匆匆离去，留下香炉里那缥缈的，带着浓浓药臭味的一缕孤烟，给寒风一吹就无影无踪了。寺里的青灯零零落落，似明似灭，闪闪烁烁。给本来就显得幽暗的殿内，增加几分混沌的感觉。我们专注的浏览着那些神态各异的塑像。当我们走到那尊怒目圆睁的塑像前面，仰首看到他手中握着的狼牙棒，犹欲凌空向你劈下时，冷不丁的吓了一跳，顿觉毛骨悚然，陡增几分恐怖的感觉。

我们在寺中浏览一遍后，便怏怏地出了寺门。沿着寺门外的石径，向飞来峰顶拾级而上，一路上雪花飘零。天，阴沉沉、雾蒙蒙，满山落叶萧疏的树木在寒风中哆嗦。登上峰顶，举头南望，杭州市区和西湖笼罩在沉沉的，迷蒙的苍烟雾霭之中。我不由地触景生情，愁绪万千，顿觉人生、前途的迷茫，感慨和忧郁之情油然而生。

几十年后，世纪之末的初秋，与妻、儿重游灵隐寺，才真正地领会了书中所说的，灵隐寺香火鼎盛时的盛况：寺外广场上，停满了大车小车，车来车往；上车下车的游客，熙熙攘攘，川流不息；飞来峰下，经营佛具香烛，旅游产品的商店栉比鳞次；店内商品琳琅满目，应有尽有；购买供品、纪念品的游客进进出出，络绎不绝；买香、烛、纸钱的人虔诚所致，不吝于价格多少，都不还价，掏钱就买；到了寺里，排着队上香，那香火纸钱烧得满炉通红，香烟袅袅不绝，香烟飘拂，十里可闻；寺里善男信女，人头攒动，佛像前信徒们虔诚的跪拜祈祷，口中念念有词，叩头触地之声可闻；游览的人也都自觉噤声默语，场面庄严而肃穆。

我在香烟腾腾的香炉内，燃上一柱馥郁的檀香，虔诚而拜后，怀着景仰心情，领着妻、儿，置身于熙攘的游客之中。前前后后，殿里殿外，重新把整个灵隐寺游览了一遍，志得意满地出了寺门。沿着寺前潺潺小溪旁的石径，溯流而上，以轻快的脚步再次登临飞来峰顶，胸怀顿舒。举目远眺，西湖的壮丽景色尽收眼底：天高云淡，蔚蓝的天空倒影在波光粼粼的湖面，水连着天、天连着水，水天一色，湛蓝悠远。身处漫山碧透、古树婆娑的飞来峰顶，山风习习，顿觉心旷神怡，所有人生荣辱、得失成败皆置之度外。两个截然不同的时代，两种景况，两种心境。正如范仲淹《岳阳楼记》中所感慨的"览物之情，得无异乎？"

三

且说我们怀着莫名忐忑的心情，离开了灵隐寺，匆匆挤上公交车往净慈寺而去。

净慈寺在西湖南岸，是西湖四大古刹之一。净慈寺中塑有五百罗汉，实属全国不多有的古迹胜境。五百罗汉是国家重点保护的历史文物。净慈寺中还有西湖十景之一的"南屏晚钟"。不过当时的古钟已无处可寻，据说是被红卫兵破四旧所毁。原先的每天傍晚，回响在苍烟暮霭中深沉的梵钟，已无可闻，代之以高音喇叭播放的"东方红"和"大海航行靠舵手"的高亢洪亮的歌声。我们参观了五百罗汉，也浏览了"济公传说"中的"神运井"，但济公已是不知所踪。

传说中济公的行为，倒具有时下所崇尚的无法无天的"造反精神",但济公所捉弄和惩罚的,却都是昏官贪官和恶人,如果济公还在,尽管他贫困潦倒、疯癫痴狂的仪表,够得上十足的贫农形象,绝对应当是当时革命所依靠的对象,但他那独往独来不受约束的,专与官家作对的乖张秉性,恐怕也是难以逃脱得了"五类分子"的政治身份。

传说中的济公,天不怕地不怕,敢于针砭时弊,嘲讽人世间的不公和荒唐,是老百姓所喜欢的智慧和正义的化身。所以,到了老百姓可以笑谈历史的二十世纪八十年代,人们终于在净慈寺中重塑了济公活佛像。

在杭州的日子里,我们也只是绕着西湖转转,除了以上所游,也还到"苏堤春晓""三潭印月""柳浪闻莺"等景点走走看看罢了。不过是出于新鲜好奇,尚且是免费游玩,我们这些少不更事的农村少年,用当时的流行语说是"农伯进城",又能玩出什么名堂,悟出什么道理来呢?准确地说,只是游游逛逛而已。

说起我们这些"二百五"的"进城农伯",由于孤陋寡闻,还真有一则我们自己闹出来的趣闻逸事,至今想起来还觉得好笑。

那天,我们从杭州市接待总站领了新棉衣、新卫生裤,在回桃园小学接待站的路上,看到沿街挂有浴室招牌的处所。经打听,知道是专门供人洗澡的地方,觉得新鲜和好奇。

在我们家乡的热天里,男人们都是到河里、溪里,游游水,搓搓身子,就是洗澡。而女人们通常都在家里的洗凉房洗澡。每一家都在天井或是屋后的园边地头,用砖头、石块围砌成一平方米左右,高过人头的,四四方方的小格子,没有条件的,就用些破席子、烂板皮随意地围一围,挡一挡,权作冲凉洗澡之处。我们本地人就叫"洗凉房"。在里面再放上一只尿桶,又可作小便处,还可以起到积肥之用。妇女们一年四季,大都以木桶或大木盆子盛水到里面洗澡。男人们在寒冬腊月里,不能到河边洗澡时,也是这样洗澡的。那洗凉房要是在房里,天井里还倒好。要是在房外屋角,园地边上,那是露天,虽然能起到一点遮人眼目的作用,但在那大寒天里,洗一次澡就是一次历练,一次折磨,总会冷得你浑身哆嗦。但我们有洗澡的习惯,稍有劳作，身上出汗就要洗澡。这次出来串联，从离开桂林至今，都没洗过澡，看到有浴室，除了觉得好奇，同时也就觉着身上怪痒痒的，更激起了洗澡的欲望。

回到接待站带上衣服，就到浴室去尝试享受一下城市生活。免费洗澡也是串联学生所能享受的待遇，我们不用花钱也可以得到每人一块牌子，凭着牌子进到里面的休息间，还有每人一个床位，可以躺着坐着休息。要洗澡了，就要脱得一丝不挂地到澡堂子里去，想穿一条裤衩都不行。到了澡堂子里，大家都是赤条条的个子了，都没有隐私可言。当然那只是在同性之间，你可别指望，在那个年代有什么男女同浴，或异性按摩的服务。在同性之间一丝不挂已是令我们尴尬不已了，特别是克新和启贵两个相对成熟的大个子，在这种场合总还免不了掩耳盗铃，遮遮掩掩的，看到所有的人都赤条条的泡在一个大池子里，且水面上漂浮着一层脏污油腻的污垢，觉得恶心，迟迟不肯下水"同流合污"，他们看到堂子里一共有大小三个池子，有两个小池子都没有人下去洗，水也干净，于是把浴巾挂在墙上，两手护着私处，匆匆忙忙地就朝着邻近大池子的那个中池子奔去，不假试探的就往里跳，看着他们刚跳到水里，就唧喳怪叫的扑腾着往上爬，再也顾不得隐私遮丑的跳着、蹦着、叫着，两只手不停地抚揉着被烫得赤红的一身。在众人的提醒下，才急匆匆地往自来水龙头下面冲去，打开水龙头用冷水冲淋，才得以缓过气来。惹得满堂子的人忍不住的哄堂大笑。笑得他们胀红着脸，就像他们身上被烫过的皮肤一样赤红。

一些年长的本地人，一看就知道我们是第一次进的澡堂，就好心地跟我们说："那个小池子的水是备用水，所以干净，但是水温高，不能到里边洗澡，是用来补充大池子的，边上第一个小池子的水更烫，要是跳到那个池子里就更糟了，会给烫坏的。年轻人做事要先看看别人怎么样，不要冒失，不然要吃亏的。"听他说时，我正好在他旁边，我就答说："我们那里没有这种浴室。"并且和他聊起我们地方的洗浴习惯。他听说我们是广西来的，还是壮族人，便以关怀的口气，询问了我的年龄，和我们的语言和风俗习惯。也聊了他们的洗浴习惯和浴室的相关规矩。

其时，我们在浴室里，已经看不到原来的很多规矩和习惯了。比如原来在浴室里有替人搓背、修脚、按摩的服务，眼下被当着资产阶级的生活习惯，都给废除了。

在杭州第一次进浴室洗澡的经历，我们虽然由于无知闹了一个笑话，但也感受到生活习惯的差异，以及城市生活与农村生活水平的差异，增进了我们对城市的向往。

对于杭州的"文化大革命"运动，我们也不知道个所以然，与我们也没有直接的利害关系。对于街面上的大字报和标语，那标语和大字报上批判的人，要打倒的人，谁是谁，我们不认识，我们也不关心。我们知道自己对这场运动起不了什么作用，只要不影响我们串联，不影响我们玩就行。在杭州玩了四天，我们也感到满足了，都急着赶往中国第一大都市的上海去，就结束了在杭州的游玩。

第十六章　风暴前夜的上海

一

我们在离开杭州的当天晚上,乘火车到达上海。通过设在上海北站的红卫兵接待总站,把我们分配到西藏中路与南京中路交叉路口上的中百一店接待站。中百一店即中国第一百货商店——上海最大的百货公司——永安百货公司,那一带算是当时上海最繁华的地带。沿南京东路向东是上海外滩,沿路口向西是南京西路。与中百一店相隔不远,就是当时上海最高的,二十四层的国际饭店。国际饭店对面就是上海人民公园,人民广场。

我们被安排住在中百一店的七楼,八楼是食堂和礼堂。洗漱间和厕所都是用白色的瓷砖镶贴。厕所有冲水装置,解完大、小便,扳一下水龙头,就把厕所冲得干干净净,一点臭味都没有。比起我们一般老百姓家的房屋好过千百倍,简直是一个天上一个地下,让我们羡慕不已。我们庆幸我们的运气好,能够分配到那么好的接待站。其实我们的运气好是得益于我们不是汉族,且来自于广西壮族自治区的农村。我们在杭州的时候,开始懂得国家有关优待少数民族学生的政策,而且我们也已经尝到过这一政策所能给予我们的优待和甜头。所以,我们所到之处,不但不必担心别人讥笑我们是"二百五的进城农伯",而且还尽量地表现得傻乎乎的(从电影中学到少数民族的形象),以博得接待人员的特别关照。

当时的红卫兵,包括所有的人,都善于从中央的政策中,从毛主席的"最高指示"中,去寻找,去引用对自己有利的内容,用来保护自己。比如陈毅在被批斗时,他就引用了毛主席说的"陈毅是个好同志"的话,才免除了红卫兵的批斗。又比如毛主席说的"革命无罪,造反有理",就可以成为红卫兵们所有荒谬行为的理论依据和最有效的辩护词。这些都是人们在当时环境下的生存艺术。

我们住进这个接待站后，接待站的几个上海姑娘知道我们是从广西来的壮族学生，都以好奇的心理，来接触我们，了解我们。见我是队伍里最小的，且觉得我口齿伶俐，活泼机灵，天真可爱吧，所以总爱来逗我玩，让我给她们讲壮话，唱壮族民歌。我总是能随机应变，应付自如。特别是我的还算清脆响亮的带有童声的嗓音，和善歌善舞（爱动）的性格，总能博得她们的喝彩和掌声。这些都得益于我在学校时爱唱爱跳。我能把歌剧《刘三姐》的所有歌曲唱完，我还能用真正的壮话，唱一些平日里跟母亲学会的山歌。至于舞，我是从来没有学过，也不会跳，只不过我随机用上几个在电影里看到过的，一些少数民族歌舞动作，有模有样的扭几下，转几回，博得她们欢心而已。她们也真心实意地报以喝彩之声。她们把我当成个活泼可爱的小弟弟一样，逗我、关怀我。这份情谊——当时称之为"革命的情谊"，我体会得到。但在我的心里自觉受之有愧，我觉得这一切都是我以伪装的手段欺骗得来的。特别是，如果她们知道我的家庭出身（我随时都没有忘记自己的政治身份），她们还能对我这么好吗？

在生活上，我们得到过她们不少的照顾。12月20日中百一店在八楼举办文艺晚会，她们还特意到宿舍告诉我们，邀我们一定参加晚会，并关照食堂的师傅，给我们各人专门煮了一碗咖喱牛肉面。那一碗面对于我确实印象深刻，至今难忘。不知那师傅放些什么作料做的，面做好端到我们面前，一股喷香浓郁的气息扑鼻而来，喝一口热汤，鲜美可口，令人不舍下咽而含在口中细细品味。在我有生以来吃过的饭食中，从来没有品尝过如此的佳肴美食，那股芳香，与我们所认识的植物果实香料似乎相似，如胡椒、花椒，但又不是胡椒和花椒，近似于樟脑或者松香，但又不是樟脑和松香，至今回味无穷，难于忘怀。之后，自恃一生阅历宽广，走遍大江南北，天涯海角，总想尝试着去寻找那曾经享受过的美味。重新去品尝回味那一股难以忘却的鲜美清香，却再也找不到了。不知是我的味觉的变化，还是当年的我们，有幸品尝到师傅的独门绝技。

那一天晚上，是我们在中百一店度过的最愉快的晚上。在文艺节目开始前,我们第一次观看了"电视"节目(我们第一次懂得有电视机)。当时正好是罗马尼亚杂技团来北京访问,我们在上海通过电视机观看了他们在北京表演的杂技节目。电视节目令我们赞叹不已,我们赞叹罗马尼亚杂技团精湛的杂技表演艺术,我们更赞叹电视机的神奇魔力,在千里之外的人的活动,竟然能在一个小小的电视机前看得清清楚楚。当时我们对无线电和电子还一无所知,电视机的神奇功能令我们匪夷所思。我们感觉到无比的满足和幸运,但我们不能想象,作为老百姓,什么时候才能享受到这种科学进步的成果,特别是在我们那遥远、偏僻、落后而又贫穷的农村。

看过电视节目,文艺晚会便开始了。文艺节目基本上都是那千篇一律的革命歌曲,和那些近似于武打动作的舞蹈,最精彩的莫过于"北京的金山上"和"北京有个金太阳"。那几个常爱逗我乐的姐姐们,都是这些节目的主角,在表演前,她们还特别来嘱咐,要我们去看他们的节目,并安排我们在前排就座,她们在台上跳着,还不忘朝我打着眼色,在节目动作中暗作手势,逗我玩。

二

第二天的上午,第六搪瓷厂工读学校的那些朋友如约,骑着三轮车到中百一店来,接我们到他们厂去参观。当时的我们,对三轮车都感到新鲜,因为对于我们来说,能拥有一辆上海产的"凤凰"或"永久"牌自行车,一直都是我们心中的梦想。一辆车一百多块,我从来就没听说过我们家什么时候有过一百块钱。况且当时的中国,工业品供应又是那么紧张,要弄到一张自行车票,没有足够的权势、地位,谈何容易?我好奇的试着去踩一下三轮车,居然驾驭不住地给踩到街边的沟里去了。

初到上海这样的国际大都市,令我们眼花缭乱。大街小巷纵横交错,七弯八拐,使得我们晕头转向,搞不清东南西北。也不知走过多少条街道,拐过多少个路口,跟着那些朋友们,就到了他们的工厂——上海第六搪瓷厂。他们领着我们参观了他们的工厂。当时他们厂还正常生产着。我们按着他们的生产流程依次参观。在我们的眼里，这是个不小的工厂，而且自动化程度也很高，从剪板下料，到冲压成型，到卷边、上瓷、美术加工，到烤瓷，出炉就是漂亮的成品。有口盅、脸盆、菜盘等等，全都是些生活用品，美观而轻便。过去我所梦想拥有一只带耳的搪瓷口盅，就是在这样的工厂里生产出来的。

通过参观，我们对工业、工业技术有了进一步的了解，一个国家进步与否，发达与否，从他的工业化程度，从他的工业技术水平的高低，就可以看出。而最先能享受到工业技术进步成果的，是生活在城市里的居民。城市越大，生活的现代化程度越高。而生活在农村的农民，始终生活在最落后的底层。特别是在实行严格的，农业与非农业的二元化户籍管理制度时的中国农民，人口的流动受到严格的控制，农村户口不能进入城市，小城市户口不能进入大城市。只允许并鼓励城市户口转为农村户口，特别是转为农业户口。使当时占全国人口80%以上的农民，断绝了对于生活现代化的向往和追求。而只单方面强调节约闹革命，推崇禁欲主义，强制驱使人们去适应贫困。把贫穷当作革命，当作光荣，而不是努力去推动国民经济的发展，提高人民的生活水平。工业技术的革命让政治口号给节约掉了。国家能不落后？

我们只参观了工厂的生产，朋友们并没有刻意地带我们去参观他们厂的"文化大革命"运动。我们没有看到工人的集会，也没有留意他们的大字报，所以我们根本没有预感到，上海的一月风暴正在酝酿和即将发生。

在上海朋友的提议下，我们在参观了搪瓷厂的第二天，我们又去参观了"水晶宫"。朋友们介绍说，"水晶宫"是过去一个资本家的别墅。他的卧室的墙壁、地板、天花板都是用各种形状的水晶玻璃镶嵌拼贴，显得熠熠发光，满室生辉。人在其中，举手投足，幻化灵动，犹如身在虚无缥缈的梦幻仙境，辽阔无垠。传说中东海龙王的水晶宫殿莫过如此。我们身临其境，方知确非虚传。除此而外，整座房屋的装饰和摆设，都是极其精致豪华。那房屋的门窗及所有桌椅家具，楼梯扶手都是用红木雕饰而成，雕龙画凤，栩栩如生。室内摆设的盆景花木，都是用玉石雕琢而成，活灵活现。遗憾的是，我们看到的都已是残缺不全的了，那盆景里的玉石花树，只剩下断枝残叶。那楼梯的扶手栏栅也是缺柱少梁的。那些装饰精美工艺绝伦的桌椅茶案，也都缺胳膊断腿，整个屋子被那些破四旧的红卫兵打砸破坏，显得一片狼藉。当时上海有多少这样豪华的建筑、文化遗产，在抗日战争的烽火中得以幸存，却不幸毁于我们自己发动的破四旧的狂潮。可悲可叹！

三

尽管我们不关心上海的"文化大革命"，但从那无所不在的高音喇叭的歇斯底里的嘶叫声中，从那大街小巷张贴着大、小字报和宣传漫画中，体会到上海人正在磨刀霍霍，正欲生死相向。在我们参观完"水晶宫"后的一天，我们溜达在繁华的南京东路上，快到上海市政府大厦时，看见在街边的墙上贴着一张漫画，上面画着两个头大身小，极丑的人物，被一根粗大的绳子，紧紧勒着脖子。下面的文字是"绞死曹荻秋，打倒陈丕显！"。于是我们便驻足围观，想看一看其他的内容。这时走来一位，与我们从书画上看到的蓝眼睛，勾鼻子的美国人一个模样的外国人，到了我们旁边也停下来，以惊愕的表情盯着那幅画看，然后迷惑地用英语向我们问道："What's this？"我们在学校里虽然学了三年的英语，但从来没有过英语会话的经历，特别是与货真价实的外国人直接对话，我们一时间还反应不过来。待我们愣怔了一阵之后，才理会了他是在问我们，这是什么？（什么东西，什么意思。）当时，我们知道曹荻秋是上海市委书记处书记、上海市市长，陈丕显是上海市第一书记，这是上海的造反派攻击他们，侮辱他们的一张政治宣传画。但这些意思，我们都无法用英语表达，来回答他的问题。只能用我们所掌握的简单的英语词句，回答他道："This is a picture."当他再继续深问："what's in this picture？"时，我们就黔驴技穷，无言以对了，只好无奈的向他摊摊手，摆摆头表示遗憾。为此他也感到无奈和不解，只好遗憾而快快的摆摆头离去。我们的遗憾，不仅仅是因为我们英语知识的贫乏，和会话水平的低下。就是用我们自己的语言，我们也无法解答这画中的含义，特别是这画中的政治含义。

我们离开那幅画，不再理会那沿街的大字报小字报，慢慢地继续向东，向黄浦江边走去。到了江边，我们倚着江岸的栏杆，眺望着滔滔的江水，江面上穿梭着大小的轮船。在船尾翻涌着混浊的浪花，浪花里夹带着垃圾废物，时而没入水中，时而又被过往的轮船给搅翻上水面，最终随着江水朝东流向大海。可以想象，大海的胸怀是何其博大？大海的能量是何其高深？不然，这长年累月的，这人世间那么多的垃圾污秽之物，都流入大海，如不被大海所消融，所吞蚀，那大海不早就被填平了？大海也就不复存在了。

我们流连在黄浦江畔，尽情地观赏着江畔的风景，浏览着一幢幢宏伟壮丽的西式建筑。这一带的所有的风格各异、高耸巍峨、造型艺术独特的高楼大厦，统称万国建筑。记录着上海滩昔日的殖民历史，也衬托出上海滩十里洋场昔日的喧嚣。现在这一切都属于人民的，镶嵌着庄严的国徽的上海市政府大厦，就依江矗立在这里。但是，从南京路上的那张漫画中，我们感觉得到，此时，这大厦内部正在面临着一场史无前例的深刻危机。这大厦里的当权者，正在承受着自己营垒内部，从背后射来的利箭。他们的心正在滴着血，他们前途未卜，命运堪忧。

我们沿着江岸向北走，到苏州河与黄浦江汇流处，这里就是昔日"中国人和狗不得入内"的外滩公园。有名的外白渡桥横架在苏州河上。十八层高的，据说是由四个大圆球为基础支撑着的上海大厦，也叫邮电大厦，就耸立在苏州河北岸。公园里有照相馆，我们筹足二块四角钱，给照相馆以外白渡桥和上海大厦为背景，为我们照了一张"上海外滩留影"，这是我们在革命大串联中唯——张留影纪念的照片。我们七个人穿着一式的，在杭州"借"的棉衣，分作前后两排，前蹲后立，面向滔滔的黄浦江。记不清我们当初的表情，我们只想在回家后，向家人、向同学、向朋友们证实：我们曾经到过中国的最大都市上海。但是这一张对我来说弥足珍贵的照片，却在之后的武斗烽火岁月中丢失了，也不知他们另外几个人的是否还有保存？

四

我们在上海，在上海中百一店，度过 1966 年的最后几天。天越来越冷，风越来越紧，天不时地下着雪。12 月 28 日这一天，一早起来，天下着雨夹雪，我们没有出去，大约在中午时分，街上传来高音喇叭的广播声。我们走到窗前，凭窗向南京西路、西藏南路、西藏北路，南京东路方向望去，只见街上停满了公共汽车、有轨电车、无轨电车。那喧嚣的高音喇叭声从四面八方传来，那声音尖利刺耳。时而播放着语录歌，时而高喊着口号，时而宣读着"通告""勒令"等等。在这些播音的内容中，"革命"一词出现的频率最高。再加上由于喇叭所处位置远近不一，所传来的声音也就显得重叠和反复、此起彼伏，如："革命、革命、革命、革……""造反、造反、造反……"从广播中知道，全市的公共汽车公司员工正在罢工。我们不知道这些罢工的员工是属于哪一个组织的。当时上海已经分成"上海工人造反总司令部"即"工总司"和"上海工人赤卫队"两个相互对抗的组织。据说是"赤卫队"有两、三万人在康平路市委机关大院静坐示威。而工总司的人正在组织几十万人的队伍，准备去围攻赤卫队。

到 29 日，工总司的人终于对在康平路静坐的赤卫队开始了武力围攻，抓捕绑架关押了大量的赤卫队的头头和工人，造成九十多人被打伤。之后又有大量的赤卫队的人逃出上海，并声言要上北京告状。

这几天上海的天气阴冷，起初是飘着雪，而后由雪变成了雨，出门都必须带雨具。面对上海的局势，我们无法判断这局势会怎样发展，我们决定离开上海继续北上，到北京去。但是由于当时的形势已经造成上海的对外交通瘫痪，我们只好选择徒步离开上海。但是那几天正下着雨，我们没有雨具，就无法行动，我们要求接待站帮助解决，接待站帮我们与广西驻沪办事处联系借雨衣。接待站的人即时就给广西驻沪办事处挂了电话，用上海话说道："广西有几位同学，要借雨衣，阿拉没有，侬（上海方言'你'）想办法解决解决。"对方同意叫我们到江西路 27 号的广西驻沪办事处给解决。我们到了那里，办事处的人给我们每人买一块塑料布，说是可以当作雨衣，并动员我们说，中央已经通知停止串联，叫我们先回去，到明年春天以后，天气暖和了再出来，我们当面答应了他。我们在回接待站的路上合计着，这停止串联的"通知"说的"暂停"串联，绝对是哄人的，是不会有到明年春暖再来的机会了。如果一旦回了家，就再没有机会出来了。于是我们决定继续北上。

五

30日，我们告别上海中百一店，徒步沿着西藏中路向南，然后取道淮海路，先到万国公墓。据说宋庆龄的父母也葬在那里，我们想去看一下，但没有向导，找不到。我们只看到很多建筑考究豪华的墓茔都给破坏了。那些上面镶着墓主生前瓷像的，造型精致的墓碑，还有弃于一地的墓砖和墓土，以及被挖掘出来，被毁坏得七零八落的腐朽的棺材板皮，都散乱地丢弃在被掘开的墓坑旁，场面一片狼藉。我们身临其境，真有"满目萧疏鬼唱歌"的凄凉感觉。这就是我们到万国公墓的最大感受。我们心中估计，宋家父母的坟茔恐怕已是难逃劫难，无处可寻了。我们只好怏怏不乐地离开了墓地。那些镶嵌在墓碑上的死人的瓷像，却像幻灯片一样的在我们的眼前缥缥缈缈，似在向我们诉说着他们曾经的富有和荣耀。他们的生命早就从人间消逝了，但他们生前的惬意和笑容却仍留在那小小的瓷片里，任凭风吹雨打，永不变色，永不腐烂。难怪他们的坟墓、他们的遗骸被破四旧给破掉了、毁掉了，葬在这里的，无疑都是些过去有钱有势，有名望有地位的"资产阶级"分子。在这片圣洁的革命的土地上，怎么能容得下他们这种"资产阶级的幽灵""永垂不朽"！？

出了万国公墓，沿中山路向北，折到交通路向西，到达真如时，天已傍晚，我们就在上海铁道学院留宿。不记得第二天是什么时候起程，继续向苏州方向走。那天，雨下得不小，我们一直披着塑料布赶路。一路上都有一群一伙的，工人模样的人与我们同向而行，据说是上海赤卫队的人，他们也在匆匆的冒雨赶路，意图赴京告状。他们前顾后盼，神色慌张。时而从后方开来一辆辆载满"工总司"的人的大汽车，到了他们身边停下。那些车上的人就骨碌碌地从车上跳下来，把那些"赤卫队"的人就都给团团围住了，不由分说地就对他们施以拳打脚踢，三个五个架住一个地往车上扔。那些被擒被抓的人尽力地挣扎着，有哭有骂的，有喊口号的，有大声诵读毛主席语录的，但都没有用，只能招来更多粗暴的拳脚。有的流着满头满脸的鲜血，最终还是寡不敌众的给往回押送。

天已经黑定，我们到了安亭，找到接待站。但接待站里气氛也很紧张。继上一次"安亭事件"的铁路运输中断，又一次在安亭造成所有的火车停运。接待站里什么都没有，没有饭吃，也没有被子。我们向接待站的接待员发了一通牢骚后，决定继续冒雨向昆山走去。一个接待员阿姨不知是出于害怕还是出于对我们的关心，竟然跪下来求我们住下，她答应想办法给我们解决被子问题，感动得我们反而连连向她解释说："阿姨，我们不怪您，我们理解您的处境，我们只是想早一点离开这里。"于是她对我们说，从这里到昆山走公路还有 20 多公里，一路上都有打架的，天又在下着雨，叫我们一定要小心。我们心存感激地向她告别后，饿着肚子，冒雨上路，向昆山走去。

一路上，我们又冷又饿，冒着雨赶路。那满载着人的汽车也还在源源不断地从我们身边驶过，带起一阵阵夹着雨水的寒风。那雨水溅到我们的身上脸上。我们戴着我们的袖章，以免被误认为是上海赤卫队的人。我们尝试着拦截从我们身边驶过的车辆，大多都不理睬我们。有些车子也在我们身边停下，听说我们是广西串联的学生，便对我们说，他们在执行任务，就扬长而去了。终于有一辆上面人不多的车子，当我们站在路中间向他们招手时，到我们旁边停下了。我们向他们说明意思后，他们很诚恳地叫我们上车。在车上，他们对我们说，赤卫队是保皇派，他们要上北京告状，破坏抓革命促生产。中央文革叫我们把他们抓回去。他们说他们自己是上海"工总司"，是得到中央文革支持的革命造反派，北京的红卫兵也支持他们，全国的红卫兵都支持他们。他们的意思很清楚，是希望我们也应该支持他们。我们对他们的意思不置可否。十多公里不多会儿就到了昆山，他们也只到昆山止。我们看到在昆山的所有路口，都有他们的人，昆山已被团团围住。

当晚，我们在昆山县供销社接待站住下。第二天起来，在接待站食堂吃了饭，收拾了行李，准备上路往苏州去。到了昆山街上，到处是戴着红袖章的"工总司"的人。时而看到从屋里、巷里推着搡着，骂着打着，架着几个人出来，然后往车上扔去。这时我们看到有五六个男人，其中有两个人分左右挟持着一个大约三十来岁的女人，那女人留着江姐式的短发，身穿一件风衣，她身边的两个魁梧的男人，左边一个抓住她的左手，右手抓住她的头发向下摁她的头；右边一个抓住她的右手，用左手摁住她的肩头。她极力挣扎着昂起头，慷慨激昂地喊着："革命的同志们！红卫兵小将们！你们看吧，这就是他们的革命行动。"但都无济于事，她是显得那么的势单力薄。没有人救得了她，在她周围的那些人在她挣扎的时候，还不时地对她施以拳脚。最后她被打得鼻青脸肿地扔到车上去，车上的人用绳子将她牢牢的绑住。

我们在心底里对这些被抓的人深表同情，我们不知道他们谁对谁错，只是因为他（她）们是弱者。

我们亲眼目睹的，上海文革中的历史事件就是"昆山血案"。这也就是上海一月风暴的前奏。之后的1967年的一月里，继曹荻秋和陈丕显的被打倒被关押，上海造反派完成了全面夺权的工作。张春桥，王洪文等牢牢地掌握了上海的大权。为毛泽东稳住了以工人阶级为主导力量的一片天下。

第十七章　北京不再欢迎我们

一

我们在上海的这段时间里，上海连续发生了"安亭事件""康平路事件"和"昆山血案"等文革历史事件。这些事件对我们的思想都没有产生多大的震动。继刘、邓、陶被打倒之后，我们觉得，这一系列的事件，都是毛主席发动"文化大革命"所期望出现的结果，一切都在他老人家的掌控之中。其后的"一月风暴"和王洪文政治地位的迅速高升，充分的揭示了，毛主席他老人家发动的这场运动，不过是他政治斗争的策略和艺术。包括这"红卫兵革命大串联"运动，也是他的"人民战争思想"在党内斗争的巧妙运用。而我们在这场运动中，尽管起不到什么举足轻重的作用，但至少会起到一个作用，即我们会同所有学生一样，绝不会抵制革命大串联。我们也会和所有学生一样，毛主席指到哪里我们就跟到哪里。我们一定会"誓死捍卫毛主席的伟大革命路线，将无产阶级"文化大革命"进行到底！"的。在这发动起来了的革命群众的，高涨的革命热情面前，一切"走资派"将不可抵挡的被彻底打倒。正如毛主席《炮打司令部——我的一张大字报》一经发表，刘少奇便应声倒下了。

我们感激毛主席给了我们这千载难逢的机会。这是让我们投身革命的机会，这也是让我们表现自己革命的机会。让我们实实在在的体验了"革命不是请客吃饭"的伟大真理。但是革命可以游山玩水，我们是在游览伟大祖国的壮丽河山当中，去实现我们的革命，我们乐此不疲地继续着我们的革命。

我们是从昆山徒步走到苏州的。这一天正好是1967年元旦。我们住的苏州商业技术学校，就在姑苏城外寒山寺旁，自然就免不了近水楼台先得月，游览了寒山寺，观赏了这里的五百罗汉。也浏览了唐代诗人张继曾"夜泊"过的枫桥。去体会诗人"枫桥夜泊"的诗情画意。我们还游览了虎丘古塔，和古色古香的苏州古典园林建筑。其中的感悟虽然与当时的革命情调不合节拍，但对于中国历史文化倒是有所了解，也不失为收获。

由于中央暂停串联的决定，我们已经有了一些时间的紧迫感。所以每到一处，停留的时间都不长，玩一两天就走。我们匆匆离开苏州，沿着沪宁线，由无锡、常州、镇江，到南京，都是走走停停，一天换一个地方。

对于南京，当时没有留下多少值得记忆的东西。就记得我们是在半夜里到的南京。到接待总站办理接待手续时，从各地来的串联学生，至少已经排起了将近一公里长的队，在等待着安排食宿。我们只好又故技重演，亮起我们的"广西红旗长征队"红袖章，故意装着不会讲普通话，吆喝着别人都听不懂的壮话，旁若无人地往前面挤。引起了队伍里许多愤怒的指责声，其中有些态度较为宽容的人，主动出来维持秩序，并试图与我们沟通，询问我们的意图。我们便用写的方式告诉他，我们是广西壮族自治区的壮族学生，我们要求给我们安排住的地方，我们已经一天没有吃饭了。他理解了我们的意思。于是他便向那些队伍里正在嚷嚷的人，大声地做着说服工作："他们是广西壮族自治区的壮族同学，是少数民族，中共中央、国务院有文件规定，要优待少数民族红卫兵，我们大家都让一让，给他们先办一办吧。"听到他这么一说，前面排队的那些红卫兵也就都主动地，把前面的位子让了出来。我们几个人就由我作代表，到窗口去办理登记手续，因为我个子小，容易得到同情和理解。接待站的人见外面排队的人都发扬了风格，也便乐于照顾一下少数民族，给我们优先的安排了食宿的地方。

我们在南京的时间很短，各种印象都不深刻，当时被分配去的接待站是什么单位，在什么地方，现在已记不清了。只记得我们到接待站的食堂找饭吃时，看到接待站的食堂，是用管子从锅炉里，把蒸汽接通到大水缸里和蒸笼里来煮粥和蒸饭的。而不是用锅来烧火煮饭，我们感到很新奇。

我们对南京的情况很不了解，本来应该去瞻仰一下中山陵，看一看蒋介石的总统府，游览一下太平天国天王洪秀全的天王府、金銮殿。但由于时间紧，又要急于上北京，也就不想在南京久呆，而到南京接待总站去办乘车证。这时办乘车证只能办返程乘车证，办乘车证需要凭串联证明可以办到学校地址最近的火车站。我们的串联证明本来就是一张纸写的，从家出来走了那么多地方，掏来掏去的，已经被揉得溶溶烂烂的，字迹都变得模糊不清了。加上我们的证明上的学校公章，没有省级广西字样，而且接待站的接待员的地理知识并不怎么精通，加上也不怎么严格负责，被我们糊弄下，就按我们的要求，给我们办了从南京到齐齐哈尔的乘车证。办了乘车证，我们第二天下午就匆匆的，沿着那条路边栽着葱郁的法国梧桐的大街，边走边玩地到中山码头乘船过到浦口。当时在建的南京长江大桥，是我国当时继武汉长江大桥之后的第一座自己设计，自力更生建造的，横跨长江南北的铁路、公路合用的大桥。但是当时还没有合龙，从南京往北，还要过江到了浦口，才可以换乘北上的火车。

二

从浦口到徐州，途中经过符离集站，在站台上有著名的符离集烧鸡卖，才一块多一只。我们也买了一只，大家用手撕着吃。对于我们来说，是鸡，怎么弄都是好吃的。

到了徐州，正下着漫天大雪，除了火车站外，街面上冷冷清清，没有晚上营业的店铺。所有临街的门都关闭着，街道上铺着一层茫茫的白雪。我们穿着从家里出来时一直穿着的解放鞋，双手擎着从上海借得的防雨的塑料布，遮挡着纷纷扬扬飘落的雪花，迈着冻僵的双脚，冒着刺骨的寒风，缩着脖子，低着头，叭喳叭喳的踩着雪，向中原建筑公司接待站走去。

徐州的市容市貌至今已没有一点印象了，给我留下的唯一记忆是，值班的接待员阿姨对我们的热情和关怀。我们冒着雪到达接待站的时候，她让我们围坐在煤炉旁取暖，慈爱地向我问饥问寒，用她温暖的双手捂揉着我冰冷的小手，然后把她在煤炉上烤得脆黄的，唯一的一个馒头给了我，那可是她的口粮，至少要二两粮票。我执意推辞，但她说食堂已经关门，吃一点暖暖身子，并给我递来一口盅热开水。她还教我们：已经冻僵的手脚，不能马上用热水烫。要用雪来搓揉到有温暖的感觉后，再用温热水浸泡，才不至于被冻坏。我和香云分吃了那个馒头，喷香脆口。这事回想起来，令人感动，我们这一路上遇到的好人太多了。

只在徐州住了一个晚上，第二天起来已是中午，吃了饭就直奔火车站而去。下午乘上郑州开往济南的列车，夜里十点多就到了济南。

我们给分到离市中心不太远的济南市国棉一厂接待站，厂里条件很不错，宿舍里有暖气。站里知道我们是从祖国南疆广西来的少数民族学生，更是特别照顾，把我们安排在最暖和的靠近暖气的地方睡觉。知道我们习惯于吃大米粥、饭，怕我们吃不惯北方的窝头、馒头，还特地到粮店领回大米，专门给我们熬粥、做饭，做好了就特意到宿舍来叫我们去食堂吃饭。

接待站里有一个年轻的女工，是细纱车间的，叫宋金秀的姑娘，长得一副典型的山东姑娘白里透红的鹅蛋脸，身材高挑而丰满，长着一双水灵灵会说话似的大眼睛，眼神里透出一股朴实的热情和亲切，她的声音甜美、清脆、爽朗，体态轻盈而不失庄重。

她当时的年龄最多也不会超过二十岁，比我大不了多少，但她总是把我当着小弟弟对待，总是无微不至的关怀我照顾我。第一天到接待站，她就领着我到食堂，给我打饭，端汤，问我吃得习惯不习惯，吃得饱不饱？给我打来热水，还嘱咐我外面太冷，要到宿舍里面去洗，免得被冻坏。她看着我们脚上穿的是单薄的解放鞋，脚都给冻得红肿了，便给接待站反映，从接待站拿钱，带着我们到商店里买棉鞋。到了街上，生怕我会走丢了似的，一直牵着我的手，我都有点不好意思。她却完全没有觉察的紧紧地拉着我靠得近近的，我都可以闻到她身上散发出来的一股女人所特有的体香，我感到亲切和温馨。她就好像是我的亲姐姐一样。她牵着我在前面走，思学和香云他们几个大的同学跟在后面，香云不无嫉妒地用壮话，好象故意说给我听一样:"要是她也这样牵着我的手,让我一天不吃饭都值得。"

她带我们到市里商店,凭着接待站的证明,给我们每人买了一双灯芯绒面,塑料底的黑色棉鞋。回来的一路上,她还不厌其烦地给我们讲着济南的气候情况。她说现在是每年最冷的时候,黄河都已经封冻了,人可以从河面上踩着冰过河。她还向我们介绍了济南的旅游景点,如济南的温泉等等,她说难得来一次,一定要去看一看。

在接待站里她就叫我"小弟弟",但我却只有单独和她在一起时才叫她"宋姐姐"。我们离开济南时,她一直把我们送出厂外,等到我们上了公共汽车,她还一直站着向我们挥手,看着车子走远才离去。

走的时候,我给她留了家里的地址,过后我有点后悔,要是她知道了我的家庭情况,她还会对我这么好吗?我有愧于她对我的好,但我的心里却深深地烙下了她对我的那份姐弟之情。我心里在想,要是我有一份好的家庭条件,我一定会真诚地与她演绎一场情深意切的姐弟之恋。看得出来,她对我是绝对纯朴的姐弟之情。

三

怀着对济南的依恋之情,我们登上从济南到北京的列车,驶过冰封的黄河,第二天一大早到达北京。

在从济南到北京的车上仍然拥挤,我们几个人挤在过道上,一个晚上没有睡觉,我们不觉得疲倦。此时我们的心情异常的激动和振奋。就要到达我们日思夜想,向往已久的神圣的首都了。我在心中构想着:到了北京以后,首都的红卫兵接待站,会比其他地方的接待站服务得更加周全,条件会更加优越,对我们这些从祖国南疆来的少数民族红卫兵,将会给予我们比其他地方接待站更为特殊的照顾。我们将会被安排在一个离天安门广场很近的地方住;毛主席再接见红卫兵的时候,我们将被安排在最接近天安门城楼的金水桥旁,最近距离地看到毛主席。毛主席也会看到我们,听到我们"毛主席万岁!祝伟大领袖毛主席万寿无疆!"的呼声,并向我们招手。我们将在报纸上的《毛主席接见红卫兵》的新闻图片中出现。我们将会在天安门广场上庄严的留影，作为我们终生难忘的纪念。回去以后，我们将以这一张照片作为炫耀的资本，和那位被学校推荐来北京的同学比一比幸运，比一比见识，比一比勇气，比一比荣耀。他算得了什么，他是仗着先天优越的家庭条件，和平时对老师的阿谀奉承，打小报告，装腔作势，狐假虎威而获得工作组的青睐。而我们则是靠自己的智慧，努力和奋斗来达到我们的理想和目标。

在我联翩的浮想中，火车到达了北京站。

我们随着人流下车出站。在站外的广场上，人山人海，一簇簇，一堆堆，一群群，一帮帮的。停留在车站的大多都是串联的学生，一眼看过去，几乎都是一色的军装，有簇新的草绿色，也有穿得已经破旧发白了的，打了补钉的；有戴着布军帽的，有戴着棉军帽的，也有光着头的；有背着军挎包的，提着手提包的，也有背着行李棉被包袱的；有站着围成一圈圈一簇簇的，有蹲着或席地而坐的，有的干脆用随身带着的行李铺卷就在地上铺开，一个挤着一个的蜷缩着睡觉的。他们大多都是赶着革命大串联的末班车，是以徒步长征为开始，从学校里出来后，中途又传来中央停止串联的通知，于是就改用各种方法、手段，扒货车来的；混上客车来的；有弄虚作假互换车票来的。总之，为了来看望伟大领袖毛主席、瞻仰伟大祖国的首都北京和雄伟的天安门，他们发挥了他们所有的聪明才智，不择手段。他们坚信他们的目的是崇高的、革命的。只求达到目的，无须顾及手段和方法，这就是革命的造反精神。

这人海中也还有不少是穿着劳动布工作服的，是相对于比这些学生们少一点天真、幼稚，多一点成熟干练的工人们。这些工人大多都是赴京上访的群众组织成员。有因为他们所在的组织被打成保皇派组织的，有被打成反革命组织的，等等原因，来北京找毛主席，找中央文革告状的，上访的。

当时最吃香的是穿军服的，其次是穿工作服的。他们代表着解放军，代表着钢铁长城；代表着工人，代表着无产阶级。他们是革命所依靠的力量，革命胜利的保障。

学生们有穿着军服的，有穿着工作服的，他们是毛主席发动这场革命的先锋力量，是毛主席的红卫兵。他们在这场革命中发挥了不可替代的作用，毛主席对他们寄予无限的期望。他们的所有行为都得到毛主席的赞许和支持，当然，他们不能，也不会违背毛主席的意愿。

我们下车后，失去了目标和方向。我们在这人海中梭巡着，想从中获取一些对我们有用的信息。从人们的议论中得知，北京已经停止接待外地来的串联学生，并已经成立了相应的机构，负责遣返这些滞留北京的学生。

之前我们在来北京的车上所构思的一切，只能成为梦想，我们参与这场大串联的最终目的和愿望，已经注定不可能全部实现了。但是我们毕竟已经来到了北京。至于要见毛主席，只是我们的愿望，我个人本来就不抱多大的希望。现实已经唤醒了我们的梦，我们果断的决定不在北京停留，（没有吃没有住，怎么待得下去？）立即折往天津。趁我们手中到齐齐哈尔的车票还有效，到东北去走一趟，到辽沈战役的策源地和战场中心的沈阳去。

在等待开往天津的列车的间隙，我们游览了天安门广场。我们终于置身于梦寐以求能亲临其境的天安门广场。雄伟的天安门城楼，人民大会堂，历史博物馆，革命烈士纪念碑，还有那高高飘扬的国旗，天安门前矗立着的华表，这些代表着中华民族，代表着中华人民共和国，代表着共和国首都的象征性建筑，已经实实在在地矗立于我们的眼前。此时此刻，我们感觉到满足。但我们也感到彷徨。我们不知道如何地去体会和感受眼前的这一切。我们站在广场中央，用我们的眼睛，把周边的这一切逐一扫视浏览，我们看到的是这些象征性建筑外表的雄伟和壮丽。但是对其内在构造的匠心独具的艺术造诣，凭着我们的浅薄和幼稚，我们无从体会。

北京是我们这次"长征"的目的地，总算达到了目的。这一路来，我们几个小伙伴都是玩玩笑笑，打打闹闹，无拘无束，无忧无虑，团结友爱，和睦无间。但此时此刻，各人心中的感受是不尽相同的。他们心中的感受如何，我不得而知，因为我们没有就这些问题讨论过。但在我的心中，在这无拘无束，无忧无虑的背后，始终挥之不去的是，当时政治环境下我低人一等的家庭出身，使我对自己前途的忧虑和渺茫。在这一路上，我们虽然没有刻意地去观摩、去参与、去了解所到之处的"文化大革命"运动。但那些不由己的耳闻目睹的事物，却在心中自然的形成思考。虽然思考不得其解，为顾及同伴们的感情和情绪，又不便于去讨论和探索。我感激他们不计较我的出身而能见容于我，与我为伍，但我有自知之明，我不强求他们能和我有相同的感触，我特别珍惜我们之间的情谊。

四

我们最终没有在天安门前留下一张纪念照，不无遗憾地登上开往天津的列车。

一个多小时的路程，中午就到了天津。我们总是一路的好运气，在天津住进了河北宾馆。河北宾馆是专门接待世界各国的友好贵宾的地方，当时也用来开设串联学生接待站，由一些杭州来的学生负责接待服务。我们当然不可能住到贵宾房里去，在三楼一个会议室里，摆着一排排的架子床，床上的被褥都是白净的，房里有暖气设备，不穿棉衣也不觉得冷。

负责安排我们食宿的接待员，是个手指绷着纱布的女同学，年纪和我们差不了多少。她是杭州某中学的高三学生，模样儿挺亲切的。很开朗、大方，一脸的笑容，诙谐而幽默。她爱逗我玩笑，开口闭口的叫我"小男孩"。叫得我有时都不想搭理她。但她仍然一如既往的，远远见到我就爽朗而亲切地叫我，她问过我的名字，我告诉了她，但我没有问她的名字。她还给过我饭菜票，告诉我今天食堂有什么菜。

宾馆的各种生活设施都很完善和高标准。食堂宽敞、明亮、洁净。饭桌都是铺着洁白的桌布，栗色油漆的靠背椅擦得油光锃亮，摆放得整整齐齐。食堂的厨师，服务员都是一式白净的制服，白净的头巾，对人彬彬有礼。除了我们住的客房不一样，我自以为我们得到的几乎是贵宾的待遇。

食堂一天开三餐，早上有稀饭、馒头、包子。中午、晚餐是干饭、炒菜。凭饭票菜票取饭菜。我们串联的学生是由接待站发给饭菜票，都是一饭一菜，有免费的汤，随便喝。那个叫我"小男孩"的女同学给我的饭菜票，使我们那天晚餐吃上了一碟红烧肉。尽管是七个人一起吃的，总算是自上海国际饭店三楼，自己掏钱吃的红烧肉至今的又一餐，也算是打了牙祭。红烧肉几乎所有的人都爱吃，是因为当时的食品供应都很紧张，老百姓都难得吃上一顿肉的缘故。或者，也许是因为毛主席爱吃红烧肉的缘故吧？吃红烧肉不但是高级享受，也是革命的表现。

在天津的日子里，没有什么特别的事。白天就到市中心的海河两岸看看天津的市容街道，逛逛商店，看看过瘾而已，也没有钱买。看看海河冰冻的河面，在透明的冰河里，还看到有鱼给冻结在冰块里，觉得蛮有趣的。无聊了就坐坐有轨电车瞎转。我们在上海时就没有坐过有轨电车。我们也不知道这车是开往什么地方，打算到终点站就下车。哪知道这天津的有轨电车是环行的。走啊走的，本来打算是等到人全部都下车了，我们就跟着下车。但总是有人上上下下，车上从来就没少过人。因为在车上转的时间太久了，往车外一看，才发觉又回到上车的地方来了。一问才知道是环行的。后来就找了一个最繁华地段的车站下了车。

到过的地方多了，听到各个地方的方言也多了，南腔北调，各有不同，有时琢磨起来也很有意思。在天津的电车上，人挤的时候，总听到那些当地人"借光，借光！"地吆喝着，起初不理解是什么意思，后来才想起，在连环画《杨七郎打擂》中，杨七郎从擂台下的人丛中往擂台上冲去时，就是嘴中叫着"借光，借光"的分开人群，纵身跳上擂台与潘豹决斗的。于是懂得"借光"就是"让一让"的意思。那时候，在生活当中，人和人之间相互谦让的风格还是到处都可以体会得到。但是到了"文化大革命"越来越深入以后，革命才是首要的，毛主席说了："革命不是请客吃饭，不是做文章，不是绘画绣花，不能那样雅致，那样从容不迫、文质彬彬，那样温良恭俭让。革命是暴动，是一个阶级推翻一个阶级的暴烈的行动。"于是，人和人之间也就多了一份猜疑，多了一份警惕。在公共场合，要同情，要扶助一个老弱病残者，在公车上要给一个人让座，还得首先琢磨着这人是不是阶级敌人？可不能表错了情，丧失了革命的警惕性。当初在人们的思想意识中极为崇高的"雷锋精神"，慢慢地变得令人尴尬，左右为难。我们不能理解，雷锋在做好事的时候，是如何处理这种问题的。人性变得越来越冷酷了，武斗的、自杀的消息不断地从四面八方，从大字报小字报上传来。但是，在社会生活的现实当中，人性的善良始终泯灭不了。只要你用真心去体会，随时随地都可以感受到人性的真善美。不过，在特殊的语境中，表现的形式不同而已。

我们逛到天津火车站前的街上，看到有"狗不理包子店"，感到很有意思，虽然天津的"狗不理包子"很有名气，但那是在城市里的人知道，而我们这些农村孩子是从来也没有听到过的。起初我们的理解是，那包子一定很贱，连狗都不吃。我们抱着好奇心理，到店里坐下来，结果一看，价钱还不便宜，要1毛钱还要一两粮票一个。每个人尝了一个，还真好吃。那包子皮薄而软，馅大汁足，味道鲜美，我们也说不出个所以然，反正好吃。我们也曾进过清真食馆，吃了一碗清真牛肉面，尽管味道也够鲜美，但还是吃不出在上海中百一店吃的那一碗面的味道来。

那天从街上回到宾馆，接待站那个女同学就在食堂门口拦着我们说，今天晚上在大礼堂有文艺晚会，是和越南留学生的联欢晚会，叫我们吃完饭后到礼堂门口找她，她带我们进去。联欢会不是随便进去的，要有组织而且凭票进场。

我们吃过饭就到宾馆礼堂去，她已经在门口的检票处等着我们。她跟另外几个检票的男女同学点点头打了招呼，就领着我们几个人朝里面走去，把我们安排在中间的位置坐下后，她就回到检票处去了。

晚会开始了，节目都是那些千篇一律的红歌，舞蹈，还有声讨丑化刘少奇、王光美的小品"刘少奇访问印尼"。其中有这么一段台词，至今记忆犹新："刘少奇、王光美，访问印尼，……有的牵着狗，有的抱着鸡，苏加诺的机场上，喳喳叽叽。"还有越南学生在晚会上穿插表演的节目。他们用越南话演唱"越南、中国"。对那些文艺节目我们并没有什么兴趣，我们主要是想看看越南人。我们如愿以偿，在我旁边的座位上就坐着一位越南学生，我尝试着与他交流。他会说一些中国话，我问他的姓名，他说他叫阮文车，是越南南方人。他在我笔记本上用中文写下了他的名字。我当时猜想，他大概就是《南方来信》中，越南反美英雄阮文追他们一伙的吧！当时越南正受到美国的侵略，中国给予他们无私的援助，多少解放军战士在越南为越南人民的解放而献出了年轻的生命。我们广西就是和越南交界的地方，是抗美援越的前沿阵地，多少援越物资——枪、炮、弹药，还有我们都吃不饱的大米，都是从我们广西源源不断地运到越南去的。我们知道我们和越南是同志加兄弟的友谊，唇齿相依，存亡与共。如果我们不帮越南朋友打败美帝国主义，美帝国主义就会打到我们中国来，这个道理，越南朋友比我们更清楚，就像当年朝鲜一样，所以我们必须倾以全力的支援他们。他们这些越南青年就是来我们中国学习我们中国的革命，学习毛泽东思想，特别是毛泽东的军事思想——人民战争的艺术。当时的苏联已经是修正主义，在世界共产主义阵营中已经众叛亲离了，中国才是世界革命的中心。毛主席是世界革命的领袖和舵手。毛泽东思想是世界革命的指路明灯，是北斗星。越南、朝鲜、柬埔寨的朋友，都是来中国学习毛泽东思想的。我们为能和越南朋友当面交流而光荣，在越南朋友面前，我们感觉我们自己很伟大。

在天津的河北宾馆，我们享受着串联以来最为舒适的生活，待了一个星期之后，我们登上往沈阳去的列车。

第十八章　辽沈追梦

一

往沈阳去的列车经过秦皇岛，听说有名的避暑胜地北戴河就在秦皇岛，毛主席和中央首长经常到北戴河避暑、休养。于是我们决定在秦皇岛下车到北戴河看一看。

在秦皇岛只待了一天，在接待站的人的指点下，到秦皇岛的海边匆匆地看了一下，也不知道那是不是北戴河，那海滩上冷冷清清的，一个人也没有。只有从海上吹来的寒冷的风，还有那海浪拍击着海岸的哗哗声。天灰蒙蒙的，不露一点天色，向大海望去，茫茫无边，那大海的颜色也说不清是蓝色还是黑色。这是我们平生第一次看到海，此时正是寒冬时节，不是玩海的季节。

离开秦皇岛我们继续向沈阳而去。我们坐着火车通过巍峨雄奇的"天下第一关"——山海关。一路上经过塔山、锦州，都没有下车。山海关，塔山和锦州是从关内到关外的必经之地，这些地方，在中国征战史上，历来都是兵家必争之地。尤其在现代军事史上，曾有过最震撼人心的记载：大清王朝趁李自成义军进京，明朝覆亡之际，挥师南下，由于明朝叛将吴三桂献关投降，而得以顺利进关，入主北京，砥定中原，一统天下而完成帝业。在推翻帝制，倡行共和的北伐战争中，国民革命军桂系将领"小诸葛"白崇禧，从广西起兵，一路挥师北向，直抵山海关，宣告北伐胜利。在抗日战争中，日本帝国主义为霸占东北，在沈阳发动"九一八"事变，打响了侵华战争的第一枪。之后，沿着这条路，越过长城，进入关内，侵占华北。其后又扶持傀儡末代皇帝溥仪，成立伪满洲国，意图肢解中国。全国人民同仇敌忾，在白山黑水间，在关内关外，抗战烽烟四起，浴血捐躯。沈阳作为抗日战争的最前线，演绎了多少可歌可泣的英雄故事，维护了民族的尊严。在伟大的解放战争中，国共争雄东北，林副主席亲自指挥发动著名的辽沈战役，就是以沈阳为战场中心。突出奇兵闪击锦州。"塔山阻击""血战四平"，英勇惨烈，奠定了辽沈战役大获全胜的基础，一举砥定东北，拉开了解放战争的序幕。为共和国的建立，立下了不朽的功勋。沈阳是我们心中向往的，英雄的城市。

"文化大革命"当中，人们出于对毛主席和林副主席的崇拜，曾以辽沈战役，平津战役的史迹，在大报小报上，大肆地颂扬领袖的崇高伟大，运筹帷幄，神机妙算；宣传林副主席的卓著军功。在我们心中树起了林副主席的战神的形象，也激起了我们对沈阳这个城市的景仰之情。想亲临其境，去体会一下这个曾经写就战争奇迹的历史名城。

记得在很多的红卫兵小报上，围绕着辽沈战役所发生的许多英雄的战斗故事，用以宣扬林副主席的军事天才。在一份小报上，有一段这样写着：在辽沈战役中俘获一位叫范汉杰的国民党将军，在接受审讯时，范感叹说："贵军弃长春舍沈阳，突然闪击锦州，出我意料之外；锦州犹如一条扁担，一头挑东北，一头负华北，贵军夺下锦州，犹如从中间折断扁担，使东北与华北分开，这着厉害；但贵军孤军深入，非雄才大略之人，不敢作此贸然行动。"这位国民党将军的话，讲得既生动又形象，且极具军事专业韵味，看得出他是真心的折服，但不知他是在夸赞毛泽东还是在夸赞林彪。据后来所知，"弃长春、舍沈阳，突然闪击锦州"是毛主席的决策，起初林彪并不积极推行。历史的东西总是令人扑朔迷离。

我和思学都很崇尚共和国的那些开国将帅们的文韬武略，佩服他们的运筹帷幄，指挥若定，足智多谋，神机妙算。崇拜他们的丰功伟绩。我们尤为敬佩彭德怀副总司令，这不仅因为彭德怀是名副其实的军中虎将，从红军时期的井冈山历次反围剿战斗，都是他负责前敌指挥，每战无不亲临炮火前沿，出生入死；长征途中又是他担当前敌总指挥，血战湘江、开路搭桥、夺关斩将；到达陕北后的东征西讨、保卫延安；抗日战争中的纵横太行，百团大战，舍生忘死；解放战争中横扫西北解放新疆，无不是彭大将军纵横驰骋、一马当先。直到共和国成立后，诸多文臣武将们都沉浸在论功行赏，分享太平的喜悦之中，而他却未能有片刻的喘息，为了国家的安宁，受毛主席的指派，毅然奉召赴朝，义无反顾地与世界上最强大的敌人，对阵于冰天雪地的朝鲜战场，并喜讯频传及至凯旋归来。难得毛泽东不无真诚地赞叹："谁敢横刀立马，唯我彭大将军！"我们这一代人从幼时起就把他当作心目中的英雄。他更受老百姓敬仰的是，当全国人民处于饥饿灾荒之时，只有他敢于实事求是，为老百姓上书请命，并为此而挨批受贬。老百姓并不真正理解什么"左倾""右倾"，他们只知道谁在为他们说话，谁说出了他们心里的话。在我们幼小的心灵中，由于所经历的饥饿，我们坚信他绝不会祸害人民，他的遭遇将我们的思维引导到，从中国封建王朝的历史中去寻找答案。唯一符合逻辑的解释是，"功高震主"或"诛杀功臣"。当时人们的思想虽然受到严格禁锢，但对于这样的话题，在私下里还是多有议论，所以对彭德怀的崇敬之情始终不改，都在心中为他鸣着不平。

　　对于四野的司令林彪，在他还没有成为副统帅之前，他的谋略，他的功绩，民间的议论，也多有赞许推崇之词，在我们的心中也不无对他的真诚崇拜。直到这场"文化大革命"中，他对毛泽东的亦步亦趋和肉麻吹捧，以及刘、邓、陶的倒台和诸多老帅们的纷纷落马，而他却能独善其身，且青云直上，得以居于一人之下万人之上。于是，人们对他产生了另一种看法，认为他是以他的军事谋略，用于政治上的争权夺利。他在"清君侧"，确立他"一人之下，万人之上"的地位，为他日后的继承大统奠定基础。人们慑服于他的工于心计，私下里议论时，不无将其比之于秦桧之流。但是，对于他的用兵如神，指挥四野百万大军挟辽沈战役、平津战役全胜的余威，挥师南下，横渡长江，所到之处无不摧枯拉朽，势如破竹，一路上决战小诸葛白崇禧；迂回钦防，包抄桂系后路，活捉罗盘将军张淦；飞越琼州海峡，解放海南，逼得国军抗日名将薛岳落荒而逃等等；对于他的军事才华，人们还是推崇备至的。正如人们常常以赞许之词议论国民党的常胜将军——小诸葛白崇禧一样，我们崇拜他们的是他们的军事才华。

　　我们从一些宣传革命传统的读物中，和在《红岩》《暴风骤雨》

《林海雪原》《英雄虎胆》等等那些场面逼真的电影故事片中，那些波澜壮阔的战争场面，惊险传奇的故事情节，英勇不屈的人物形象，对年轻人理想主义的"雄心壮志"，无疑地得到不可忽视的激发。在平日里的谈论中，无不生出"生不逢时"的慨叹。大家都坚信，假若自己早生二十年，在那革命的战争年代里，自己也会成为英雄的。这种情绪几乎存在于当时的所有青年人的思想中，尤其是在学生们当中。之所以学生们能够成为这场"文化大革命"的急先锋，大都基于这一思想情绪使然。毛主席深谙青年学生们的狂热抱负、革命激情，对共产党的无限忠诚和对他自己个人的绝对崇拜的心理，以及他们所能发挥的能量，于是迎合了他们的心理需求，首先在学校中点燃了"文化大革命"之火，给他们创造了施展"革命抱负"的机会。于是他们便不失时机地争相施展、表现自己的"革命"才华。在其后发生的全国性武斗，或多或少的，就是基于他们对"枪杆子里面出政权"的暴力革命的崇拜。也满足了他们施展军事才华的渴望。为表现他们的革命英雄主义提供了绝好的机会。尤其是其后提出的"文攻武卫"的口号，为他们的所有血腥暴力的行为，赋予了革命的正当性理由。让他们在面对自己的罪行时感到理直气壮；让他们在真正面对鲜血和死亡的时候，他们仍能凛然的义无反顾。这就是多年来的革命英雄主义的思想教育和灌输的结果。我和思学都是这些青少年学生中的一员，都或多或少的接受了这种思想的灌输。

我们七个人当中，最热衷于讨论军事话题的是思学和我。思学的父亲当上县武装部部长，是因为他剿匪时有突出的军事表现。据说他当时只是县大队的战士，在一次剿匪行动中，在柳州乘船沿柳江顺流而下，到里雍剿匪途中，遭到土匪伏击，从岸上用机枪朝他们无险可恃的船上扫射。在这生死存亡关头，他临危不惧，从容地用迫击炮还击，结果他以三发炮弹摧毁了敌人的机枪阵地，使得那些土匪作鸟兽散，他们得以脱险，他也因此而立功。

思学的父亲的英勇善战的传统，对思学不无影响，做一个军人是他一直的梦想。军人是在战斗中成长的。做军人没有仗打，只能永远是战士，就没有建功立业的机会。于是，思学和所有当时出生于军人家庭的子女一样,都庆幸于毛主席给了他们这难得的机会。尽管他们有的人的父母是这场革命的受害者,他们都想以自己的革命表现,来挽回和洗清父母所受的冤屈。当然,思学不仅于此,他平时在学校里就具有一股敢于鸣不平,爱独立思考的反叛精神,他父亲历来都为对他的教育束手无策。对于这场"文化大革命",思学也有自己的想法,他也曾对"文化大革命"的形势做过诸葛亮《隆中对》似的评析,但十多岁的少年能有多深的造诣?无非妄自猜测而已。不过,关于林彪与毛泽东的关系,却不幸被他言中。他曾说过:"他们(毛和林)是在相互利用,一旦那些老帅们都被清除后,最终他们就会翻脸的。"当然这样的话,在当时不是随便讲出来的,只是他与我在私下里议论一些政治家的政治谋略时,有感而发的。思学在以后的派性"战争"中,曾发挥过他的军事才华,在我们的家乡领导我们"揭竿而起,割据一方"。他曾在"联指"民兵的铁壁合围中,指挥我们成功突围而出,免致全军覆没的悲剧。但是,我们的"革命"不到一年时间,最终却在他父亲担任副总指挥的民兵的围剿下,遭到惨败。而思学也就在这场"文化大革命"中,锒铛入狱,成为阶下之囚。同时也造成了他父亲的尴尬和他自己的悲惨人生。

　　而我是和所有出身于与我相同家庭的子女一样,当时都处于社会的最底层,我们只想趁这个机会,证明一下,我们和共产党内许多出身于地主资本家家庭的老一辈革命家一样,也能和所有出身于无产阶级、贫下中农家庭的子女一样,是革命的,也能成为出色的革命者。并试图从这场革命中,去争取自己本应该拥有的平等人格,和平等的社会地位。从这场运动一开始,我们就积极投入了。但后来发觉,这场革命不属于我们所想象的革命,我们和我们的家庭,只能是这场革命的对象。我们所能参加的这场革命大串联中,所到之处,看到的一切事物,都令我们百思而不得其解。我们所能得到的最大收获,是我们得以体会我们祖国的辽阔、壮美,可爱。

　　在革命大串联的一路上,我们虽然没有刻意地去观摩,去探索这场革命。但是我们体会到了,在这场革命中,每一个人的命运都由不得自己。不管你参加不参加到里面去,这场革命没有局外之人。从开始到最后的结局,每一个人都身不由己地成为革命的对象,而只有毛主席一个人是革命者。

另外几个小伙伴的内心思想我不得而知,也许他们不会想得那么多,以他们善良的愿望认为,这场革命只会对国家有利,对他们的前途有利,当然他们也希望对所有人都有利,也包括我这样的同学。

辽沈战役已经成为历史,但是我们面临的这场"文化大革命",将会如何发展,我们无法预见。

火车隆隆地驶过塔山,随之,奔驰的列车又将锦州远远地抛在车后,自顾奔跑在东北大平原上,飞快地向沈阳前进。

二

到沈阳下车是中午时分。出了站,第一眼看到的是矗立在车站广场的"苏军阵亡将士纪念碑"。我们走到纪念碑下,以崇敬的心情,抬起头,仰望着纪念碑顶上那辆铜铸的坦克。据说在纪念碑的下面,还埋葬着一些苏军阵亡将士的尸骨。尽管当时中苏关系交恶,但对于苏联红军帮助我们打败日本关东军,解放东北,对于苏联人民的情谊,我们一如既往的尊重,并铭记着。

元月末的沈阳,正值寒冬腊月,自是江南苏杭一带的寒冷所不能比拟的。那凛冽的西伯利亚吹来的寒风,真所谓无孔不入,透过我们穿着的,杭州借来的南方小棉袄,一个劲地从腋下,从脖子、从袖口往胸口、肚皮上灌,冷得我们不停地哆嗦。那头上戴的布军帽,已经显得无济于事,暴露无遗的两只小耳朵已被冻得赤红透明,完全没有知觉了。此时我们才觉悟到,在常州接待站发给我们去买耳罩的钱,我们却嫌那耳罩戴起来像狗耳朵似的而不去买,却把钱留下来是错误的。

沈阳沿街的房屋、商店门口,都挂着厚厚的门帘,所有的屋檐都吊挂着晶莹剔透的冰凌子。街两边路沟的积水都已凝成坚硬而光滑的冰层,我们的棉鞋朔料鞋底也变得僵硬而溜滑。在去找接待站的一路上,我们佝偻着跑跑跳跳,一不小心就会滑倒在冰地上。于是反而激起我们对"冰上运动"的好奇，干脆就跑起来，利用惯性，以棉鞋当冰鞋，学起了溜冰。免不了摔倒，爬起来又溜。我溜着溜着就掌握了一点溜冰的要领，溜的距离越来越长，就有点忘乎所以，没有留意他们几个是不是跟上来，自顾自地在前面溜着。到了一处商店门前，看到有人撩起帘子出来，商店里面灯光通明的，于是就也撩起那厚帘子，钻到商店里去。那是个百货商店，里面商品不多，但却温暖如春，在屋里站了一会，浑身暖和，两只冻僵的耳朵马上恢复了知觉，感到痒痒的。没有风灌到衣服里，肚皮和胸口，不再打哆嗦了。感到从未有过的舒服，竟然乐不思蜀，只想多待一会儿。过了一阵子，猛不丁想起他们几个怎么就一直没有进来，才慌忙出到门外看，四处张望，却没有了他们的影子，才意识到，他们可能并不知道我进到商店里避风。是赶着去追我找我了。想到这，不由得我不紧张起来。自从家里出来，这一路上，我们七个人从来就没有谁掉队落单过，这一次，我可就要掉队落单了。但毕竟是走过不少的大地方，虽然心中不免沮丧，懊恼，还不至于六神无主的哭鼻子抹眼泪。

经过一阵子没头苍蝇似的东窜西找，盲目追赶，也不知道走过多少条大街小巷，拐过多少街头巷尾，就是看不到他们的影子。街上的路灯已经亮了，闹市的商店里更是灯火通明。我意识到，今天是不可能找到他们了，冷静下来时，也就感觉到了饥饿。从火车上下来到现在，还没有吃过东西，于是决定就近找个接待站先住下来再说。放弃了找人的念头，就不紧不忙地边走边东张西望的看，走到一个敞开着铁门的大门口，见挂着"辽宁省食品公司革命师生串联接待站"的牌子，并看到有学生模样的人进进出出的，就径直走进去。到了接待处窗口，就直截了当对那接待员说，我是广西来的串联学生，我们一共七个人，但我们走散了，我一个人掉队了，串联证明不在我身上，我只有学生证，并很不情愿地把学生证拿出来，递给他看。我留意着他的表情，他是个四五十岁的中年男人，穿着一件蓝色国防装，表情和善，他看了学生证，然后看看我，面带微笑地问我："你这么小年纪，从那么远跑到东北来，一个人掉队了你不怕？哭鼻子了吗？"我答说："是有点怕，但我没有哭，就是不知道以后怎么办，请你们帮我向接待总站联系，找一下他们，免得他们也着急。我们从家出来走了很多地方，从来没有走散过。"他听了后，以赞许的眼光看着我说："哎！小家伙还老有办法的呀，行！你放心在这住下来，我想办法帮你找到你的同学。"他帮我办了登记，并转过头向后面房间里叫来一个和他一般年纪的阿姨，对她说："你把这个广西来的小同学领到里面去，安排个暖和的地方，多给床被子，南方人不经冷，别冻坏了。叫厨房给弄一碗热面，小家伙掉队了，一天都没吃东西呢。"

那阿姨从里面走出来，领着我到接待处后面的一个大房里，里面已经住着不少人，她把我安排在暖气管旁边的铺位，然后去拿来两床棉被，帮我铺好床，从锅炉房端来一盆热水，叫我先烫烫脚，然后去吃饭。她一直看着我烫完脚后，就领着我到食堂去。厨房的师傅从窗口给我递过来一碗热气腾腾的面条。那阿姨来端水时，就已经叫厨房给我做了面，等我来吃的。她叫我慢慢吃，并安慰我说："吃饱了回去安心好好睡一觉，不用担心，明天我们会帮你找到你的同学的。"

三

累了一天，饿了一天，我美美地吃了一顿，回到房里若无其事地，舒舒服服睡了一觉。

第二天醒来时，也不知是几点钟，只想赖在暖暖的被窝里，不想起来。约莫是 11 点多钟，接待站的人到房里叫道："广西来的那位同学，快到外面接电话。"我一听就知道是在叫我，便一骨碌赶忙爬起来，穿好衣服，脸都不洗就往接待处跑。到了那里，昨天接待我的那个同志就对我说："我们给你把你的同学找到了，市接待总站把他们安排在省运输公司接待站，我们打电话到省运输公司接待站查问，他们都还在，正叫他们接电话呢。"说着就把电话交到我的手中，叫我等着和他们通话。等了几分钟，我便听到电话对方有了他们的声音，思学接的电话，他在电话里问道："昨天你跑到哪里去了？我们一眨眼就找不到你的影子，害得我们赶急赶忙到处乱找，一直找到沈阳市接待总站，都晚上九点多钟，我们只好在总站登记住宿，把我们分配到省运输公司接待站，我们就在总站留下你的姓名，叫他们帮助找你，今天早上正好你那个接待站打电话到总站查问，就联系上了，你那个接待站就把电话打过来了。"我说："昨天我在前面溜着冰，看着离你们很远了，就进到旁边一个商店里避风等你们，里面好暖的，就忘了留意你们，一直等不见你们进来，才赶忙出来看，已经看不到你们了，我跑着追你们，转来转去都找不到，就转到这里来了。这里是省食品公司接待站，这里对我很好，你们就一起过来这里吧。"他们商量好了都同意到这里来，就叫我不要出去，在接待站等他们。

等到下午 4 点多，他们来了，一个个都戴着有毛茸茸狗皮护耳的大棉帽子，穿着肥大的棉裤，一副从电影里看到的抗联战士的模样儿，都让我差一点认不出他们来了。棉裤是新的，帽子是旧的。他们也给我带来了一条小号的蓝色棉裤，一顶狗皮帽子，那帽子是黄色的面料，黄色的皮毛，那帽子后脑勺正中处，有一溜二指宽的绒毛已经磨得溜光，现出了皮子，就像是被子弹擦皮射过一样，没有帽檐，帽子显得有点脏污油腻，好像还带有血迹斑痕。他们说，据接待站的人介绍，这些帽子都是从辽沈战役战场上缴获的战利品。我高兴地把帽子戴在我戴着布军帽的头上，正好配上了帽檐子，正合适，再穿上棉裤子，平添了几分魁梧雄壮，我立即感觉到浑身的暖和、舒适，这种感觉还从来未曾有过。

在沈阳的几天，冰天雪地的，那些山水风景、名胜古迹，有的被破坏殆尽，没破坏的也不开放了。我们只有随便地到街上转转，逛逛商店，身上又没有钱买东西，光转转也觉着无聊，天气又特别的冷，就只好回接待站里待着。几天的时间里，基本上都是待在接待站里，钻在被窝里，到吃饭的时间就爬起来找饭吃。所以沈阳在我的记忆里没有留下多少的印象。

原来对沈阳怀着的向往之情，都被那街上所能看到的大字报和标语，以及那漫天飞舞的雪花所覆盖、埋没。使我们无法体验到这座英雄城市的英雄气概。或许，当时的张志新对这场革命还没有做过认真深入的思考，等到她有所感悟的时候，那已经是两年后的1969年了。等到张志新成为"革命烈士"时，那又是十年后的事情了。张志新的精神为沈阳的英雄气概注入了新的内涵。

我们不想在沈阳无所事事的继续待下去，决定离开，但是一直到了沈阳火车站，我们还没有决定要到什么地方去。思学和我提议继续向北，到齐齐哈尔去。但他们几个已经开始想家了，主张往回走。思学提出分道扬镳，我们俩拿着到齐齐哈尔去的车票到齐齐哈尔去，再到车站办一张回程车票给他们几个人往回走。于是，我们就到车站办了一张从沈阳到南宁的车票，进到站里，去齐齐哈尔的车子和去北京的车子都同时停在站台上。思学已经走到去齐齐哈尔的车门口，准备上车时，由于我的最后动摇，附和了多数人的意见，拉着思学，极不情愿的一起登上回北京的列车。当时我只想，我们几个一起出来，还是一起回去的好，就少数服从了多数。

我们带着对沈阳人的善良、热情和关怀的深深感激，告别了沈阳，开始了返程的旅途。

第十九章　回家的路上

一

我们从家里出来的当初，思学就提议，谁也不要给家里写信，不要给家里知道我们到了什么地方。我们不理解他这个提议是什么意思，但是我们都同意了。我们都免不了想家，特别是因为1967年的春节已即将到来，就差一个星期了。每逢佳节倍思亲，不知家里如何想我们，担心我们。出来至今已经两个多月，我们对于家里，是杳无音讯，家里人对我们的担心是可想而知的。他们几个都已经表现出有点归心似箭了，思学却始终没有想回家的念头，体现了他"好男儿志在四方"的气概，至此，我才体会到他的提议的用意。

如果从沈阳到北京后，直接乘5次特快经京广线回家，还可以赶回家过年。

我们到了北京，不再停留，直接就上了当天从北京到南宁的5次特快列车。在车上，我们又讨论了是直接回家还是绕道西安、宝鸡，从四川、贵州走，边走边玩着回家。思学说："停止串联的通知说，明年春暖后还继续搞串联，那是大人哄孩子的'乖乖听话，快快睡觉，醒来妈妈给你买糖吃'的把戏，等你醒来后就什么都忘了，你就是没有忘记，她也不会认账了。以后不会有第二次串联了的，我们何不趁这个机会，多玩几个地方，回家过年有什么好玩的，不就是吃那顿饭吗？在接待站过年或许比家里要吃得好些。"我觉得他的话有道理，但是我琢磨，一个国家，一个政府，一个万民尊崇的领袖，对于他的人民的政策，可不应该是像母亲哄孩子睡觉一样随意吧，是要取信于民呀！但我又想，为了革命的需要，为了共产主义的远大理想，什么都可以牺牲，更何况一次哄哄孩子的善意谎言，那也是情理之中的事吧。当然，我们不知道，这是周总理出于无奈的善意谎言，还是毛主席运筹帷幄的英明决策。

我赞成思学的提议,主张折往西北,绕道西南返回广西。同伴们也都同意了这个意见。于是我们决定在郑州下车转车。

我在北京转车时,受了一点小感冒,虽没有大碍,但在车上已经觉得嗓子有点嘶哑,到了郑州下车时,给华北平原无遮无拦的大北风一吹,这病情就更加重了,几乎一点声音都发不出来了。

郑州地处华北平原中西部,是京广铁路和陇海铁路的交汇点,是当时中国东西、南北铁路交通的中心枢纽,十字路口。郑州由于地处铁路交通要道,在反北洋军阀的"二.七"铁路大罢工运动中,才在中国历史上青史垂名。出于以上的原因,国务院将河南省省会从历史名城开封迁到郑州。

郑州是个新兴城市,城市建设还很落后,低矮的房屋分散而零乱,但街道宽阔笔直,基本上呈标准的东西、南北走势。当时的城市绿化程度极低,没有草地,街道两旁的树木稀疏凋零,特别是冬天,万木萧疏,看不到一点绿意。再给北风呼呼不停地吹,卷起一阵阵的,当年黄河决堤泛滥时,沉积下来的黄土沙尘,整个城市都掩隐在泥土黄尘之中,灰蒙蒙、雾沉沉。人在其中,无可遮蔽,满头满脸,一身黄土。呼吸着干燥而寒冷的,带有尘土的空气,鼻子里满是黄色的泥土粉尘,令人窒息。

我们给安排到"二.七"机械厂接待站,是个不错的工厂,接待站设在厂会议室里,有暖气设备。

接待我们的是个中年阿姨,她帮我们安排好住宿,告诉我们食堂在什么地方。她见我的声音嘶哑,讲不出话来,就询问我的病情。我无法回答她,是香云跟她说我是在沈阳就感冒了的。然后她告诉我,她的儿子也和我们一般年纪,也出去串联了,在回来的路上也受了风寒,感冒得回到家时,嗓子也哑了,吃西药都没有用。后来一个老中医介绍了一个方子,叫去买荸荠(我们的广西方言叫马蹄)回来给他生食。她说:"后来我就到市场买来3斤荸荠,回来削了皮,每次给他吃三颗,隔两个小时吃一次,3斤荸荠还没吃完就全好了。你别担心,你在家里休息,不要出去吹风,我给你去买来。"当时已是下午,市场已都收市了，第二天一大早，她就赶到市场去，给我买回 3 斤荸荠，我摸索着从衣袋里要给她掏钱，她急忙地摆摆手说："才 9 分钱一斤，要不了多少钱的，我知道你们出这么远的门，没有钱的，出门在外，生了病挺可怜的，我看着你们，就想起我的儿子在外面的时候，就算我把你当着我的儿子吧。"听了她那诚恳而慈爱的肺腑之言，不能不令我动容，我无法用语言向她——一位善良而慈爱的母亲，表达我的感激之情，我只能眼含着泪水，无声地向她点头致意。她姓赵，和我母亲同姓。

二

在郑州的三天时间里，都是在接待站里度过的。荸荠没有吃完，我的病情就好转了，基本恢复了说话的功能。于是我们告别了赵阿姨，背着从接待站领得的，每人四个高粱面做的黑色窝窝头，上午八点多登上北京到西安去的列车。列车沿着陇海线西行，一路经过"九朝古都"洛阳，途经自古以来，历代兵家必争之地的渑池、潼关后，进入陕西境内。列车从"自古华山一条道"的西岳华山下驰驶而过。我们只能在车上，浏览着一闪而过的华山的雄奇，却无法体验它的险峻。这些地方都是中国著名的名胜古迹，旅游胜地。但是我们已经怀着回家的念头，也就没有心思下车一一游览了。只能在车上，倚着车窗，观赏着匆匆而过的沿途的风光。

整整走了一天时间，我们在车上饿了，就啃着随身带着的高粱窝头。由于寒冷，窝窝头已冻得硬邦邦的，只能就着开水，一口一口地慢慢嚼，慢慢咽。毕竟是粮食做的，我们并不觉得难吃。连续在郑州休息了三天时间，等于养精蓄锐，一路上也不觉得困，车上已不再像当初刚出来时那么拥挤了，还可以找到坐的地方。晚上九点多到西安，晚点了两个多小时到达。

出了西安站，街市上已是灯火齐明。我们到车站售票处看了列车的到开时刻后，就到车站附近的饭店里，找个空位坐了下来，用身上仅剩不多的钱，各人要了一碗热素面，慢慢地吃着，借着饭店避风避寒，等着夜里 12 点过后上海到西宁的车子。我们不打算在西安找接待站住下了，直接换车到宝鸡转车去成都。

饭店里已坐满了河南、陕西一带农民装束的人。他们有背着铺盖卷儿的，有抱着油污脏腻膻气熏人的羊皮袄子的，男的女的，老的少的，三个一伙，五个一群的围坐在饭店的桌边。有的吃着饭店卖的饭菜，面条，有的买来一碗清汤，就着自家带的煎饼，窝头等干粮，在那里慢嚼慢咽，和我们一样有意地挨着时间。有的干脆打开铺卷，在门边墙脚蜷缩着睡起觉来。于是又引来饭店工作人员的吆喝声："哎！哎！这是饭店，不是旅店啊！要睡觉到旅店去。没事的不要在这坐着，影响别人吃饭。"那些睡着的就慢慢地坐起来，看是不是要赶他们出去，没有什么动静了，就又躺下去。其实那些工作人员也不过是例行公事般的吆喝吆喝罢了，这都是些司空见惯的事儿了，也懒得认真，反正生意好与不好，都不用自个儿操心，少一点生意，就少干一点活，这出门人也挺可怜的，就做做顺水人情罢了。

饭店里还不时地有些衣衫褴褛的老奶奶、老爷爷，有的身边还牵扯着个头发蓬松，满身油腻，面目脏污的小男孩或小女孩，拄着一根打狗棒，佝偻着身子，转悠着到坐在桌边的人们的面前，捧着一只邋邋遢遢的，缺了边的破碗，伸到人的面前，细声细气，瑟瑟发抖着讨钱讨饭。如果你不理他（她），他（她）就把那牵着衣襟紧随其后的小孩搡到你面前，眨巴着呆滞的眼睛，可怜兮兮的，向你伸出一双掌心向上并拢着的双手。也不出声哀求，也不哭泣，木纳地久久地站在你的面前，直到你给他（她）哪怕是半个窝头，几口剩汤，他们才会离开。那个年代，大家都差不多，钱特别珍贵，没有几个人是有多余的钱，只有省下口中的吃食。但是给了这一个走了，还有另一个接着又来到你的面前，叫你应接不暇，给得了这个给不了那个。

待在饭店里的几个小时里，也记不清有多少讨饭的老老小小，来向我们伸出乞讨的手。看着那一副副哀怜的模样，我们仅能报以同情，但却是无可奈何，爱莫能助。我们自己也囊中羞涩，朝不保夕。所幸的是，我们还有个要的地方，不至于流落街头沦为乞丐。但是对于贫困落泊，每一个来自于农村的人，都会有最为深切的体会，我们对于那些以乞讨为生的人，说是同情不如说是同病相怜，然而，心有余而力不足。

在那个年代，讨饭的人无处不在，大多为衣衫褴褛、蓬头垢面的。有单处独行的，也有扶老携幼、结帮成伙的。都是些在农村家里确实走投无路，生活无着的农民为了生存，迫不得已离家出走，乞讨为生。走上乞讨生涯这一步，需要付出多大的勇气，常人是无法理解的。除了要忘却人格尊严，低三下四以外，还要冒着挨批挨斗，挨关的风险。当时称这些讨饭的人为"盲流"，在城市里乞讨有损社会主义形象，经常被"工纠""民兵""老派"（公安派出所）给抓到收容所里关起来。遣送回乡后，自然就要挨批挨斗，挨监督劳动，还同样要挨饿。尤其是年轻人，更需要有抛却人生前途的极大勇气。

然而，尊严在当时那个年代，没有多少价值。谁能保证得了自己的尊严？上至国家主席、元帅、将军，下至教师、学生、平民百姓，说不定哪一天，被人五花大绑，戴起猪笼帽，挂着黑牌子，往那台上、或那万人簇拥的广场中，站着、跪着、低着头、弯着腰，被人拳打脚踢，往脸上吐着唾沫，所有的尊严也就随之荡然无存了。更不用说那些地富反坏右，在他们的字典里压根就没有"尊严"这词儿。相比之下，这乞讨生涯虽然低三下四，却也没有受人欺凌，反倒觉得尊严得多了。所以，倒有一些人，是为了尊严而宁可流浪天涯，为了生存而乞讨。

在饭店中，面对那些向我们乞讨的人，我们无以施舍，但也不觉得心有不安。但对于当时不少见的，行为端庄，衣着整齐，面容洁净，不卑不亢的另类乞讨者，却有着另一般的感慨。给予他们的施舍，不仅仅是出于对他们生存的帮助，更多的是对正义的匡扶，对人性的伸张，往往精神上的同情和支持，比物质上施舍会使他们更为受用。

那天晚上，在众多的乞讨者中，却有一个使得我们如果不有所表示，就会感觉良心不安的乞讨者。然而我们也仅仅能够将我们所携带的，以备旅途充饥的那些高粱窝窝头，倾囊给予她之外，也就别无他法了。我们的施舍，虽然解决不了她的根本问题，但至少也可以起到精神上的支持。

她的年龄约二十岁上下，比我们稍为成熟；她衣着整洁，上身穿着一件列宁式兰得发白的棉袄，带有明显的旅途风尘和脏污。穿着一条不太旧的兰咔叽布西装裤；脚上穿着一双黑灯芯绒面，白塑料底的布鞋；约一米六左右的个子，衣装合体，尽管穿着棉袄，却也遮掩不住她那丰满成熟的体形；脑后匀打着当时流行的两根羊角辫子；面目清秀，但也抹不掉旅途风尘留下的痕迹，在鼻翼两边还残留着一层黑色的煤灰。她走到我们面前，表情严肃，略显疲惫的说："同学们！能帮帮忙吗？我要到新疆去，没有车票被撵下车，身上带的本来不多的钱都花光了，没有钱买票上不了车，要走走不了，本来带有车上吃的干粮也都吃完了，要待也待不下去，实在没办法了。"我们问她："你是什么地方的？干吗要去新疆？"她见我们并无恶意，便诚恳对我们说："我是湖南的，父母离婚了，这次运动，父亲被冤枉打成反革命，关起来了，我无依无靠，那些人还要整我，我父亲的朋友就劝我逃出来，我又不知道到什么地方去，我有个表姨在新疆军垦农场，就想去投靠她，现在是进退两难。"对于她所说的，我们坚信不疑，时下像她这样的，为了逃避迫害而到处流浪的人，随时都会碰到，但那些都是上了年纪的，不是干部就是教师，或者其他工作人员，这样年轻的，且相貌端庄的姑娘，还是第一次。我们没有能力给予她更多帮助而深感不安。我们希望有人能帮助得了她。

看着她悻悻地离去，我们也随之从那家饭店出来，赶到火车站去。176次列车到站时，已是凌晨1点多，到西安车站检票上了车，经过几个小时的跋涉，就到了宝鸡。

从西安到宝鸡，一路上都是夜间，沿途的景况也就无从观赏了。到了宝鸡，天已大亮，出到站外一看，宝鸡站就在黄土高原的一个山腰上，向周边看去，都是光秃秃裸露的黄土山坡，没有树木，没有花草，看不到一丁点的绿意。站外面的街道、房屋，让我们不敢相信这是个城市，没有什么值得游览的地方，连个像样的饭店都没有，我们甚至找不到可以坐下来吃一碗热面的地方，（当然是因为我们不熟悉情况，又加上当时城市里的商铺又没有什么醒目的招牌）我们只好决定到车站里去，等到车站来车时，在站台上买馒头吃。

在宝鸡车站没呆多久，跟在 176 次列车之后而来的，由南京开往成都的 130 次列车也到了，我们便上了这趟列车，奔成都而去。

三

古话说"蜀道难，难于上青天"，从宝鸡到成都的宝成铁路线上，穿隧道，过桥樑，翻山越岭，是我们所走过的铁路中，桥樑最多，隧道最多的一条铁路。这样的铁路的修建难度不可思议，令人感叹。我们几个人轮流数着隧道，数着数着就给忘了，只记得数到三十多个，但路还没走到三分之一。到达成都平原时，已是傍晚时分，到终点站成都是晚上十点多，本来打算在成都待一两天，去看看"杜甫草堂"，去游游武侯祠。但是刚下车没多久，还没出站，就听到车站广播喇叭的预报，由北京开往重庆的 9 次列车就要进站，我们就改变主意，决定不再出站，直接转乘 9 次到重庆去。

9 次列车到达重庆时，已是第二天的上午，我们出了站，到接待站登记住宿，给安排到桂花园路的一个小学去。那时的公共汽车还不是很普遍，很难挤上公共汽车，而且我们也不知道应该坐哪一路车可以到那里，只能是步行，边走边问路。

重庆真是名副其实的"山城"，出了车站就要爬一段长长的坡，才可以到达市区，沿街两边的房屋都是建在山岗上，有的甚至于建在石崖边上，出门就是高低不平的石阶，进出来去，一天不知道要爬上爬下多少次？搬个家具进出，非得有几个人帮忙不可，买些粮食，煤球什么的，只能分开一点一点地搬。市区的街道也是一上一下的，没有哪一段是笔直平展的。我们问着路找到花园小学，（是否叫花园小学，记不清楚）那座学校也是建在坡边上的，学校的教室、宿舍都是阶梯式的，上一层房屋的地台就平着下一层房屋的瓦顶，吐泡口水，撒泡尿，不经意的都会溅上瓦顶上去。我们住的房屋出门就有一溜几级的石阶，到得下面只有一两米宽的走道，晚上走路要特别的留意，如果摔倒就会一直滚到岗底。

我们到达重庆是 1967 年 2 月 7 日，第二天就是除夕之夜，就是过年了，我们再怎么赶也不可能到得家过年了，就干脆安心地在重庆过年。我们安顿好后，就到重庆市区街上玩。

重庆曾是国民政府在抗日战争时期的陪都，街市还是蛮繁华的，解放碑和朝天门码头一带是闹市中心。我们边走边玩，向市中心繁华地带走去，沿途经过人民大礼堂，那是个圆形的建筑，镶嵌着彩色的琉璃瓦，远远看去，真所谓的"金碧辉煌"，很是气派，据说是民国时修的。解放碑一带的商铺栉比鳞次，霓虹闪烁，尽管当时物资匮乏，商店柜台里的商品摆设虽然不是琳琅满目，但逛商店的、买东西的人进进出出，来来往往，再加上街道上不时出现游行的、辩论的，贴大字报的，发传单的，刷标语的，喊口号的，就更显得熙攘嘈杂，一派繁华、热闹和混乱并存的，疯狂年代所特有的"革命"景象。当时已是重庆武斗的前夕。

重庆的市区是在长江与嘉陵江南北夹峙的地带之中。嘉陵江自西向东，流到市区东北的朝天门一带汇入长江，朝天门码头就在两江汇流的江口上，那里江面宽阔，水势浩荡。沿着长江北岸和嘉陵江南岸，停靠着大大小小无数的船只。从江边到临江街市的唯一通道，是一溜长长的码头石阶。上船下船的旅客都从这里下船上岸：那些船工苦力抬着杠子，吆着川味十足的号子，从这里卸货上岸，搬运装船。在那陆路交通欠发达的川渝地区，这朝天门码头就是长江上游的航运枢纽。尽管是在这停产闹革命的时期，都照样显得繁忙。

当时重庆的"文化大革命"运动已是步上海后尘，进入夺权阶段。原来同属于造反派的群众组织，此时已经开始分成什么"反到底""八一五"之类的相互对立的两派，都在酝酿着如何的不择手段的打倒对方，消灭对方。在街上、码头上、船上、江边，到处可见两派相互攻击的标语、大字报。在上下码头的人群中，不时地有三五成群面带恐慌的议论，或交头接耳的传闻着：哪里的两派又打起来了，死了多少人，伤了多少人。

四

重庆是一个英雄城市，著名的革命小说《红岩》所描写的，地下共产党员对国民党反动派的英勇不屈的斗争故事，就是发生在重庆的。据说书中的人物和故事都是真实的。书的作者罗广斌就是故事的亲历者。书中的江姐、许云峰、陈然、双枪老太婆等等人物，一直都是我们崇拜的英雄。二哥和三哥那年的年三十那天，拉了一车柴火到柳州卖，除了买回一碟红烧肉和一瓶酒外，宁可饿着肚子从柳州走回家，却将剩下的不多的钱，到书店买了一本《红岩》。所以我对《红岩》里的人物故事，可以说是耳熟能详。但是，令我百思不得其解的是，那些大报小报所说的，作者罗广斌竟然是叛徒，是出卖了自己的同志才得以保住性命活下来的。那出神入化、弹无虚发的双枪老太婆，竟然是混进革命队伍中的反革命，地主资本家的小姐。

　　本来我们是要去"渣滓洞"和"白公馆"的"中美合作所"参观一下，有意去印证一下那书中描述的，那魔窟的残酷、血腥和恐怖、阴森。遗憾的是，我们到重庆的第二天，就是除夕夜了，那些地方不会开放了的，只好作罢。这个当时无法实现的心愿，最终是在十多年后的1982年，与彭弟和阿亮到重庆考察生意时，才了却的。但是让我们看到的是一座旧式的公馆，却没有像我印象中的监狱牢笼。

　　1967年的春节，我们是在重庆过的。在接待站里，那顿年夜饭还是名副其实的，有粉丝肉汤，每人还有一大块川味干菜扣肉，白米饭和馒头随意吃。当时在接待站里的外地学生已不多，我们这个队伍算是人最多的。那天晚上，接待站的工作人员来和我们座谈联欢，向我们表示慰问。在慰问当中，又不免谈到我们的民族语言，风俗习惯。我们不免又故技重演，向她们演示了我们的民族语言，用英文代替壮文的撒一个善意的谎言，以博得彼此共同开心。为了向她们展示一下我们"善歌善舞"的"民族风情"，我还不无认真的，两手各拿着一个馒头，作为象征性的乐器，手舞之、足蹈之，即兴地创作了一出"壮族舞蹈"，哄得大家高兴。

　　山城的除夕之夜出奇的阴冷，接待站的宿舍原来是教室，没有暖气设备，那半夜因起来夜尿，冷不丁地打了个寒战，不知不觉的地又感冒了。开始时没有觉得不舒服，也就不在乎，年初二上了火车往回赶的时候，在车上空气不好，病情就慢慢加重了。

列车于次日经过贵阳，年初四上午回到广西，很快就要到达金城江站。金城江当时是河池县、河池地区专署所在地。金城江只是个镇，由于交通比原河池县县城河池镇便利，而把县城和专署设到金城江来。而河池镇可是个革命老区，邓小平领导的红七军北上中央苏区与毛泽东会合的途中，曾在河池驻扎休整过，至今还有当年红军会议的旧址，和红军的标语遗迹供人参观瞻仰。

大哥就在金城江工作。这里刚设专区时，大哥就从百色专区供销社调到河池专区供销社。

香云的姑妈也在金城江，所以我和香云到金城江时，就决定让其他人先回家，我们俩在金城江下车。当天晚上香云就住他姑妈家。大哥他们单位当时正在建设中，他们还住在单位的临时宿舍，只有大嫂和四岁的大侄子阿炜在家，大哥也和单位的人一起上北京串联去了，还没回来。

我们在金城江过的年初五，到初六下午坐晚上的车子回柳州。由于在重庆我就有些感冒，一直没有药吃，在回柳州的车上就觉着越来越难受，头昏沉沉的发着烧，好不容易挨到柳州下车，就觉得一阵阵头昏眼花，两腿发软，已经处于半昏迷状态，只好在站里的椅子上躺下来，香云就找站里的服务员给医院打电话叫救护车。

当时柳州火车站还很小，就一座孤零零矮小的站房，买票候车都在一个厅里。香云跟站务员一讲，冲着我是串联学生的身份，他们倒很重视，立即给柳铁中心医院挂了电话，不几分钟时间，救护车就鸣着笛来到车站，把我抬上救护车。那时还没有飞鹅桥，车子只能鸣着笛拐向车站左边，从那窄窄的老飞鹅桥上过，往柳铁中心医院开去。

到了医院，护士将我抬上诊床躺着，给我量了体温，都烧到了41度，鼻涕都是浓浓的血。医生怀疑是乙型脑膜炎，还扎了耳朵验血，诊断结果是重感冒。给我安排住院，打了针，吃了药，第二天就觉得轻松舒服多了，头也不再晕了。护士每顿给我们端来两碗热面，我和香云各人一碗，我都能吃了个精光。我们俩在医院里住了两天，我的病就全好了，经医生同意，也就办了出院手续。当然，这出院手续很简单，签个名就行，不用交任何费用的。

当天，我们到汽车站，每人花了八角钱买了汽车票，回到了离别两个多月的家乡。我们用两个月又二十天的时间，几乎走遍了中国。至此，我们的"革命大串联"的第一阶段就算结束了。还有第二阶段的计划，我们在金城江分手前已经约好，在家过完元宵节，到正月十六，我们将再度汇合，重新去走完那些我们还没有到过的地方，中国的十大城市，还有广州、武汉、太原还没有到过。

我们的第一阶段串联，所到之处，向接待站借伙食费的借据，之后陆陆续续都寄到学校。据后来同学们讲，经学校统计，我们每个人大约借了 260 多元，包括我们从学校领的串联费，七个人共花了国家2000多元，全国那么多学生串联，所花掉的钱，可见是个多么庞大的数额。当时名义是借，以后随着全国性的武斗混乱越演越烈，这些已经借的钱也就不了了之。

第二十章　被收容遣送而结束串联

一

我和香云回到家里，已是1967年2月16日（农历的正月初八）。一家人都高兴得不得了，母亲一直悬着的心终于放了下来。她欢欢喜喜地张罗着给我准备洗澡的热水，给我换上尽管破旧，但却干净的衣裤，把我身上穿的棉衣棉裤及所有的衣服鞋帽，全都放到开水里烫。就像当年二哥、三哥从新疆回来一样，我的身上都已长满了虱子。

家里过年杀的鸡，母亲还给我留着半只，用盐腌着，都快十天了，因为天冷，也没有发臭变味。母亲把盐除掉，给我重新煎得香喷喷的，我一个人津津有味地吃着，全家人都围拢在我周围，边看我吃，边问这问那的听我讲述着我们在外面串联时的奇闻趣事。我对他们说起我在重庆拿着馒头跳舞和用壮话唱歌的事，逗得他们都乐了起来。母亲咧开她那落光了牙齿的嘴巴，笑着说："就数你爱搞鬼搞怪。"三姐说："你们在外面玩得开心都忘了家，我们在家里一点消息都没有，担心得要死，当有消息说，在外面到处发生瘟疫，死了不少学生时，又收到你们从外面寄回来的包袱，还认为你们也得了瘟疫死在外面了，全家人都很担忧，妈还伤心地哭了两天。"我也跟他们说起从金城江回到柳州生病住院的事。父亲说是受风寒感冒了。母亲说："你现在还没完全好，明天我捡些草药煨水给你洗一回澡就好了。"

第二天，母亲按她平时经常给人治感冒，百治百灵的验方，给我捡来"荆芥""辣蓼""柚子叶"，煮了一大锅水，滚烫烫地倒在大木盆里，把洗凉房用床单围起来，我就脱光衣服坐在里面熏，熏出了一身大汗，待那药水稍微凉些了就用药水冲擦全身，然后用床单包裹严实，到床上盖好被子，继续发汗，被子都给汗湿透了，舒舒服服睡一觉醒来就觉得浑身轻松，病也就全好了。

　　刚回来那几天，每天吃完晚饭，也没什么地方去的，一家人就都围坐在自家的黑楼上，就着昏暗的煤油灯，听我讲述外面的"文化大革命"运动的情况。我把上海、北京、天津、沈阳和重庆的情况，以及在外面从大报小报上知道的消息，一一告诉了他们。讲到外面到处都在搞抄家，搞批判、斗争，戴高帽游街，斗牛鬼蛇神、五类分子，斗老师、斗教授、斗校长，斗市长、省长。像陈毅、贺龙等等这些受人尊敬的老帅们，也都一个一个的被拉出来游街批判，甚至被罚跪挨打。听我说了这些事情，大家都不禁忧心忡忡。在陷入一阵沉默后，他们也七嘴八舌的，说起我们这里的运动情况：上个月，我们公社书记被拉出来批判了。各大队的党支书也在各自的大队受到群众的批判，有的还被拉出来游街游村。三都大队的党支书李大姐，也被以街上的群众为主的各村的社员群众戴了高帽，挂着破鞋游了街，被整得狼狈不堪。母亲说："虽然看她平日里总是皮笑肉不笑的，好像谁都是杀她老娘，抢她老公的仇人似的样子，对她是又好怕又好恨，但是那天看她那个衰样子，又蛮可怜的，那样做也太过分了"。母亲在土改时挨过斗，在六零年饿肚子时，公社大饭堂里丢了猪仔时，被人诬陷冤枉也挨过斗，因此她对挨斗的人总怀着一种同病相怜的同情。听了母亲这段话，一直在旁边没有机会开口的父亲叹了口气，插了一句话说："唉！一报还一报。她以前整人家的时候从来也没可怜过人家"。

　　在公社书记挨斗的那段时间里，一个公社里的民政助理，对二哥的一个朋友透露了一个内幕：六一年、六二年，有三个人考大学的录取通知书曾先后寄到公社，但是三个人都是地主家庭出身，就给当时的书记扣下来了，所以就没有人知道。二哥和林桢楠就是六一年毕业的，二哥自此才知道，自己付出那么大的努力，而最终名落孙山的真正原因。正因为如此，在批斗公社书记和大队党支书的群众行列之中，也出现了二哥的身影，跟着大家一起，也不例外地喊着口号。这些情况，却被李大姐都一一记在了她的心中。便埋下了我们家的悲剧的祸根。

二

我们在家待了一个星期，到2月24日，农历正月十六，按约定，克新他们三个家在三合的同学都来到了香云家。我和思学也都到香云家去集合后，我们又起程向柳州去，到六道街和继祥汇合后，七个同学又开始了第二轮的长征串联。

我们这是第二次出去串联。此时，全国的大串联已经停止，所有在外串联的师生正陆续返回，但是各地的接待站还在接待返回途中的串联学生，还可以给串联学生办理返程的免费乘车证。很多学生就利用这一点，以互换车票的办法，你到我这里来，我到你那里去。还可以到处一路走一路玩。我们这一次打算去走完那些我们原来要走，但没有走过的地方。

这一次我们是使用上一次从重庆回来时办到南宁的车票，从柳州上车，向南而去。广西的首府南宁是我们原定计划要去的地方。

到了南宁，也还可以找到接待站，我们给分到广西艺术学院，继祥提起十八班有一女同学她哥哥韦行芳就在艺术学院读书。于是我们就以老乡的身份去查访，恰好他正在学校，他很热情地接待了我们，把我们带到他的琴室，给我们演示了他在这里学到的，令我们羡慕的琴艺。

我们只在南宁住了一个晚上，第二天，我们就以我们一身棉衣棉裤、棉鞋皮帽子的北方人的装束，到接待总站，几乎不费什么口舌的就办好了从南宁到乌鲁木齐的车票。当天下午，我们就上了6次特快，向北而去。一路上我们开始有了不同的想法，我和思学是想到乌鲁木齐去，但他们几个人不想去。他们说乌鲁木齐太远了，现在还是大冷的季节，那边更冷。他们还说，我们都没有多少钱，接待站又都开始撤销了，到时候没有了接待站，要回来办不了车票，又没有吃的地方，没有住的地方，那时候真的要流落街头去讨饭了。于是大家就决定先往回走，回家想办法多找一点钱，再到新疆去。我们到了武汉就下了车。在武汉玩了一天，也没住下，当天就上了北京到广州的车子，往回走。到长沙时，我和思学下了车。我们要在长沙玩一玩，然后换乘北京到南宁的 5 次特快回柳州。他们几个人就打算随车到衡阳换车。他们到了衡阳后，又再一次分为两路，香云和启贵两人带的钱多一点，就直接随车到广州去。克新和启朋、继祥三人就在衡阳换车回柳州。一起出来的几个人，各人有各人的想法，再也难以一致了。

我和思学在长沙下车，出站已是傍晚，街上已是华灯初放，我们也不知个东南西北的，就在车站附近闲逛着，看看长沙的夜景。到晚上十点多钟，就匆匆上了 5 次特快，半夜 1 点多到了衡阳，又正好遇上克新他们三人也上了我们这趟车，就一起回到了柳州。

到柳州后，也就各自回家了。当初一起从学校走出去，走南闯北，天真无邪，打打闹闹的七个同学，自此分道扬镳再难相聚。好在我们七个同学中，除了我和思学后来站到了"422"的派性营垒中，他们五个人都没有参加任何派性组织。所以在我们七个人当中，自始至终没有出现过像电影《大浪淘沙》中那样，由朋友发展到为各自的信仰而生死相对的结局。我们之间的感情依旧。

三

在家乡的文革运动正在开展得如火如荼的时候，我和思学没有完全放弃到新疆去的计划，所以在和几个串联的伙伴分手时，思学从他们几个人的手中，把在南宁办的，到乌鲁木齐的车票要了过来，掌握在我们的手中。我们在积极筹划着，主要就是找钱，我是无能为力的，筹钱的办法我无从可想，思学能筹到的也是微乎其微，杯水车薪，所以一直都无法成行。

思学他们村的思良有个叔叔在宁夏银川工作，他想跟我们一起顺路去银川，我们无法答应他，宁可给了他一张车票，但他却对我们产生了误解。他之所以提出要和我们一道，主要是我们还有一张学校开的串联证明，而他是什么证明都没有的。那些年头，外出没有证明，是寸步难行的，他误认为我们嫌他不是学生，不愿与他为伍。其实是我们无法筹到钱，起程遥遥无期，所以只能帮助他一张车票，但他却并没有领会我们的善意。

在家的一个多月即将过去，我们终于找到了解决的办法。二哥的一个朋友桢方来赶圩时到了我们家，知道我刚串联回来，便询问我一些串联的事。在和他的交谈中，我向他透露了我和思学的计划，他便提出，他可以拿得出百多元钱，和我们一起去闯新疆。他说，他家里就他母子俩，家里的钱他可以作主，于是这事就算有了头绪。

我之所以执意要到新疆去，就是想步二哥和三哥走过的，但没有成功的那条道路。我认为他们没有成功，是因为早两年形势、政策的缘故，现在是文革期间，或许政策会有所改变，就可能有成功的希望。再者，也是趁着串联时坐车不要钱，所以就决定趁此机会，去闯一闯。我们家三兄弟为了这个目标真可谓是前仆后继的了。

从我个人的前途命运考虑，我很清楚地认识到，"文化大革命"运动的开始，就是我学生生活的结束。我的前途和命运在我降生到这个世界的时候就已经注定了的，我的一生不可能有什么大的作为，但求无灾无难的老死于田园乡野足矣。但根据这情势看来，这"无灾无难"的起码愿望都无法保障，所以我和哥哥们一样，唯一可以选择的就是逃避。新疆军垦农场生产建设兵团，是我们向往的地方，我们要投奔那里，不是为了逃避家乡的艰苦劳动，我们知道生产建设兵团也是搞农业生产的，而且自然环境，劳动条件，远比我们家乡的还要恶劣艰苦。但是，生产建设兵团是军事组织，那里的人多是转业军人，政策水平高，在那里没那么多的阶级斗争和阶级歧视，至少在精神生活上能享有一些平等和尊严。

早些年，有很多类似于我们这样家庭出身的青年，从全国各地奔赴新疆，都得到了接纳。二哥、三哥他们那年去，或许是因为三年大饥荒刚过，国民经济形势还没有得到恢复，或者是找不到门路，所以才无功而返。也许这场文革会促成这个机会，我们就抱着碰碰运气的念头。

桢方的家庭成分也是地主，早些年二哥高中毕业时，他是初中毕业，后来也就没有升学的机会了，一直在家跟着母亲，俩人孤儿寡母的相依为命，逆来顺受，半饥半饱地过着日子。他写得一手好字，也爱吟些唐诗宋词，和些对子，简直一副老学究的派头，按他的条件，本来至少也应该再可以读几年的高中吧，由于这家庭出身，也就无可奈何的就此辍学了。他平日里对已经死去的爷爷、父亲，总免不了有些怨艾，也免不了心生怀才不遇的情结。所以不惜忍心撇下相依为命的寡母于不顾，但求能摆脱家庭的政治阴影。

思学的家庭条件不谓不好，但他自小胸怀抱负，他总觉得父辈们的历史中有太多的童牛角马，让人难以捉摸。不想由父母安排自己的人生，只想自己走自己选择的路。平日里，他对于什么都以家庭成分为标尺，还有那些狐假虎威，仗势欺人的政治暴发户，总是有点不以为然。他喜欢谈古论今，吟诗作对，特别爱好古文学，孙老师吟诵范仲淹《岳阳楼记》的那神态，那腔调，那表情，他都模仿得惟妙惟肖。他对有学问有知识的人一贯很尊崇，所以和我们家几兄弟就很讲得来。他对早几年二哥三哥勇闯新疆的举动，从心底里佩服，所以也在心里立下了这个志愿。不管成功与否，趁这个机会，至少也可以领略一下新疆的塞外风光，以及边疆的民族风情。

有了桢方的参与，并落实了钱的问题，事情也就定下来了。三个人一百多元钱，到新疆那么远的地方，是太少了点，但是有了不花钱的车票，光是伙食也还是可以了。我们没有考虑到：要是我们的目的没有达到，在新疆待不下，该怎样回来呢？我们似乎已经抱着破釜沉舟的决心。

有了钱也就没有什么要准备的了。到 3 月 28 日，我们拿着简单的行李出发了。我们在柳州上了 6 次特快，到郑州换乘上海到乌鲁木齐的 52 次快车，一路上经过洛阳、西安、宝鸡、兰州、嘉峪关，直到第三天早上才进入新疆境内。

过了哈密后，列车就一直在戈壁滩上摇摇晃晃的、缓慢地行驶着。我们以好奇的心理，伏在车窗边专注的向窗外看着，领略着塞外的风光：那光秃秃的、一眼望不到边的荒漠，没有树，也看不到一棵小草，到处散布着拳头大小的褐色卵石，满目苍凉，这就是所谓的戈壁滩吧。随着列车驰驶，慢慢地进入我们眼帘的，是那连绵起伏的沙丘，极目远眺，望不到尽头的漫漫黄沙，在冬日阳光的照耀下，一片昏黄，显得那样枯燥、单调而迷蒙。这也许就是那些作者们在书中所描写的沙漠的景色吧。列车行走带起的风，卷起铁路两边滚滚沙尘，扑打在车窗玻璃上、车棚上叮当可闻。那沙粒从车门和车厢的连接处的缝隙直往车里灌，使得人脸上身上都是沙子。尤其过了鄯善，到火焰山、吐鲁番更是如此，我终于亲身体验了，二哥、三哥当初从新疆回去时，向我描述的情景。

四

从郑州上车，足足走了三天三夜，到达乌鲁木齐时，是傍晚7点多，这对我们是极为不便的。到了乌鲁木齐车站下车，我们就已经知道，我们不可能再找到可以免费住宿的接待站了，乌鲁木齐早于一个星期前就已经撤销了所有的学生串联接待站，改由民政部门负责，收容遣返目前还滞留在乌鲁木齐的外地串联学生。在火车站里辟有专门的候车室，用以收容串联的学生。当我们向站务员打听接待站的去处时，站务员便告知了我们这些情况，我们便不再到处寻找，只到站外找了一家面馆，草草地吃了一碗面，便回车站来。

我们经人指点，走到车站西头，门口立着一块临时牌子，上面写着"串联学生候车室"。我们往候车室里看去，候车室里，连一张供人休息的排椅都没有，只有在厅中央摆着一张孤零零的乒乓球桌，桌上已是躺满了人，桌下整个候车室的地板上，横七竖八的也都挤满了人，有男的、有女的，不分区域，不分性别，一个挨着一个。我们进到里面几乎找不到插足的地方，就往那乒乓球桌边挤过去，到那些躺在地板上因弓着身子而空出来的，勉强能背靠背坐下来的地方。坐下后，我们才有心思仔细地观察这学生候车室里的情况：里面没有暖气，除少数自己带有棉被包袱的，在地板上铺着铺盖卷睡觉外，其他人则都是席地坐卧在冰冷的水泥地板上。我们三人紧挨着坐在一起，那地下的寒气从屁股浸淫到整个身子，我感觉到桢方在微微地发抖。我和思学还好，都穿着棉衣棉裤，而桢方就只穿着薄薄的秋裤和卫生衣，抵御这西北的寒冷，那难耐劲就可想而知了。到了半夜，外面在飘着稀稀落落的雪花，我们三人只能是相拥而坐，来保持一点体温。我们就这样和所有这些串联学生们一起，在这里苦挨等待。

我们原打算是要到石河子农场找二哥的那两个朋友，看是不是可以通过他们在农场待下来。但凭我们的串联证明，是买不到去石河子的车票的，我们也试探着到民政局去提出要求，但答复是行不通，特别是串联学生，农场更是不可能收留，我们也只好作罢。我们到新疆来的愿望和理想就此完全的破灭了。

我们所剩的钱是不够自己买车票回家的，只能这样熬了一天又一天地等着民政局的统一遣送。在等待的这段时间里，晚上就在车站里过夜，白天的吃饭可就没人管啦，那得自己想办法，好在桢方带的钱还够维持几天简单生活，不至于断炊。一顿一碗面条或是一两个馒头，花个几角钱对付着就过去了，也不敢有什么奢望。

没有钱，也就不敢到街上逛，只是那天去民政局时，随便地转了一下，也没有什么玩的。这时已是四月间，正是化雪的季节，街上到处堆积着一堆堆脏污的残雪，那融化的雪水满街横流，显得稀烂脏污、邋邋遢遢。我们所穿的棉布鞋没多时就给雪水浸透到里面，脚都给冻僵了。都说下雪不冷化雪冷，那冷劲儿还真挺难受的。也许是我们这些南方人不习惯的缘故吧，看那些新疆人，特别是那些维吾尔族人或是哈萨克族人，好像都若无其事似的，在街上走来走去的，但是他们毕竟是都穿着皮茄克，戴着皮帽子，脚上穿着长筒皮靴子。不时还看到有些个维吾尔人或是哈萨克人，在街边的酒店里，掏出几角钱，买了一大碗烈酒，不用什么下酒菜，最多也就是以一块大黄饼就着，仰起脖子，一口气的就喝个精光，然后心满意足的，酒意朦胧、跟跟跄跄地在大街上走着，酒劲上来了，走到哪里，就在那里倒下睡着，也不管是在雪里还是水里。我们还担心他会被冻死在街上，他们却是若无其事地在那里打着呼噜，醒来时屁股都不拍一下就自顾走了。也许这是他们的生活习惯吧。

街上的商店门口都挂着帘子，也显不出什么热闹繁华，那些清真饭店临街一面都是玻璃窗，倒可以看到里面的繁忙。正是开饭时间，里面坐满了人，在柜台前还排着长长的队，等着领饭。我们忍不住地往里面走去，满屋子的羊膻味，正在卖着羊肉抓饭，每份2元5角，看起来有色有味的，那饭油光鲜亮的，里面和着剁碎的不知是胡萝卜还是哈密瓜粒子，还附带一大块羊肉，油渍渍的鲜黄喷香，我们每人买了一碟，津津有味地吃起来，不觉得有膻味，倒觉得别有一番味道。后来才知道，我们有幸品尝到的，是新疆的名食——"羊肉抓饭"。

那年头，就只有乌鲁木齐的街头，才有烧烤摊在现烤现卖羊肉串，5分钱一串，我们没有钱，但忍不住各人尝了一串。烤羊肉串可是维吾尔族人传统的美食，历史悠久。然而，在当时中国那种国民经济状况下，在那样的经济政策约束下，巧妇难为无米之炊，再传统再美味的食品，也无法产生出什么效益来。其后的改革开放证明了这个道理：在全国各大大小小的城市里，挂有"新疆烤羊肉串"招牌的烧烤摊烧烤店随处可见。由于烤羊肉串的名气以及美味，"亚克西"（维吾尔语"好"的意思）们所到之处，都普遍的受到食客的青睐和欢迎。

五

在乌鲁木齐车站挨了一个星期，民政局的人终于出现了，开始到车站进行登记，统计需要遣返的外地学生。我们每个人都要填一张表，写明家庭地址，家庭成分，要到达的车站。登记过后的第三天，就把这些学生统统赶上列车，总共用了两个车厢，还不是都有座位，三人的座位四个人坐，两个人的座位三个人坐，上车以后还宣布了纪律：1.不得随意走动到其他车厢，不得随意下车；2.要上厕所要向工作人员报告；3.在车上统一开饭，由餐厅供应，由收容站付钱。自此我们才知道，我们是被收容了，我们已经没有了自由，是被当着盲流人员被遣送回去的，而我们的这段经历将作为我们个人的档案，是要存档的，这就是所谓的"收容遣送"。

我们是下午上的车，在新疆境内的这段路程，都是晚上，晚上气温低，风沙大，车上没有暖气，是整个路程最难挨的一段，让我们真正的体验到了当初二哥他们的那段艰难的经历。那不是一般的折磨，冷得人整夜无法入睡，全身在不停地发抖，窗外的风沙就像魔鬼般在呜呜地嚎叫，无孔不入地往车厢里灌，往人的身上脸上直扑。想喝一口热开水暖暖身子，但工作人员说是锅炉房已经停火，没有开水。好不容易熬到天亮，人都已没有了人样了，一脸的灰沙，黑不溜秋里透着惨白，两眼深陷，目光呆滞，一个个狼狈不堪的模样，就像是刚出俘虏营的俘虏一样。

到了十点多才开饭，餐车服务员用钥匙打开车厢门，推着餐车进来，每人发了一份盒饭，饭是温的，有些粉丝白菜，还有两片猪肉，吃了饭后，总算暖和一点，全身开始恢复了一点活气。想洗一把脸，但车上没有水，停车时，看到站台上有水，但不给下车，就这样挨着，只好用毛巾干擦。饭也只能是一天两餐，饱不了也饿不死。再也没有了串联时那种座上宾的待遇，如今已如阶下之囚了。这些学生们、红卫兵们，全都没有了往日的骄狂。

每到一个省城站，就有一批人下车，当地省城收容站的人到车站里来接人，就在站台上办理交接手续，排着队点名，再一个一个地点验人数，没有误差了，然后排着队出站去，队前有人领着，队后有人跟着，回到当地的收容所去，再分别遣送回家。兰州是第一个交接的站点，属于甘肃省、青海省的都在兰州下车，由兰州收容所来人接走。

下一个交接站是陕西的西安，接着是河南的郑州。河北省以北的、往东去的山东、安徽、江苏等省市，都在郑州下车，移交给郑州收容所。据说回到郑州收容所后，连同在郑州当地收容的各地的学生以及盲流人员一起，重新编组转送。在郑州移交的同时，也接收了部分湖北、湖南、广东、广西等省的人，由乌鲁木齐收容所顺路遣送。我们在郑州换乘北京到南宁的5次列车，到武汉把湖北的人移交后，到了湖南长沙站，乌鲁木齐收容所的工作人员就领着湖南、江西、福建等省的人全都下车了。广东、广西的人不多，广西也就是我们三个人，就发给车票和车上的饭钱，给我们自己回家，毕竟我们和盲流有所区别。我们乘车回到了柳州。这一次出去来回也差不多一个月，回到家已是4月末了。

从去年11月25日打起包袱，踏出徒步串联的第一步起，到最后从乌鲁木齐被遣送回到柳州，直至回到家中，历时整整5个月。5个月的时间，我们几乎走遍了中国的所有大城市。当时称为中国十大城市的广州、武汉、上海、南京、天津、沈阳、北京、重庆、西安、太原。除了太原外，我们走了九个。我们也游览了不少的风景名胜、文物古迹。在这场革命的大串联运动中，我们之所以能游历了那么多地方，游了那么久的时间，我不否认我们是充分地运用了一些智慧和机巧的。直白了说，我们是钻了各项规定的漏洞的，我们尽可能多的趁机饱览祖国的大好河山。这是一次可遇而不可求的机遇，而这种机遇对于我们，如果不是有伟大领袖出于政治需要的史无前例的首创，我们也就只能是从书本上望梅止渴而已。在当时那种生活条件下，这样的游山玩水，是我们一家人一辈子的经济积蓄，都难以达到的奢侈。我们从这场"革命大串联"中最大的收获是亲身体会到了祖国的辽阔壮丽。但也随处可见与我们从书报上看到的"幸福美满""欣欣向荣"不尽一致的社会真相。所到之处，物资的匮乏，人民生活的贫困，与我们的家乡如出一辙。特别是波及城乡各地的"文化大革命"运动，确实如政治宣传中的如火如荼。但却不免让人从其喧嚣中体悟出一股政治权谋的浓重气息。我的心理是矛盾的。我为我能搭上这艘没有明确航向的大船颠簸在"运动"的大潮中随波逐流，去领略大海的宽广而庆幸，从个人感情的角度理当感戴伟大领袖的恩赐。但我又不得不面对着国家的命运、民族的命运、个人的命运而深深忧虑。我预感到，这场运动不会给我带来好的结果。但是我无法预料会严重到什么程度。

第二十一章 "血统论"与当然革命派

一

1967年3月,毛主席指示广大师生回校复课闹革命,三都中学67届和68届的学生都回校了,而已毕业参加劳动了的66届毕业生则极少有人回去。

当时的革命形势已经进入对"刘少奇资产阶级反动路线"的批判,并提出了打倒刘少奇的口号。从横扫一切牛鬼蛇神转向打倒党内走资派。当时在学校革命运动中居主导地位的都是些红五类贫下中农子弟,根正苗红,自认为是当然的革命派,自觉地担负起将无产阶级"文化大革命"进行到底的伟大使命。

这时县委派的工作组已经撤走。工作组进校时从张校长手中接过的权力（公章）临时交给了一个党员老师。张校长出身不好,按当时有些人的估计,她不可能再当校长了,于是学校便出现了权力的真空,按照一贯的阶级成分论,出身好的一些人,便都纷纷在心中觊觎着这个权力。

原来的支书兼校长张芳蕊,为人正派,工作踏实,在师生中声望很高。她与她丈夫孙国光老师二人是大学同学,毕业后支边一同来到柳江县。孙老师原在县完中教高中语文,后因家庭出身不好被调到三都中学教初中,教我们的语文课。两夫妻不论人品、学问、教书、育人都深受师生称道。在文革初期学生揭发批判老师的大字报铺天盖地,但其中竟绝少有针对他们夫妇两人的。

张校长极为低调,她曾在给学生讲课时说过她自己出身不好,但她从未向人说过,她的父亲、叔叔都是1937年参加革命的老干部。她的父亲和叔叔在1940年时就分别担任河南省中共地下县委书记。解放后,她父亲、叔叔都是中央部级、副部级的干部。她始终未向人炫耀过，更未以此向组织提出过任何要求，一直默默地在农村做着一个中学校长。自工作组进校后，她就交出权力靠边站，等待着革命造反派对她的处理。

我和思学从新疆回到三都，已经是4月份了。我们不想再去学校，但我们却惊讶地听说，学校里发生了"现行反革命事件"，而被打成"反革命"的竟是我们敬重的孙老师，令人难以置信。

二

当"文化大革命"运动正开展得如火如荼的1966年8月份，北京的一些高干子弟，因为对自己的父母受到"文化大革命"运动的冲击，不能理解，心生怨愤，自恃自己根正苗红，而提出了"血统论"想为自己的父母鸣不平，为自己争地位，于是抛出了"老子英雄儿好汉，老子反动儿混蛋"，横批是"基本如此"的对联来，公开大肆宣扬"血统论"。尽管当时因为干扰了"文化大革命"的大方向而受到文革发动者及追随者们的制止和批判，但是，批判的只是那一副对联，而"血统论"事实上在文革前，就一直是不成法律条文而被奉行着，只是到了文革期间更为盛行罢了。"血统论"的影响泛滥到全国每一个角落每一个领域。几乎无人不受其害。当然，"黑五类"、黑七类受害最深最惨。

当时在我们的学校里，那个红卫兵组织的成立，就已向人们昭示着，"血统论"将统率着我们这个农村中学的运动。他们的组织开始时，就是遵循县委成立"赤卫队"时所立下的规则：不让"黑五类"出身的学生参加。这个规则，实际上就是"血统论"原则的具体化。他们的组织从开始就充分地体现其官方背景，落为政权组织的御用势力，唯当权者之命是从。他们主宰着学校的"文化大革命"运动。批谁斗谁，都是依据他们的需要，由他们决定。谁是牛鬼蛇神，谁是黑帮，在他们的势力所及的一方地域内，人们的政治生命的生死予夺权利由他们实际掌控着。运动进入到1967年的2月份，他们就是我们这个农村中学里独领风骚的红卫兵组织了。没有人可以与他们竞争。当上海"一月风暴"所煽动起来的夺权风刮到我们这个农村来的时候,他们就已是当然的革命派,理所当然的坐待接管学校的权力了。

与此同时,在教师群体中,个别自视出身革命的老师也在心中"野心勃勃"地盘算着,要在这场史无前例的革命运动中,充分的运用一番自来红的政治资本,夺校长的权力而代之,以图成就自己个人的政治野心。但在全校老师当中,他们少数几个人仍然显得势单力薄,学校里独一无二的红卫兵组织的幼稚学生,就自然而然地成为他们所倚重的力量,于是双方一拍即合的组成了相互利用、相互支持的"革命"的师生联盟。而当时在全国盛行的"血统论"自然也就成了他们所倚恃的政治优势,成为他们赖以整人的尚方宝剑。为此他们理所当然地,成为先天造就的"当然革命派",即他们所自诩的"无产阶级革命派"。"当然革命派"的师生们达成共识,密切配合,随着运动的迅猛发展势头,实现他们共同接掌学校大权的宏愿指日可待。

但是,就在这个关键的时刻,学校里却发生了节外生枝的变故。一部分老师为了不甘落后于革命形势,也组织成立了一个"战斗队"。这个战斗队的成立本来也并不是出于什么政治目的,或是针对着谁而成立的。不过是老师们为了表现自己紧跟毛主席的革命路线,也参与到对公社党委"执行资产阶级反动路线"的批判,表明一下自己的政治态度,亮一下革命的相而已。但是,这个战斗队的成立在时间选择上,无意间触动了"当然革命派"们阶级斗争的神经。打乱了学校中政治力量的格局,干扰了当然革命派们的既定的夺权计划。用文革思维的逻辑,无疑地让"当然革命派"们认为:这个战斗队的成立是带有"摘桃"企图的。是要和他们"当然革命派""争夺革命果实"的。这样一来,对"当然革命派"在学校独掌革命大旗的局面形成了挑战,威胁到他们即将获得的政治利益。

当然革命派的头头们阻止老师们的战斗队的成立,就成了势在必行和顺理成章了。于是,在老师们的战斗队刚刚亮相宣布成立,他们就迫不及待地,把勒令老师们的"战斗队"解散的大字报,贴到了战斗队的门口。在大字报中直接亮出了"撒手锏"的招数,以老师们的"战斗队"中有出身于"黑五类"的狗崽子,没有资格成立组织为由,指斥老师们的战斗队是执行资产阶级反动路线的产物,企图破坏学校的夺权斗争。

  但是,老师们毕竟是教书育人的知识分子,对"血统论"自有一番透彻的理解。再加上当时在北京的"血统论"已经受到过文革领袖们的批判,老师们也有尚方宝剑在握。尽管"血统论"者们盛气凌人,来势汹汹,老师们却并不轻易就范。他们不屈的引经据典,以马列主义理论和毛主席语录据理力辩,那些学生们也还奈何不得。还有的是,在当时"血统论"盛行的风潮下,在北京的一些有识之士,如遇罗克,也针对"血统论"而抛出了"出身论",对当时中国事实上存在的严重的"血统论"现象提出了尖锐的批判。在全国引起了很大的反响。"出身论"的观点,不可否认的在作为知识分子的老师们的思想中引起了共鸣。但惧于在"出身论"所造成的影响极为短暂,很快地便被中央文革定性为"反动文章",使老师们难以理直气壮的以"出身论"作为武器,来抵御当然革命派们来势汹汹的攻击。反而成为"血统论"卷土重来的机遇。对那些当然革命派所施加的压力,老师们只能以迂回避战的策略,既不解散自己的组织,也不和他们正面对抗。为此,在广西还没有出现"422"与"联指"的两大派组织对垒之前,在我们这个乡村中学里,却率先出现了围绕着"血统论"的师生组织间的斗争。当然革命派们的逻辑是与当时北京出现的"老子英雄儿好汉,老子反动儿混蛋"的"血统论"一脉相承的。"血统论"在学校里占着绝对的统治地位。出身于"黑五类"家庭的学生在学校中受着绝对的排斥和歧视。我之所以串联回来后,没有再回学校去。即使我去了,也只有去接受歧视和侮辱的份儿,我们这种出身"黑五类"的学生是没有"革命"权利的。

  我们在外面串联时,也曾从一些批判"出身论"的传单中得以阅读过遇罗克所写的"出身论"的全文。事实上,"出身论"道出了所有受到"血统论",和阶级斗争思想路线的歧视和危害的人们的心声。"出身论"和"血统论"的思想观点是针锋相对的。但是,我们不能理解的是:当时的中央文革已经明令批判"血统论",但是为什么又要把"出身论"打成"反动文章",非要把"出身论"的作者遇罗克打成现行反革命,直至非要将他残酷杀害。一个胸怀着真理的年轻生命就这样被强权所吞噬,思想专制的恶魔,就是这样的制造出共产党领导下的,共和国一个又一个的政治冤案。与此极不对称的是,对"血统论"的批判,让我们明显地感受到其中的言不由衷和牵强做作,并早早毫无结果的收场了。这样的批判气氛,和"文化大革命"运动中"把一切牛鬼蛇神打翻在地,再踏上一只脚"的"革命气势"极不合拍,让人们觉得,对"血统论"的批判似乎只是出于政治的需要,为了笼络民心,不得不做给老百姓看的表面文章。

从中央文革派领袖们对"血统论"批判的做作中不难看出,他们对"血统论"的长期存在,并已经形成强大的习惯势力,有着深刻的认识。同时,他们也清醒地认识到,"血统论"的盛行,是与他们所积极推行的阶级斗争路线分不开的,他们有着不可推卸的责任。对"血统论"的批判无异于自己打自己的嘴巴。而"出身论"的锋芒所指正基于此,无疑正是针对他们而来。因为他们自己正是"血统论"的始作俑者。对于他们来说,"血统论"相对于"出身论",两害相权取其轻,对"出身论"的认可,将深刻的动摇着他们的统治根基。这样的判断,可以从"出身论"的作者遇罗克的最后遭遇得到雄辩的证明。

遇罗克的"出身论"以及其后坚持真理的张志新们,他们所揭示的其实不过是真理的常识。他们为了捍卫这一常识,居然要付出生命的代价,这在一个无产阶级政党所专政的社会主义国家里,尤为显得不可理喻。而他们的沉冤最终的得以昭雪,也就更加雄辩地证明了这一常识的真理性。但是,人的鲜活生命,却是永远也无法通过平反昭雪而重生了。唯一可以告慰他们在天之灵的是,他们所坚持的真理最终得到世人所公认,他们所坚持的真理的光芒,照亮了后来人前行的道路。

老师们心中也坚信自己胸怀真理,但逼于"根正苗红"的当然革命派们无法无天的"革命"的霸道做派,明知道是"秀才遇着兵,有理说不清"而无可奈何了。但是,面对老师们的顽强抵抗,当然革命派们暂时也无可奈何。在那样的政治环境中，老师们的战斗队在和"血统论"者的"当然革命派"们的斗争，实质上就是一场"出身论"对"血统论"的抗争，但却是一场力量悬殊的抗争。因为老师们不能理直气壮的以"出身论"作为真理武器，公开的驳斥"血统论"反人性的荒谬本质。由于"血统论"背后根深蒂固的势力，老师们也许知道，"出身论"最终将逃不脱失败的噩运。就只好采取忍让的策略而避其锋芒了。

三

老师们的失败，是因为老师们的疏忽造成的。他们自己的疏忽导致了他们不得不自行解散了战斗队。孙老师也为此被打成"现行反革命"而身陷囹圄。

当学校的运动进入到夺权阶段的 1967 年 2 月间，老师们为了表现自己的革命，在一面顶住当然革命派以"血统论"为武器的强大政治压力下，坚持着自己的革命，积极地投入"批判公社党委执行资产阶级反动路线"的斗争当中。为了以实际行动证明自己的革命，他们积极的书写批判公社党委的大字报和标语。孙老师是语文老师，自然责无旁贷的承担着起草批判文章及刻钢板的任务。由于在工作中，还要面对和应付着，到底谁是反动路线的争论，和当然革命派们的干扰和压力，结果因分心和疏忽，竟误把传单中"誓死捍卫毛主席的无产阶级革命路线"的口号，刻写成"誓死捍卫毛主席的无产阶级反动路线"。这本来就是个无意间的笔误，但在当时，这样的错误却是触犯天条的严重错误。即使这样，如果能及时发现及时的纠正，这一事件也就消弭于无形中了。但老师们都疏忽大意了，居然在经过核稿、印刷及散发等几个程序中，都没有自己发现这一错误，最终却是让本来就想置他们于死地的当然革命派的人们发现了。让他们抓住这"踏破铁鞋无觅处，得来全不费功夫"的政治把柄，把这一本属笔误的行为上纲成"现行反革命事件"大加挞伐。

事发后，孙老师作为直接责任人，自然脱不了干系，看到战斗队所有人都如大祸临头地惊慌失措，他责无旁贷的主动承担了全部的责任。为此老师们也就不得不心不甘、情不愿地就此解散了自己的战斗队。而孙老师则遭到了当然革命派们不完不了的严厉批判和残酷斗争。他们为了搞垮搞臭孙老师，给他戴上猪笼帽押到三都街游街示众。并以革命群众的名义，强烈要求公安部门给予严厉的惩处。以此达到他们既可从根本上打倒孙老师，同时又可以把张校长置于双重政治压力之下，永世不得翻身的一箭双雕的目的。

孙老师在接受批判斗争中，坦承了自己的错误，并表示愿意承担所有责任。但对于当然革命派们强加的"现行反革命"的罪名，孙老师却是坚决不肯承认的。因为事实上他并没有存在主观的反革命意图。但批判者非欲把他打成现行反革命不肯罢休。根本不给他申辩的机会。

对这样的事情，其实大家心中都清楚，就连那些要置孙老师于死地而后快的人们心中也清楚，这纯粹是笔误。但是，在当时那种政治氛围下，一些为了表现自己的革命性的人们，无不都在处心积虑，挖空心思地去挖掘、寻找，甚至于不择手段地，去捏造别人的所谓罪状。对于这种证据确凿的政治错误，是他们踏破铁鞋也难以找到的，能将对手置于死地而后快的机会。他们自然不能轻易放过，他们死死抓住不放也就可想而知的了。于是他们不失时机地利用手中已经掌握的权力，用手中所掌握着的学校公章，借以革命群众的名义，一而再，再而三地向县公安局打报告，强烈要求将孙老师逮捕法办，摆出一副不获全胜、不达目的不罢休的架势，给公安机关施加压力，以达到他们的目的，表现他们的坚定的革命性。

我和思学早就不屑于学校里那些当然革命派们唯我独革的霸道做派，一手遮天的垄断着学校的革命运动。我们对他们抓住了别人的错误就死死不放，且乘人之危、落井下石的下作行径产生一股不平的义愤。我和思学串联回到三都后得知此事，对孙老师的处境我们唯有在心中深感同情和忧虑，我们曾到学校去看望孙老师，当时我看到孙老师以那无奈而感激的神情对我们说：你们还敢在这种时候来看我，实在是感激不尽。

县公安局基于"革命群众强烈要求"的压力,于事发两个月后的4月22日,不得不到三都中学召开了群众大会,公开宣布以"现行反革命罪"逮捕孙老师,并宣布开除他的公职。被夺了权的张校长亲自为他收拾衣物,并嘱咐他要相信群众相信党。

在孙老师身陷囹圄,结局尚难预料而人生倍觉渺茫的境况下,本来已经靠边站的张校长,只身带着两个幼小的孩子,面对着命运的无情嘲弄和摧残,她依然抱着相信群众相信党的坚定信念,在默默地等待着命运的安排。在张校长身心不堪重负的时刻,当然革命派们乘机宣布夺权。他们获得了他们所预期的胜利。

人性和正义并没有完全的丧失、泯灭。党和群众是可以相信的。当然革命派们所期望的,置孙老师于死地而后快的愿望,最终也没能如愿以偿。公安局里也还有一些正直的,坚持实事求是的人。孙老师在监狱里获得了在外面所得不到的申辩机会,得以澄清自己"罪行"的真相,在监狱中待了74天后,最终县里决定:立即放人,恢复公职,补发工资。孙老师被无罪释放,回到了三都中学。孙老师在为自己的过失而真诚忏悔的同时,为了向不明真相的群众证明自己不是反革命,他还特意去三都街上走了一遭,向群众表明自己的心迹。

四

在三都中学召开大会,公开逮捕孙老师的这一天,正好是广西两派围绕着"反韦"和"支韦"的斗争白热化的开端。也就是从那天开始,广西的两派陷入了你死我活的派性斗争之中,一发不可收拾。这个日子对于我同样是想抹都抹不掉的记忆。从这一天起,广西形成了以"打倒韦国清"为口号和目的的广西"422"和"支持韦国清"为口号和目的的广西"联指"为两派的斗争,并发展成为之后的残酷武斗,成为中国文革期间杀人手段之残忍,死人多之首屈一指的省区。

孙老师和张校长夫妇在经过了这一次沉痛的经历后,对这场革命的残酷性好像有了更深的认识。他们觉得,他们只有远离这种斗争的旋涡,再也不参与那些分不清忠奸,辩不明是非的什么"革命"和

"造反"了。在三都出现的两派斗争愈演愈烈的形势下，他们夫妇不得不作出明智的决断：携儿带女避回他们河南安阳老家去了。我当时得知孙老师这一消息后，我出于对他们说不清楚的那种感情，或者说是因为有着相同出身的同病相怜的感情吧。我不无忧虑地对思学提出：孙老师和张校长两边家都是当地的大地主，他们回到老家就真能安全吗？

三都中学里的那些根正苗红的"当然革命派"，当仁不让，顺理成章的，成了拥有强大权力作为后盾的"联指"一派在三都的地方势力，并一路春风的在两派间的派性斗争中，在各级政权组织和武装部，及其以下的民兵组织的武力庇护下，充当着镇压群众运动，屠杀无辜的急先锋和马前卒。身兼着既是"造反派"又是"保皇派"的双重角色。并随心所欲的顺应着"文化大革命"形势的变化，而不断地变换着自己的角色：从横扫一切牛鬼蛇神、黑帮分子，到揭批老师、夺校长的权，到打倒刘、邓、陶，又到批林批孔批周公，再到批判右倾翻案风，最后到揭批他们自己赖以发迹的祖师爷"四人帮"，乃至坚持"两个凡是"，他们步步紧跟，从未落于人后，可见他们的旗手的政治权谋的高超。

在三都中学，他们得心应手的运用"血统论"作为斗争武器，所向披靡。他们对"黑五类"及其子女——他们的同学，他们的老师，进行灭绝人性的残杀更是表现突出，从未手软。在"血统论"的胜利者们刮起的"十二级台风"中，我们的一些身上烙着这样那样的"政治污点"的老师们，在遭受着道德沦丧的残害。英语老师刘仁辉就是被那些当然革命派的同学们在校园内活活打死的，抛尸校园，死不瞑目。他们因血统的"革命"而骄傲，他们因敢于杀戮而自豪。

胜利和失败一样，都不是永恒的。只有人性是永恒的。随着人性的回归，正义得以伸张，"文化大革命"已经成为一段罪恶的历史，在不断地受到有理智和良知的人们的唾弃。在那场万恶的"革命运动"中，受害的人或施害于人的人，随着历史的进步，大都回归到人性的正常位置上来了。人生而平等，人不应以"血统论"高低，分等级。人和人之间应以"宽松、宽容、宽厚"相待。

第三编

造反何须有理　文攻武斗疯狂

第二十二章　农村的文革之火在燃烧

一

自 1966 年 6 月 9 日，柳江中学部分学生到县委贴出《炮轰县委、火烧县委》的第一张大字报时起，我们学校的"文化大革命"运动也只是局限于在学校里面写写老师的大字报。我们没有涉及社会上的运动中去。

到了 6 月 17 日，县委发出《认真发动广大民兵积极投入社会主义"文化大革命"运动》的通知。到了 20 日，县直机关由声讨"三家村"转入揭发本地区本单位的"资产阶级代表人物"，并随之于 23 日成立了中共柳江县委文化革命小组，开始向各中学派出"文化大革命"工作组。到了 8 月份，在县委文化革命小组的领导下，县直机关干部连日召开批判大会，批判县直机关五名所谓"资产阶级代表人物"，这五名"资产阶级代表人物"是由文革小组提出来的，并非学生和群众自发提出来的。县委文化革命小组是在县委领导下的。批判谁，都由文革小组作决定，学生和群众都是被运动着的。柳江县的"文化大革命"运动在1967年前的初始阶段一直都在县委掌控中。

1966年8月份，从北京开始，掀起全国性地对"牛鬼蛇神"进行抄家的活动。"牛鬼蛇神"是包括在土改运动中被打倒的地主、富农、反革命分子，以及土改后的历次运动到反右派运动中划定的坏分子、右派分子。每经过一次运动，又增加了一批新的阶级敌人。到了"文化大革命"运动开始后，又提出了如"资产阶级代表人物""反动学术权威""党内走资本主义道路的当权派""黑帮分子"等等各种名目类型的阶级敌人。毛主席语录："凡是错误的思想，凡是毒草，凡是牛鬼蛇神，都应该进行批判，决不能让它们自由泛滥。"成为各种形形色色的大字报和批判文章开篇所引用的最高指示和理论依据。在公安部的怂恿下，在全国掀起"横扫一切牛鬼蛇神"的浪潮，使全国陷于一片"红色恐怖"之中。

什么是错误的思想？什么是毒草？"文化大革命"的发动者运用手中独揽的大权，视国家立法机关全国人民代表大会为无物，为了达到其发动"文化大革命"的政治目的，为了使"全面夺权"和"全面专政"合法化，出台了凌驾于原有法律之上的"公安六条"。"公安六条"第（二）条规定："凡是投寄反革命匿名信，秘密或公开张贴、散发反革命传单，写反动标语，喊反动口号，以攻击污蔑伟大领袖毛主席和他的亲密战友林彪同志的，都是现行反革命行为，应当依法惩办。"明确了凡是与毛主席，以及他的亲密战友林彪同志，有不同思想不同意见的，就是错误思想，就是毒草，就是牛鬼蛇神，就是反革命，应当打倒，应当惩办。在全国十亿人中，除了毛主席和林副主席外，别的任何一个人都可能是反革命分子。这样，就把阶级斗争扩大到无限的程度，搞得人人自危。所谓的阶级敌人已经远远不止于地、富、反、坏、右分子了。"五类分子"已经不足以概括所有的阶级敌人，"牛鬼蛇神"也就成为"文化大革命"中阶级敌人的总称。有了公安六条，之后刘少奇的被打倒就变得合法化。有了公安六条，一切无法无天的行为就变得合法了。

从北京开始的抄家、打人之风在全国盛行的时候，"公安六条"还没有出台。但却是得到了公安部的公开支持和纵容的。1966年8月下旬，公安部部长谢富治在北京市公安局的一次会议上说："过去规定的东西，不管是国家的，还是公安机关的，不要受约束。""群众打死人，我不赞成，但群众对坏人恨之入骨，我们劝阻不住，就不要勉强。""民警要站在红卫兵一边，跟他们取得联系，和他们建立感情，供给他们情况，把五类分子的情况介绍给他们"。于是，从北京开始了以批斗五类分子为名的抄家打人浪潮。以至泛滥到全国各地。

那时候在我们这样的农村地方对五类分子的批斗和抄家，还不是什么红卫兵搞的。而都是在各级党委和文化革命小组领导下，有计划地统一部署之下进行的。那时候，除了毛主席一个人外，几乎没有人能知道这场运动的动机和目的，所以所有人都唯恐落后于形势，都争相紧跟。且都是将宁左勿右的手段运用得有过之而无不及，推波助澜地把形势推向高潮。一个地方比一个地方来得猛烈和残酷。

我们三都公社对五类分子的抄家是在公社统一布置和领导下，由各大队带领着民兵去执行的。抄家的最终目的是要从中挖掘出被抄家的人对党对毛主席，对贫下中农不满和仇恨的证据，即所谓的"地契"和"变天账"之类以及有反党反毛主席、反社会主义的文字笔记等反革命证据，能够证明阶级敌人"人还在心不死"的证据。以起到杀一儆百的教育群众"千万不要忘记阶级斗争"。在抄家的时候，对于那些被认为有旧思想旧文化的书、画和涉嫌封建迷信的各种器物，包括带有封建色彩的生活用品，凡是贵重的东西都在被抄之列。

听家里人说：到我们家里抄家的是本大队党支书李大姐亲自带着四个背着枪的民兵，以及两个大队干部和生产队的一个贫下中农代表。我们家没有什么值钱的可以称得上封建的东西。但是二哥三哥最心爱的几本小说：《普希金诗集》《鲁迅书信集》《红岩》《青春之歌》《小城春秋》及一些杂志和二哥平时所写的诗稿、笔记等，都被抄走了。在三都街上的抄家活动中，在银匠刘庆禄家的收获最多。

民兵们抄走了他帮人加工打制的小孩的头饰、银锁、脚链等封建迷信的不少的银铜器物。同时还在他的一个账本中发现了他写的一首打油诗："手拿金子脚踏银，每想无钱最伤心。本来就是空名义，难比一般劳动人。"被作为他对党对社会主义不满的"变天账"的证据，在抄家过后，为了这首诗，大队组织在街上开了他几个晚上的斗争会。逼他承认对共产党对毛主席不满，要对贫下中农反攻倒算。

在公社文革小组的布置下，在我们街上最先开展的批判所谓的资产阶级代表人物，是街上非农业居民的工商业联社的主任（相当于一个生产队的队长），这工商业联社的主任于是也成了"牛鬼蛇神"，也成了被抄家的对象，他家一台中华牌缝纫机也被抄到大队里去了。这种现象是当时广西农村基层政权机关应对这场运动的普遍手段和策略。那些基层干部当然不乐意把这场运动的矛头引向他们自己。

二

抄家风潮过后，就在全县范围开始搞起了"红海洋"。

运动在不断发展和变化，让人感到捉摸不透。8月28日，柳江中学第一个红卫兵组织成立了。而县委机关却也紧接着在9月1日成立了"赤卫队"。而"赤卫队"却规定只有"红五类"才能参加。我们学校的"617"也是在这样的背景下成立的。这些红卫兵组织的成立都是在文革工作组授意下成立的。这种运动状况，显然与毛主席发动这场运动的动机和目的不相符。之后不久，学校的文革工作组悄悄地撤走了，什么时候撤走，为什么撤走，这些我们都不知道内情。紧接着，毛主席号召的全国大串联运动开始了。毛主席号召开展的全国大串联的目的，就是通过大串联，让北京的运动模式作为样板，向全国各地传播开来。

到1967年的元月份，我们串联到上海时，"打倒党内走资本主义道路的当权派"的标语已经随处可见，并已出现了"打倒刘少奇""打倒邓小平"的口号。我们家乡的针对公社书记和大队支书的群众运动，也就是在这个时候在社会上全面展开的。那些原来还在领导和布置对"牛鬼蛇神"的批斗和抄家的公社书记，大队支书们，终于也无可奈何地被列归"牛鬼蛇神"之列。被群众自发性的揪出来批斗。

　　柳江县委各机关这时开始成立"文化革命委员会"，各机关学校也陆续成立了各种名目的"战斗队"，纷纷揪斗各单位所谓的"走资本主义道路的当权派"，即各单位的一二把手。随之各级党政机关都先后瘫痪了。三都公社也不例外，正在揪斗公社书记，批判公社党委"执行资产阶级反动路线"。各大队的党支书也都分别被游斗。其阵势就像是当年土改运动一样。而批判公社书记和大队支书的反动路线的实质内容，则基本上以农村农民的切身利益展开的。最能激励农民群众的参与热情的，则是当年搞人民公社、大跃进、大炼钢铁时所造成的大饥荒，给农民群众受苦挨饿死人的事例。群众都把这些责任归咎于积极推行这些政策路线的公社书记和大队支书们身上。农民群众对资本主义道路的理解就是：大跃进、大炼钢铁、人民公社年代的饥饿贫穷、浮肿死人，使他们"吃二遍苦、受二茬罪"。而那些公社书记和大队支书们正是这一切的最积极的推行者。被批斗的人感到冤枉：他们只是执行上级的指示和决定。他们知道自己成了这一切的替罪羊。但他们心中也很清楚，他们虽然不是使群众"吃二遍苦、受二茬罪"的始作俑者。但是老百姓们毕竟是被他们一个个强迫着成为公社社员的。同时，他们心中也明白，这是群众运动，和过去的历次运动一样，谁对谁错，群众说的是不算数的，运动开始时，他们总要先受些委屈，只有到了运动结束后才能见分晓，正如反右派运动一样，最后还得由这场运动的发动者说了算，也就是最后还得听毛主席表态才算数。他们始终抱着"相信党相信领袖"的坚定信念。他们知道大炼钢铁，大跃进，人民公社是毛主席发动的，而这"文化大革命"运动也是毛主席发动的。毛主席不会容忍人们反对他自己，也不会容许人民反对他所领导的共产党的。被斗的都是共产党的领导干部，这一切看起来不过是走过场、随大流，他们已经在心中盘算着秋后算账的事了。

三

　　农村的老百姓们随着"打倒党内走资本主义道路的当权派"口号的提出，看到上至国家主席，下至农村生产队的队长，都被冠以"走资派"的政治罪名，任由群众批判斗争。于是各地农村的农民群众也就有了奉旨造反的勇气，纷纷起来揪斗本大队的党支书。农民们的运动热情像是土改运动时一样被挑动起来了。他们把在土改运动中学到的斗争方式方法，全盘照搬的运用到"文化大革命"的"群众运动"中来。他们把那些受批斗的公社书记和大队的支书们，像土改运动中的地主一样，戴上猪笼帽，挂着黑牌子，用绳子反绑着手臂，有的还用锅墨灰把人脸抹黑。被斗者若是女的还被在胸前挂着破鞋，由群众押到街头、村边的戏台上双膝跪地、低着头、弓着腰接受批判斗争，随后游街、游村示众。让群众喊口号，吐唾沫……，等等手段不一而足。总之极尽了对被批斗者的漫骂侮辱之能事。有的还要让他（她）自己提着个铜锣或铜盆、簸箩等东西，自己敲着、喊着侮辱自己的口号。

　　土改那时群众不了解政策，怕得罪人，所以开始时并不积极。直到工作队以分田地分浮财的利益去激励、去驱动，才激起了群众参与的积极性。而这次"文化大革命"运动是以领导干部作为批斗的对象，而且批判的是这些公社书记和大队的支书们所执行的，让贫下中农吃二遍苦、受二茬罪的"资产阶级反动路线"。这就激起了农民群众平时对干部们的不满情绪，像开闸的洪水一样汹涌澎湃。他们开始有了自己的思考：从他们被迫加入初级社到高级社，然后又是大跃进、人民公社。把自己的田地、种子和犁耙、耕牛，全部一下都归了公、入了社，把所有的锅碗瓢盆收去炼了钢，粮食、鸡鸭、牲畜都收去交给大饭堂，搞得大家一起都一贫如洗了。说人民公社食堂是共产主义，吃饭不要钱，随便吃饱。到头来连稀饭都没有得吃饱，反而是弄到吃野菜咽老糠的地步，结果搞得差不多人人浮肿，活活饿死了多少人。那些书记、支书们还整天逼着大家，饿着肚子去修水库做苦力。稍有不服从的，就带着民兵今天抓这个，明天抓那个的，动不动就以土改时的批判斗争威胁。这样的路线就不应当是共产党的路线。他们就活该被打倒。打倒他们或许就可以摒弃之前的那些政策，就不会再饿肚子，再吃二遍苦受二茬罪了。这就是农民群众积极参加运动的动机和期盼。在这动机和期盼作用下的群众运动场面，与土改运动时的场面相比有过之而无不及。

当时学生们下农村来宣传，来发动群众的时候提到的农村"六十条"，是什么路线？是毛主席定的还是刘少奇定的？谁也讲不清楚。农民群众把这些争论当作是公婆吵架的"公讲公有理婆讲婆有理"。在当时极端个人崇拜的意识形态环境中，人们都已习惯于"读毛主席的书，听毛主席的话，照毛主席的指示办事，做毛主席的好战士。"认定了听毛主席的话是对的。于是，别人的话就都是错的。同时，也很难听得到别人讲的不同的话。事实上，群众从来也没有听到过，刘少奇或者其他什么人所讲的不同意见。当下，毛主席讲刘少奇是错的，那自然就是刘少奇错了。就像是59年的庐山会议一样，彭德怀给毛主席的万言书内容是什么，谁也没有看过，更不知道彭德怀是"为民请命"。结果毛主席讲他是"右倾机会主义"向党进攻，彭德怀不就在墙倒众人推的情势下被打倒了吗？群众不可能知道其中的内幕真相，就只有看眼前的事实，特别是在自己身边发生的事实。而这些年以来的饥饿贫穷，是大家都切身体会到的。农民群众们在心中揣度着：就是因为这些下面的干部胡来，导致了群众受饿、死人，毛主席才发动这场运动，号召老百姓造他们的反。因此，把这些干部揪出来斗，就让群众觉得是有毛主席在撑腰，而理直气壮和理所当然了。这才是当时群众自发起来的真正的群众运动。但这样的运动与毛主席的运动，目的和动机是背道而驰的。自然也就为日后干部们的反攻倒算留下了祸根。

四

李大姐并不像母亲想的那样可怜。"阶级斗争"观念在她心中已是根深蒂固，她就是在"阶级斗争"中成长起来的。她把这一切都看作是"阶级斗争"在农村的反映。她认为这是她所代表的贫下中农与地主阶级的"阶级仇恨",她把这仇恨牢牢的铭记在心底里。凭着她阶级斗争的觉悟,那些抓她游街的,给她戴高帽的,挂破鞋的,包括所有喊口号的人,都是她的敌人。群众的运动挑战了这位一方当政者的权威,深深地得罪了这个大队党支书,她在心里认定了,她的这些遭遇都是地富五类分子在背后起的作用,自此在她心中埋下了秋后算账的种子。

李大姐是个没有儿没有女,没有老公,没有家人,独身一人的中年寡妇。听说,她老公自去当了国民党兵后,就一直杳无音讯,不知是生是死,最终下落不明。就凭她的这种身份,这种出身,在土改运动中,自然表现得积极而主动,成为土改运动中,共产党所倚重的中坚力量。她本来是个一字不识,官话都讲不利索的文盲,入了党后,也学上了文化,识得了一些官样文件上常用的字句。她更加地受到上级的赏识。在上级领导的重点培养下,把原来老实善良的老汤,从党支书的位子上挤下来,她自己就当上了这三都街周边十多个村子的党支书,从此号令一方。她的一切都是共产党给的。为此,她为了保持一个革命者的崇高形象,抛却了一切的"私心杂念",她一个年纪本来并不算大的中年寡妇,一直就没有再嫁过人。但她并不觉得孤单,她所到之处无不前呼后拥。她始终如一的保持着一个革命干部的形象:一身黑色咔叽布女式唐装便服,在她的衣服的斜襟上,总是插着一支黑色的"金星"牌自来水笔,俨然一位涵养高深的女学者或职业革命家。

从初级社起,她就是这个大队的统治者、领导者。她深谙"毛泽东思想""枪杆子里面出政权"的教导,把大队的民兵组织当作她的警卫队。她每下生产队检查工作,视察生产,民兵营长、大队文书等等,一应的大队干部前呼后拥,外加几个背枪提绳的民兵随侍左右,如警卫首长一般。她更是谙熟毛主席"阶级斗争"的艺术,动辄以斗争的手段来贯彻她的领导意图。有胆敢违抗者,立即五花大绑,游街示众,绳之以"罚"。

1957年大兴水利,修筑工农水库,哪个村子有不上工地的人,她就让民兵一个个的用绳子捆成一串，武装押送到工地上去，也不问是地主或是贫农什么成分，但凡不听话的就是阶级敌人，就要专政。当时有个刚从村上搬来街上住的复员军人，叫韦荣瑞，刚新婚，舍不得丢下新婚的老婆，硬是不去，结果被她派了四个背着枪、拿着绳子的民兵到家里来，二话不说就从床上拉到门口街上，一脚踢向他腿弯，卟咚一声跪在地上，然后五花大绑，把事先准备好的，写着"坏份子"的牌子往脖子上一挂，连夜就押往水库工地去。我当时才七岁多，正好在来德家门前，战战兢兢地目睹了现场的这一切，在我幼小的心灵上留下了永远抹不去的记忆。

人民公社大炼钢铁那阵子，她亲自带着人，到一些她认为不老实的人家里，把所有是铁制的东西统统拿走炼钢。把所有人家里能吃的粮食一粒不留的，拿到公共食堂去，把那些能煮东西的坛坛罐罐，一个不剩的砸烂，让你只能到公共食堂里去才有饭吃。

她的这些作为，能不得罪群众？这群众能不对她怀恨在心？慑于她扯着虎皮作大旗，头上顶着共产党干部的招牌，就只能是敢怒不敢言罢了。她呢，就更是因此而得到上级的赏识，而长期占据着大队支书的位置。她曾于1964年被评为全国劳动模范，到过北京，见过总理，铸就了她个人历史的辉煌。遗憾的是，她没有山西省昔阳县的陈永贵那样的幸运。否则，凭着她当时的紧跟程度，当个中央委员也不见得比陈永贵逊色。我们不能一概而论的否认她为农村的社会主义改造和建设出过力作过贡献。也不能否认她对党对领袖的忠诚。正因为她具有创造性的忠诚，以及她的那套工作方法，给群众带来过深重灾难，事实上破坏了党在群众中的形象，群众对她的怨愤也就在情理之中。而她则把怨恨过她的群众当作阶级敌人加以压制。她有自知之明，仅凭她对人性的一股冷酷劲，再怎么样的蹦哒，她也不可能越得过她的上级去。所以她也就更加倍的看重她当下这支书的宝座。她更知道，一旦她从这支书的宝座上下来了，在群众的眼中，她就不得不在群众的唾弃下什么都不是地度过了她的余生。终生保有这大队党支书的权力，是她唯一的期盼。为了她的期盼，她不择手段，甚至到了丧心病狂的程度。

五

　　李大姐可能未曾想到，像江青那样身份的人，也还有倒台的日子。在江青"四人帮"被打倒的时候，她或许也已经预期到她的辉煌不会维持得多久了，但她却还必须隐藏着心中的无奈，不得不领着大队的干部、群众敲锣打鼓，情不由衷地欢呼"四人帮"的垮台。故技重演她一惯地紧跟和忠诚来掩盖她历史上的肮脏。在她的心中可能也还抱着这样的信念：她是代表着共产党的，只要还是共产党的天下，她李大姐就绝不会下台！她没有意识到，她的观念已经远远地落后于历史前进的步伐，历史不会为某一个人的政治爱好和维护他的政治形象而停滞等待。她更万万没有想到，在"四人帮"垮台已经过去了七年后的1983年，党中央还会对广西"文化大革命"遗留的问题进行追究，还会清算她在"文化大革命"期间的肆行无忌，无法无天。在处遗工作中，她最不情愿看到的结局终于出现了：她终于无可奈何花落去地，不得不从党支书的宝座上下来了。之后，悄无声息的，在她们当年辟为杀人刑场的，后来又建成大队企业的都鲁山脚下，孤独地终老一生，再也没有人来向她请示，来恭听她的教诲和训斥了。只有一些死难者的遗属去找过她，去当她的面控诉她的罪行，去向她讨个说法。面对死难者的遗属她无言以对。每当夜幕降临，都鲁山上吹过的风，就像那些屈死的冤魂，在向她哀号索命，使她片刻也不得安宁。不久，她也带着许多人世间的迷惑，悄悄地死去了。除了被她迫害致死的人的亲属永远记着她外，已经没有多少人还记得起她曾经的辉煌。那些平日里在她鞍前马后献殷勤的人，也没有谁再真心实意地到她坟上去给她上一柱香、烧一把纸了。李大姐自己也是个受害者，但她又以她手中掌握的权力，利用这场运动去发泄她个人心中的仇恨，去维护她既得的利益。她有罪，但她最后只落得个"留党察看"的象征性党内处分。她不过是一个时代的政治工具而已。她是这场运动的悲剧人物，但和刘少奇比，她是幸运的。

　　李大姐的下场，相对于那些在她策划并默许下被"专政"而杀害的人，简直不能算是惩罚。人们在议论中不免发问：像她这类草菅人命,无视人权的人,仅因为她是共产党的支书,就不应该受到法律的审判吗?像李大姐这类人在当时那个年代不是个别,而是普遍存在的。尤其在我们广西,几乎在每一个公社,每一个大队都存在着。在我们这样的共和国里,这一类人的大量存在,并堂而皇之掌握着直接面对群众的权力,无疑是出于阶级斗争路线的需要。是在阶级斗争无限扩大化的政治环境下的必然结果。在这样的大环境中,那些基层干部们在推行这一路线的过程中,无不争先恐后、竞相效尤,并不乏采取创造性的斗争手段,对其治下的群众施以威胁、恐吓乃至血腥和暴力。再加上经济生活长期的困苦和窘迫,人民群众所受的精神桎梏和经济压迫,是何等的残酷也就可想而知了。而在这样处境下的人民群众心中所积累的怨恨的强烈程度,也是可想而知的。在平时的政治高压下,是敢怒而不敢言。在最高领袖"造反有理"的鼓动下,群众不满情绪的乘势暴发,起来造反,起来控诉,起来维权,也就顺理成章不难理解了。群众对基层干部的造反,可以说是毛主席所需要的,因为毛主席原来认为这些基层干部都是刘少奇一条线上的人,是他无法插手染指的铁幕,只有利用群众的力量把它打乱了,整怕了,才能把他们从刘少奇手中夺过来,为自己所用。他没有想到,经他这样一放纵,这群众情绪宣泄的矛头,竟然却都是对着他的路线,挑战了他的权威。这是与他发动这场运动的目的背道而驰的,是他不可能接受的。于是反过来利用李大姐们"秋后算账"的心理,由李大姐们来对那些离经叛道的"造反派"们,进行彻底的清算。为他收拾残局。李大姐们"秋后算账"的时候也就是他收拾残局的时机了。何等高深的政治权谋——"群众运动"的双刃剑在他手中应用自如。人民群众无法领会这政治的奥秘,他们只是看到眼前得以宣泄的机会。却没想到这是陷阱。这就是真实的被运动了的群众运动。

六

我和思学从乌鲁木齐回来后,广西的"文化大革命"已经在如火如荼地开展着。在南宁、柳州、桂林等几个大的城市里,已经有许许多多的群众组织都成立起来了。有学生组织，有工人组织，还有机关干部、职工组织，铁路工人组织等等。他们组织召开群众大会，把自治区党委的领导，以及各地、市的主要领导拉出来批判、游斗、戴高帽、挂黑牌，放在汽车上游街示众。在会议组织者的宣传演讲的鼓动下，游斗队伍所到之处，无不万民空巷，聚集于大街两旁围观的群众，有自觉或不自觉的，都跟着那游行的队伍，愤怒的振臂高呼着口号，有些人还朝着被游斗者吐着唾沫，扔着石头脏物，好像这被游斗者与所有的人都有着深仇大恨似的。据老人们说，过去土改时斗地主都没有这样的场面。很多人对此觉得难于理解。但在各自心中的心照不宣自己心中明了。那就是多年来思想上精神上的极度被压制，和物质生活上的极度贫困，所积聚在胸中的不可言说的义愤，终于有了发泄的机会，终于有了发泄的对象。这就是人们自觉地参与到这场运动中去的动力。毛泽东对此心知肚明，他也正是巧妙的反其道而利用了这一点"民心"，借力打力的发动了这场运动，来达到他自己的政治目的。

我们从在外面串联时看到的小报、传单中得知：继上海1月风暴之后，广西也开始了夺权斗争，群众组织占领了《广西日报》社，自治区领导韦国清、伍晋南、安平生等所有高层领导，无一不成为批斗的对象，被夺了权而靠边站。广西工总组织率先发起夺权行动，其他组织也纷纷效仿，争先恐后。在全区各地各部门、各县，各农村人民公社、生产大队、生产队，都展开了全面的夺权斗争。人们对于这样的夺权难于理解：这是夺谁的权，这权为谁而夺？广西文革造反组织分裂成不同观点的两派斗争，始于1967年元旦《广西日报》转载了《人民日报》《红旗》杂志经毛泽东审定的，题为《把无产阶级"文化大革命"进行到底》的元旦社论，宣布"一九六七年将是全国全面展开阶级斗争的一年"，号召"向党内一小撮走资本主义道路的当权派和社会上的牛鬼蛇神，展开总攻击"。[1] 人们在社论的号召下，为了表现自己不是走资派，不是牛鬼蛇神，就都在积极地参加造反，参

---

[1] 同上《广西文革大事年表》第12页。

加夺权。当出现意见和观点分歧的时候，也就纷纷地选边站，参加到与自己观点一致的一派组织中去。两派斗争自此愈演愈烈，几乎无人能置身事外。

当我们串联回到柳州时，柳州的各种形形色色、大大小小的，都自称为"革命造反派"的组织，已经在为柳州地专的"一·二五"夺权，和为公安局抓捕老干部刘占云的"一·卅"事件闹得不可开交。开始出现了不同观点的组织间的派性斗争。在南宁也已经出现了"砸工总"或"保工总"之争，最终形成了"反韦"或"保韦"之争。

在形形色色的传单、小报和高音喇叭的广播中，无不都在鼓动着：要从走资本主义道路当权派手中夺权。在中央，文革派们已经夺了刘少奇手中的权。刘少奇、邓小平等等众多高层领导都已靠边站了，一切由中央文革小组说了算。这上层领域的阶级斗争和路线斗争，让底层的群众难以理解。而让群众从中得到的启发就是：刘少奇、邓小平这样的高级领导都被打倒了，这天下大势确实是要变了。同时也让群众认识到，这是一场以毛主席为一派，以刘少奇为另一派的两个阵营的斗争。并已经看出，毛主席与中央文革派即将夺得最后的胜利。那么也意味着，过去所执行的路线方针政策的错误的责任，将是由刘少奇一派所应当承担的了。群众对谁该承担责任并不在乎，他们在乎的是既然是错误的路线，就必将得到纠正。这才是人民群众所最终期盼的。人民群众就像是在解放战争中的国共两党之争一样，跟着胜利的一方是理所当然的。也就顺理成章的认为按毛主席的指示办事是正确的。所以毛主席号召夺权，全国上下也就都争相夺权。当然，在夺权斗争中的人们，无不怀着各种各样不同的目的和心理，总的则都摆脱不了争权夺利，为自己捞一把政治资本这个根本。

1月24日，广西军区遵照中央、国务院、中央军委、中央文革小组"关于人民解放军坚决支持革命左派"的指示，开始全面介入广西的"文化大革命"，把广西原军区民兵办公室改为军区支左办公室，向各个部门派出支左部队，担任"三支""两军"工作。各地军分区、市、县人民武装部和当地驻军，也分别在本月下旬介入地方"文化大革命"，表态支持所谓的"革命左派"，对一些要害部门进行全面的军事管制。柳州铁路局也成了最重要的军管单位。[2]农村则由各县武装部负责执行军管任务。于是军队拥有了掌控"文化大革命"的最高权力，掌握着所有群众组织的政治命运。只要军区表态支持哪一个群众组织，这个组织就会马上得势而鸡犬升天。如果军区表态说哪一个组织犯了错误，特别是路线错误，这个组织就会马上分崩离析、土崩瓦解、臭名远扬。各县的武装部掌握着各县的最高权力，下延到各公社武装部及其所控制的民兵组织。

在广西工总发起夺权之初，军区表态支持了他们的"革命行动"，肯定了他们的斗争大方向。于是，其他所有组织也就紧跟其后，展开了全面夺权。不知何故，没多久，军区又突然改口，指责工总犯了方向路线的错误，于是就掀起了砸烂工总的斗争浪潮。自此围绕着砸工总的问题，开始形成两种不同意见的分歧，工总的人自认为他们没有错，他们顶着军区的表态，坚持斗争，有部分群众组织和学生组织也反对砸烂"工总"。而另一部分组织则认为军区支左办公室的意见是代表中央的，肯定是对的，所以也就支持砸烂"工总"。自此，所有的群众组织便开始分化为相互对立的两派。两派由互相指责，逐步升级为互相攻击，并开始出现小规模的暴力武斗事件，形成势不两立的敌对组织。双方都以毛主席语录"凡是敌人反对的，我们就要拥护。凡是敌人拥护的，我们就要反对。"来作为自己斗争方向的判断标准。

随着让谁（区党委原领导）站出亮相和结合的争论，原来追随军区支左办公室的一派，自然就支持韦国清。韦国清是区党委书记，又是军区政委，自然有权有势，军区支左办公室就在他的掌控之下。又加上3月13日周总理代表中央，要韦国清站出来参加革命的三结合，担任广西军管会主任，这就进一步有力的证明，韦国清在中央、中央文革乃至毛主席眼中的政治形象和地位。支持是相互的，支持韦国清的组织，自然也就得到韦国清的支持，这就是政治交易。

另一派则是支持原区党委书记处书记伍晋南等人。这一派原来

---

2 同上《广西文革大事年表》第15页．

在"砸工总"的问题上，为了自己的生存，已经和军区站在对立面上，自然就反其道而行之上成为"反韦派"了。在寻找政治依靠的对象时，也只能选择伍晋南等人。然而伍晋南等人原来的地位在韦国清之下，又没有军权，与韦国清的实力对比，显得无权无势，这本身就是"反韦派"先天的劣势，但他们坚信"造反有理"，坚信自己是紧跟毛主席，最终会得到毛主席的支持。

自中央要韦国清出来担任广西军管会主任，这就无异于肯定了韦国清在广西的地位，同时也就肯定了"保韦派"组织的性质和斗争方向是正确的，也就有力地助长了"保韦派"的气势。"反韦派"为此而遭到了沉重的打击。于是"反韦派"组织了反韦的游行示威，对军区的支左工作也提出了质疑和反对。并于4月22日成立了南宁"422"火线指挥部，之后改为广西"422"革命行动指挥部，简称广西"422"。到了5月25日，"保韦派"也就针锋相对的成立了"525"指挥部，之后改为"广西无产阶级革命派联合指挥部"，简称广西"联指"。自此就形成了形同水火，势不两立的两派组织，斗争的形式、手段在不断地升级，蔓延整个广西的所有城市、农村。[3]

七

在广西各大城市已经出现的两派对立的形势下，我们的家乡，学校都还没有出现什么不同观点的争论。我们对韦国清、伍晋南的事情知道的不多，只知道韦国清原来是广西区党委书记，而伍晋南是什么人物、身份，则一无所知。听说韦国清在柳州、桂林被群众拉出来游

---

[3] 广西以"保韦"或"反韦"观点不合，分裂为对立的两派组织，"保韦"派在广西形成自上而下系统严密的广西"联指"；"反韦派"组织的名称比较复杂，南宁市"反韦派"各系统各部门组织名称各异，统称"422"，桂林市的"反韦派"组织有"桂林老多"或"桂林造反大军"；柳州及其他地、市、县"反韦派"组织统称"造反大军"。柳州铁路系统"保韦派"称柳铁钢"联指"，"反韦派"统称"柳铁工机联"。以下为行文叙事方便，凡涉派别区分叙事的均以"反韦派"或"联指派"称。各地"反韦派"组织则以南宁"422"或"××造反大军"称谓。

斗，出于本能的对弱者的同情，对他的遭遇我在内心里为他抱着不平，认为他自小就跟着韦拔群参加革命，参加红军，出生入死，为共产党，为新中国立过多少汗马功劳，他怎么可能是走资派、反革命呢？对伍晋南等人也是如此，我不相信他们是反革命。我对于他们的被游斗，都给以如彭德怀似的，出自内心的同情。

县完中的韦云哉原来是我们一个学校的初中学长。他率领着一批男女学生，意气风发，豪情满怀来到我们街上，并带来了"反韦"和"保韦"不同观点的争论。他们在三都下街的'底下白坟'（地名）搭起了舞台，表演了一些他们自导自演的，带有侮辱嘲讽性情节的文艺节目，并发表演说，散发传单，宣传他们的反韦国清的观点。

韦云哉初中时是我们三都中学的学长，就是学校的学生干部，有副好口才，又仪表堂堂，有一定的号召力和组织能力。他出生于本公社偏远的三合大队，是正宗的贫下中农子弟，根正苗红。他对于农民的生存状态体验深刻，对农民的心理也理解至深。所以，他的演讲具有极强的感染力。他说："这些年以来，韦国清作为广西的党委书记，忠实地执行了刘邓的资本主义路线，给我们广西的广大贫下中农吃了二遍苦，遭了二茬罪。在大炼钢铁时，把我们贫下中农的锅、铲、瓢、盆都拿去炼钢，搞得我们有米都没有办法煮饭；把我们祖宗世代留下的老树山林砍得精光，把所有山头搞得光秃秃的，柴火没有地方要；搞反瞒产、浮夸风，亩产十三万斤，欺下瞒上，弄得我们贫下中农浮肿挨饿，贫病交加，饿殍遍野。现在，毛主席发动了'文化大革命'，就是要清算他们这些走资本主义道路的当权派，造他们的反，我们革命的红卫兵小将和贫下中农，就是要舍得一身剐，敢把皇帝拉下马，把韦国清这样的广西土皇帝揪出来，打翻在地，再踏上一只脚，让他永世不得翻身。"他演讲时声情并茂，慷慨激昂，演讲完毕，又接着领头振臂怒呼口号："打倒刘邓资本主义路线，打倒韦国清……！"群众听了他这番演讲、鼓动，再联系自己眼下的政治、生活现状，特别是六零年前后那三年的悲惨生活，无不感同身受，义愤填膺，都认为他讲得有道理，甚至认为从省到县、到公社、到大队的这些干部都应当对这一切负责。

农民群众并不真正理解这场"文化大革命"的政治意义，他们只是直观的，从他们自己切身的利益去体验，去感受和理解。这些年来，他们的生活，他们的遭遇，他们的苦难，一直没有倾诉的机会，甚至没有人敢于把这一切当成是苦难。他们天天在饿着肚子，却又不得不参加各种各样的忆苦思甜大会，去控诉旧社会的罪恶，去赞美新社会生活的幸福、甜蜜和美满。他们总是在极不情愿的情况下，去做一些自己不想做的事，去说一些自己不想说的话。现在，终于有人敢于在大庭广众面前，说出了他们想说而不敢说的话，对他们不堪忍受的现实提出批判和否定，解答了他们心中郁积已久的疑问，他们便很容易接受这样的观点。

什么是社会主义？什么是资本主义？他们并不真正理解。这些年来，他们百遍千遍地唱熟唱透了《社会主义好》这首歌曲。在街边的墙壁上，在公路边的山崖上，到处都可以看到"社会主义好！"的大幅标语，但他们无法从自己的亲身体验中，去感受这社会主义的"好"。这些年来从大跃进、大炼钢铁到人民公社，到公共食堂，他们所亲身经历的是实实在在的饥饿、浮肿和死亡，这样的亲身感受，无论如何与"好"字是搭不上边的。既然这些年来，他们的生活境遇不好，那么，他们的结论就是：这些年来，他们所过的就不是社会主义的生活。

韦国清是广西的第一把手，这广西的资本主义就是韦国清推行的，自然就应当像刘少奇一样的被打倒了。按这一逻辑，这整个广西从上到下大大小小的干部，都应当是被打倒的对象。老百姓们从自己的利益的角度思考，从内心深处里期望着能通过这场运动，从这种现状中解脱，但他们又讲不清楚自己所期待的是什么？所以他们倾向于通过打倒韦国清来达到他们的期望。但他们大多数人不敢公开表露自己的观点。只能在思想上成为"反韦派"的支持者。

另一部分人，除了各级的领导者外，主要的就是那些领导者们鞍前马后的忠实的追随者和执行者，他们平时为那些政策的推行立下过汗马功劳，得到过领导们的赞赏鼓励，同时也不少在人前人后，炫耀过自己非同常人的政治地位。他们自恃根正苗红高人一等，他们自认为只要紧跟着这些领导，把他们保住了，自己就有了入党升官的机会，就会获得更大的政治特权，就会获得更大的利益。假若那层层级级的领导者都被打倒了，他们那一点既得的，可怜的特权也就不复存在了，甚至反而会变成受众人唾弃的把柄，连五类分子都不会把他们放在眼里。他们很清楚"皮之不存毛将焉附"的道理。为了维护他们的既得利益，就一定要维护领导者的正统地位。这些人就是那些各级的干部、民兵，还有那些平时受干部青睐的所谓的"积极分子"。他们便成为当然的"保韦派"了。

八

开始时农村没有造反组织，分不出营垒、阵线，也就形不成对立。

农村的权力仍然掌握在公社、大队、生产队的当权者手中。虽然运动初期，那些当权者也曾被一时冲动的群众拉出来游斗过，由于共同的遭遇，形成他们上下级间同进退、共存亡的利害关系。在他们上下级之间出于共同的需要，他们相互依赖和支撑，还能够牢固的控制着自县以下的各级行政权力。前段时间的夺权，没有上一级权力机关的正式认可，群众对这样的夺权也并不信赖。在农民的思想意识中的封建正统观念是很牢固的，不可动摇的。他们看到夺权者与被夺权者都高举着相同的旗帜，山呼着相同的口号，他们认为，这种斗争的输赢自古以来早有定论，最终败北的还是民。尽管当初对当权者的批判，在一定程度上排解了老百姓心中的一些怨气，但是，没有哪一级机关的正式文件宣布撤他们的职，所以，他们的权力还在，他们还可以"挟天子以令诸侯"，所以在生产、生活乃至革命，还得当然的听命于他们。

当韦云哉他们"柳江联战"来到这里，点燃了两派斗争的火种后，公社中学里在校的学生当中酝酿着不同的倾向。这些年轻幼稚的初中学生们没有那么高的政治分辨能力，自小受到的革命英雄主义的教育，给他们蓄积了足够的青春的冲动，他们都在跃跃欲试，极力地想表现自己的政治水平和革命天赋。在平时学习当中自然形成的革命意识，造就了他们不甘落后的激情，他们把这场运动当着学习和锻炼，当成不可多得的革命实践的机会。在一切重在政治表现的年代里，大家都想争着表现自己政治上的成熟。

他们也把这运动当着一场球赛，凭着他们的观察力和判断力，去猜测这场球赛的输赢，然后把自己的前途作为赌注，他们的政治赌博并不存在正义与非正义的考量，他们只把赌注押在自己认为赢的一方，如果赢了就是赢得了前途。但是他们并没有预料到，这场赌博竟然是以青春和生命作为代价。

三都中学里唯一的一个学生组织，他们在前阶段的运动中，在学校里与一些老师组成的战斗队的斗争中，获得了完全彻底的胜利。在学校的夺权中，与一些自认为是革命派的老师组成联盟，成功的夺了权。且他们的夺权也得到了当时公社一级权力机构的认可和默许。他们成为学校的独一无二的实权派。与公社里新实权派自然而然的组成了联盟。

此时，在三都还没有真正的"反韦派"组织，只是在"柳江联战"下到各公社进行宣传鼓动后，才开始形成了一部分群众思想中的反韦国清的观点。三都中学里，原来有一些老师组成的组织，因为孙国光老师的失误而不得不自行解散了。到出现两派斗争时，他们也就不敢表达自己的观点，只有一个教英语的黄绍林老师公开表明了自己"反韦派"的观点，他与各个年级的极少数学生组成了一个叫"新一中"的"反韦派"观点的组织。与背后有实权作后台的"617"难以同日而语。

我和思学对这场"文化大革命"运动的理解和认识，是比较一致的，我们都认为这是高层的权力斗争。这样的认识来源于串联中获得的信息。但到目前止，斗争各方的阵线还不明朗，都举着相同的"捍卫毛主席革命路线"的旗帜，呼喊着相同的"革命无罪，造反有理"的口号，我们根本无从辩识谁对谁错。但是，从我们看到的家乡的情况，不免令我们有所忧虑：那些原来受领导们青睐的人及民兵们和红五类，依然是最得势的人，他们依然对有权力的领导者言听计从的追随。依然是他们在狐假虎威的抄家、整人。而也就是这些人，他们依然是从上到下的，系统完整的维护着旧的路线，以及干部的权威。正是这些人最热衷于高喊支持韦国清。那么建国以来，那些错误的政策造成的灾难该算在谁的头上呢？这种现象似乎与"文化大革命"的目的背道而驰。基于这种忧虑，我们从感情上倾向于弱者——那些没有权没有势的"反韦派"组织。

运动的发展，远远不是我们所想象的那么简单，当这场运动发展到需要用鲜血和生命去面对的时候，出于对个人命运和前途的担忧，我们身不由己，无法回避地被卷入其中，最终成为这场运动的牺牲品。

第二十三章　文攻武卫

一

从乌鲁木齐回来后，我们正在为自己能得此机会，游览了大半个中国的壮丽河山而自觉满足，正欲不管天下事当个观潮派，安心在家当个农民的时候，形势的发展，逼迫我不得不为自己的命运和生存而忧虑，不得不做出抉择。城市里派性斗争的烽火，燃到了我们这紧邻柳州的县城，又由县城完中的学生带到我们这小小的，公社所在地的农村集市。我们看到，"保韦派"基本上都是红五类及民兵。而在群众中所表露的思想观点，则都是"反韦派"的观点。当时普遍在群众中流传着"支持伍晋南粮食吃不完"这样的口号。由此可见，农民群众的造反，就是冲着粮食，为着不再饿肚子而造反的。但是农民群众也从"保韦派"的人员构成中意识到，"保韦派"是代表着官方的，是有权有势的。而"反韦派"则绝大多数是无权无势的平民百姓。自古以来民不与官斗，所以绝大多数群众只是有观点而不敢公开，更不敢参加到组织里去。我和思学和绝大多数群众的观点是一致的，我们同情弱势的"反韦派"。我本来也不想参加到组织里去，因为我清楚一点，即不管哪一派都不可能不搞阶级斗争。像我们这样出身于地主家庭的子女，宁可当一个逍遥派，一派也不参加，一派也不得罪。但是，我们还在串联中，就曾经从各种小道消息中获知，一些地方已经出现对"黑五类"及其子女的屠杀事件，我不得不为我个人的生存和命运而担忧，这场运动没有逍遥派可言。我们只能选择参加一个不歧视、不排斥、不嫌弃我们的组织。在广西的两派中，只有"反韦派"能够接纳我们这样的人。参加到组织里，有个组织作依靠，就不至于成为任人屠戮的羔羊，至少有机会挣扎以求自保。从"保韦派"的人员构成中可以看到，在"血统论"盛行的时候，他们都是"血统论"

的吹捧者，为了标榜他们的革命，注定了要把"黑五类"子女作为他们革命的垫脚石，他们歧视的对象。在这场两派斗争的政治赌博中，从两派实力的对比中，"反韦派"获胜的可能性是渺茫的，但我个人认为至少还可以赌一把，或许侥幸免于失败的机会。特别是经过了1967年8月24日从北京传来了周总理的"824"表态，加上作为柳江县支左部门的县武装部政委宋吉月也已经表态支持"反韦派"，我庆幸自己选对了边。甚至一度相信"反韦派"是得到毛主席、周总理、中央文革支持的革命造反派。但是，后来的事实证明了我当时的认识都是错误的。从我一家人在这场运动中的遭遇而言，我们成了这场运动的牺牲品。值得庆幸的是，我参加到"反韦派"组织中，唯一正确的就是：我们没有像湖南道县或广西全州一些地、富家庭被全家杀绝的灭门惨祸。在广西刮起"对阶级敌人的十二级台风"的时候，被杀害的，多是那些没有参加组织的，"反韦派"观点甚至不是"反韦派"观点的群众和五类分子及其子女们。

二

我们这三都圩上有文化的，识得字的，看过些古典名著的人不少，如黄三叔、宗英伯，对《西厢记》《红楼梦》《水浒传》《三国演义》等书中的故事，都耳熟能详，口述如流。文革前那些相对平静祥和的日子里，每当茶余饭后闲暇时，街上的老老少少都喜欢聚集在街边骑楼下，听他们摆古说书讲笑话。

黄三叔是个老江湖，见多识广，且有些玩世不恭，善于调侃，爱讲些《西厢记》《红楼梦》中的故事，爱议论些市井传闻，借古讽今。

宗英伯与黄三叔素来有些嫌隙，宗英伯是当过兵的，为人耿直，所以他就不屑于黄三叔的"下九流"的人生经历。但他们两人都有一股天不怕地不怕，直率敢讲的性格。宗英伯平时就爱讲些《三国演义》中的"刘、关、张桃园三结义""刘备三顾茅庐""诸葛亮三气周瑜""曹操煮酒论英雄"之类的，还有《水浒》里的一百零八条好汉等等，一些英雄豪杰的故事。他讲的故事，在正宗小说，古典名著中都有出处。对书中人物的议论，他都习惯以民间主流观点加以评价：如对呕心沥血、励精图治，受百姓爱戴，但最终却丢了天下的刘备和诸葛亮赞誉有加，奉为千古豪杰，世代英雄。

受他的观点影响，在我们的心目中，对刘备为了百姓免遭屠戮，扶老携幼的，带着数千百姓逃离新野、躲避追杀，为了百姓的安危，宁可将自己的亲生骨肉掷之于地而不顾的爱民故事记忆深刻。

人们习惯于骂曹操为"挟天子以令诸侯"的盗世奸雄。对于曹操所到之处，屠戮百姓、诛杀无辜，反倒得了天下，总是有些愤愤不平。特别是他恩将仇报，残杀了有恩于他的吕伯奢一家后，毫无自责之意，还以"宁可我负天下人，不可天下人负我"为自己辩解。他的残暴、卑鄙让世人唾骂和不齿。尽管曹操能破吴灭蜀，一统天下，但人们却并没有把他当英雄，只是把他看作是多疑而善施权谋诡计的奸雄而已。

刘备之得人心而失天下，曹操之得天下而失人心，让我们悟出了一些道理：得天下者不一定是人心所向；得人心者不一定能得天下。群雄烽起，胜败靠的是谋略和实力。

当时的全国形势，给一些老于世故的，经历过沧海桑田、世代变迁的老人们，都有一种天下纷争，群雄逐鹿的错觉。人们挥舞着相同的旗子，高呼着一样的口号，都想"挟天子以令诸侯"。学生们更是争当革命的闯将，造反的先锋，一展"数风流人物，还看今朝。"的革命抱负。

我和思学串联回来，自觉见多识广，我们认为"打倒"谁，"支持"谁，这不过是一个号召人的口号而已，其中并没有多少正义与邪恶的比较，也没有多少是非错对之分。这口号就是个赌桌上的骰子，口号喊得对了，自己就是革命，就有前途。一旦喊错口号，抱错了佛脚，毛主席、中央文革讲句话、表个态，说你是反革命组织，你就会被一脚踏在地上，永世不得翻身。这是一场揣摩"裁判"心思的赌博游戏。

我们没有揣摩好"裁判"的心思，我们信奉"得人心者得天下"的信条，打出了"打倒韦国清"的旗号，我们自以为顺应民心。

一开始我们就错了。我们错在喊错了口号，抱错了佛脚，我们被"造反有理"的口号蒙蔽了理智，我们居然真的把自己当成革命的闯将，毛主席的红卫兵。我们压根儿就不知道，韦国清的倒与不倒，不是取决于我们要不要打倒他。我们在没有揣摩透"裁判"心思的情况下，贸然地去充当这个急先锋，要去打倒他。而且我们要打倒他的理由，竟然是以否定这些年来的农村政策为前提，我们错误地把这些农村政策，归咎于是刘少奇和邓小平所制定和推行的，我们以为他执行的是刘少奇的路线，结果却是适得其反，他原来却是毛主席司令部的人。他作为第一书记和政府主席的广西壮族自治区所辖的环江县，可是全国水稻亩产十三万斤的卫星县。正是他为毛主席所极力倡导的大跃进、人民公社立的头功。而我们反把他的"功劳"当成了罪行加以声讨，我们其后的下场也就不难解释了。

　　这就是我们"反韦派"的幼稚和无知。这当然是由于我们不知道，也不可能知道这些农村政策出台的内幕。我们不愿意相信，也不敢相信，这些年来，造成全国性灾难的政策，会是在毛主席领导之下制定的，是毛主席所极力主张推行的。而恰恰相反的是，刘、邓正是因为被毛主席认为不积极推行毛的政策，才导致毛主席发动了这场"文化大革命"来革他们的命。

三

　　广西两派组织的矛盾和争论，中央文革和毛主席不可能不知道，韦国清也不会愚蠢到，不把这些对他的政治生命极为有利的资料和情报，不添油加醋地报告到中央文革和毛主席那里去。陈毅元帅在被批斗时，引用了毛主席的一句话："陈毅是个好同志！"而化解了眼前的危机。而韦国清岂会错过这种机会？

　　毛主席那么英明伟大，他不可能不知道广西的人民大众要打倒韦国清，所期望得到的是什么，这期望恰恰与他发动这场"文化大革命"的初衷背道而驰，这是绝不容许的。我们的无知和愚蠢，是为自己掘好坑，然后自己往里面跳。

我和思学与建陆三个同届同学一起，成立了一个组织，号称"革命造反大军六六战斗团"，后来就简称为"六六战团"。我们以"六六"为我们的组织冠名，用意在于为了纪念我们是六六届毕业的，"文化大革命"发动也是六六年六月。到后来全广西的"反韦派"都号称"造反大军"的时候，我们也就在"六六战团"前面冠以"三都造反大军"的前缀。我们的观点口号就是要打倒韦国清。我们的口号得到街上父老乡亲们的支持，街上唯一的"革命烈士"的弟弟张鸿坚把他家给我们作为临时的活动场所，我们得以使用现成的裁缝案板作台桌，抄抄写写。

　　参加我们这个组织的都是些本街儿时的发小刘智川等等小学时的同学，大部分为三都农中的同学，绝大多数人的年纪都在十五六岁上下，还都属于少年。还有我们一些同校同届同学如韦星慧、韦荣恒以及少量低年级的同学，他们都是家在远处村上的，只是来赶圩时，要些宣传资料回去发动群众。之后，本公社内，各大队村上的社会青年，也陆续来表示加入我们的组织，他们都是生产队的社员，是劳动力，要参加生产劳动，没有时间参加我们的活动，也是来拿些我们油印的传单、资料，回去搞搞发动群众、联络人的工作。

　　我们的人不多，平时活动的就十来个本街的和附近村上的学生，我们组成一个文艺宣传队，我和思学和建陆负责抄写大字报，刻蜡纸印传单，其他人就练练唱歌、跳舞，搞文艺表演。

　　建陆是个聪明又老实的，品学兼优的学生，在小学时，他是我们的班长，他学习刻苦，写得一手好毛笔字，画得一手好画，成绩一直是班里最好的。进初中后，以地主的家庭出身而能加入共青团，实属少有先例的凤毛麟角。他的聪明得益于他前辈的训导和自己的刻苦。他的爷爷曾在国军中任过文书，他父亲原来在南宁工厂里是八级木工，专搞模型制作，早几年因成分不好才被清洗回家务农。

　　智川和他弟弟与我，是从小就常在一起玩的好朋友，他爱唱歌，也唱得一嗓子好歌，还会弹奏吉它。他有一支气枪，我经常和他们兄弟俩一起，到营盘街的菜园里打麻雀，他的枪法极准，可以单手持枪把麻雀从树上打下来。

他家是做小买卖的，卖些糖果、酱醋、煤油、针头、线脑等杂货，他们家生活算是较宽裕的。他长得一双明亮有神的大眼睛，一张圆润白净的脸蛋，模样俊秀而帅气，性格阳刚而风趣、幽默又大方，是女孩子们喜欢的那种类型。他是我们组织的骨干人物，他比我小一岁多，此时他也就十五岁左右，还都是不谙世事的朦胧少年，但却过早地受到了革命的启蒙，带着童趣淌入这种政治运动的洪流中来。

干革命总是要有点本钱的，我们没有活动经费，在运动的文斗阶段，笔墨纸张是要有的，我们到公社里想讨些笔墨纸张，但没有人理会我们，我们就自己打开几个干部的宿舍，翻找笔墨纸张，却什么都没得到，但毕竟把人家的东西翻得乱七八糟的了，这就是我们的一次"打、砸、抢、抄"。

其实这样的体验，早在运动之初，我就已经"被"体验过。当初的红卫兵和民兵一起，到我家进行过"破四旧和横扫一切牛鬼蛇神"的革命行动，家中二哥三哥所钟爱的书籍都被作为毒草抄走一空，父亲的药书也未能幸免。

我们的"打、砸、抢、抄"行动，受到了当时公社里一个"联指"派的年轻干部的大字报的指责和攻击。我们也以大字报的形式进行了针锋相对的反击。这也就是我们这地方所出现的派性文斗的开端。

那个年轻的公社干部是二哥同届毕业的高中生，和二哥一起参加了高考，没考上，因家庭出身好，平时在学校的政治表现又好，没考上大学，但给县里录用了。他自恃文化水平高，自以为他的一张大字报就会把我们这些少不更事，乳臭未干的毛头小子骂得无言以对。不曾想我们也是经过风雨见过世面的，在串联的浪潮中取过经回来的。我们在大字报中，针对他上纲上线的给我们戴上的一堆"帽子"，我们也针锋相对地，用当时最为流行的词语，引用毛主席语录中对我们最为有利的章节，一一把他驳倒，强词夺理的为我们的"打砸抢"辩解。最后还把他的大字报当作他的"唾沫满天飞"来嘲笑他的自取其辱。我们的反击深深地触怒了他。

之后不久，一个圩日里，在圩亭下，发生过一次几欲酿成武斗的辩论。我们在争论中，极力论证这些年来农村政策的错误，以唤起广大的贫下中农对农村现状的不满，并把这些责任归咎于韦国清。以博取群众的同情和支持。我们在临时用几张板凳搭成的讲台上做演讲，我们得到了群众的赞同和支持，但我们也马上受到了一些，显然是没有组织的群众自发的反驳。不过他们讲的话很有逻辑性，我们不知道他们的身份，但从他们的外表和装束看，可以肯定他们是农民，是有文化的农民。他们说："解放（当时都习惯于以解放作为新旧社会的分界线）以来，所有农村执行的都是毛主席党中央发下来的中央文件，从省到县，到公社，到大队，执行的都是同一个文件，这些文件和政策，都是在毛主席领导下制定的，你们讲这些政策是错误的？那就是说毛主席是错的"（给我们戴了一顶大帽子）。我们说这些政策是刘少奇制定的。他们质问我们："是毛主席官大还是刘少奇官大？这些文件没有毛主席的同意谁能发得下来？"我们没有办法就这个问题进行反驳，只好转移话题，说中央文件没有规定要亩产十三万斤吧，为什么我们广西要搞个亩产十三万斤？不是韦国清，谁能汇报到中央去？他们又反驳说："搞亩产万斤也不光是我们广西搞的，全国都在搞，也不能怪韦国清！"我们听了也觉讲得在理，就不想再就此继续争辩，想转移话题，就说他应当负有领导责任。这时人群中有一个老农好像是有备而来，我认得他是本大队一个生产队的老贫农，而且是我一个小学同学的父亲，他儿子小学没毕业，就因为那几年饥荒饿肚子而辍学。他自己是个文盲，他显然是有备而来，他一开口就冲着我喊："你这个地主崽，你来这里放什么毒？你想翻天？"并气势汹汹的扑过来要打人，但给周围的群众给拦住了。我们也就趁势退场，免得发生武斗。

四

柳江县城位于柳州市南11公里处，可以说近在咫尺。柳州市里运动发展的动态，两派间斗争的一举一动，县城里相应的两派组织随时都可以得到消息。而我们公社下面的组织又都是看着县城里的动态。

在我们当地的两派组织成立起来的时候，柳州市里就已经到处在发生着不同规模的武斗，不时地传来有打伤人，甚至于打死人的消息。开始时是使用一些从工厂里，用机械设备制造的冷兵器，如砍刀、匕首、长矛、甚至如一些很原始，很传统的九节鞭、双节棍之类的武器。有个"柳铁工机联"的姓全的工人师傅带着两个人曾到过我们街上找我们，给我们宣传一些外面的"文化大革命"形势，提醒我们也应该有所准备，做好"文攻武卫"的思想准备。他们还向我们展示了他们身上带的，自己在工厂里用锉刀加工制造的匕首。

他们还说，在其他的地方，派性斗争已经由开始的大字报和口头辩论，发展到你死我活的武装斗争，动用了枪炮。如重庆的两派都动用了部队军火库的新式武器，半自动步枪、五六式冲锋枪、大炮，甚至坦克都用上了。而且有些地方的部队也都参战了，死了好多人。湖南的"湘江风雷"也已经打起来了。他还说，形势的发展，不以我们的意志为转移，在我们广西南宁等其他地方，也都用上了真枪真炮。我们和他们（指"联指"）的力量对比，相差太悬殊了，几乎所有的民兵都是他们那边的，他们手里有现成的枪，一声令下，他们就可以调动起来，而我们却是两手空空，要是打起来，我们就会吃亏。毛主席号召我们要"文攻武卫"，要提高革命的警惕。

面对着当时的形势，我们心中有恐慌，但也有兴奋。恐慌的是，一旦对立派突然对我们下手，我们赤手空拳，后果不堪设想。让我们感到兴奋的是，我们终于有机会真枪真刀的干革命了。

全师傅他们走后，我们也开始有所准备。我们到思学他们村去筹划准备，他们村的群众是我们最坚决的支持者，而我们街上虽然也都是支持我们的群众，但这些街上人都是来自四面八方的，不是一个家族宗亲，再一方面，这些街上的生意人精得很，这是生死攸关的大事，胜败还没有明朗之前，他们不想过早的暴露自己。思学他们村的群众基本上都是一个宗族的，再加上思学在他们村有一定的威望，他的威望一则来自他父亲当时的地位，再则也是他平时敢于和他父亲对抗的精神，而得到本村父老的信赖和支持。

我们到街上打铁铺打制了十多把标枪，准备了一些棍棒，就在村里每天晚上习起武来。由裕万叔教我们，裕万叔是振歧他父亲的真传弟子。振歧他们家过去是村里有钱的地主，土改时所有房屋田地财产都被分光后，被赶到中南村去住。他父亲解放前是这一带有名的拳师。村里的年轻人都是我们的人，这个村的人都具有敢做敢当的性格。

村里还有个武装民兵班，有一挺捷克式机枪，还有十条七九步枪，虽然这时他们的态度还没有明朗，但他们家里都有子弟参加了我们的组织。

我们的习武练拳，实际上没有什么实战意义，但也起到一定的军训的作用，至少为日后的武斗作了未雨绸缪的人员准备，这也是思学在村里大人们的支持和指导下的，在"武装斗争"上的初露头角。

山雨欲来风满楼，我们正做着应付武斗的准备。外面武斗的消息已经不断地传来，柳州市里两派，都在互相指责着对方抢夺解放军的枪支。打死人的消息也越来越多了。

在县城，柳江"联指"派已经把县城附近的民兵调到县城去，支持县城"联指"派，造成对县城"反韦派""柳江联战"的武装威胁。

县城的两派组织都在酝酿着先下手为强，抢夺县武装部的武器弹药。终于在8月27日到29日的几天里，在县城暴发了两派先后抢夺县武装部武器库的事件。"柳江联战"抢得的武器中，大部分是残破不全的，只有部分是可以用的。

这一天，参加抢枪的除了"柳江联战"的学生外，还有各公社在本地由于势单力薄，受打压而避难来县城参加"柳江联战"的"反韦派"成员，也都参加抢枪的行动。我们公社的也有极少数几个社会青年，他们认为我们的组织没有实力，就自己跑到县城去投奔"柳江联战"。而"柳江联战"都是由县完中的学生组成，他们为了保持自己组织的纯洁性，又不太乐意接纳这些从各公社来的，成分较为复杂的成员，怕会影响他们的政治形象。所以那些人都是自发参加的。他们抢得枪后，"柳江联战"为了保持武装实力，才同意容纳他们，事实上是为了保留枪支武器。有了武器，就有了实力，于是在县城开始形成了武装割据的局面。

当"柳江联战"手中也有了一些武器后的 8 月 30 日的凌晨,两派真枪实弹的武斗就在县人委大院里发生了。县九九分队的指导员韦善图试图制止这场武斗,但却被县委大院中的"联指"开枪把他打死了。

五

三都到县城相隔 20 公里,县城里发生的抢枪事件,我们是事后才知道的。我们没有赶上这一次抢枪行动。事后快一个星期,我和思学想到县城了解一下情况,顺便想找"柳江联战"的韦云哉,试探一下他能否给我们提供一点援助。

到了拉堡,我跟思学先去县武装部里看他父亲。一则想去听听武装部里的人,是如何看待这次的抢枪事件的。因为武装部是县里的支左部门,是当时的实权部门。二则想听听思学他父亲对两派的态度。我们两个人到了他的宿舍里,也不见他招呼思学吃饭,只听到他以一种教训的口吻,对思学说道:"你们两派都说自己是革命造反派,这不是自己说了算的,搞派性是不对的。你(指思学)要好自为之,是好头头、坏头头,将来才知道"。当时正值周总理的"824"表态没过多久,冲着他的儿子是广西"422"派的,他作为支左部门的官员,理应为此而高兴,并应当态度明朗的表示鼓励和支持。但是,他却表现得态度如此暧昧,显然是与他们的上级的态度有关。此时,他们武装部正在开展夏季征兵工作,他提示思学去报名参军。他的用意是明了的,他只是想让思学脱离派性的争斗。但是他又不便于直白的叫思学不要参加这场运动,唯恐被人说成他反对"文化大革命"。凭着他当时的地位,只要思学想去当兵,那就不是什么难事了。但思学却向他提出了一个不切实际的要求:要他答应我和思学两个人一起参军。由于他当时并不知道我的政治背景,他只是含糊地答道:"不是想当兵就能去当兵,先去报名,经过体检合格后,还要经过政审合格了才行。"

我真的不识好歹地跟着思学到了县医院去报了名,也参加了体检。在报名的时候，我也如实的在报名表上的家庭出身一栏，写上了我的家庭成分。那些武装部的工作人员见我是跟着思学一起去的，当时也没说什么。只是象征性的叫我去量量身高，称称体重，以及检查了一下眼睛的视力。然后对我说："你现在还太小，过几年大点再来吧。"我知道这是冲着思学他父亲的面子，对我的客气话。至于思学，不说是凭着他父亲的职务，就凭着他的身高体格，当个兵是绰绰有余的。但是，当思学听了那个武装部的人对我说的那般话后，没等做完体检，就毅然拉着我走了。可以说他是为了我而拒绝了一次决定他一生命运的机会。也就此写下了我们两个人在其后的腥风血雨中风雨同舟、生死与共的人生经历。

我和思学从医院出来，直奔文化宫找韦云哉，他答应给我们一箱七九子弹。我们用麻袋包着那箱子弹，放在单车尾拉回到思学他家藏着。后来我们用这些子弹，组织村里的民兵进行了一次实弹射击训练。我们训练的枪声，引起"联指"派组织及民兵们的恐慌，他们也就把本大队的民兵都集中到板元村他们的据点里，准备对付我们。而思学家所在的边山村的民兵已经不再接受他们的调动了。但这时还没有形成武装对峙的局面，这圩场还是三天一圩，所有的人还照常来赶圩。双方都在高喊着"文攻武卫"口号，尚没造成武装冲突。

外面的局势越来越严峻，武斗在不断升级，各地农村"反韦派"的成员纷纷被迫逃到南宁、柳州、桂林、梧州等城市避难。只有少量的县城还存在着双方力量的对峙。所有的民兵都已荷枪实弹，严阵以待。要开始对"反韦派"进行镇压了。

此时也不断传播着小道消息：湖南的道县一带，由民兵组成"贫下中农最高法庭"，大量屠杀不同观点的群众组织"湘江风雷"成员和地富分子及其子女。广西的全州县、兴安县也相继出现了"联指"民兵以"贫下中农最高法庭"和"群众专政"的名义，屠杀"反韦派"组织成员和地、富分子及其子女。[1] 为此，我在思想上承受着不同于

---

1 同上《广西文革大事年表》第 53 页："仅全州县一个大队，两天内集体坑杀七十六人，由此造成成批乱杀的局面，后果极其严重。"

他人的双重顾虑。

  我们感觉到我们已经成为待宰的羔羊。如果我们仍然赤手空拳，束手待毙，将随时都有可能遭到血腥的屠杀。到 11 月底，我们便与村里和街上的大人们商量，如何应对这种局面。我们认为，我们应该想办法采取行动，多掌握一些枪支武器，做好应付突发事件的思想准备。我们除了现在所能掌握的村里的一个民兵班的武器以外，没有其他办法，其他村的民兵，其他大队的民兵都不是我们的人，而且又都分散在各个村子，如果发动抢枪行动，我们也没有那么多力量，顾及不了那么宽的地域。抢枪本身就是以赤手空拳去应对荷枪实弹，只能是以突然袭击的方式，而那些民兵却都是早有准备的。抢民兵的枪支不同于抢解放军的枪支，部队是有纪律，听命令的，不会随便开枪。民兵则不一样，他们早就手痒痒的，平时只能背背枪做个样子，逞逞威风，却苦于找不到真枪实弹的活靶子，没有机会表现自己对革命的忠诚和显示实战的技能。养兵千日，用兵一时，他们早已求战心切，更何况他们是有政府的领导，代表着政府，而政府又把他们当作"群众的代表"。对于人民群众，他们自己的行为可以说是代表政府；而他们代表政府的行为，政府为了逃避责任，则可以为自己开脱为"群众的自发行为"。因为他们具有这样特殊的双重身份，也就可以毫无顾忌、为所欲为。我们赤手空拳的去从他们的手中抢枪，无异于自动的给他们送上门去找死，给他们把我们当着实弹射击的活靶子给练了。他们不会像解放军一样有纪律约束的顾忌。

  我们想来想去，只有一个目标，就是公社的粮所仓库里的民兵，是集中住在仓库里的，但我们不知道他们有多少人多少枪，就把粮所民兵定为我们行动的目标。我们找来街上几个支持我们的父老大人们，他们有街上生产队的队长，老贫农等，让他们给我们出出主意。

  我们把行动的时间定在了 12 月 2 日。还有 5 天时间的准备，我们分头通知各个村子的成员。我们当时根本没有"革命斗争"的经验，没有充分认识到这种斗争的残酷性，没有对可能出现的后果做过估计。我们像小孩玩游戏一样，不懂得什么"保守秘密"，就风风火火的忙乎起来，到处串联人，通知人。

到了12月2日，各大队各村得到通知的人一大早就来到街上集中，然后才分派任务：思学他们村的人就负责掌握好他们村的那批枪支，那些民兵愿意参加的就参加，不愿参加的，就把枪交出来，由我们的人掌握。其他的人就分为两路，一路到公社去，占领公社；一路到粮所去。公社的那一路由麦顶球带头，负责指挥。粮所一路由思学负责指挥。我们还事先有规定：这次行动的目的只是要枪，不得伤人。

我和思学还有其他村来的社会青年，约有十多二十人，到了粮所里，那些粮所里的民兵都全部退到一间石头房子里去，我们一个人也看不到，根本不知道他们有几个人，那房子四周墙上都开有枪眼，他们在里面用枪瞄着我们，并开了一枪，也不知是向什么方向打的，叫我们不要过去，谁过去，他们就开枪。看着民兵们如此坚决的态度，如果我们一定要冲进去，他们真的是会向我们开枪的，那样的后果会非常严重，我们心中是害怕的。当时思学没有即时发出指挥和调度的指令，众人无所适从，乱糟糟的在仓库院子里那个民兵所驻的房子周围到处乱窜，不敢向那间房子靠近。最后也不知是谁的提议，就无可奈何的陆续地撤回边山村了，什么都没有得到。

公社那一路也毫无所获，公社里的干部都跑光了，里面什么都没有。我们回到边山村后，拿着村里民兵给我们的枪，占领着村子后面的犀牛山制高点，向外警戒着，以防止民兵向我们进攻。我们商量着下一步怎么办。一些村里年长的人对思学说："既然我们已经起事了，等于就是向对方宣告了武装对峙的开始，我们就不可能散了，给他们来把我们一个个的消灭。我们必须集中起来，形成一个战斗队伍，准备对付他们的进攻。"但是摆在我们面前的是：几十个人住哪里？吃什么？

我们决定以公社为据点，住到公社里面去。各人回家自己拿些米，暂时解决一下吃的。带着村里民兵给我们的一个班的枪，二三十个人就这样的在公社里住了下来，从此拉开了武装割据、文攻武卫的帷幕。

第二十四章 抢占公社

一

1967年12月2日，我们的夺枪行动，宣示了我们真正意义上的造反。但我们并不懂得夺权的真正意义所在。即使是人民公社的权力事实上处于瘫痪的情况下，我们也主导不了一个公社的生产生活。我们是希望公社里的干部们能和我们站在一边。但公社里所有的干部并不认为我们抢枪是为了自卫，而是为了打倒他们。他们看到我们手中拿着枪而感到恐慌，纷纷各自回到自己家去避难。我们也就乘机进驻了公社。一则我们没有一个可以驻守防卫的地方；二则我们认为我们有责任保卫公社机关。从当时全国的形势看，我们年初串联到上海时，上海就已经开始了武装造反，并向全国鼓吹，要向走资本主义道路的当权派夺权。我们在这个时候发起的抢枪行动，完全是基于全国形势发展的大势所趋，特别是广西"文化大革命"的形势所逼，不得已而为之。

早在我们还没有发动抢枪以前，"联指"民兵就已在各级武装部的指挥和部署下集中了起来，以板元村为据点。但他们的行为是由当时还掌握着实际权力的各级政府所领导和指挥的。和他们手中的枪一样，都是正统和合法的。而我们却是赤手空拳的。他们早就把我们视为敌人，只要形势发展到一定的程度，我们势必就成为他们要镇压的对象。这是其后的事实所证明了的。

板元村就在都鲁山的南麓。柳邕公路沿都鲁山北麓由东向西蜿蜒而过，公社机关就在都鲁山下的柳邕公路北侧，不足50米距离。在公社院子里的活动，在都鲁山上一览无余。都鲁山就像是板元村的天然屏障，占领了都鲁山，可以和村南的一溜山峦相互呼应。守可以互为犄角拱卫着板元村的东、西出口；退可进入村南群山之中。只要占领都鲁山就可以进退自如。还可以将公社大院里的人和物当作练枪的靶子，随心所欲地掌握着生死予夺的主动权，并可以居高临下，将三都街的西南出口封锁在他们的射程之内。我们占领着公社大院对我们毫无意义，进不能攻，守又无险可守。在公社里的那段日子，我们简直就像小孩子玩着赌命的游戏，但我们却没有意识到这种危险，也不感到害怕。

二

这种实力悬殊的武装对峙，过后想起来才感到后怕。我们在发动抢枪前规定"只准抢枪，不得伤人，避免造成流血事故"。在这次抢枪的过程中，都没有过激的行为，民兵们稍加反抗，我们也就知难而止了。所以我们参加抢枪的人，基本上没有和民兵发生过肢体接触，所以也就没有谁受伤。但是，三都中学的黄绍林老师在从学校到公社的路上，却被来自都鲁山方向的枪弹打中左肩胛。黄老师虽然是学校中"反韦派"的一员，和我们虽属一派，与我们却没有过任何的组织联系，我们甚至不知道他是我们一派的。但是，在学校里，他们"新一中"却是与"联指"派"617"有过大字报和辩论的"文斗"，但他们"新一中"的那一点实力，就难与后台强大的"617"同日而语了。黄老师对我们造反大军的事情一无所知。他是听说三都街的造反大军发动抢枪并占领了公社时，邀上没有参加任何一派的孙老师一起，想去看个究竟。想不到在去公社的路上，却被埋伏在都鲁山上的"联指"民兵开枪打伤。而当时黄老师他们只是个路人而已。我们不知道这一枪是认准他作为目标，还是开枪的人，只是随意把一个路人作为练枪的靶子，过过手瘾，滥杀无辜而已？黄老师成为三都两派武斗的第一个流血者，差一点没要了他的性命。打伤黄老师的这一枪，是三都"联指"民兵有意识的以杀人为目的开的第一枪。这一枪宣告了：两派斗争已经进入了真枪实弹、你死我活的武斗阶段了。

黄老师受伤后，由孙老师把他护送去公社卫生院作了简单的处置，不幸中的大幸，那颗打穿黄老师肩胛的子弹如稍向下一寸，黄老师这命就没有了。可见这开枪的人，是个训练有素的枪手。他这一枪的目的显然是要消灭掉黄老师的。所幸的是子弹跑偏了，才没有致黄老师死于非命。当时我们无暇顾及黄老师，也不知他自己最后是到什么地方治好他的枪伤。

在我们占领公社期间，"联指"民兵没有立即组织对我们的围攻，原因可能是因为公社武装部长还和我们一起住在公社里。我们进驻公社时，武装部长还在公社里坚守岗位，因为他是公社一级的军管和支左办公室主任，制止武斗，领导本公社"文化大革命"运动是他的责任，他没有接到撤离的命令，不能擅离职守，全公社的民兵还得要听命于他。没有他的命令，民兵们暂时还不敢擅自行动。我们当时把他监护在公社里和我们一起生活，我们要求他表态支持我们的"革命行动"，他当然不可能表这个态。县武装部来人要把他领走，我们不让他走，他不得不留了下来。他害怕，他气愤地哭了起来，指着县武装部的人骂，骂县武装部长韦熙年的娘。县武装部的人走了之后，他的态度变了许多，跟我们讲话时不再是先前那样，凛然不惧的，指责我们抢夺民兵的枪支是"错误"的行为（他不敢说我们的抢枪行为是反革命行为）。这时，他讲话的态度已经变得低声下气、战战兢兢的了。当时他只是被我们软禁了几天，且仍然住在他的宿舍里，我们既没有打他伤他，也没捆他关他，只是我们有些人故意以话语吓他，就使得他提心吊胆的睡不安然，才几天时间，他的精神状态就变得猥琐憔悴。

这种时候，我觉得他很可怜，我在有意无意间维护着他的安全。恻隐之心人皆有之，这也许就是人的天性。在母亲善良本性的熏陶下，加以生来就感受了太多的压迫和欺凌，深深地体会了弱者的无奈和苦楚，所以每当遇着失去反抗的弱者，就不禁油然而生恻隐同情之心。虽然在当时的社会环境下，像武装部长这样的干部，在一个公社里已算是人上人的了。但在这"造反有理"的年代里，什么是对的，什么是错的，所有人都无法判断，不得不靠揣测着伟大领袖的意旨去"紧跟"，并且由不得你不紧跟。至于是对是错，也只能抱着一种赌博的心理，等待到最后由领袖表了态才知道。但是，伟大领袖博大精深的革命谋略，除他自己以外，所有人，包括刘少奇、邓小平、林彪、周恩来等与他共同奋斗一生的人，没有人能揣摩得了。

一个人或者一个组织，所做的事情，往往在开始的时候，会得到伟大领袖或者中央文革的表态支持和鼓励，但是到了最后的关头，得到的又往往是与之前完全相反的结果。湖南的"湘江风雷"和我们广西"反韦派"的命运如出一辙。67年的夏天，广西两派为谁是造反派争论不休时，周恩来总理曾代表中央文革，代表毛主席在接见广西两派代表时表态说广西"422"是"革命造反派组织"。也就是由于有了这个表态，许多的工人、学生、农民群众为了表现紧跟，就都冒着被广西当权派镇压的风险，站到支持"反韦派"一边来。我们三都的造反大军不也就是冲着这个表态而组织起来的？我们的被迫发起抢枪行动，不就是在"造反有理"的理论指引下，在"文攻武卫"和"枪杆子里面出政权"的最高指示所指导下的革命行动吗？在两派武斗和夺权的浪潮席卷全国的形势下，区区一个公社武装部长是很难作出判断的，县武装部的政委宋吉月不也曾经表态支持了"反韦派"的"柳江联战"吗？我们这次的抢枪行动，是在县武装部长的儿子领导下搞起来的，作为县武装部下属的公社武装部，只能是服从于上级的指示。他一个公社武装部长，在没有上级明确指示的情况下，他能怎样表态呢？他又能知道这形势的发展会是怎样的呢？在他心里自己觉得这抢夺民兵的枪支，在正常的秩序下，肯定是不可容忍的反革命行为。但在这非常的形势下，谁又能保证这样的行为，到头来不可以被毛主席，被中央文革说成是革命的行动呢？而他这样一个在政治舞台上无足轻重的小人物，他就是表了态，又能起到什么作用呢？唯一的作用就是拿自己的政治生命来作一次赌博。但是这样的赌博太没有把握了，风险也太大了。所以，对于他，首当其冲的是他所面临的，他自己的生命安危。眼下他只有怨恨他的上司的无能，既救不了他，又没有给他发出明确的指示。

他不能在这种不明不白的情况下死去。或许，他此时心中也还有一点英雄情结，也想"下定决心，不怕牺牲，排除万难，去争取胜利"的表现一番。但他太没有把握了，所以，他不得不恢复他作为人的常态和怕死的本性，争取保住自己的性命。所以，他也就不得不低声下气，向我们表现出尽可能地和蔼可亲，甚至近乎哀求的态度。其实他有机会逃走，但他没有逃走，他觉得那样既不光彩也太冒风险，他只是希望我们能真心让他走。他看见我们带着好奇的，并不在行的耍弄枪支的样子，他以一种善意的表情告诉我们，拿枪时不要以枪口对着人，以免枪走火伤着自己人。他的提醒与其说是关心我们，不如说是担心我们的枪，会走火伤着他的性命。就像是县武装部九九分队指导员韦善图一样，不明不白的死在乱枪之下，谁又能保证他死后能否会成为英雄？

在这种境况之下，他无所适从，他已经从强者变成了弱者。他曾偷偷地哭过，他那红肿的眼睛无法掩饰他的怯懦。我在内心里对他产生了同情之心。我劝我们的人讲话时要注意，不要讲那些本来并不是出于我们真意的，但让他感受到威胁的话，那样会让他认为我们有意要杀害他，会让我们自己背上莫须有的罪名。后来我还跟思学提议，说我们再扣押他也没有什么意义，反而要人看着他，万一出个什么事，我们还要承担责任，还会给"联指"找到借口和理由攻击我们。这时，恰好我们队伍中一个和他老婆同村的人，受他老婆所托，出面为他求情，我们也就做了个顺水人情，将他放了。我们向他提出个条件，让他回去后，不要去参加"联指"和我们作对，他答应了。他老婆家的人来把他领回屯村去。他刚回去时，他信守了承诺，没有直接去指挥和参加"联指"民兵来找我们报仇。

在之后"联指"得势的日子里，他回到公社去，履行着他武装部长的职务，因为有这么一个情节，三都"联指"把他当作英雄。他到处做报告，控诉造反大军的罪恶。领导和指挥全公社的民兵和"联指"，与造反大军武装对峙。之后围攻三都造反大军，把造反大军赶出三都街后，血洗了三都街及边山村。直至1968年4月，三都公社革命委员会成立后，他担任了革命委员会副主任。到"七三布告"下达后，他所领导的民兵和"联指"，对造反大军和持"反韦派"观点的群众，进行了残酷的屠杀和镇压。这其中，他作为公社的武装部长起着什么样的作用，我们不得而知。但在后来的处遗工作中，听说他仅仅是受到了象征性的留党察看的处分。这就有点让人难于理解了。

在我们占据公社的这段时间里，时有互放冷枪的情况，却没有发生公开的相互围攻的流血战斗。然而，死人的事已经在我们不知道的情况下发生过了。就在我们放走公社武装部长之后，县武装部几个人开来一辆军车，到板元村叫他们"联指"民兵带路，到都鲁山北侧，靠公路边的小山头背后的山腰上，一个天坑溶洞中，起出一具被麻绳五花大绑着的死尸。据说死者是忻城县的复员军人，路经此地前往柳州，被"联指"民兵在公路上截获，也不知是否是"反韦派"的人，却被当着造反大军的人，用麻绳捆得结结实实，被打得半死后，半夜里给拖去扔到洞里坑杀了。他的家人找到他们当地的县武装部，经与柳江县武装部联系找人。这个事件是在12月2日之前就发生了的，我们不知道，但是公社武装部长是知道的。当时他被关在公社里的时候，他守口如瓶，就是怕我们知道后，会危及他的安全。我们把他放走后，也许是他良心发现，所以后来县武装部才能找到死者的尸体。

我们放了公社武装部长后，从都鲁山上打来的冷枪越来越频繁，我们的处境越来越危险，再加上我们知道了已经实实在在的死了人，再在公社里待下去，无异于成为对方的活靶子。

三

在公社里待了十多天，到12月中旬，从相邻的成团公社的成团、灵江、六道、大荣，以及福塘公社，都发生了群众哄抢国家粮库，把库中的粮食全部抢光的事件。到了19日，抢粮的风潮也蔓延到了三都。那天，从周边公社来的群众和我们当地各乡村的群众，成群结队的挑着箩筐，扛着麻袋从四面八方涌向三都新仓库。

我们自从12月2日那天到新仓库抢枪，受到武装民兵开枪反抗，空手而归后，就再没有到过新仓库，我们认为粮库里面还有民兵驻守。但是抢粮的群众砸开库门，却没有受到任何阻止。看到这种场面我们意识到，我们作为一个"革命的组织"，眼看着国家的粮食受到哄抢、国家财产受到损失而不出面制止，就会有损我们组织的革命形象。于是我们没有考虑任何可能出现的后果，全部出动到新仓库去制止群众的抢粮行动。

在制止抢粮行动中，我们不可能向群众开枪，因为我们知道，群众的行为纯粹是由于长期受饥挨饿，出于本能的果腹充饥的欲望，趁着我们起来造反而政府职能瘫痪的机会，把他们平时辛辛苦苦生产的，但自己却吃不饱的粮食抢回去，用以解决他们眼前的饥饿。他们完全是自发的，没有任何人的鼓动或组织，他们的目的很单纯，就是为了填饱肚子。他们没有什么政治目的，他们没有提出任何口号，也不想夺谁的权。就像在过去的国共斗争中一样，谁给他们有盼头，有饭吃，他们就支持谁。同时我们也考虑到，在农村出现两派斗争时，由于对方组织的人员成分，除了少量家庭成分好的学生外，其他大多数成员，都是基层的干部，和平时对群众狐假虎威的民兵。而绝大多数普通群众，明的或暗的都是支持造反大军的，所以我们不能把原来支持我们的群众得罪了，我们还需要他们的支持，我们不能把他们往"联指"那边推。

在当时的情况下，我们的心理是矛盾的，我们既同情群众的行动，但又不得不以革命的名义出面制止。所以我们只好虚张声势地朝天放了几枪，然后在田中爆炸了一个土制的手雷，以表明我们的态度，给参加抢粮的群众造成一种心理上的震慑作用，然后再向他们作耐心的劝阻说服工作。

我们从街上赶到新仓库里时，来抢粮的群众已经打开库门，有的正在装着粮食，有的则已经挑着一担担的谷子往家赶。我们声嘶力竭地向抢粮的群众做着说服工作。我们说："哄抢国库的粮食是犯法的，政府任何时候都不会容忍抢夺国家粮食的，谁抢了，以后都会被追究责任的，要坐牢的。"我们的工作产生了一定的效果，这时县武装部也来了几个人，事态终于得到了控制。已经抢得粮食的人，已经挑着粮食回家去了。没有抢得的人，被我们所说服，停止了行动。事件最终平息了。在我们的努力下，三都公社的三都粮库和里高粮库，在这次抢粮风潮中幸免于难。同时也遏止了哄抢粮库的风潮在全县蔓延。

哄抢国库粮食,是老百姓的造反。历史上记载的百姓造反,就是因为统治者的腐败和残暴,致使民不聊生,而导致的官逼民反,是老百姓自发性的造反。而在毛主席发动的"文化大革命"中,群众自发起来的哄抢国家粮库的粮食,也是一次造反行动,但是,它不同于形形色色的有组织的造反。在毛主席号召下的有组织的"造反"是"革命造反",那是带有政治意识的造反,有着意识形态背景。有着毛主席的"革命无罪,造反有理"为理论依据和行动指南。而这群众自发的抢粮行动,并没有任何政治目的,他们不是因为毛主席提出的"造反有理"而起来造的反。他们不要打倒谁,也不想夺谁的权,他们只是为了填饱肚子而已。

中国的农民的贫与富,是以饥和饱来衡量的。在我们所接受的教育中,饥饿是旧社会农民生活的常态,好像他们已经习以为常了。自共和国成立以来,在共产党的领导下,农民翻身做了主人,分得了田地,开始告别了饥饿。然而他们的主人梦还没有醒来,便被带领着跑步进入共产主义,经历了大跃进、人民公社,尝试着过起吃饭不要钱的共产主义。然而这样的共产主义没过上几个月,随之而来的就是连续三年的所谓"自然灾害"所造成的大饥荒。几乎没有未经历过饥饿的人。几乎每一家都有因饥饿而浮肿的病人,饿死的人随处可见。甚至于出现人吃人的现象。但是由于以"阶级斗争为纲"的政治管制手段,老百姓的言论和思想都受到严酷的管制,讯息被严密的封锁着,人们无从知道到底饿死了多少人,只是觉得,如此普遍而严重的饥饿现象,是历史上前所未有的。然而,在公社、大队、生产队等各级组织,所经常举办的贫下中农忆苦思甜大会上,所控诉的都是国民党反动统治时期的苦难和贫穷。但谁都心中明白,在中国的历史上,也找不出如此人为的,而非天灾所造成的,严重而普遍的长时间的饥荒。由于平时强制灌输的"阶级斗争""阶级觉悟"和"革命的警惕性",使得人和人之间为了自保,有怒而不敢言。他们明白,他们在忆苦思甜大会上控诉的旧社会的"饿殍遍野",竟然在他们一再歌颂的新社会里,成为活生生的事实。这不能说不是对现实的讥讽。

在事实面前,人们只能噤若寒蝉。至今有些人称道当时的社会治安是"夜不闭户""路不拾遗",但人们都没有道出当时"无物可遗",且"家无隔夜粮"的一穷二白,无须"闭户"的真相。人们害怕饥饿,但是他们更害怕被当成"阶级敌人",成为阶级敌人就不止要承受着饥饿的摧残,而且还要承受着更为残酷的精神的摧残。他们对当时农村政策的不满情绪,不得不因为"阶级斗争为纲",而深深地埋藏在心底里。

"文化大革命"的"造反"使得农民们无法正常生产,更威胁着他们的生活。但是这造反行动所导致的派性武斗,也给他们造就了机会,他们认为两派间争权夺利的武斗,造成政府对社会的管制职能的失效,仓库、商店也就没有人管得了。相邻公社群众的抢粮风潮因没有受到有效阻止,而蔓延到周边各地。他们原以为,三都造反大军一定会支持他们抢粮的行动。他们没有料到,抢粮风潮却在三都受到了制止,并且是三都造反大军出面制止的。

我们在制止群众抢粮的过程中,也曾受到部分群众的诘问:"你们抢枪是造反,我们群众抢粮也是造反,毛主席讲造反有理,你们抢枪有理,抢这样抢那样的都有理,我们贫下中农没有饭吃,我们抢粮是为了充饥,我们的造反为什么就没有理?你们住在粮库里,你们吃的又是哪里来的粮食?还不是国家的粮食?还不是我们老百姓种的粮食?你们是只许州官放火,不准百姓点灯"。我们无言以对。我们何尝不理解他们的心情,我们何尝没有与他们一样的心理,我们也很想吃几顿饱饭。但是我们自诩是"革命造反派",我们还幻想着要成为紧跟毛主席,捍卫毛泽东思想革命路线的"革命派"。

抢粮的群众散去了,我们也撤了回来。在县武装部的授意下,"联指"民兵以保护粮库的名义,名正言顺的进驻了新仓库。作为与我们对立的组织,在力量对比上,他们本来就合法的拥有绝对优势的枪支弹药,如今又有住进仓库的理由,就如掉进米缸里的老鼠,控制着吃不完的粮食。所谓"兵马未动,粮草先行",在今后敌对双方的生死对峙中,他们占尽了优势。群众没有抢走的粮食,被他们名正言顺,心安理得的占有,随心所欲的饱食终日。而我们占领的潢仓,里面只有花生,花生当不了饭吃。但毕竟是粮食。而我们却仗着手中的枪和自诩的"革命造反派",俨然以国家财产的守护者,去阻止了群众的抢粮。当然,在当时那个疯狂和黑白颠倒的时代里,几乎所有组织,都自诩为"革命派",却都或多或少的干着见不得人的,昧于良心,违反人道的无法无天的勾当。

四

农民基本上都是胆小怕事的,他们崇尚着自古以来"民不与官斗"的信条,不是到迫不得已的情况,他们是不会与政府作对的。当时推行的"阶级斗争"政策,明是把地主富农、四类分子当鸡,把所有其他人当猴子,镇压阶级敌人就是杀鸡吓猴。"阶级斗争一抓就灵",让所有人无不处在恐慌之中人人自危。人们尽管处在极度贫穷和饥饿当中,仍然不得不小心翼翼而战战兢兢地活着。自从这场他们无法理解,不知所以的"文化大革命"运动开始后,特别是出现了两派斗争后,他们都在观望着,看看谁提出的问题能代表他们的心声。当造反大军的人把这些年的农村政策,把饥饿和浮肿的根源说成是因为韦国清执行的"资产阶级路线"所造成的,他们才知道,原来所执行的政策,不光只是他们心中认为是错误的,且是应当受到清算的。他们的心中似乎有了希望。他们企盼着,通过这场运动来改变这种现状。至于是应当由韦国清还是伍晋南负责,毛主席说了才算。就像当年环江县水稻亩产十三万斤一样,说是县委书记搞出来的。人们都信以为真。因为当时的人们无法知道,在那个县委书记领导下的环江县委,可是广西壮族自治区属下的一个县。1958年9月8日,时任自治区第一书记和政府主席的韦国清,率团视察了环江县下南乡的第二天,即1958年9月9日,韦国清还没有离开环江县的时候,环江县就召开了新闻发布会,向当时出席新闻发布会的中央、省(区)、地区各新闻单位的16名记者,宣布高产"卫星田"亩产130434斤10两4钱的新闻。在此期间,广西电影制片厂摄制的《环江高产卫星》纪录片上映。[1] 此后，全国性的大饥荒随之发生。

环江县也和整个广西乃至全国各地一样，出现了严重的饿死人现象。环江县委书记因为发布了亩产13万斤而被追究，被劳改了。但是，时任中共广西壮族自治区第一书记刘建勋及区政府主席的韦国清，在这个事件中应该负什么样的责任？则无人提及。这是长期以来郁积在人民群众心中的疑惑。直到这场运动发展到围绕支持还是打倒韦国清，进行两派间的辩论时，就饿死人的责任问题才在两派辩论会上，由"反韦派"公开的提了出来。而要支持韦国清的"联指"民兵是不会提出来的。他们知道干部们在喊高产放卫星的时候，有他们那些人鞍前马后的功劳，维护那些领导干部们的权力地位，也就是维护了他们自己的既得利益，他们代表着官方，他们是不会站在群众利益的立场为群众讲话的。群众心中的疑惑终于有了答案。但是，在这些年来的阶级斗争路线的桎梏下，群众的普遍心理又是认为，历来民与官斗，最终吃亏的是老百姓。眼下的"反韦派"是不可能斗得过"联指"民兵的，因为"联指"民兵是在当权者的领导和支持下的。

韦国清是广西的第一把手，是一方大员。有一帮人要打倒韦国清，要造反，并自称是毛主席号召起来造反的。皇帝叫百姓造反是旷古没有先例的。毛主席说"造反有理"，还要号召夺权。人们在想，这夺权，不就是争权夺利吗？造反大军和"联指"，你整我、我整你，不就是为争得天下夺得政权吗？然而这天下是共产党的，是毛主席的，你们夺谁的权？争谁的天下？两派人打得你死我活，但却又都打着毛主席的旗号，这不就像三国时代的魏、蜀、吴都想挟天子以令诸侯，为证明自己的正统地位。然而，胜者为王，败者为寇，现在还讲不清楚谁胜谁负。这些年来这个运动那个运动，打倒了那么多右派，又打倒了国防部长彭德怀，如今又打倒了刘、邓、陶。人们不知道是用什么标准来衡量好人和坏人、革命和反革命？毛说谁是坏人，谁就是坏人，说谁是反革命，谁就是反革命。老百姓不懂那些，也管不到那些，这么大的天下，那么多的人，都当官了，谁当老百姓？让那些

---

1 见附录五《环江毛南族自治县志》第二十章第二节全文。

想当官的人去争去斗，去夺天下，老百姓关心的不是这些。老百姓关心的就只是如何填饱肚子，只有粮食才是他们关心的。自古以来真正的百姓造反，不都是砸粮仓抢粮食吗！

这次参加抢粮的群众，附近几个大队各村的都有，只要知道这个消息的都自觉地参加了。他们认为，两派组织的人抢枪都不怕犯法，抢粮只是因为饿肚子，且是群众性的，自古以来法不治众。所以，但凡知道的人都参加了。而且，抢粮的人反而都是那些，没有人参加两派斗争的村子里的群众为主。

事实上，当时没有参加两派组织的群众，绝大多数人的思想都是倾向于"反韦派"的。在老百姓心目中，"反韦派"就是"造反派"！但慑于基层政府的牢固和农村民兵组织的强大，不敢公开表露出来。他们都基于相同的期望，就是要改变现状，改变自己的生存环境。这就是当时环境下的，潜藏在人民群众内心世界里的主流思想。在"四人帮"被打倒以后，以及广西的"处遗"工作过后，"反韦派"的悲惨遭遇，受到社会舆论的广泛同情，就是最好的例证。特别是改革开放以后，人们有了言论的自由，思想得到自由表达，人们才敢于由衷地表露了真实的思想，这种思想的表露，也就成了推动改革开放的动力。

抢粮事件纯粹是在群众饥饿缺粮，加上因两派武斗，世事动乱，生产无法正常开展，生活没有保障的情况下发生的。抢粮是群众自发性的行为，没有谁的鼓动。但是在那凡事都以阶级斗争为纲的年代里，开仓抢粮的事件，要比造反派抢枪的事件要严重得多，定性为反革命事件一点都不为过。但是，在"联指"一派得势之后，竟始终没有把这事作为一个事件来追究，至今都仍是个谜。当然，由于"造反大军"的"反革命暴乱"而引发群众抢粮一直是官方和"联指"的解释。然而，"联指"成千上万的民兵参与武斗，他们吃的是他们自家带去的粮食吗？花的钱是他们自己家里的钱吗？

五

　　我们从公社撤出来后无处安身，也就顺势占据了在底下街瀵口边的老仓库，这里平时叫瀵仓。瀵仓位于街头的瀵口边，这个瀵口几乎是全街人饮用水的水源地，瀵仓的一幢老式库房就在瀵口左边。库房是过去张姓家族祠堂，坐西朝东；瀵仓左边傍着街北双拱桥下的小溪，溪边有一座炮楼，溪上有座新造的混凝土桥通往营盘街。我们撤出公社，占据瀵仓为据点后，我们的活动范围也就仅局限于这圩街上了。而我们的这点实力，也仅能应付街东一隅，根本就无力顾及整个三都街的防护。

　　三都街地处水田中央，地势平坦，周边水田环绕，后河、纳湾河分别从三都街北、街南两边相伴东流。春夏尚可借助河流、田水、烂泥为天然障碍，阻滞敌方行动，秋冬季节，稻谷收割后，田水干涸，周边田野形同平地，无险可恃。这200来户人的小小圩街周边，东面的屯排山，南面的都鲁山，西面的虎山，北面的中南村后山都分别被觉山大队的民兵，三都大队的民兵，百见大队的民兵，博爱大队的民兵分别占领，三都街赖以对外交通的东、南、西、北四个出口，都已处在"联指"民兵势力的控制之下，我们仅能龟缩于四面封锁围困之中的，不足半平方公里的三都街区区一隅。所有的活动范围都处在对方的"七九步枪"的有效射程之内。而我们仅有的10支七九步枪和一挺捷克式机枪，根本不足以担负三都街的四面防卫，属于我们势力范围的边山村，我们因无力顾及，而只能唱着空城计。

　　从三都街出柳邕公路，经都鲁山脚，顺公路往西19公里，途中经过有名的"鬼子坳"就是里高街。一个公社就两个圩街，一是公社所在地的三都街，另一个就是里高街。里高街上人来自全国四面八方，以讲官话为主。街上人相对于村上人，整体的文化素质略高一筹，特别是青年人，比较容易接受外界事物，所以里高街也清一色的是反韦一派的组织，与我们同属一个阵营，但他们自成一体，他们的人员都是以本街的学生和插队的知青为主。他们仅有本街民兵的两条枪为武装，全凭着"造反有理"的勇气，和"下定决心，不怕牺牲，排除万难，去争取胜利！"的精神，便扯起造反的旗帜，以里高街为据点，与我们遥相呼应。他们也同样的处在周边各大队"联指"民兵的团团包围之中。

对峙中的双方的实力对比，我们的这点武装力量对于"联指"而言，简直是微不足道的。我们的组织的涣散，力量的悬殊，所处环境、形势的恶劣等等状况，足可令人不寒而栗。而我们却在这样的状况下与之对峙，无异于以卵击石、灯蛾扑火。我们竟然无视对方所掌握着的，自上而下的，事实上仍然是体系完整的一套行政机构，掌握着现成的行政权力，虽然在运动初期受到红卫兵的冲击，但并没有使之受到根本的破坏。特别是随着运动的深入发展，红卫兵们也已经分裂为两派，其中一派已经与行政权力之间达成相互利用的同盟关系。这就更加强了"联指"在人民群众中的震慑力，凭着这套权力的正统性，足可压制住人民群众中真实诉求的表露。加上当时广西的最高当权者，韦国清得到毛主席和中央文革的认可和信任，实际掌握着广西的一切权力，特别是他手中的军权，他的号令仍然能自军区下至军分区乃至各县各公社武装部的各级军事机构，致使全广西的百分之九十五以上的民兵，都在他的调度指挥之下，参加对"反韦派"的武斗。从实力对比上，谁胜谁负已是早有定论了的。而"反韦派"能坚持了一阵子，全是仗着当初周总理的"824"表态所冠予的"革命造反派"的头衔，以及会继续得以保持这一头衔的幻想。我们没有想到过，我们的覆灭，只是个时间的问题。就是说，当权者已经深得毛泽东思想的真传。对毛泽东发动这场"文化大革命"运动的目的和用意，已经不再是像运动开始时那样的，丈二和尚摸不着头脑似的混沌和糊涂了。凭着他们几十年党内斗争的政治经验，已经揣摸透了毛泽东的心思，给自己选好了能立于不败之地的角色和立场，始终牢牢地掌握着这场斗争的主动权。对我们这些在政治上幼稚无知的，给一句"造反有理"就能煽起狂热情绪的学生和底层的民众，只要稍稍运用一下历次政治运动，特别是反右运动中行之有效、屡试不爽的引蛇出洞的策略，故意给我们以充分表现的时间而已。

而我们却没有把形势估计得那么严重，我们搞出的这些动静，无非是想向党中央、毛主席，表现一下我们不怕牺牲的革命精神。我们在幻想着，一旦韦国清在毛主席和中央文革眼中站错了队，失了宠、失了势，广西"422"是革命造反派组织的头衔，就仍然会让我们保留着。我们就可以功成名就了。我们并不想要消灭谁，我们之所以要抢夺民兵的枪支，无非是想紧跟党中央"文攻武卫"的运动步伐，以求自保而不至于被"联指"随心所欲的玩弄于股掌之间。同时也想尝试，过一下武装斗争的革命瘾。然而形势的发展，却由不得我们去想象，尽管我们潜意识里，打人和杀人始终是国法难容的行为，但是，血腥和残酷却在不断升级。我们在演出一场"民与官斗"的"造反"儿戏。我们在用鲜血和生命作为革命的试验品。显然，我们在行动上遵行了毛主席"革命是暴动"的教导。为此，我们很快就为我们自己的幼稚和无知付出了代价。

在抢粮事件之后不久，街上的供销社接着也被抢了。抢供销社的事是晚上发生的，事件发生后，我们的人也参与了抢拿东西的行为，我和思学知道后，带人到现场制止，但供销社本来不多的商品已被抢得差不多了，最后还酿成火灾，几乎祸及周边居民的房屋。好在我们扑救及时。还有些被烧剩的布匹和其他百货，我们抢救出来后，就把它处理卖给群众。因为那时的生活用品极缺，买什么都要凭票，有钱都买不到东西。我们把供销社的东西这样一卖，群众也很高兴，都争着来买。我们也就攒了9000多元钱，有了一点活动资金，以后给伤员治伤，还有购买枪支，都是用的这些钱。

抢供销社的事情发生时，当时供销社还有一批货款，一时不知所踪，事后一直把这个责任推给我们。直到武斗结束后，在清查我们的"罪行"时，在柳江看守所里对我的一次审讯中，从专案组人员相互对话中的欲言又止，和他们神秘兮兮的表情中，隐约向我透露出些许其中的隐情，才让我悟出了当时火烧供销社的事件一直没有明确结论的原因。

在处理供销社物资的时候，我们的人也有私自拿了东西的。那时顶球和敏强、智川用那些烧剩的布做了三件大衣，曾遭到思学和我的反对，我们认为这样会影响组织的"革命"形象，群众也有议论，他们只好忍痛割爱，交出来作为晚上站岗时穿。后来想起这事，我自己觉得，已经是到了这种境况了，我们还坚守着"革命的情操"，不免幼稚得可悲可笑。也觉得对不起他们三个人，特别是智川。后来这几件大衣在突围时没有带出来，也就成为"联指"民兵的个人战利品了。

　　"革命不是请客吃饭、不是做文章、不是绘画绣花，不能那样雅致，那样从容不迫、文质彬彬、那样温良恭俭让，革命是暴动，是一个阶级推翻一个阶级的暴烈的行动。"这是伟大领袖毛主席一直教导我们的。我们能把这条毛主席语录背诵如流。唱着这首毛主席语录歌，我们感觉着平添了许多的力量。但是我们却并不真正领会"革命"的含义。我们以为，我们有了十多条枪，几十个人聚在一起来了，我们就"革命"了，我们就是革命派了。殊不知，这场毛主席亲自发动的革命，已逐步演变成的一场真正史无前例的，暴烈的阶级斗争的旋风，正在向我们无情地席卷而来。

第二十五章　革命真的不是请客吃饭

一

在"联指"民兵的四面围困之中，三都街上的群众随时都处在危险之中，只有在公社和新仓库据点里的"联指"民兵看不到的圩街中间，才不用担心受到他们冷枪袭击的威胁。那时，到街东的濛口挑水和到底下白坟上厕所，都是危险的事情，尤以底下白坟那个厕所最危险。底下白坟的厕所地处濛仓和新仓库的中间地带，离新仓库就300来米，毫无遮挡。"联指"民兵只要看见有人活动，从来就不会顾忌这目标是群众还是造反大军的人，只要他们心血来潮，就会毫不犹豫地把这目标当着练枪的靶子来打。街上工商联社的老黄就是因早上起床后，到底下白坟上厕所，被新仓库射来的冷枪打死的。他实在是死得冤枉，老实巴交的一个人，从来也不参与什么口角纷争，就这样白白给冷枪打死了，他老婆和两个年轻的女儿哭得死去活来。为此，我们在想，就是国民党和共产党你死我活的斗争年代，红军从中央苏区撤出时，在苏区留下的那么多红军家属，国民党反动派虽然也滥杀无辜，草菅人命，但也并不都是灭门九族，铲草除根，以致众多红军家属还得以迎来红色中国的诞生。而"联指"却如封建时代的统治者一样的灭失人性和凶残，他们搞株连九族，甚至连毫无瓜葛的群众也任意枪杀，而仅仅是为了表现他们"坚定的无产阶级革命性"。因此也让我们越来越坚定地认为，他们的行为终究要受到正义的清算。我这样的理解是基于人道主义，我们却完全忽略了我们所处的时代，是人道主义被指斥为资产阶级思想，而受到严厉批判的时代。

我们坚信毛主席"枪杆子里面出政权"的教导。然而，仅凭十多条枪和"柳江联战"给的一箱子弹，还有几十个单纯幼稚，不知天高地厚的，根本不懂得武装斗争是什么玩戏儿的年轻人，却去和手中握着实权，拥有系统完整的军队和民兵支持的"联指派"——实质是各级政权组织，进行你死我活的对抗，占据着根本无法守得住，受到"联指"势力四面围困之中的，无险可恃的弹丸之地的三都街，被赶走或者被消灭是迟早的事。

我们千方百计地想着法子弄枪。但是在我们这里，枪都掌握在"联指"民兵的手中，他们是我们的敌人，要想从他们手中夺枪必须是通过战斗的流血牺牲，而我们的力量那么弱小，硬拼硬打的结果是可想而知的。有一个二哥的朋友给我们提议说，桂林那边平乐县沙子镇的沙子中学是我们422一派的，镇上有个派出所，还没有被抢过。于是我和思学、顶球、敏强、智川五个人就决定随他进行一次远征，去平乐沙子派出所抢枪。

过了元旦，把家里的事留给二哥和振切他们打理，我们就向柳州步行而去。从柳州乘上火车到桂林，然后从桂林乘汽车到阳朔。到了阳朔，一行人又到我们串联时到过的阳朔"碧莲峰饭店"吃了一顿饭。这一次的五柳鲜鱼比串联时吃的好像要地道得多，吃得也很惬意。我们这一路来心情舒畅，自己感觉好像是去执行一项很神圣、很光荣的任务。

从阳朔到沙子，也没有车可乘。我们乘渡船过了漓江，沿着江边向下游的福利街走去。一路上边走边游览沿江的风景，到了福利古码头。听说电影《刘三姐》的对歌场景，就是在那里拍摄的。有幸身临其境，不免流连一番。那里风景确实美丽，码头边古榕婆娑，像一把巨大的遮阳伞，把整个码头遮盖得密密实实，当时虽然是暖阳高照，却也没有一缕阳光能透射到树脚。码头静谧安宁，江中缓缓流淌的水，清澈得看见水底，不时有一群一队的小鱼儿摆尾悠游而过。那个时节正是金桔果的收获季节，江岸边的果园里，金黄色的桔果星星点点，挂满枝头，乡野的空气中飘散着桔香。从桔园中穿越而过，从福利到沙子的乡间路上，没有遇着村人在田地间劳作，也没有遇着来往走动的闲人。没有街市上铺天盖地的标语、大字报和五颜六色漫天飞舞的传单，也没有歇斯底里，群情汹汹的口号声。一路上风和日丽，平静祥和，好像这里什么都没有发生，犹如世外桃源一样。我们几乎忘了我们此行的目的。当时我在心里想着，这样的环境多么美好和谐，而我们此行的目的，很快会使这种美好和谐遭到破坏，心中不禁泛起一种莫名的滋味和于心不忍。但在转念间，那幅"毛主席手臂夹着雨伞，面带笑容地走在去安源煤矿路上"的情景画面随之浮现眼前，一股革命的豪情又不禁在胸中激荡着。好像我们是要到沙子去传播武装革命的火种一样，有一种履行伟大使命的自豪感。

　　我们一路上走走停停，笑笑闹闹，也不觉得累。傍晚时分就到了沙子中学。学校里一个青年老师接待了我们。饭后，我们把来意向他说明，他不置可否，但他向我们介绍了当地的运动情况。当时，沙子一带的两派斗争还未达到你死我活的程度，所以社会秩序还相对安宁，派出所还能够正常履行职责，维护社会治安。之后他提出了他的看法：在这样的形势下，你们是外地来的，没有人认识你们，如果就这样地闯进派出所抢枪，派出所民警不会把你们的行动当作群众组织行为，而把你们当成阶级敌人和刑事案件处理，那就麻烦了，一旦响枪，群众也会在不明真相的情况下，蜂拥而来，那样，你们的行动就肯定会失败。虽然派出所里也有我们老多一派的，他们也不会支持你们的行动。搞不好你们不但不会成功，可能会付出很大代价，到时候你们几个人想离开这里都困难。我们对他的意见经过郑重的考虑，觉得很有道理，如果我们真的鲁莽行事，后果真的不堪设想。再加上我们一路上来的时候，所看到的景象，也促使我们放弃了原来的计划和目的。

二

　　第二天，我们只好悻悻而失落地离开了沙子街，沿着来时的路，返回桂林，登车回到柳州。下车后，我们就近到铁桥头我二姐家休息了一下，然后沿着铁桥过柳江河，想到五角星一带市中心看一看。由于不熟悉情况，我们从柳荫路往中山路方向走去，刚过中山西路的映山街口时，误入了"联指"的戒严区，被一群人围上来盘查和搜身，由于我们身上带有桂林老多报，又从思学的身上搜出了几颗手枪子弹,结果就把我们一起抓到解放中路(现在的工贸大厦后面一带)的一幢带骑楼的房子里,一个一个地用绳子五花大绑,牢牢地蒙住头脸,分开关在楼上几个房间里面审问、殴打。待弄清了我们的身份后,我听到有一个似乎像他们的头头一样的人说,要通知三都的"联指"来领我们回三都处理。我想,这下我们要是给三都的"联指"领回去就肯定完蛋了,我们几个人都是组织的重要人物,都是他们的死对头,他们千方百计都想收拾我们这几个人的,我们落到他们手中就犹如羊入虎口,岂不让三都的"联指""踏破铁鞋无觅处",求之不得的遂了他们的心意。我正想着该怎样逃生的时候,他们从我身边离开,我以为他们又去折腾我们另外的几个人,不知不觉间,这房里就静寂下来了,没了人声。过了一阵子,就听到顶球来到了旁边,帮我解了绳子,告诉我要尽快设法逃生,不然就来不及了。我和他一起去把思学他们几个的绳子解开后,就摸索着从屋子后面出到一个院子里,院子边有约三米高的围墙,旁边有一个洗衣台约一米左右高,于是,我们一个一个爬上洗衣台,先把我们矮个子推上墙头,等他们一起爬上来的时候,看着外面黑古窿咚,也不知道有多高,就不管死活地往外跳。还好,我们几个轻巧地从墙头落下时也没什么磕碰,而敏强的身体有些儿胖,从墙头跳下落地时,就连滚带翻的,但滚了两滚后却也没事。待他爬起来后,就一起顺着巷子往龙城路方向跑,跑过龙城路到了映山街时,又误入了二中的地雷阵里,还好我们看到了地雷线,没有拌着。当时二中里是造反大军一派的,他们把我们抓进去问了话,我们把遭遇说出来后,恰好我们下午被抓的事,他们也知道,还误会我们几个是桂林老多的,都庆幸我们命大。之后,他们派一个叫刘玉琪的女同学用小木船把我们送过柳江南岸,安置在谷埠街的红星旅社住下来治伤。

在旅社里上班的一位大嫂,按时给我们送饭,挺热情周到的,真有点像电影里面的地下工作者一样。那位大嫂对我们说,昨天我们被抓的地方正好是她家门口,她都看得真真切切的,是她把这情况报告了二中的造反派,因为当时从我们身上搜出桂林老多报,所以她就把我们说成是桂林老多的。后来二中的造反派又把情况向支左部队报告了，支左部队当时就到处去找我们几个"桂林老多"，却没有找到，他们得到消息说，"联指"要把当天抓的"422"的人全部用翻斗车拉到沙塘枯木坳去杀了，部队赶去路上拦截，他们就急急忙忙地，把用麻袋装着的人倒到冲沟里去了。结果支左部队就只救活了几个人。其余十多个都给摔死了，但里面没找到"桂林老多"的人。没想到我们几个人却已先逃出来了。我们这一次的死里逃生，只是之后所有的大灾大难中的一个小插曲而已。

我们受的都是被拳打脚踢的内伤，几乎每一个人都鼻青脸肿的。当时在抓我们的时候，我因为个子小，他们并不在意我，当从思学的身上搜出子弹时，他们就开始围攻思学，为了给思学解围，我们几个人主动地挺身而出，去和他们辩解，哪知无济于事，反而是自动送上门来，便被他们一锅端的全给抓了，押着我们向解放路走，一路拳打脚踢，推推搡搡。我被他们一个家伙用手枪从后面朝着我的后心猛力冲了一下，当时我就觉得心脏就像停止了跳动，呼吸都暂停了，过了好一阵子，才缓了过来。也许是这一击正好打在心俞穴上，后来折磨着我半生的背痛的疾患，可能就是由此而造成的吧。

由于年轻气盛，在旅社里养了几天，也就好了。向那位大嫂致了谢并告别后，就回了家。那位家住太平西街的二中的女同学，在以后我们又从三都被赶出来后，辗转流亡到桂林，再回到柳州时，我们专门去打听，终于找到了她家，当面向她致谢。

此次远征是个小插曲，目的没有达到。我们几个人同时失踪了一个多星期，这一次行动我们是保密的，所以给家里造成了一场虚惊，所幸能死里逃生的回到家。

三

我们当时虽然占据着三都街，但是我们没有关闭圩市，不管是哪一村哪一派的群众，还可以正常的来赶圩做买卖。但是"联指"民兵仗着他们绝对的优势，对我们的敌对和挑衅的行为不断升级。对我们采取了围困和封锁，在三都街周边进出三都街的路口设卡，盘查进出三都赶圩的人,若是遇有广西"422"派观点的人,就抓起来审问拷打。他们的人却可以随意地进出赶圩。他们甚至还派了六个"617"的女生,无所顾忌地拿着攻击我们的大字报到街上来贴,在我们的眼皮之下挑衅我们,被我们的人抓到瀻仓里。我们一些因家人受过他们恫吓和伤害的人,自然也少不了以其人之道还治其人之身,也免不了对她们报之以拳脚。为了制止对她们的粗暴,二哥提出要对她们进行讯问,但是二哥对审问人是外行的,连要问些什么问题,什么讯息是对我们有价值的都不知道,二哥对他们的审问毫无结果,不了了之,但是却使她们免受伤害。

二哥从开始时并没有赞成我们提出的"打倒韦国清"的口号,为此曾和"柳江联战"的韦云哉他们在辩论会上面对面的辩论过,他的论点是:韦国清绝不反对共产党、毛主席,绝不是走资本主义道路的当权派。二哥是出于对刘、邓、陶的被打倒中,感悟到了这场运动的内在实质,以及政治动机和目的。他认为刘、邓、陶是倒于政治的权力之争,要打倒韦国清,无非出于要打倒刘、邓、陶的相同的目的和原因,出于一种政治义愤和同情,他在为韦国清争辩。在形势不断的恶化和升级的时候,且得知全国许多地方的四类分子及其子女,都已经遭到了大肆无辜的屠杀,而广西这一类事件的发生,无不是基层政权组织及其民兵和"联指"所为。而那些施暴者则都是支持韦国清,或听命于韦国清的那些组织和个人。看来这场运动对于出身不好的人,不存在什么道路的选择。不管你参不参加到组织里面,都不会有任何的人身的保障。参加了组织,起码还有个组织的依靠,由不得"联指"随意拿捏肆意屠戮。在思学和一些朋友的劝说下,同时也因为我已经卷在其中,他无论如何也不可能独善其身的置身事外了。他的加入,一方面也出于对我的不放心,另一方面也是出于他自己没有选择的余地。在我们从公社撤到瀻仓里住下时,他就参加进来了。事后我曾为把二哥牵扯进来而感到自责。其实,二哥的参与无所谓错对,纯粹是形势所逼。事实证明,他的参与,从他个人的利害得失衡量,反而是对的。因为,他参与进来期间,虽然他个人遭到极大的不幸,且造成他的终身残疾,但他却至少保得了一条性命。而三哥从未沾过派斗的边，只是为了避祸而出走，却反倒在"七三布告"下达后惨遭杀害，死于李大姐们的黑手之下，做了我们的替死鬼，让我抱恨终身。

　　善良的母亲知道我们抓了几个对方的女生，就特地跑到濂仓里来，劝我们说："她们都还是妹仔家家（小孩子），不要伤害她们！"其实，我一直都在劝阻着我们的人，不要伤害她们。这事从开始我就在场，要抓她们，我不反对也没有参与，我的本意是想通过她们回去传达一个讯息，即：我们组织之间的分歧和矛盾，不要累及和伤害彼此的家人。我与她们都是一个学校的同学，她们是低年级的，平时也从来没有过接触，和她们也没有过口角之争，更没有什么个人恩怨，只是因为这场运动，各人的观点不同，无非都是想捞个好的政治表现，这都可以理解，没有理由也没有必要恨她们。所以我一直只作为旁观者，连一句斥责的话都没有跟她们说，更没有殴打和伤害过她们。我坚信着母亲经常对我们说的，"恶有恶报，善有善报"的伦常之理。我有个自己的准则："观点不同，各为其主，在战场上是你死我活的生死搏斗，听天由命。放下武器，就是弱者，决不加害于赤手空拳的人。"记得二哥的笔记本里曾录有鲁迅先生论打"落水狗"的文中有一句话："听说刚勇的拳师，决不再打那已经倒地的敌手，这实足使我们奉为楷模。"这虽然只是鲁迅先生话中的一层意思，但我却一直奉为楷模，不管是在什么情况下，我都不会对那些失去反抗能力的人施以暴力。尤其是女同学，无论如何是下不了这个手去的。在母亲的劝说下，我们也是打算第二天就放她们回去的，但是当天晚上，"联指"民兵就采取了报复手段，到大路村把我们的一些成员的家人（老人和小孩）也抓了，提出要交换人质。我们也就顺着台阶下台，把她们给放了。

四

　　这个事件过后，"联指"民兵对我们的封锁更严密了，但凡和广西"422"有点瓜葛的人，都不敢从他们的关卡过。我们的人要想回家，就得设法绕过他们公路上的关卡。

两派间的仇恨在不断升级，暴力和血腥越来越表面化了。"联指"民兵早就想仗着实力上的优势，痛下杀手，剿灭造反大军。但他们毕竟有一个完整的组织系统，他们自诩是代表着政府的，自然得听命于上级的指示。然而此时，他们的上级可能认为时机还没有成熟，所以一直没有采取大规模的行动。他们下面的人只能擅自采取一些打、砸、抢、抄、抓甚至暗杀的手段，以达到威胁阻吓那些同情支持造反大军的群众。

双方你死我活的公开搏杀终于暴发了。1968年的春节刚过的一个圩日，结乐村的韦如碧和韦如星来三都赶圩，韦如星是复员军人，是造反大军一派的人，韦如碧与两派均没有任何瓜葛，但是他们那个村都是广西"422"一派观点的。两个人抱着侥幸的心理，认为如碧没有参加我们的组织，不算是我们的人，而韦如星是复员军人，估计他们不会怎么样的，就懒得绕远路，而是从公路经过他们的关卡走回家。当他俩刚过板元村路口时，就从村里冲出一帮拿枪的民兵，气势汹汹的朝他们俩追来，相隔只有50来米，吆喝着叫他们站住，他们来不及反应，只意识到来者不善，拔腿回头向西就跑，后面接着就响起了炒豆似的枪声，子弹嗖嗖的从头顶、身边飞过。他们跑到大路村对面的拉雅村路口时，就折往拉雅方向跑。刚到拉雅路口旁雀儿山的小山包下时，韦如碧自认为他自己不是造反大军的人，也就停下来不跑了，却被从拉雅村里出来的一帮拿着枪的民兵抓住。如星顾不了如碧，只能冒着弹雨，在前堵后追的夹击之下，慌不择路地从收了稻的干田里，往边山村方向跑去。"联指"民兵们知道他是赤手空拳的，就毫无顾忌地从后面紧追不舍地朝他射击。他凭着在部队练就的一点基本功，在田里连跑带跳的，终于从虎山脚下过，跑到边山村前。

正当如星被"联指"民兵们追杀的时候，枪声引起边山村群众的警觉，这时恰好有我们组织的老覃，带着一支步枪在村子里和朋友吃着饭，听到枪响，和村民们出到村外的菜园边看究竟。看见如星正被"联指"民兵开着枪追赶而向村里跑来。如星已经越过村前最后一块田，就要进到村里了，那些"联指"民兵却依然紧追不放。追在最前面的人已经跑到村前不足百米远的田边，于是老覃倚着园边的石头院墙，瞄着那跑在最前面的人开了一枪。老覃也是个老资格的民兵，有一定的军事技能功底。只见枪声一响，那个人就应声倒在了田里。那些后面的人也就不敢再向前追了。他们企图上前来救那个中枪的人。但见村里有人有枪，并且和他们对射着，也就不敢近前来。一面给人回去搬援兵，一面占住虎山上的制高点，以火力封锁住村口，不给人接近那中弹者。

他们一部分人就回去搬兵来救那个伤者。回去搬兵的回到雀儿山下，就把被他们抓住的韦如碧枪杀在山脚下。

我们在街上听到边山村前密集的枪声，正想去探个究竟，村里便来人送信，把情况大致说了一下，于是我和思学商量，留下部分人留守潢仓，我和思学及振友、如多几人便拿起枪，前往边山增援。

到了村里，看了情况后，商量认为，我们的目的是要得到中弹者的那支枪，眼下我们人少枪少，他们人多枪多，且又占了制高点，我们不宜为一支枪去硬拼，我们只要坚持住，给他们不敢过来把枪要走就行，到天黑以后，他们在虎山上的制高点失去优势的情况下，我们可以就近去把枪抢回来。于是我们就在思学家先弄晚饭吃。

我们吃饱饭后，天已开始暗了下来。我们几个人拿着枪出到村边，老覃年纪大些，由他负责掩护，我们四个就出到村外的高田坎边。这时"联指"民兵已调来一挺机枪，在虎山上架了起来，一见我们稍有动静，就朝我们不停不歇的扫射。我们伏在田坎下不敢动弹，天越来越暗，我拿起枪试着瞄了一下准星，已经看不清目标，说明他们在虎山上的机枪也无法瞄准射击，已经丧失了居高临下的优势。我们四个人分做两组，思学和振友一组，交替着朝那民兵中枪倒地的地方冲去，民兵在虎山上的机枪便朝着他们俩盲目不停地扫射着，那机枪近乎声嘶力竭地响着。我用一颗燃烧弹朝着他们的机枪阵地打去，在他们的机枪阵地上燃起一堆火光，他们的机枪阵地便暴露在我们的视线之内，害怕被我们杀伤他们的机枪手，而他们却看不清山下的情况，那机枪也不得不哑了下来，趁这个时候，我和如多紧随思学与振友之后，迅速越过田基，顺着一条矮田坎弓着身子向目标扑过去。

天已经完全黑了下来,双方彼此都看不见对方,双方的射击暂时停止了。

思学他们俩猫着腰向那中枪者倒卧的田坎下冲去。我和如多就向左前方的河边去,占领了一座废弃的水碾房,以水碾房的残垣为掩蔽,监视着前方田里的动静,掩护思学他们去夺那死者的枪。这时我看到对方有一帮人,正向着我们这个方向活动,我们用枪悄悄对着他们,等待着他们再靠近时才开枪。与此同时,在思学他们正前方的田里,有个黑影猫着腰,正迅速地朝思学他们扑过去,我正担心思学他们没有防备的刹那间,只见火光一闪,呼的一声清脆的枪响过后,那黑影应声倒在了田里。而在我们左前方田里那一帮正向着我们运动的人,听到枪响,并看见他们前面的人应声倒地时,就呼啦啦一下子乱成一团的转身向后就跑,离开了我们的视线。这时,思学他们已经捡得了那死者的枪,正向我们靠拢过来,招呼我们撤离。我们回到了村里后,边议论刚才的情景,边向前方警戒着。之后,就再没有什么动静了。

一直到第二天天亮时,才知道对方已经全部撤走了。到下午时,他们派了一个拉雅村的群众来到边山村,和村里的老人说,昨天晚上,为了来收尸又伤了一个人,民兵让他来跟我们协商。他说,反正人都死了,请求我们就给他们把尸体抬回去算了。我们对他说,这事是他们先挑起来的,在公路上追杀我们的人,已经打死我们一个,还剩下的一个他们都不肯放过,还要斩尽杀绝,把我们的人都追到村前了,还要往村里追。要是昨天村里没有人,不是要追到村里来杀人了?他们也太欺负人了。不过,我们也不是得理不让人,既然人已经死了,就叫他们来收尸吧,但不能让带枪的人来,看到拿枪的人我们就打。来人把我们的话回去转达后,他们也就依我们所说的,来把尸体抬了回去。死者是工农水库那边博爱大队的民兵。那天晚上被打伤的是"联指617"的学生。

这是一场真正的战斗,是双方第一次面对面的你死我活的拼杀,那场面、那情景还真的像电影里的情节。狭路相逢勇者胜,我们以不怕牺牲的精神,以从书上,从电影里的战斗故事片中,学到的一点军事的知识和智慧，打出了一场文革武斗中以弱胜强，以少胜多的战例。我们评价了这一次战斗的得失是：我们牺牲了一个无辜的群众，但是我们在以寡敌众的战斗中，打死打伤了对方各一人，并且缴获了一支枪。我们把这视为胜利。

五

在"12·2"抢枪之后，我们在水库管理所抢得了几箱炸药和一些雷管，用来自己造一些土制手榴弹。街上造锑锅的郭师傅，用锑为我们铸造了手榴弹壳。多德原来在队里炸石头烧石灰时，懂得一些炸药的性能，便由他负责装填炸药，造出了一些性能毫无保障的土手榴弹和地雷。在街头白坟一带埋下了几颗土地雷。

"联指"民兵经常从新仓库趁天黑潜到白坟一带的厕所和工商所的磅房后面，抵近伺机袭击我们街上的群众。在我们布好雷以后，他们曾经收买指使一个街上姓吴的女奸，偷走了我们埋在磅房后面的一个绊雷，但她没有发现我们埋得更为隐蔽的电雷。那天晚上的半夜里，他们又潜到磅房后面，朝我们的据点开枪，被我们的人引爆了一颗电雷。第二天，我们到现场查看时，发现有血迹和炸断的裤腰带。后来听说是屯甫村一个民兵被炸断了手筋。

为造土手榴弹和地雷，我们也付出了惨重的代价。我们是用纸捻为导火装置的，对导火索的起爆时间没有经过测试，全靠着估计。为了测试一下那些手榴弹，多德和二哥与振歧三人就拿来试验，二哥对这些是最没有常识的，一点都没有防备措施，他就拿着手榴弹在手中拉弦，因为导火索的长度掌握得不准确，手榴弹在手中爆炸了，好在威力不大，二哥的右手被炸掉了母指和食指，中指也被炸掉了一半，只剩下半个手掌。振歧被炸伤大腿，多德只伤了一个手指，幸好都没有生命危险。二哥便是因此而成了终身残疾。

"联指"民兵遭到地雷炸伤后，再也不敢潜入街头来袭击我们。他们改变了袭击的方式，利用他们在武器装备上的优势，用迫击炮从新仓库对我们进行炮击。在他们被地雷炸伤后不久的一个晚上，他们不顾伤及与我们紧邻的群众，从新仓库向我们的驻地濆仓发了两炮，第一炮落在我们狭小的院子里爆炸，幸好没有伤着人，紧接的第二炮却正好落在我们的一个前沿哨位上，把我们一个恰好到那里查哨的粮所干部韦星照给炸成重伤。星照是星慧的哥哥，对方一直认为他是我们的主要头头。星照受伤的消息传出去后，成为对方宣传的"特大新闻"。

星照被炮弹片从后腰进入肝部，伤势很是严重。当时三都的卫生院已是名存实亡了，院长邹木恩是我们一派的，一直跟着我们，他倒是背着一个急救药箱，但里面只有一些治疗小伤小痛的简单药品，只能对伤口进行一些简单的包扎，对这样的重伤员，他也是巧妇难为无米之炊。

之前，二哥他们三个被炸伤的时候，我们请二哥的高中同学韦忠敏来治疗。韦忠敏的父亲是本县有名的民间骨伤科医师，他父亲也是地主，和我父亲属同行知交，忠敏毕业后考不上大学，就跟着他父亲学医，用草药治疗骨伤科是他家的祖传特技，但中草药对这类重症外伤，不如西医疗效快，所以二哥他们的伤势疗效缓慢，已经开始出现感染迹象。在星照受伤时，忠敏正好来给二哥换药，就和邹医师一起，帮星照做了一些应急处置。

之前，我们已经有了三个伤员，星照受伤之后就是第四个伤员，且是伤得最重的人，是拖延不得的。邹医师提议尽快送往柳州治疗。邹医师家是柳州的，医院里他认得的同行多，可以找熟人帮忙，免得时间拖长了，伤员有生命危险。我们经过商量，于是决定由邹医师与杰云和振切几人，负责把所有的伤员送往柳州治疗。由于这个决定及时，几个伤员最终都能康复归队。由于当时的条件有限，星照的肝里仍然留有弹片。二哥到柳州后，通过植皮手术，总算保得了半个手掌。多德的伤最轻，是第一个伤愈归队。

在双方互有伤亡的对峙中，我们始终坚持着"文攻武卫"的原则，以自卫为目的。我们一直没有计划，也没有能力，主动向对方发动进攻或袭击，就是打冷枪的事都少有。一来因为从地理形势上，他们是居高临下，我们只有挨打的份，我们连打冷枪的目标和机会都很少。

二来我们的武器弹药有限，不敢浪费子弹。再者我们也一直认为用冷枪伤人是不地道的行为，特别是伤及无辜群众。有一次，我和思学与顶球、智川四人到街南纳湾河边的水碾房里，正好看到县"联指"民兵的武斗总指挥几个人，在公社路口的纳湾桥附近指指点点，不知是在做什么。从水碾房到公社路口的距离不足 300 米，我们看得很清楚，他过去曾到我们学校搞过军训，我们认得他，并曾经很崇拜过他。由于他是退伍军人，是县"联指"的头头，且还是全县"联指"大名鼎鼎的武斗总指挥。他们在县城公路边的排灌站设关卡，专门抓捕从各公社到县城和柳州路过那里的广西"422"人，我们从心底里恨他。

那天，智川带着枪，我们本来也想要趁此机会除掉他。智川已经在水碾房里，枪上了膛瞄准着他，只要一扣扳机，凭着智川的枪法，他必死无疑。但在这决定他生死关头的时刻，智川问了我一声："搞掉他吧？"当时我却出于一念之慈回声道："算了，放过他这一回吧"。之后由于智川的惨死，我为我的这一句话而感到后悔莫及。

第二十六章 柳江县"反韦派"的覆灭

一

1968年的春节来得早，1月30日就是春节。我们在危机四伏中，抱着幻想和激情度过那个春节。到了元宵节过后的一个星期，韦云哉带着柳江县城造反大军的人从成团经大枞坳，来到了三都。他们是23日凌晨从被"联指"包围中的县文化宫突围出来的。他们自从抢了县武装部的枪后，占据了县文化宫，与占据着县委大院、柳江完中、柳江医院、县新华书店、县交通大楼等据点的柳江"联指"形成对峙。

柳江县城造反大军是由各区如进德、百朋、穿山、里雍、土博、洛满等有名无实的组织一起组成的。他们依靠从武装部抢来二三十支杂牌残破的枪支，困守在县文化宫内。

县城两派形成对峙的一段时间内，不时发生两派相互攻击的小规模的、互有死伤的武斗。到了2月13日，柳州"联指"常委决定：由"工交兵团"和"财贸兵团"组织人员出击，配合柳江县"联指"民兵，向柳江造反大军发动进攻，清除柳江县城的造反大军。决定由常委韦正均、刘目忠等带领数百人前往"助战"。[1] 柳江"联指"调集全县的"联指"派民兵，包括"八·一"锰矿的民兵师，在元宵节后第二天的2月14日，对文化宫的柳江县城造反大军有计划有部署的发动了进攻。在此形势下，柳州造反大军也派来了百多人的队伍支援柳江造反大军，但大多数人是没有武器的，而且还企望着到柳江来

---

[1] 宋永毅主编，国史出版社出版：中华人民共和国档案，中共中组部、广西区委处理文革遗留问题绝密报告系列（36卷之21）中共柳州市委整党领导小组办公室（1987年9月8日）编《柳州市"文革"大事记》"1968年2月13日款"记载。

寻找机会抢点县武装部的枪支。

县城拉堡的地势开阔平坦，无险可守。在韦云哉、罗乐民、覃永谋、潘国臣等几个学生头头指挥下的"柳江联战"一帮学生，成为柳江县城造反大军的主力。各区逃出来的人员，都是手无寸铁的非武装人员，都是来投靠"柳江联战"寻求保护的。县城造反大军以文化宫的三层楼房（含地下室）作为制高点，抵抗着来自柳州方向和东南面的柳江医院、柳江中学以及百货大楼、新华书店大楼、县委机关，还有西北方向的县交通大楼、铜鼓岭及排灌站的四面围攻。文化宫的后面即东面，是一片开阔平坦的，没有房屋建筑，没有树木庄稼的黄土坡，柳江县医院，都是柳江中学"联指""百万雄师"占领的据点，控制着文化宫东面的荒坡，切断了柳江造反大军与柳州造反大军的联系，也就切断了柳江县城造反大军进入柳州市区的通道。在"联指"民兵的四面包围之中，文化宫陷于孤立无援，进退不能的困境。县城造反大军派出一小队武装人员，企图打通文化宫与柳州方面的通道，以保持与柳州造反大军的联系。派出的一小队武装人员，在柳江医院和柳江中学前面一带开阔的坡地上，遭到了"联指"民兵的两面夹击，切断了他们返回文化宫的退路。为了接应他们退回文化宫，造反大军又派出了一支由联战学生组成的增援队伍，途中被"联指"民兵的机枪扫射，造成数人伤亡，其中一个学生是柳江中学朱老师的儿子朱绍蟾中弹身亡，被围困的和前去增援的人全部被"联指"民兵俘虏。在被俘的人中，有一个是我的同班同学，他家是成团雅中公社的，他和雅中民兵一起，[2] 到县城增援县城造反大军而参加了这次战斗，被柳江医院中"联指"打来的子弹射穿手臂。被俘的人员在双方激烈交火当中，趁"联指"无暇顾及，乘机得以逃脱。逃脱的人因无法穿越开阔地回到文化宫，只能各自趁此脱离组织潜回家中。激烈的武斗持续达一周之久。"联指"在攻打文化宫的战斗中，也付出了一些伤亡代价。柳州"联指"前往柳江参战的刘若章、郑国忠、凌广友

---

[2] 成团区雅中公社民兵营是造反大军一派，名为"民兵营"实际只有一个班的武装。

等二十多人在柳江的这一场武斗中被打死。其中带队去武斗的"柳州'联指'工交兵团二分团"头头之一，金成贵就是在这一次武斗中被打死的。由于"联指"有武器装备上的优势，利用高射机枪向文化宫扫射。文化宫暴露在地面上的两层砖木结构的楼房，无法抵挡高射机枪强大的穿透力，毫无居高临下的作用，他们坚持到2月23日，丢下一个被高射机枪打伤，失去行动能力的伤员，其余造反大军人员，从县粮食局方向潜出县城，经柳州、进德辗转到达成团。

那个留下的伤员是从洛满逃难出来的农民，在"联指"民兵攻进文化宫后被枪杀。

各区造反大军组织的人员，都是在各自本地无法立足的情况下逃亡出来的。有部分逃到柳州或南宁等城市，参加到"反韦派"各个组织中。但大部分则无路可走，只能逃到县城来投靠"柳江联战"，寻找暂时的庇护，以避免被对方肆意屠戮。当时全县各区的造反大军组织，都希望"柳江联战"的头头们，能把本县各区的"反韦派"人员收拢组织起来，形成全县统一的文攻武卫的组织，共同应对"联指"的武力威胁。但是，"柳江联战"的头头们，一则没有这样的政治谋略；二者也没有粮食和资金等物资条件，来维持那么多人的生活需要；三者更没有足够的武器来武装所有的人。要把所有逃亡出来的人都集中起来，不但壮大不了战斗力量，反而增加负担，造成累赘。所以对于那些逃亡人员，他们只是被动的接收，而不是主动的组织起来。那些前来投靠的逃亡人员，事实上只能算是依附于他们的民众，而并不是什么武斗人员。在当时高调革命的政治气候下，同一派组织之间并不是团结得像铁板一块，各自都认为自己是真正革命的。"柳江联战"的学生们也一样地存在着"红卫兵情结"，他们自认为是学生，成分纯洁，是毛主席所倚重的真正的红卫兵组织。而下面各区的组织人员则较为复杂，担心组织成分不纯而影响到他们的革命形象，成为对立派政治攻击的把柄。

不仅柳江县如此，在当时的整个广西的"反韦派"都一样，各地方组织都是各自为政，没有统一的策略和计划。

二

当"柳江联战"于 2 月 25 日从成团辗转来到三都时,他们的几个头头曾对思学表露了这样的想法:把全县的造反大军统一起来,以三都作为柳江县造反大军的根据地,坚持抵抗,等待中央对广西问题作出最后的处理决定,争取政治上的主动。他们不相信毛主席会放任派性武斗漫延,但他们忽视了毛主席已经迫不及待地,为了结束"文化大革命"的动乱,恢复秩序的意图和决心。他们仍然认为毛主席一如文革开始时,对造反派的宠爱和呵护,他们仍然把周总理的"824"表态当成御赐的免死金牌。

他们这一次被"联指"围攻,面对数倍于己的"联指",是在县城站不住脚而逃到三都来的。他们需要有一个落脚的地方。思学听了他们的这番打算,似乎也心有所动。但是思学向他们分析了我们目前的处境:我们三都造反大军目前是柳江县除了"柳江联战"之外,唯一能与"联指"形成割据的一个地方组织。整个三都区地域东自六道坳,西到里高街往西 10 公里与忻城县交界,其间还有个在抗日战史上留名的鬼子坳。从军事角度看,只要有实力,还是可以坚持一阵子以待时局变化的。但是我们只占领了区区三都圩一隅,且处于四面包围之中,形势对我们非常不利,显然不是个理想的驻防之地。除非我们能把公社和粮管所及都鲁山、屯排山全部占领了,连成一体,互为犄角,形成一个防御整体,方可抵御"联指"民兵的武力威胁。但凭着我们自己的这点实力,就算是"联指"自己放弃这几个地方,我们都没有力量占领得了。若是我们全县的力量统一起来,或许可以把三都控制一段时间,能让柳江县造反大军有个暂时落脚的地方,等待时局的变化。他们对这个意见还是认同的。经过进一步的协商,最后达成了共识:组织一次攻打三都公社和都鲁山"联指"据点的行动。达到目的后,再进一步攻夺粮所和屯排山。在策划攻打三都区公所"联指"据点的行动时,"柳江联战"头头们政治上的幼稚和军事上无知的"秀才论兵"就都表露无遗了。在布置夜袭都鲁山的计划中,居然没有安排抢占主峰,而只安排抢占主峰下的小山头,结果在偷袭抢占了小山头后，天一亮，就被对方在主峰上的火力压制下，无处躲藏的任人射杀，而根本没有还手的机会，只能四散夺路逃下山来。有两个"联战"的学生不敢冒着弹雨撤下山来，只能潜伏在山上，到了晚上才潜下山回来。

从山上撤下来的人中，机枪手老李是对方的攻击目标，好在老李是经过朝鲜战场有实战经验的人，才把我们唯一的一挺机枪带了回来。老李是边山村人，是个复员军人，共产党员，在部队时就是机枪手，是民兵里的神枪手。同时，他还是李大姐同宗同族的侄子。

头头们在部署攻击区公所据点时，规定要在两个炸药包爆炸后才发起总攻击。但却没有确定战斗指挥，没明确指挥人员，没有设定联络办法，也没有其他的预备方案，结果在只有一个炸药包爆炸，而另一个炸药包一直没有按预定计划爆炸的情况下，所有战斗人员就干等着，也没有下一步行动的指令，直到天亮后也没有谁下达撤退的命令，而是由各战斗小组自行决定撤离战场，无异于乌合之众。事后想起，实在觉得幼稚和可悲。我们都把这你死我活的"革命"当着儿戏了。

这次行动中，整个柳江县造反大军的实力得到了充分的暴露。行动策划者在计划过程中的顾此失彼，加上我们的两个爆破手只有一个能完成任务，且能全身而退。而另一个爆破手因为受到他本村兄弟的劝阻，害怕将来要承担责任而放弃了任务，以致造成整个行动计划功败垂成。

我当时也拿着一支七九步枪，和如多负责给"柳江联战"一个攻击小组带路当向导，从公社的西北方向攻击。在炸药包还没有爆炸前，我们这个小组就已经进到离公社后门不足50米距离的厕所边，准备等炸药包爆炸后即发起冲锋。当第一个炸药包爆炸过后，硝烟未散，我就带着一个联战的同学冲到爆破口，并拔出两根从公社里伸出来的地雷线。正想着如何冲进里面去的时候，发现后面没有人跟上来，我们才想起，之前在布置任务时交代过，以两个炸药包爆炸为总攻击信号，但此时只有一个炸药包爆炸，还不是发起攻击的时机，我们两个人只好撤了出来。之后就一直再也没有爆炸声响起了。

各攻击小组在没有得到进一步指示的情况下，待在预定的攻击位置无所适从的一直等到天快亮，没有得到撤退的指令，也就各自纷纷自行撤回三都街。否则待天亮后，在平坦开阔的田野里没遮没挡的，就会成为都鲁山"联指"民兵的枪靶子。

这次行动是以失败而告终的。"柳江联战"没有任何的伤亡。我们的人就是星慧在执行阻击新仓库的任务中，从阻击阵地撤回来时，被新仓库的"联指"民兵的机枪扫射打中腿部，造成大腿骨折，他是这次行动唯一受伤的人。

事后听说盘据在区公所里的"联指"民兵被炸药包炸死了一个。胜者为王、败者为寇，在"七三布告"下达后，我们所有的行为都成了"罪行"遭到了彻底的清算。被炸死的民兵被革委会当作"烈士"，把他埋在了革命烈士纪念碑一旁。[3] 拉响那个炸药包的爆破手成了阶下囚，在牢中关了将近 7 年时间，却一直没有判刑，于 1974 年释放回家后，被戴着四类分子帽子，受到严格管制。

这次行动结束后的当天，"柳江联战"的头头们对三都造反大军没有任何交待，就悄悄撤走了。三都圩成了柳江县造反大军一派唯一残存的据点。又回复到比原来更加势单力薄、孤立无援的四面围困之中，等待着"联指"民兵的报复。我们无法预见以后的事，也没有什么计划和措施。我们的组织没有扩大也没缩小，只是多了几个伤员。已经参加组织的人是不可能回家的了，只要落单，就会被"联指"民兵捕杀。

三

三都圩上还是只有三都造反大军占据着。时过不久的 3 月 1 日，从里高圩传来了里高造反大军已于 29 日被军队剿灭的消息。这一消息让我们感到震惊。

里高圩是三都区管辖下的一个公社（后改称生产大队）。柳江县

---

[3] 广西处遗后被撤销了"烈士"称号，他的坟墓被搬走。

出现两派斗争时，三都区同属"反韦派"观点的组织有：三都圩的"六六战团"和三都中学的"柳江新一中"两个组织；里高圩则有个"血战南疆"和"农总"两个组织。四个组织虽属同一观点，但互不相属，各自独立。后来两派发展到武斗割据时，三都"六六战团"与"柳江新一中"两者自然融为一体，统称三都"造反大军"。而里高圩的两个"反韦派"组织仍然游离其外，自成一体。里高圩没有两派组织的割据和对垒，也没发生过两派间的武斗。同派的两个组织之间也不存在合并与统一，只是相互的呼应和协作。

里高造反大军中，里高农总的人都是圩上生产队的农民。参加组织的都是成年人，要挣工分养家糊口，不可能像城市里的学生和工人一样，停课、停工闹革命。但是，那年头政治第一，且农村历来都是阶级斗争的前沿阵地，农民也要搞"文化大革命"，要造反，也要批判走资本主义道路的当权派。除了参加生产队的劳动，其余的时间也搞"文化大革命"。

到了各行各业都成立这样那样的组织时，生产队的农民们也就凑合了起来，像其他地方一样，打起了"农民造反总司令部"（以下简称"农总"）的旗号，跟着毛主席革命和造反。但是，他们只是个业余团体，除了饭后聚在一起，相互交流着各自听来的，关于外地文革的小道消息外，也就别无其他作为了。

"血战南疆"和"农总"不一样，"血战南疆"都是一些二十岁上下的青少年组成的团体，尤其是一些家里是非农业户口的，他们的父母都是生意人、手艺人，组织起来就成了个所谓的"集体单位"，叫工商联社。和农民最大的区别是：他们有国家定量供应的口粮。在工商联社工作，尽管所得工资微乎其微，但是一家人购粮证里的口粮指标，国家牌价不到一角钱一斤的米，家里还能买得起。历届小学、中学毕业后没有书读的，都在1965年被下放到比圩上条件更差的乡村插队，成了"插青"。[4] 文革开始后，家在城里的知青以革命造反

---

[4] 农村圩市非农业户口的无业青年，多数只有小学文化程度，被安插到更苦更穷的农村插队，被称为"插青"，有别于城市里的青年下乡插队，则被钦赐予"知识青年"称号。在政策待遇上存在一定的差别，经过争取后才有所调整。

的名义，都回到城里参加造反。他们参加造反，有他们不便言说的目的，就是企望能回到家里，与家人一起生活。里高圩的插青也不例外，他们也都回到里高圩参加文革。那年头，他们对个人的权利意识很模糊，他们既不乐意被赶到生产队去当农民，但他们又不敢公开反对"知识青年上山下乡"政策。他们只是想表现自己紧跟毛主席革命，争取通过政治表现，改变自己一辈子当农民的命运。

学校都在停课闹革命，家在里高圩的学生大多回里高参加文革。中学生当中的大部分人在文革初起时出去串联过，见识过外面的"文化大革命"。回到本地后，一帮人凑在一起，学着外面的样，从毛主席的文章、诗词中找个响亮的词句作名号，凑成一个组织。相对于"农总"，他们的活动显得积极和高调些，成了圩上文革的先锋力量。到了柳江县也出现两派斗争时，里高圩上的两个组织都一起选择了"反韦派"的观点和立场，和那些机关干部、单位职工唱起了对台戏。这种观点的分歧，隐含着不同利益阶层的对立和矛盾。

对于农村民众而言，经历过文革前那些年代农村政策的折腾，心中早有怨言，只是由于言论和思想的控制，以及阶级斗争对人起到的震慑作用，他们的情绪得不到自由表达，不敢往上寻找错误的源头和抱怨的对象，趁着毛主席发动的"文化大革命"运动，大家也就一哄而上，随大流而动参与其中。企望通过文革能改善一下自己的生存现状。

三都区的"保韦派"组织，只在三都中学里有一个"617"战斗队。批判当地的领导干部，揪斗老师或地方上的牛鬼蛇神，抄家、写大字报等等，出现两派斗争时，他们也像城市里机关单位中的"赤卫队"一样，自认为是无产阶级政权的守护者、接班人，一切服从于上级，选择了和大多数干部职工同样的"保韦派"观点立场。名称也就随之转变为柳江县"联指"三都"617"战斗队了。此时，他们中的大多数还都是些没有毕业的初中生，他们还远远谈不上有自己的政治主见。他们能做的就是顺从权力的摆布和指使。由于长期受到阶级斗争理论的渲染和熏陶，想表现自己的政治觉悟和个人英雄主义精神，在这些方面他们是自觉的。

农村民众习惯把领工资的人笼统称为"干部"。[5] 农村民众眼中的干部，包括各级行政管理人员和所有单位里，能够领取国家工资，有稳定的生活保障和社会福利的人。相对于生活朝不保夕的农村民众，他们是两个不同的利益阶层。这种不同阶层之间的矛盾，在文革前农村政策环境下，形成了隐性的对立。这种对立在当时的意识形态中，被说成是地主、富农阶级与贫下中农阶级的阶级矛盾，而其实质是"统治阶级与被统治阶级"的阶级矛盾，[6] 也即被媒体一再强调的"干群关系"或"党群关系"。这种关系在文革式的群众运动中，得到了短暂的自由表现。在对待韦国清的态度和立场上，出现的"保韦派"和"反韦派"，基本上就是以此利益阶层为分野的。这种现象在广大的农村地区较为突出和明显。

韦国清当时是广西壮族自治区党委书记，政府主席，广西军区政委，是广西党政军一把手，手中掌握着实权，他是统治阶级利益的代表。广西从上到下，各级干部从个人利益角度的考量，大多数选择追随韦国清，也就是基于对他手中实权的依附。而广大的农村民众，则大多选择了相对的立场和观点。但是，基于权力对民众存在着威慑作用，民众中的大多数，则不敢公开表达自己的观点。更何况在出现保韦和反韦两派斗争时，韦国清还一直得到毛泽东和周恩来等高层的重用和支持。在因他而分成的两派斗争中，还相继委任他为广西军管小组组长、区革筹小组组长的职务，表明他在毛泽东为首的中央文革派眼里的分量。他的权力和地位，相对于那些与他对立的，本来是他属下的干部如伍晋南等，是稳固的。所以，在广西两派的实力对比中，"反韦派"成为少数派就是基于这些因素。

---

[5] 这里所称农村民众包括农民和农村圩市上的非农业户口的居民，他们都没有固定的工作单位，没有稳定的工资收入，没有社会福利保障。

[6] 地主、富农作为一个阶级，随着他们的财产被剥夺已经不复存在。而统治阶级和被统治阶级是现实存在的两个利益对立的阶层。统治阶级为维护其统治的需要，有意识把已经被消灭了的地主、富农阶级，渲染成现实存在的阶级斗争的主要对象，以掩盖现实中的统治阶级与被统治阶级的矛盾和斗争。"以阶级斗争为纲"的口号在1978年12月召开的中共十一届三中全会上停止使用便是这一论点的最好证明。

"保韦派"在农村中的基础力量是民兵。民兵也是农民,但是民兵在农村中,是政权所依赖的力量,是专政的工具。他们相对于底层民众而言,具有高人一等的政治地位,尤其是对那些被专政的对象,他们以权力的守护者自居,服从于权力是他们的天职,以得到领导的信任和青睐为荣。他们跟着上级领导,支持韦国清也就势成必然。

在出现两派武斗的时候,近乎赤手空拳的里高造反大军,被对立派看成是翻不起浪的小鱼小虾,暂时还不屑于理会他们,让他们自以为他们的革命就要成功了。本公社的支部书记韦以松是里高圩上人,文革暴发时就紧跟毛主席造反,站在当地群众一边。圩上最小的"当权派"生产队长,也是他们一派的,在本地,他们甚至找不到一个能称得上"走资派"的,可以让他们表现革命的批斗对象。至于那些省(区)里、县里的"走资派",也轮不到他们去揪斗。

那些一直被管制的,本圩上的地富反坏右五类分子,早就被管制得服服帖帖,基于土改、镇反以来的经验,他们不敢"乱说乱动"。而且文革也不是为他们而发动的。所以,造反大军唯一能表现自己参加"文化大革命"的事,就是聚在一起形式上喊喊口号,而且还都是些外地已经普遍流行的大众化口号。至于"打倒刘少奇""打倒韦国清"这样的口号,他们不可能敢于先喊出来,他们不过是随大流的认为喊这个口号,是迎合了毛主席发动"文化大革命"的目的和用心的。其实,毛主席发动文革的用心,他们怎么可能揣摩得了。

里高造反大军虽然号称一个组织,不过是一帮凭着毛主席一句"造反有理"的口号而凑合在一起的农村民众。他们以为这样的组织,就像土改时的贫协一样,到运动结束时,多少会有些好处,不至于落下自己一份。他们既没有组织机构和固定的聚会场所,也没有一个组织应有的规章、制度,更没有什么政治纲领。他们的头头既不是什么知识分子,也不是什么英雄模范。他之能成为"头头",唯一需要的就是一个好的家庭成分。没有任何形式的选举,更没有上级机关的授权或委任,只是凭着个人在群众中的义气,得到众人的信任和拥戴,没有任何具体称谓和头衔。其组织人员的参与或退出,都出于个人自愿。

四

1968年，是广西两派斗争发展到生死决斗的阶段。广西"保韦派"仗着人多势众，武力强大，意欲消灭"反韦派"，然后成立以他们一派掌权的革委会。而"反韦派"也自以为是周总理曾经表态支持过的"革命造反派"，有毛主席"造反有理"的号召和鼓励，又有江清提出的"文攻武卫"口号壮胆，明知双方力量对比悬殊，仍然坚持抵抗，想以此引起中央高层的关注，争取政治上的主动。在这样的形势下，两派抢枪的事件频频发生。由于支左部队对此类事件的态度暧昧，甚至于有意促成，致使抢枪事件屡禁不止，且规模越来越大，连军火库和援越物资都照抢不误。但是"反韦派"不管怎么抢，都难比"保韦派"通过明抢暗送的方式从军方获得的武器质量好、数量多。

柳江县人武部早已被县城的两派轮番抢过多次。三都、里高距县城较远，都没有机会参加。三都造反大军于1967年的12月2日，发起抢夺驻守在三都粮库和区公所的民兵枪支，里高造反大军也没有参加。民兵和解放军不同，民兵事实上就是"联指"派中的武装力量，抢他们的枪，他们开枪反击是毫无顾忌地，所以三都造反大军的抢枪行动一开始，就遭到民兵反击。

里高造反大军不敢招惹本地民兵，但本地没有驻军，没有军火库，找不到有枪可抢的地方，他们仅于12月4日，去邻近的忻城县大塘圩上，和大塘造反大军一起，到大塘区公所里，抢得了忻城县人武部干部的"五一式""五四式"各一支手枪。加上本派两个武装民兵的两支没有子弹的步枪，还有人从县人武部抢得一支缺零件的驳壳枪也给了他们。这就是他们赖以"文攻武卫"的全部武装力量。

韦国清不会坐看"反韦派"力量的壮大，他更不能容忍"反韦派"结合进革命委员会，和他分享权力。扶持"保韦派"，压制"反韦派"，是他心中既定的策略和方针。但是，只凭"联指"、民兵的力量压制"反韦派"，"反韦派"不会屈服，在短期内就不能达到中央要求的，成立三结合的革命委员会，结束动乱局面的目的。只有动用军队武装介入，凭借人民解放军的武装力量，和政治上的威慑作用，才可以事半功倍的实现这个目标。韦国清是广西军管小组的组长，和文革初期他在桂林处理"8·7事件"时的情况，[7] 已经大不一样了。他手中握着"三支两军"的大权，但他没有忘记，他曾经为处理"8·7事件"做过检讨。动用军队必须得到毛泽东的首肯。

韦国清对毛泽东在党内斗争中，对政治权谋的运用深得要领。他善于运动群众进行人民战争，让群众自己解放自己，让群众斗群众，把一些棘手的群众性问题，留给其下属各军分区及各县人武部处理。让自己始终处于主动地位，以便于自保。

柳江县人武部政委宋吉月，在"三支两军"工作前期，因立功心切，在周总理"824"表态的当天下午，在没有得到军区、军分区明确表态之前，错误地估计了形势，唯恐落后于形势，擅自主张，跑到"反韦派""柳江联战"驻地的柳江中学，公开表态支持柳江县"反韦派"，受到柳江"联指"的强烈反对，公开喊出了"打倒宋吉月"的口号。其后的11月2日，"反韦派"在县城召开全县"造反大军成立大会"时，宋吉月再次在大会上表态支持造反大军。显然，柳江县人武部的做法，有悖韦国清的期望，在上级面前遭遇冷眼可想而知。宋吉月知道自己面临的政治风险。在两派暴发真枪实弹的武斗以后，他从上级的态度中，从双方实力的对比中，看到了柳江造反大军最后失败已成定局，他想挽回之前的失误与被动，于是就重新调整了支左的方向，一反之前支持造反大军的态度，变为暗中勾结"联指"，对付造反大军。柳江县人武部反复无常，让一帮以中学生为主体的，政治上幼稚，军事上无知的柳江县城造反大军，最终付出了惨重的代价。

五

柳江县城造反大军的几个学生头头们，对军方支左的政治谋略

---

[7] 1966年8月韦国清在桂林处理"8·7"事件时决定动用桂林步校师生对付广西师院学生。同上《广西文革大事年表》第5、6页。

一无所知。早在1967年8月27至29日，县城两派第一次轮番抢了县人武部的枪支。但是很快中央就发布了"9.5"命令，要两派交枪，实现双方大联合。县城造反大军曾天真地认为，斗争就要结束了，就抢先主动把所有抢得的武器，全部交还了人武部，幻想着争取政治上的主动。但是，保韦派的"联指"头头们深得毛泽东"枪杆子里面出政权"的谋略精髓，只象征性的交了一些自己土造的手榴弹做个样子，所有的枪支却一概拒不交出，县人武部对此没有进一步的措施，让造反大军感觉受到了欺骗，但却并没有引起他们的警惕。到了1968年2月份，"联指"仗势屡屡挑起事端，用冷枪打死了造反大军两个学生，导致两派你来我往，武斗不断升级，而柳江县人武部却有意放任"联指"有计划地从柳州及其他地、县调动民兵，不断扩大武斗规模。从13日起，光柳州市"联指"就先后派出1500余人前来柳江参战，加上柳江"联指"及民兵，参战人员达到2000余人枪，其中包括一个机枪连，还有两门三七战防炮。而柳江县城造反大军和前来增援的成团区、洛满区、进德区的造反大军，还有柳州造反大军，总共参战人数不过200余人，全部武器加起来只是极其简陋的几十条老枪。于是他们企望于2月14日冲进县监狱，再度抢回原来上交给人武部的枪支。但他们抢得的，都是已经被县人武部卸掉枪机，不能使用的破枪。虽然得了一些子弹，但对于他们所拥有那些老枪并不通用，起的作用不大，双方实力对比极度悬殊，人武部对此了如指掌。柳江县最大规模的一次武斗就此拉开序幕，再也停不下来了。而这个时候的柳州军分区及柳江县人武部，却一直抱着坐山观虎斗的态度，任其事态发展。在柳江县城造反大军覆灭在即的2月20日，区革筹下发了《关于建立专区、市、县革委会的通知》，柳江县人武部为了尽快实现区革筹这一通知的要求，竟于2月21日暗中派人通知"联指"说："柳州大军已全部撤走，各区大军已先后回去，文化宫只剩下联战红卫兵几十人，希望'联指'考虑攻击。"[8] 柳江县人武部彻底把柳江县造反大军卖给了"联指"。"联指"获得这个情报后，重

---

8 同上[广西文革机密档案资料]《柳江县"文革"大事件》"2.14"事件。

新调整部署，集中炮火轰击文化宫，给砖木结构的县文化宫造成了极大的破坏，迫使柳江县城造反大军，不得不于23日凌晨撤出文化宫，逃离县城。"联指"当天进占文化宫。[9]

2月27日，区革筹在一周内第二次发出《关于建立专区、市、县革委会的通知》。[10] 由此可知，高层对成立革委会，结束文革动乱已经迫在眉睫。柳江县人武部知道，在这样的形势下，只要能达到目的，用什么手段已经无须顾及了。这是动用军队消灭柳江县造反大军的最好时机。这一意图的实现，对广西文革的发展进程将会产生不可低估的影响。抓住这个难得的机会，动用军队武装解决广西"反韦派"，已经成为区革筹刻不容缓的既定方针。柳江县此时只剩下了三都圩和里高圩两个地方还有造反大军存在。是实施这一既定方针最好的目标。"里高事件"就是在这样的情况下发生了。[11]

六

在县城两派武斗的这一段时间里，里高圩居民李伟等人，看到里高供销社的人用马车偷偷搬运供销社的物资，就把这一情况向"血战南疆"头头覃贵成报告，覃贵成与众人商议后，认为是供销社的人出于派性目的，在转移物资为派性所用，是监守自盗的行为。他们自以为是革命造反派组织，理应负有保护国家财产的责任，于是就组织人去供销社查看情况。看到供销社仓库与门店的大宗物品几乎被偷运一空，还剩下的仅是一些牙刷、杯子、卫生衣等类小商品，他们就打开供销社的店门，把剩下的商品公开向群众拍卖。于27日拍卖结束，所得货款3114元，一一列成清单，由三十多人在清单上共同签名认

9　同上[广西文革机密档案资料]《柳江县"文革"大事件》"2.14"事件。
10　同上[广西文革机密档案资料]《广西"文革"大事年表》第70、71页。
11　从柳江县"2.14"事件开始，柳江县人武部的一系列作为，除了"2.14"事件在柳江县其后的"处遗"工作中，作为"柳江县'文革'大事件"有完整的文字记载以外，其他如三都和里高所发生的事情都找不到相关的记录。

证，将货款连同清单一并封存，由覃贵成负责保管。[12]

在柳江县出现两派斗争后，里高没发生过任何有影响的事件，这是里高造反大军出于"革命"的动机，所采取的"保护国家财产的行动"。之前，成团等地发生群众哄抢国家粮库和供销社的风潮，[13] 曾经波及三都，但是，三都粮库在三都造反大军出面制止下得以保全。县人武部随之对全县粮库加强了防卫措施，里高粮库也派有专人负责看守，抢粮的风潮不再蔓延。在这一风潮稍后，三都供销社也是类似于里高供销社一样的情况，供销社偷偷转运物资被群众发现后，群众乘夜间起而哄抢，最后酿成火灾。不知那一把火是谁不慎失火，还是有意为之？几至造成三都街民房被祸及，幸得三都造反大军抢救及时，但供销社已被烧得一片狼藉。烧剩的东西被三都造反大军收拾并向群众拍卖，得款九千余元。[14]

在里高造反大军拍卖供销社物资期间，"血战南疆"的覃祖宽玩弄手枪走火，伤了自己的手。当时里高街有个方子光医师，[15] 但因没有消炎药品而无能为力。这类外伤只能到柳州医院才可以处置。从里高到柳州有50公里的路程，一路上要经过三都、六道、拉堡，沿途都是民兵、"联指"的封锁线，想要通过，危险重重。但是，这类枪伤没有及时得到处置，伤口很快会发炎，一旦感染了破伤风会危及生命。为此他们只能干着急。他们曾经向守粮库的军人请求帮助。守粮

---

12 在里高事件中，解放军从覃贵成家曾经抄出这批钱，见附有清单并与钱款数额相符，还有众人的签名，知道了这批款项的来源，就把该批款项如数送还覃贵成家，并嘱要保管好，否则以后要承担责任。事件过后，里高造反大军全部外逃，该款交由覃祖宽奶奶保管，"七三布告"后，覃祖宽母亲将该款项如数交给三都区公安特派员廖辉禧。

13 1967年12月15至18日，柳江县成团、灵江、六道、大荣、福塘等地发生群众哄抢国家粮库事件，共抢去粮食300多万斤。（柳江县志大事记）

14 此款被三都造反大军逃离三都时带走，在外流亡期间作为活动经费花掉。其后在"七三布告"颁发后，革委会对"反韦派"的清算中，欲加之罪置三都造反大军于死地而后快尚嫌不足以解恨，但三都造反大军中竟也没有人为此而背负罪名。直至处遗仍然没有个明确结论。事情到底是谁干的？是否为纳粹德国的"国会纵火案"？至今不得而知。

15 方子光医师和李伟等里高圩上10人，及里高龙南屯7人，均死于革委会成立后的"对敌斗争的十二级台风"杀人高潮中。据笔者对三都区部分公社调查的不完全统计，在同期间，有名有姓的被屠杀者计79人。

库的解放军在向县人武部报告供销社事件的同时，把里高"造反大军"的人玩枪走火受伤，需要医治而曾经向他们求助的事，也一并向领导作了报告。

在无可奈何之下，覃祖宽的伤就这样拖到了 28 日，他们正在商量拍卖供销社物资的善后工作，覃祖宽的伤口已呈发炎症状。他们正在为此而烦恼时，已是下午两点钟左右，有人来报告说，有两辆军车停在圩口路边，车门上印有红十字标志，下面是"一〇四"字样的军车，覃贵成等人以为是县人武部特意派军医来为覃祖宽治伤的，赶忙跑去察看。有人爬上车去看，见车上装有几个纸箱的药品，看到上面的药品名称，知道是治枪伤的消炎药，覃贵成到车头探问，见驾驶室里除了驾驶员，旁边还坐着一个戴眼镜、年龄稍长，军官模样的人，覃贵成以试探的口吻，向解放军讨要些消炎药。那军官态度平和，但他说，车上的药是军用物资，没有命令谁都不能擅自动用。覃贵成听了，知道这军车来里高并不是来为覃祖宽治伤的。于是和众人商量：为了覃祖宽的伤，只有冒犯军威动手抢药了。于是他拉开车门，把驾驶员从驾驶室里拉了下来，自己把车子开回圩里的税务所门前，让人从车上把药品全部搬了下来，一共是八箱药。当时车上那名军官也没有任何阻止的行动和意图，他只是从车上下来，进到堆放药品的屋里，在旁边的凳子上坐下，看着他们卸完药，他也不走，只说肚子饿了，覃贵成让人找来一只鸡杀了招待他。[16]

那军官吃饭的时候，已是下午五点多，又有人来跟覃贵成报告说，圩边路上又来了两辆军车，车上大约有二三十个，背着清一色"五零式"铁把冲锋枪的解放军，说是来收缴被抢药品的。当时"血战南疆"的人正在路边跟解放军争辩。他们见覃贵成来了，有人就动起手来，开始抢那些解放军的枪，很轻易的就抢到手。在旁边看热闹的人见那些解放军并没有反抗的意思，而是近乎双手奉送似的，也都毫无顾忌地纷纷参与抢枪，瞬间把所有解放军的枪都抢了，然后高高兴兴一窝蜂地回圩里去了，那些解放军也不追赶。大约一共抢得 24

---

16 根据里高"血战南疆"覃贵成的回忆整理。

支冲锋枪,还有一支手枪。得了枪的人还在一路走一路高兴的议论:"根本不用抢,那些解放军都很配合,我们一动手,他们就主动地把枪和子弹袋等配套的装备,从身上摘下来给了我们"。为此,他们乐观地认为,这些解放军是支持"反韦派"的6984部队,是有意识的给他们送枪来了。但是,当他们回到圩里,想好好看看那些抢来的枪时,才发现弹匣里都是空的,再看子弹袋也是空的,只有几颗练习弹,这批枪算是白抢了。为此,他们心中就产生了另外的猜测:这些解放军是支持"联指"的部队,是来给他们"下套子"的。

抢完了枪已经是下午六点多钟,解放军也没有进一步的动作,就朝大塘方向开车走了,也不知道他们回哪里去。当天晚上,那个戴着眼镜的军官一直和覃贵成他们待在一起,看着他的那批药。

到了第二天(29日)一大早起来,里高圩边的路上停满了军车,车边都是全副武装的军人,也是清一色的"五零式"冲锋枪。听群众说,他们昨天晚上半夜里就已经来了,但是车子开到鬼子坳东边的长洞就停了下来,[17] 他们误以为长洞就是里高,把长洞给包围起来,天亮时发现搞错了,才从长洞赶过来包围里高。

覃贵成等人到了路边一看,见他们组织的周重生,正被七八个解放军摁在路边,就跑过去要把周重生解救出来,结果连他也被那些解放军抓了起来。这时那个戴眼镜的军官过来,让那些解放军放开覃贵成和周重生,并示意覃贵成赶快跑。覃贵成和周重生等人跑回圩里,见解放军正在把所有圩上的人都赶到公社去集中,圩上还很乱,他们就乘机从圩背向外跑,一路上不断有人跟着,跑到圩外的共有十来人。当时天还很早,他们趁解放军尚未合围,就经拉仁向大塘方向跑。他们到大塘圩口时还是上午,发现大塘外围四处山头已经被民兵、"联指"占领,同时又有解放军封锁了进出大塘的路口,他们想进大塘圩与大塘造反大军会合,但被解放军拦住不让进。还听到解放

---

[17] "鬼子坳"原称"百子坳",在里高圩东约3公里处的柳邕公路上,抗日战争时,中国军队525团与地方抗日自卫队军民曾在此伏击日军,打死打伤很多日本兵,后改称"鬼子坳",事后建有抗日战争纪念碑亭,文革时被毁,现已重建。

军广播喊："红卫兵小将们，前面是你们敌对组织的人，你们不要进去。"同时他们看到山上的"联指"民兵向大塘造反大军据点打枪时，被解放军用机枪扫射压制住。覃贵成他们未能进入大塘，只好往回走。回到里高时，里高已经被解放军团团围住，但只让进去不能出来。看到那个阵势，他们知道解放军是真的要对他们下手了，只好把藏在家中的枪支交还给解放军。

发现里高来了解放军的大部队，还有黄善杰为首的另外一部分人猜测是来缴枪的，就一起从圩背跑到山上躲了起来，还带出来几支抢得的枪支。他们在山上等了一个晚上，第二天（3月1日）一早，其他人继续留在山上，黄善杰一个人回到圩里了解情况。因为被抢的枪还没有收缴完毕，圩上还处在解放军的包围之中，还是只让进不让出。黄善杰回到圩上就被几个解放军押着去见一个军官，那个军官对他自我介绍说，他是6886部队某营某连的指导员，[18]并做了他的思想工作，动员他们把所抢的枪支交出来。由此他也知道留在家里的枪都已经被收缴了，所有被怀疑是参加抢枪的人都被抓了起来。在群众的掩护下，黄善杰混过解放军的岗哨又回到了山上，把家里的情况讲了，大家都不敢回去，就决定到与里高毗邻的土博区岑怀一带暂避风头。

3月2日，军队解除了对里高的包围。原来被抓的六十多人中，[19]大多数是无辜群众，其中有少部分造反大军的人，在军队撤离里高时，把大部分人都放了，只留下了几个他们认为是头头的周仁生（血战南疆人员），周南（周仁生的叔叔，原国民党军营长、四类分子），梁云飞（里高农总头头、原上级委派的公社文革领导小组组长），韦以松（当时里高公社党支部书记）等四人，被押送柳州，后转送柳城县看守所关押。

---

18 《柳江县"文革"大事记》把到里高包围覆灭里高造反大军的部队记载为"6886部队（个人记录）"，与《广西文革大事年表》记载的区革筹"让6984部队派出24辆卡车全副武装人员"不一致。孰是孰非有待考证。本文以《广西文革大事年表》所载叙事。

19 同上《广西文革大事年表》72页所载"抓捕了六十多人押送柳州"与事实不符。此为当事人覃贵成等亲历者的回忆记述

七

覃贵成没有被抓走，在部队撤走后，他和原来造反大军的一些人，也一起到岑怀与黄善杰等人会合。他们在岑怀待了两天，意识到土博区是民兵、"联指"的势力范围，他们一帮赤手空拳的人，吃住都没有着落，只好决定去投奔大塘造反大军。

他们于5日从土博岑怀直接跑到大塘。大塘造反大军早在里高被解放军包围的同时，就已经被部队、民兵和"联指"团团包围在大塘圩里。他们潜入大塘，与大塘造反大军会合。大塘和里高当时的情况一样，他们认为大塘造反大军也将覆灭在即，就把从里高带出来的几支枪主动交给了在大塘的部队，然后乘围剿大塘的行动未开始前，沿着来路潜回里高。大塘造反大军有几个人也跟着他们一起逃到里高，躲过了军队对大塘的围剿。

在里高被军队包围期间，柳江县人武部正在紧锣密鼓的调集全县民兵及"联指"武装上千人，由三都区人武部部长任战斗总指挥，对只有四十来人，十来条枪的三都圩实行四面包围后，于3月7日一大早发起攻击。被包围在三都圩上的三都造反大军对对方的意图一无所知，在无险可守的情况下，盲目进行了力量极不对称的殊死抵抗，被民兵和"联指"从圩西头冲进圩内，双方一度发生巷战，柳江县城"联指"一人被打伤后，进攻一度暂停。之后，民兵和"联指"采用炸药包炸毁民房，以震慑三都圩居民，造成对造反大军的精神压力，迫使造反大军放弃抵抗。下午，三都造反大军试图从圩东方向突围，被民兵用机枪扫射阻击，姜成业中弹当场身亡，[20] 首次突围失败。直至夜间（8日凌晨），造反大军全部人员乘阴雨天黑，在其头头韦思学，[21] 和边山村退伍军人，民兵机枪手李占奇的带领下，采用逆向突围的策略，朝着民兵、"联指"据点新仓库方向，潜出民兵的

---

[20] 此次三都圩的攻防战中，三都造反大军死一人，轻伤二人。民兵占领三都圩后被杀的均为无辜民众。
[21] 韦思学是时任柳江县人武部部长韦熙年的儿子、三都中学66届初中毕业留校参加文革的学生。

封锁线，于 8 日早晨逃到成团。

3月8日，民兵发现三都圩上长时间没有动静，即试探性地向圩内进攻，确认没有抵抗后，便蜂拥而入，对三都圩居民逐户进行搜查抄家，有两个无辜居民刘庆禄、杨武在搜查抄家中被抓住，当场枪杀在各自家后门。圩上所有居民值钱的物品被洗劫一空。所有圩上年轻男女全被捉到板元村关押，其中一个中年居民葛长发是个手艺人，被拉到山上枪杀。

三都圩被民兵和"联指"进占的当天，观点上属造反大军一派，毫无抵抗的边山村，[22]被民兵和"联指"进村抄家搜查，两个无辜群众韦裕万、韦振芳分别被民兵枪杀在村头。派性屠杀，从柳江县人武部指挥民兵攻打三都时开始。

在三都造反大军被柳江县民兵、"联指"武装围剿的同一天（3月7日）早上，柳州军分区沈副司令和忻城县人武部部长魏歧，带领6886部队一个营全副武装的解放军车队，从柳州到了大塘，配合忻城县、来宾县、合山市、合山矿务局、宜山县的民兵3000多人枪，对忻城县大塘圩造反大军展开武装围剿。解放军对"联指"民兵公开宣称："我们是来围剿土匪大军的"。当天，大塘造反大军据点被捣毁，除事先跟随里高造反大军逃到里高的几个人外，其余所有人员被抓被杀。[23] 自里高造反大军组织覆灭后，所有人员各自逃离里高，他们的亲属和一些与造反大军没有任何牵连的人，都认为事情与他们无关，且相信共产党不会允许滥杀无辜而留了下来。

逃出里高的人，大多都跑到了柳州，企图投靠柳州造反大军。但

---

22 边山村为人武部部长韦熙年家所在的村子。人武部部长因为自己的儿子是造反大军头头，却未能以政策纪律约束、阻止其属下民兵对自己宗亲族人的屠杀。

23 此事件在3月1日之前就策划好的。据《忻城县"文革"大事件》中的"三·七事件"和《来宾县"文革"大事件》中"良塘武装民兵连乱枪杀群众的前前后后"专章记载，来宾县良塘区民兵是3月2日就接到派兵增援的通知，5日进入忻城县大塘参战。"三·七事件"中双方打死和杀害无辜群众共28人，其中"4·22"派死14人，不参加派别的群众死12人，毁掉了一个村庄。"联指"派死2人（其中1人是来宾县良塘区民兵营长，于3月5日在大塘参战时与军队遭遇，向军队开枪，被军队还击，双方各一死一伤），

第三编　造反何须有理　文攻武斗疯狂

是，让他们想不到的是，"里高事件"在柳州两派间已经传开了，都说里高造反大军是"反革命组织"，是被解放军剿灭的。连他们在柳州的亲戚，甚至于柳州造反大军一些组织都忌于政治上的牵连，而不敢收留他们。

三都造反大军从三都突围逃到成团后，辗转流亡于柳州市、桂林市等地。成团造反大军继三都造反大军之后，也逃离了成团。自此后，柳江县"反韦派"，除了还有几十个农民群众组成的龙怀造反大军，以不到十条残破的老枪为武装，仍坚持在龙怀水库一带村子里，县城造反大军及各区造反大军，全部被赶出柳江县。柳江县成了"联指"一派的天下，柳江县人武部达到了区革筹所要求达到的目的。

逃亡在柳州的柳江县各区造反大军，还以组织形式存在的，有县城造反大军；其次是三都造反大军；还有成团造反大军。其他各区的流亡人员，都各自加入这三个组织中，分散在柳州谷埠街到柳铁538一带，得到柳铁工机联的收容，有了暂时吃住的地方。

4月20日，柳州市造反大军在人民广场召开"重振军威"誓师大会，从各县逃亡来柳的"反韦派"组织人员都参加了这次大会。柳江县逃亡在柳州的各区造反大军人员也不例外。会后的大游行中，发生了柳江县洛满区民兵、"联指"，与造反大军游行队伍争渡过河，被柳州造反大军全部扣押，受到柳州军分区高度关注，限令柳州造反大军放人，交还所扣押的枪支钱物。柳州造反大军在放回所有扣押的人时，有一民兵小头目因被打成重伤，在被关押的当晚已经死亡。柳州"联指"趁机以此大做文章，抬着死者的尸体游行，此即柳州文革历史上的"4·20"事件。[24]并同时调集柳州地区各县共数千民兵进入柳州，从4月26日开始，对柳州造反大军发动大规模的进攻，柳州造反大军全部被从柳江河北赶过河南，被压缩在谷埠街到柳铁538一带不足几平方公里的地域内，濒临覆灭。[25]

---

[24] 翁梅科主编2013年8月中国文史出版社出版《难忘的岁月——广西柳州文革纪实》第68页"所谓'四·二0'反革命事件真相。"
[25] 同上《难忘的岁月——广西柳州文革纪实》第105页，见"白鉴平'申诉书'"内容。

4月27日,柳江县革命委员是在柳江县实现了"联指"一派独占后,成立起来的。革委会实权掌握在军方手中。柳江县人武部政委宋吉月如愿以偿地当上了革委会主任,人武部部长韦熙年以及马云龙、宋洪盛等人武部军人,在革委会中分别担任副主任、委员等职。柳江县革委会的实际权力掌握在军人手中。自此,柳江县造反大军在柳江县事实上已告覆灭。

第二十七章 屠杀

一

从"里高事件"之后,在区革筹、广西军区的统一部署下,相继公开动用军队对各地"反韦派"进行武装镇压。据相关史料记载,于3月11日对河池地区的凤山县;3月24日对柳州地区的融安县;4月26日调集大量民兵进入柳州,对柳州造反大军展开大规模的进攻;4月30对南宁地区的宁明县,[1]以及玉林地区的博白县等各专区、市、县的"反韦派",频频采用了"里高圩的办法"进行武装围剿。把各地"反韦派"消灭后,纷纷成立了以军方控制下一派专权的革委会。在区革筹小组、革委会的领导下,在广西全区范围内刮起了"对敌斗争的十二级台风",及至"七三布告"颁发,[2]更是奉"七三布告"为尚方宝剑,对"反韦派"组织和群众,发起了震惊中外,遍及全广西灭绝人性的大屠杀。而这些屠杀则都是缘自于柳江县城造反大军被赶出县城后,公开动用军队制造了"里高事件",覆灭里高造反大军,及至动用民兵对三都造反大军进行围剿时就开始了的。所以,"里高事件"成了广西文革史上一个标志性事件。

"里高事件"在《广西文革大事年表》中是这样记述的:"7日晚上,自治区革筹小组开会。会议提出最近的工作安排:融安县和凤山县的问题要处理,可以给中央写报告,提出处理方案。博白县已派

---

1 同上《广西文革大事年表》第73、74、85页。
2 1968年7月3日,中共中央依据广西区革筹提交的关于广西问题的情况报告,错误的颁发了经毛主席亲自批示"照办"的,关于处理广西问题的《七.三布告》,导致了严重的后果。该布告在处理广西文革遗留问题时,中共中央以《中委会[1983]20号》文批复同意了广西区党委《关于对"七三布告"重新认识及对外表态口径的请示》意见,事实上否定了"七三布告"。见《难忘的岁月——广西柳州文革纪实》第7页。

去部分部队，可以解决问题了。融安问题应派部队包围起来解决，可采用解决里高圩的办法解决。看看需要多少部队。凤山县是否也采取同样办法解决（按：所谓里高圩的办法是：自治区革筹小组、广西军区于二月二十九日命令六九八四部队派二十四辆卡车的全副武装人员去柳江县包围里高圩的'造反大军'，[3] 收回武器，并抓捕了六十多人押送柳州）会议决定向广州军区提出请求派部队解决融安的问题。对凤山县建议由 X 师派部队解决。动用部队武装解决'派斗'问题由此定下原则方针。"

这一段文字记录的是区革筹、广西军区会议的情况。区革筹小组是当时广西最高权力机构，广西军区是最高军事机关。可见这个会议是广西文革中最高级别的会议。这个会议披露了以下几个事实，以及他们之间的关联：

①里高造反大军于 1968 年 2 月 28 日，在里高抢了部队的药品、枪支。6984 部队于 29 日奉命包围里高，收缴药品、枪支并抓走人，里高造反大军因此而覆灭。3 月 2 日部队撤离。

② 3 月 7 日，"三都事件"与"大塘事件"同日发生。三都造反大军被柳江县人武部指挥下的民兵及"联指"武装围攻下，突围而出逃离三都；大塘造反大军是在以军队为主，配合民兵及"联指"武装的围剿下全体覆灭。

③区革筹、广西军区会议是在"里高事件""三都事件""大塘事件"都是已成事实后召开的。以"里高事件"作为"里高圩的办法"，确认为"动用部队武装解决派斗的原则方针"作为会议决议，向广西各地全面推行。

从上列事件发生的时间上看，这一系列事件是事先策划好的一套完整的阴谋。阴谋的最终目的就是：动用军队武装镇压广西"反韦派"。里高事件只是为这套阴谋所作的前期准备工作——制造舆论。3 月 7 日晚上的会议，是对已成事实的追认，把阴谋变成了"阳谋"。"里高事件"是通过阴谋手段制造出来的。如果不是阴谋，"里高事

---

3 同上《广西文革大事年表》第 72 页。

件"就不可能发生。就是说,区革筹不想让里高造反大军抢夺部队的药品和枪支,只要稍加防范,不给他们创造条件,他们是不可能抢得了部队的药品和枪支的;或者说,即使由于偶然原因,装着药品的军车,在里高圩口停了下来,当发现里高造反大军有抢药的意图,部队只需稍加妥善应对,他们也就不可能有机会抢得了药。这是个很简单的道理。

而阴谋者的目的,却是在故意为他们创造条件,让他们抢药、抢枪成为事实,好凑够动用军队武装消灭他们的理由和借口。如果不是阴谋,拉着药品的车子为什么没有武装押运?且偏要在里高圩口停下来不走?药品被抢,直接派部队把药品抢回来,里高造反大军也没有能力反抗。然而,在那抢枪风潮正盛的形势下,却派来一支小部队收缴药品,然而该部队配备的是没有子弹的空枪,岂不是投其所好,驱羊饲虎?其用意也就再明白不过:是送枪来给抢的。再说,如果不是有意送枪,即使是空手,一个排的正规部队军人,凭着人民军队在民众中的威望,只要态度表现强硬和坚决,对付里高这样一帮赤手空拳的乌合之众,也是绰绰有余的。然而,枪和药就那么轻而易举的,带来多少就给抢了多少,正像那些抢得枪的人说的一样:"根本不用抢,他们就很主动地把配套的装备自己取下来交给我们"。这不就是司马昭之心路人皆知的事吗?派出24辆汽车全副武装的军人,大张旗鼓地把里高包围起来,这才是他们所需要的结果。

这个阴谋的深层目的,说到底,就是为了给"反韦派"套上罪名,好把他们排斥在筹备成立以军人掌控大权的、由"保韦派"一派参与的革委会。作为广西一方大员的韦国清,早就想利用手中掌握的军权,动用军队武装消灭"反韦派",但在毛泽东还没决定抛弃造反派之前,他还有所顾忌,没有充分的理由和证据,给"反韦派"罗织足以动用军队镇压的罪名,他还不敢肆意动用军队武力。此时,柳江县只有三都圩和里高圩还有"反韦派"势力存在,里高最近所发生的几件事,正好可以满足这一阴谋所需要的前提条件。于是里高造反大军就成了抛出诱饵的对象。让他们的行为构成动用大部队予以剿灭的罪名，或许还能够从中获得"里高独立县"反动组织的相关证据，[4] 便于蒙蔽群众，骗取中央对其动用军队镇压群众组织的认可，进而把广西"反韦派"组织打成"反动组织"，以达到彻底消灭"反韦派"的目的。

然而，在这一次事件中所获得的，与他们所期望得到的东西相去甚远，不足以把里高造反大军，构陷成如宁明县"上石农总"那样；[5] 或者如"中华民国反共救国团广西分团"[6] 那样的罪名，阴谋的最终目的无法达到。然而，里高造反大军在军队的武装镇压下覆灭，已经成为事实。继之，三都造反大军和大塘造反大军也都是动用军队、民兵的镇压下覆灭的。动用军队镇压"反韦派"，都已成了事实。在区革筹、广西军区会议上，以"里高圩的办法"作为解决"反韦派"的原则方针加以确认，并公开推行，让个人阴谋通过权力，转换成区革筹的集体决策，为日后在错综复杂的党内斗争中，推脱个人责任，作了具有深谋远虑的政治铺垫。这一铺垫为阴谋者在十五年后的"广西处遗"中，得以逍遥法外。

里高造反大军被覆灭后，事件的亲历者们都认为，那是由于他们政治上的幼稚而惹起的祸。是因为他们抢了部队的药品、枪支，才遭到部队的围剿和镇压。基于他们对毛主席和共产党的忠诚和信赖，他们自认为罪有应得。他们没有想过，为什么在他们最需要治枪伤的药时，有部队恰如其时的给他们送来了一车药品？在他们最想得到"文攻武卫"的武器时，又给他们送来了一批崭新的"五零式"冲锋枪。而在他们得到这些东西的时候，却已是他们彻底覆灭的时候了。

在文革两派武斗你死我活的关头，那千载难逢的，无巧不成书的

---

[4] 里高造反大军的黄善杰因骑过县长韦日荣的自行车而被戏称为"县长"，曾经为里高人所共知。这样的讯息由"保韦派"添油加醋的套上个"里高独立县"的衔头，汇报给柳江县人武部，在"七三布告"后对里高造反大军的清算中，成了里高造反大军的一项罪名。覃贵成、黄善杰等人屡遭逼问。黄善杰因不堪酷刑受辱而自刎未遂，在脖子上留下了一道终生难以抹去的刀痕。

[5] 同上《广西文革大事年表》第73、81、82、85页区革筹所罗列给"上石农总"的罪名。

[6] 见《炎黄春秋》2012第11期晏乐斌《我参与处理广西文革遗留问题》。

机会,是谁都不会放过的。然而,像里高这种规模的抢枪、抢药事件,在文革两派斗争期间,"反革命"的罪名还远远轮不到他们。比起南宁、柳州、桂林等地的两派抢军火库,抢援越物资的规模、数量,哪一次都比他们这一次事件所造成的影响深远。而他们的这一系列动作,只是正好处在毛泽东抛弃造反派,结束文革动乱局面的决策关头上,他们的行为,恰好为区革筹动用军队武装解决"反韦派"的阴谋,造就了求之不得的理由和借口。

二

"里高事件"对广西文革的发展进程,产生了深刻的影响,造成了极其严重恶劣的后果。在"里高事件"之前,区革筹、广西军区支左支的就是"保韦派",打压的是"反韦派"。但开始时还只能是暗中的"支持"或"打压",不敢明目张胆。在公开场合,还要保持着虚伪的中立。许多事情都在暗中操作,不敢公之于众。以韦国清当时在广西存在的争议性,他要对"反韦派"动用军队镇压手段,在没有理由和借口的情况下,还有所顾忌。广西两派斗争因他而起,文革初起时,中央高层对他的态度并不明朗,且在毛、林、周之间也存在着矛盾和斗争,他需要在三方势力中纵横捭阖,施展谋略以求自保。这一点,从他在桂林处理"8·7事件"时,也可以看出,他对毛泽东发动文革的抵触与无奈。当周总理让他站出来担任军管小组组长时,他就曾摆出一副受尽委屈,无可奈何的姿态以便待价而沽提出自己的条件。他需要的是高层对他的承诺,给他尚方宝剑。他如愿以偿的独揽了广西三支两军的大权。但是,中央高层对他也并不是毫无顾忌,从中央安排在广西负责三支两军任务的部队情况,可以看得出来。

当时在广西支左的,除了广西军区所属各地方部队外,还有驻桂野战部队,如55军所属的6984、6955等部队。地方部队和野战部队在支左工作中态度是明显对立的。隶属广西军区的地方部队在韦国清的羽翼之下,支持"保韦派"不难理解。而野战部队支持和同情

"反韦派"，是得到高层毛、林、周哪一派系在背后支撑，无法找到有关史料的印证。最后事实证明，支持"反韦派"的部队在"反韦派"被毛抛弃后，也受到了清算，这一点是明显的。从1967年下半年间到1968年新年伊始，区革筹就一直致力于把支持"反韦派"的部队调走。给6984部队的调令在1968年元月份就已经下达，由于南宁"422"组织人到军区静坐，要求军区撤销对6984部队的调令，曾一度促使区革筹的意图不能一蹴而就。[7] 到了2月29日派6984部队去里高执行任务，他不担心6984部队在执行任务当中，有偏袒和维护里高造反大军的行为？里高造反大军的人，在没有看到《广西文革大事年表》的记载之前，一直以为，到里高包围覆灭他们的是6886部队。因为6886部队刚从越南回来，是支持"保韦派"最坚决的部队。这支部队在柳州多次帮助和参与柳州"联指"对柳州造反大军的围攻，曾教授柳州"联指"用小炸药包，抛送大炸药包，轰炸柳州造反大军驻地。按常理，区革筹、广西军区派去里高执行任务的应该是6886部队。但他们却作出了违反常理的决定，自然有其另一番深层考量。留在里高人记忆中的事实是：事件中没有出现伤人死人的现象，所抓的人也大都放了，只将其中四人押往柳州交差，后送柳城县看守所关押，直到"反韦派"彻底覆灭之后的武斗后期，在没有任何结论的情况下释放回家。而对"反韦派"实行的屠杀，是在"里高事件"后，柳江县人武部指挥民兵攻打三都造反大军时开始的。自那以后在革委会领导下，三都区的"反韦派"和无辜群众被以各种残忍血腥的手段打死了79人（经笔者调查核实有名有姓的），还有无法落实姓名的不在少数。而柳江县全县在刮起"对敌斗争的十二级台风"中屠杀的1232人里，是否包括这79人不得而知。因为在《柳江县"文革"大事件》中，就没有"里高事件""三都事件"的相关记载。动用军队、民兵对"反韦派"组织的武装围剿，抓了人，死了人，炸塌了民房，在三都事件中首开先例。

在广西文革支左的部队中，支持"保韦派"的地方系部队，和支

7　同上《广西文革大事年表》69页

第三编　造反何须有理　文攻武斗疯狂

持"反韦派"的野战部队，其各自背后的势力，是毛泽东所代表的中央文革派？还是以林彪为代表的军方势力？或是以周恩来为代表的官僚势力？我们无从得知。

总之，在广西问题中，中央高层的毛、林、周之间的矛盾和分歧是明显存在的，他们各有各的算盘。这一点，我们可以从 1967 年至 1968 年间，周恩来等中央文革要员八次接见广西两派赴京代表时，各相关人员所讲的话中看出端倪。如周在 1967 年 8 月 24 日第五次接见两派赴京代表时表态说广西"422"是造反派组织，曾一度给"反韦派"带来一线生机。但"保韦派"却依然有恃无恐，因为他们从林彪那里得到了"要重新解决广西问题"的指示，[8] 因而不屑于周所作的表态。在这个问题上，毛却表现得不置可否。据柳州铁一中"联合战队"头头、柳铁工机联赴京代表之一的钱文俊 2009－08－02 09：30：15 发表在《博客中国》上的回忆文章《武斗纪事 A、B》×X 中："6 月 17 日（1968 年），[9] 周恩来为首，中央领导人接见柳铁军管会成员，这些不善阴谋只知按中央指示办事的五十五军领导人，全部被骂个狗血喷头。他们的惟一罪过，就是积极支持我们恢复通车的举动。柳铁军管会主任，五十五军副军长孙凤章被当场撕去领章帽徽逮捕入狱。这是令任何稍微有一点正义感的人都无法理解的。"支持"反韦派"的 55 军最后被从广西调到广东韶关，"孙副军长因支左错误受到处分"这是原 55 军一个军官 1971 年在长沙火车站对笔者说的。这些都说明了，当时的中央高层对广西问题存在的激烈斗争。而广西文革遗留的问题一直拖到 15 年后，林、周、毛都已死后多年，才得到处理，也从另一个则面证明了广西问题背后斗争的复杂程度。而"里高事件"之成为柳江县"反韦派"乃至全广西"反韦派"彻底覆灭的标志性事件，完全是出于广西革筹为动用军队镇压"反韦派"制造舆论的需要。

---

8 见翁梅科主编，广西文史出版社 2013 年 8 月出版的《难忘岁月——广西柳州文革纪实》，柳州造反大军头头白鉴平"申诉书"第 88 页。
9（1968 年）为笔者注。

三

"里高事件"过去了五十多年,事件亲历者多已作古,至今尚存的也都年届古稀,由于事件对亲历者曾经造成过深刻的伤害,留在他们心中的记忆依然历久弥新。笔者通过对他们的查访,听他们回忆半个多世纪前的那段历史得知:他们中的绝大多数人,至今仍然认为,广西区革筹于1968年2月29日制造的"里高事件",是因为他们的鲁莽行为所导致的偶然事件。然而,笔者通过查阅诸多相关史料,再结合事件亲历者的叙述,得出了这样的结论:区革筹制造"里高事件"的目的,是为动用军队武装介入广西派斗,消灭"反韦派"制造舆论。然而,这个事件的决策过程及其成因,还存在着某些环节上的史料缺失:如广西区革筹的这一决策所依据的情报来源;获得情报的时间及具体内容,还有待文革研究者进一步深入发掘、研究。而对引发广西两派斗争的关键人物韦国清,尤其值得研究。他是如何在中共历史上历次的党内斗争中,长期立于不败之地,而成为毛专制时代所剩无多的政治不倒翁?不敢想象,他能够在党内派系林立、错综复杂、人人自危的文革运动中,游刃于中共高层各派势力之间,且在他们纷纷去世,各派势力分崩离析、群龙无首,一直到邓小平重新上台,开始改革开放之后,他依然稳步高升。最后得以在政治局委员、人大常委会副委员长、人民解放军总政治部主任高位上,得以"善终"。

以"里高圩的办法"动用全副武装的解放军或武装民兵,解决"派斗"的"原则方针",是1968年3月7晚上,在自治区革筹、广西军区的高层会议上,通过当时广西区革筹小组长,广西军区政委韦国清所作的主导性讲话中得以确定的。所谓的"派斗"事实上就是针对各地、市、县的"反韦派",即广西"422""造反大军"等群众组织进行的武装围剿、镇压。

"里高事件"纯粹是部队的军事行动,所以没有出现死人的现象,但却抓了很多人。"里高事件"所产生的政治后果,对其后广西的大屠杀产生了极其严重而恶劣的影响。他的政治效应在于,利用了解放军在民众心目中的权威，宣示了对广西"反韦派"组织的政治定性具有不容置疑的正统性。即"被解放军围剿的组织就是反革命组织"。在4月30日对广西"农总"宁明县"上石农总"的围剿中，区革筹、广西军区正是在"里高事件"的基础上吸取了经验，进而达到了本欲在"里高事件"中要达到而没有达到的目的：给"上石农总"罗织了种种罪名和"证据"，将之定性为"反革命组织"。以此而将一派掌权的革命委员会权力运作下的屠杀合法化。

"里高事件"后，里高圩上持"反韦"观点的群众自认为没参加过里高"造反大军"的组织活动，而未逃离本地，则被革委会领导下以"清理阶级队伍"为名，在全区范围内掀起的"群众专政"和"对敌斗争的十二级台风"运动，实施了大规模的政治迫害，尤其在毛泽东签发的"七三布告"下发后，更造成了遍及广西各地的集体大屠杀的严重恶果。

以"里高事件"为标志，柳江县在"里高事件"发生之后，区革筹小组、广西军区便公开直接部署和指挥，派解放军部队强力武装干预，让各级人武部指挥下的武装民兵具体执行，或配合"联指"武斗人员共同参与的，针对没有任何反抗的"反韦派"人员及其亲属，还有五类分子及其子女的屠杀。据柳江县"文革"大事记中统计的结果，柳江全县被迫害死亡共计1232人，其中被以极端野蛮的手段打死的1178人，特别是1968年4月县革委成立后，有组织、有领导"刮十二级台风"打死的是1131人。这个统计数字是在《柳江县"文革"大事记》中公开的数据。这个数据有几分准确，不得而知。还有一组数据是作为"处遗"档案保存在档案馆中不予公开的《柳江县文革大事件》，记载着各区各公社乱杀人的事件，相对于"大事记"所载较为详细和具体。如："土博区6月27日，召开区革委常委会。区革委主任覃炳通贯彻县全委二级干部会议精神，接着30日又召开有区革委常委、区直单位领导，各公社革委主任、保卫队长、民兵营长等人参加的全区贫下中农对敌斗争誓师大会预备会议，会议就要不要召开誓师大会问题做了讨论并统一思想，确定会议时间、内容，布置各公社回去确定拿到大会'批斗'的对象。7月2日，土博区贫下中农对敌斗争誓师大会（又叫万人大会）召开。到会七至八千人，各公社都按规定带批斗对象到了大会。区革委主任覃炳通在大会作报告，号召全区广大群众立即行动起来，以刮十二级台风的劲头，向'阶级敌人'展开猛烈的进攻，掀起对敌斗争新高潮，'专政是群众的专政'等等。覃炳通报告结束，接着代表讲话，然后按预备会的安排，梁炳仁宣布各公社自行组织'批斗'，接着各公社在就地组织批斗时都把各自带来的批斗对象给打死了。这次大会共打死24人，其中国家干部2人。"[10]

类似的记载，洛满区、成团区、进德区、穿山区、里雍区、百朋区各公社都根据处遗工作中所获得的材料，作了较为详细地记录，而全县被害者的相关资料，以及被害者的数量也都是依据这些资料作的统计。但是全县八个区中有七个区以及县城所发生的屠杀事件都作了详细的记录。然而，三都区是除了县城以外，两派斗争最激烈的，"刮十二级台风"最惨烈的重灾区，但在《柳江县"文革"大事记》中，却只找到如："9月28日，三都区直机关干部职工批斗税务干部韦敏烈，覃振运主持会议并在会议上讲话，批斗中韦被踢打。散会后，韦回家时被'民兵'追撵，韦用石头还击。第二天覃振运带人把韦抓到邮电所和营业所路边，绑在树下，给'民兵'打，韦被活活打死。"的寥寥数语带过，似乎三都区（包括里高公社）就死了一个韦敏烈。让人觉得，柳江县全县被乱杀的1232个受害者中，三都区的受害者只此韦敏烈一人。柳江县文革中，所发生的，被作为"大事件"专门记录进《柳江县"文革"大事记》的事件有："八·三〇事件"；哄抢成团粮食事件；"二·一四"事件；槎山事件；[11] 土博万人大会；广场活人示众事件；柳锰斗批改学习班事件等。"8·18事件"虽然不被当成大事件记载，但还有关于事件的基本细节。经柳

---

10 《柳江县"文革"大事件》中之"土博万人大会"。值得注意的是：这一天是中共中央颁布"七三布告"的前一天。

11 见《广西文革机密档案资料——广西报告》第11辑（柳江县"文革"大事件）"槎山事件"为柳江县革委会策划指挥，调动多县民兵2000余人对进德造反大军13人的围剿，打死10人，生俘3人，并割下熊国芳、潘洪连二人头颅悬挂于进德圩和县城示众多日。记载。

州军分区同意，调动八县、两矿、一厂、一郊武装民兵联合行动，围剿龙怀"造反大军"，造成146个无辜群众死于非命的事件，算得是柳江县规模最大的事件，竟也被屏蔽在"大事件"之外，未作专案调查记录。但多少还能在"大事记"中有所涉及，并对被害者人数作了统计。而由广西区革筹小组、广西军区直接策划制造的"里高事件"，以及其后由柳江县人武部策划和指挥的，以武装民兵围剿三都"造反大军"的"三都事件"，却被有意的模糊掉了。这种现象显然是有意而为之。其中的原因是否与处遗工作涉及某一大人物的隐私或阴谋，或是因为该事件有损于广西文革中的"一条正确路线"的代表韦国清的历史罪恶，出于为"尊者讳"而刻意湮灭历史的真相。

四

里高"造反大军"和三都"造反大军"的覆灭，起到的范例作用，是毋庸置疑的。"里高事件"由于是纯粹的军方行为，事件中还未出现乱杀人的现象，但乱抓人的现象却是极为严重的。一个小小的圩街就抓了60多人，几乎是参加"造反大军"的全部人员，虽然后来大多数被释放了（这并不是出于事件策划者的意愿），但仍有四人却是被关到几年后才释放的。由于该事件是革筹小组、广西军区等国家机器的行为，其政治效应是不容低估的。其在群众中的政治影响就等于是对里高"造反大军"和三都"造反大军"的政治定性，迫使该组织人员四处逃亡。而未能逃亡出来的群众，在县革委成立之后，尤其是在"七三布告"后，刮台风最为惨烈的8月份，里高圩上的无辜群众李伟、覃耀文、雷先如、方子光（医师）、韦裕宽、韦继国、覃炳勋、曹正理，以及罗成和罗永科两兄弟等10人惨遭杀害。

里高公社龙南屯有韦大道、韦大学、韦冠刚、韦冠仁、韦仕龙、陆昌范、陆昌庭、等7个无辜者被屠杀。小小的里高公社（后来的生产大队）就有17人在刮台风时被打死。里高只是三都区一个公社（即后来的一个大队）。

三都区由于存在两派对峙的局面，出现死人的现象较早，即围剿三都的事件发生前，因武斗而死伤的，"联指"民兵计有 2 死 2 伤；造反大军计有 1 死 5 伤（均为无辜群众）。在造反大军与"联指"民兵的武装对峙中，三都街居民被"联指"民兵冷枪射杀造成 1 死 1 伤。1968 年 3 月 8 日三都造反大军被围攻逃出三都后，"联指"民兵攻进三都圩时捕杀居民 4 人（包括童岭屯无辜群众 1 人）、边山村民 2 人；是三都区革命委员会成立前打死的共八个人。1968 年 4 月份三都区革命委员会成立后，三都区各公社（大队）在县革委、区革委的领导和督促下，刮台风而开始了有计划的，成批的杀人：7 月 1 日，在三都大队支书李大姐的策划和指挥下，由当时所谓的"贫下中农保卫队"民兵，把三都街的韦行芳（老中医、地主分子）、刘江（地主分子、国民党投诚人员）、韦树松（四类分子）、中南村的韦裕正（地主分子）共 4 人，抓到都鲁山脚的柑树园（当时专门杀人的刑场）中枪杀，"七三布告"下达后，杀人者改用绳索捆绑，用棍棒等凶器群殴而死的有韦文武、韦辉尤、韦如多、韦敏烈等 4 人（均为地主家庭出身）。其中三都街 10 人，边山屯有 2 人，大路屯 1 人，中南屯 1 人，忻城县 1 人，共 15 人。杀人者都是民兵，而并非群众。

觉山公社民办老师韦廷正、复员军人韦建勇，韦加培、韦利朋等共 4 人都是无辜群众，在三都造反大军被赶出三都后，被"联指"民兵抓住枪杀。到"七三布告"下达后的 1968 年 10 月 8 日（中秋节过后）有韦兆云、韦东秀、熊秀发等人被觉山大队革委保卫队民兵用棍棒打死在屯排山下，据已知的材料表明，觉山大队在文革中被枪杀或用棍棒打死的共 7 人，其他到底还有谁被杀害，由于没有相关的记载，也找不到知情者，还有被遗漏无法证实的大有人在。

板六公社板六屯韦炳增；中团屯覃树怀、覃树达；百弄屯覃寿青（地主子弟）等 4 人在刮台风时被打死。

8 月上旬，板江大队上潭屯韦宣将、下潭屯韦荣秋父子俩及韦克必、韦荣恭 4 人，以及小潭屯韦坚、共 6 人被板江公社保卫队民兵打死。

百见大队刮台风高潮时期，长塘屯的韦文光被大队民兵抓去槎山屯关押后，于次日枪杀。另有韦胡杨、韦如金、韦如玉等三人被大队保卫队民兵抓去大队关押后枪杀。加上之前在拉雅路口被枪杀的韦如碧，共被杀5人。

8月10晚，三合公社（现为行政村）民兵杨明新、莫汉龙、韦云展、韦善魁、韦相、韦香如、韦兆葵、韦汉荣、韦善益、韦云提等（都是三合屯人）开会策划要搞死莫汉文、韦星晶（20岁）、杨胜连、韦云文（23岁）四人都是三合屯人，以及张耀连（架桥屯人）等5人。第二天，即1968年8月11日早上，莫汉龙等人用麻绳将莫汉文及其他四人一起捆绑，押送到三都街游街后，再押往都鲁山脚以木棍和枪弹并用，将五人活活打死，死后用木棍插入死者嘴巴和肛门，场面极其血腥残忍，毫无人性可言。

在五个被害人中的莫汉文，是为首杀人者莫汉龙的亲哥哥，属亲弟弟带人杀害自己的亲哥哥，这种灭绝人伦的现象，充分地说明了，在阶级斗争意识形态下，人性的高度异化和泯灭。

三合公社在"七三布告"颁布之前，在三都区革命委员会成立之后，就有韦云开（60岁）在三都造反大军被赶出三都后，即被本大队民兵捆绑毒打，并扔到山脚下的溶洞中致死。这一事件表面所反映的是利用派性斗争以泄私愤。韦国清作为广西最高当局的当权者，迎合和利用了毛泽东阶级斗争的理论，充分地利用了民兵既可代表当权派，又可以作为"群众"的特殊身份，充当了屠杀对立派及其群众的具体执行者。这种现象在广西文革中是极其普遍的。广西民兵的绝大多数都成了违法乱纪的，屠杀群众的凶手，或多或少的身负有血债，成为革命委员会的功臣。

仅三合公社在刮十二级台风的大屠杀中，韦汉帮（三合江弄屯人）刘天文（三合架桥屯人）等，共被杀害8个人。[12]

保仁大队位处柳江县与忻城县交界处。在"里高事件"和"三都事件"造反大军被赶出柳江县后到刮十二级台风期间，有根仁村的黄灿熙、板汪村的黄洪木、甘社村的韦建和（时年18岁）周塘村的覃忠、覃玉龙俩叔侄，另有2人不知名共7人被公社保卫队民兵秘密

---

12 依死者韦云开、韦云文遗属回忆记录整理。

杀害。另有一名四类份子，被民兵抓去枪毙，民兵连打两枪都是哑弹，再打第三枪是朝天打的，却打响了，民兵迷信是天意不该让他死，也就不敢逆天意而放了他，让他逃过一劫。

盘龙大队是"联指"观点占主导地位，基本不存在派性的观点分歧，在刮十二级台风时，受害的基本上都是四类份子及其子女，三斗村小学老师韦以文家庭是地主，他的弟弟韦以武，在刮十二级台风时被打死。还有其他人因为找不到知情者，无法统计在内。

龙兴公社在刮台风期间，被大队革委策划派民兵执行，打死的有到龙兴屯入赘的韦布科，伦村屯的韦得才2人。

久远公社在刮台风期间，久远屯有韦得胜、韦启柳2人被打死；旁赖屯有韦祖中、韦立南（二人为四类分子），韦立足共3人被打死；坡烈屯有韦初华、李××（入赘）2人共计7人被打死。

三都区打死人的凶手不同于其他地方，趁召开群众大会时，假借以群众的名义打死人。三都由于造反大军有一定的群众基础，多数群众心里明白，造反大军是因为力量弱小而受到压制，内心同情造反大军的群众不在少数，所以，真正的群众是不愿充当打手的。所以，一般情况下，都是以革委会的名义，决定要打死谁，然后派革委保卫队的民兵去抓人，并具体执行，开始时都是以枪毙的形式，后来，他们考虑到这样一来，他们就成了专业杀人的刽子手，万一上面要追究下来，不好推脱，特别是"七三布告"下达后，他们就改为让极个别所谓的"贫下中农积极分子"，和一般的民兵参与，制造群众参与的混乱场面，然后推托成是"群众专政"的群众行为，以逃脱法律的追究。其后在处遗工作中，三都公社（大队）革委主任李大姐带着保卫队民兵，一起到被害者家中赔罪，真正的阴谋策划者和凶手也就大白于天下了。但是仅仅是赔罪道歉，就让他们逍遥法外，逃脱法律追究，这也是他们行凶时心狠手辣，无所顾忌的心理凭借。

里贡公社、博爱公社无法找到知情者进行查访，也就难以获得具体受害者的资料，只能付之阙如。

以上的情况，是在我历经劫难后，作为一个正常人的社交活动，通过与一些知情者的交往和接触中，了解和查访到，以及相关的文史记载中获得的资料,其细节难以详尽完整,实际受害者人数与本统计数据的 79 人仍然存在明显差距。由此也可以知道,在柳江县"文革"大事记中记载的,全县被迫害死亡人数为 1232 人,与实际情况相去甚远。据一位已离休的县委领导说:"文革中全县被打死的人不低于 2500 人",是已经公开的数据的两倍多。这其中的差距原因类似于三都区的情况一样,是有意识的根本没有做过统计,在县整党办编撰柳江县"文革"大事记时也就无法收录其中。像三都区这样,尽管连续发生了两个影响深远的,在自治区革筹小组、广西军区的高级会议上,被韦国清提了名的"里高事件"尚且如此,可见"处遗"当中,群众反映强烈的"处遗工作组还都是'联指'的人"这种情况是事实存在的。"处遗"工作在一些地方所受的阻力和抵制,导致"处遗"工作流于形式和应付,也就不可否认了。正如晏乐斌在"我参与处理广西文革遗留问题"一文中说的:"1981 年 6 月 30 日,区党委第一书记乔晓光同志向中纪委汇报时说:'文革 10 年,广西死了(非正常死亡)70400 人'。干部、群众反映死了 20 万人,也有的说死了 50 万人。当年韦国清同志与最高人民法院副院长何兰阶私下谈话时,说广西'文革'中死了 15 万人。众说不一,各执一词,究竟死了多少人,谁也说不清楚。"

总之,柳江县"反韦派",乃至全广西"反韦派"的覆灭,是当时广西最高当局——广西区革筹阴谋制造了许许多多的"里高事件",迎合了文革发动者急于结束文革的心理需要,催生了"七三布告",更让广西区革筹借重"七三布告"作为尚方宝剑,发动了对广西"反韦派"民众实施的血腥大屠杀。而在这场大屠杀中,柳江县"反韦派"首当其冲,柳江县"二·一四"事件、"里高事件""三都事件"成了广西区革筹公开动用军队、民兵参与屠杀的样板"办法"。

第二十八章 逃亡桂林

一

鱼峰山下的谷埠街是柳州造反大军的地盘。谷埠街是柳州市柳江南岸历史上最热闹的一条街道。街两边是一式的骑楼铺面。柳州附近各县都在谷埠街设有供销社办事处。街两边的旅馆鳞次栉比，都是些解放前的私人旧客栈改造过来的公私合营的旅馆，人民公社化后也就大都改为国营或者集体的旅馆、旅社了。

3月8日，我们从三都突围出来后，凌晨到达成团，白天休息了一天，当晚冒着阴雨天气，从收过稻的田野中摸黑踏荒而行，过六道、绕百朋到达进德，沿田间小路经过槎山、塘头，天亮后进入柳州谷埠街，在鱼峰山下就近找了一家，原来老板是柳江人的群来客栈住下。

群来客栈隔壁几家就是我三姨家的容兴客栈。自从土改划了成分，外婆家和三姨家、四姨家都是贫农，我们家和二姨家是地主。开头那几年还不怎么讲究阶级成分时，亲戚间来往还很正常，三姨家在柳州，我们家在三都圩上，父亲是行医的，所以来往还挺频繁。到了强调阶级斗争的年代里，有我们这样的亲戚就不是什么光彩的事了，谁人心里都不乐意让别人知道自己家有这样的亲戚，这样的社会关系。我们也就不想连累她们家，来往的机会也就少了。特别是在你死我活的派性斗争时期，我不知道她们的观点，就更不想去给她们惹麻烦，虽然只是相隔三四家的邻居，我也没敢上她们家去看望三姨俩老。

谷埠街、大同巷、维新巷、文笔路、云头岭这一带居民，绝大多数都是柳江人，特别是三都、成团的人占多数。过去出来做生意的人，一般就在这一带找亲戚家投宿，没有亲戚的，也大多在这一带的客栈投宿。人民公社化以后，做生意就是投机倒把，也就没有人做生意了。两派武斗时，政府都瘫痪了，没有人管，但是人们要生活，市面上就出现了黑市交易。一些在国家商店里买不到的东西，在黑市里可以买得到。一些打砸抢抄来的东西也出现在黑市里来交易。于是，这城乡间的生意也就无形中多了起来，搞投机倒把的人也多了起来。一些农村的有生意头脑的人，也就可以大明摆白地到城市里来贩些农村紧缺的物资回农村市场卖。

从大跃进、人民公社以来，不管是因为天灾还是人祸，造成物资严重匮乏，群众生活极度困难，再加上政治上的束缚，人们的思想感情极度压抑。由于"文化大革命"运动而形成的混乱局面，致使政府权力部门受到冲击，一度瘫痪，影响了生产和生活秩序。但从另一个角度讲，人们长期受压抑的思想情感也得到了短暂的解放。所以在人们的内心世界里，对敢于和政府部门对抗的所谓的"造反派"，从心底里还是赞许和支持的，只是局势还不明朗，人们不便于表达出来。至于这样的局面会向什么方向发展，会造成怎么样的后果，人们并不去考虑，也无从判断，只能抱着静观其变的态度。然而这场运动无人能置身事外，又怎么可能容得你静观其变。

我们在谷埠街住下的两天时间里，三都在我们被赶出来后发生的情况，通过这些做买卖的人，也就八九不离十的传到了我们的耳朵里。

二

我们是回不去了，我们至此开始了流离失所的流亡生活。

在客栈里又能住得了多久呢？吃的又能去哪里弄呢？当时全广西的"反韦派"都处于劣势，尤其在县份以下的农村。由于"联指"控制着几乎所有的民兵组织，拥有绝对优势的武装力量，在农村的对峙和割据中，没有一个农村的造反大军组织能在当地站得住脚，几乎无一例外地被剿灭或驱逐，只有几个较大的城市里，还能够基本维持着两派对峙的局面。然而从力量的对比看，这种对峙的局面也是坚持不了多久的，迟早要被剿灭。因为"保韦派"的"联指"民兵，已经完成了"农村包围城市"的战略部署，随之而来的就是调集各县成千上万的"联指"民兵，围攻清剿城市中的"反韦派"势力了。

但是，"反韦派"的各种组织还都是自顾不暇的各自为战，有的组织的头头们还在幻想着，与"联指"组成大联合的革命委员会，还梦想着和"联指"分享"革命造反"的胜利果实。还在极尽所能的，表现着自己对毛主席的忠诚。柳州市里的造反大军各组织之间，都还没有形成一个全市统一的组织，都还是各顾各的各怀异志，甚至于还相互倾轧、吞并。

我们在逃到谷埠街的日子里，我们本想找一个市里的组织投靠，但是没有哪个组织能收容我们。一来他们自己力量微弱，自顾不暇。再者，我们这几十个人的吃住，他们也是无法解决的。这些都可以理解。但是，有些组织却想乘机来缴我们的枪，去壮大他们自己的力量，这就使我们感受到了乌合之众的悲哀。好在我们有所警惕，且应付得当，他们不敢轻易下手，才不至于造成自相残杀。我们在危机四伏中的谷埠街待了几天后，不得不决定转移到铁路 538 去投靠柳铁工机联。

当我们一帮"农伯"不像"农伯"，学生不像学生，衣冠不整的，有荷枪实弹的，也有赤手空拳的几十个年轻人，（大多数是二十岁上下的学生和社会青年）从谷埠街的群来客栈出来，匆匆经过大同巷，穿过牛屎巷，跨过红光路，从当时的电机厂后面，菜园屯的菜地中急急穿行而过。到机务段经永前路向铁路 538 而去。到了大约是现在的车辆段里，（铁路上几十年的变化，已无法确认）得到了铁路工机联的收容。到底是铁路工人老大哥的觉悟高，才算给我们有了一个暂时的落脚点。

我们到达 538，在车辆段没待几天，得知"柳江联战"的韦云哉他们，已经埋藏了枪支武器，准备全部跑到桂林去。我们也就步其后尘，由老董（进德人，当初是跟"柳江联战"，我们到 538 后就跟着我们）领着我们，带领所有拿枪的人回到进德去，把枪埋在野外山上的一个山洞里。然后返回 538 车辆段，和所有人一起乘车到桂林去。

自从三都突围出来到成团时始,我们就很想和"柳江联战"他们联合在一起统一行动,但是他们却一再地拒绝和回避我们。而我们总认为:我们是一个县的,同观点的组织,我们的政治目标和斗争方向是共同的,目前的处境又是一样的,理应同甘共苦,同生死共进退,团结尽可能团结的一切力量,壮大自己,才能更好地保存自己,去争取胜利。否则,我们最终将被"联指"民兵各个击破和消灭。但是他们却自恃自己是学生组织,成分纯洁,是毛主席信赖的红卫兵,总怕我们会拖累他们,影响他们的革命形象,妨碍他们的革命前途,他们幼稚得令人悲哀。他们大多数是高中生,相对于我们这些初中生和农村青年,他们应当是比我们成熟,比我们有主见。他们口口声声高举毛泽东思想伟大红旗,但他们压根儿就没有领会毛泽东的革命哲学。而毛泽东正是利用了他们这一类学生的幼稚和冲动,发动了这场"文化大革命"。特别是他们这些农民子弟的学生,就更显得幼稚天真和充满着幻想。他们和柳铁一中联战的钱文俊、肖普云那些学生组织头头们的思想水平差得太远了。肖普云当时的一篇《今日的哥达纲领》把一些头头们当时思想上存在的幻想,批得淋漓尽致。可柳江完中这帮学生们却人云亦云,也跟着起哄狂喊着狠批《今日的哥达纲领》。

我们步"柳江联战"的后尘,也随后到达桂林。我们到桂林去的目的,是想去投靠桂林老多。当时从各个地方被驱赶出来,在当地无法生存的"反韦派"组织的人,有很多都跑到桂林,都想投靠桂林老多。因为广西的"反韦派"组织,是桂林老多发起的,"打倒韦国清!"的口号是他们最先喊出来的。另一方面,广西"422"赴京代表团里,"桂林老多"在中央文革领导的眼里知名度高,随时可以把广西及桂林的情况向中央汇报。我们就是想通过这种方式,让桂林老多把我们这种情况反映到中央去,以求广西的问题尽早得到解决。

我们在桂林没有得到"老多"的任何帮助,他们反而动员我们返回原地"闹革命"。这就无异于叫我们回去送死。

当时从外地逃难来的组织或个人,都住在桂林工人文化宫里。有柳州地区的,河池地区的,有玉林地区的,梧州地区的,南宁地区的,几乎广西每个地区的都有。

大哥也从河池逃出来到了桂林。大哥在两派斗争初起时，曾经给我写过一封信，信中勉励我要听毛主席的话，要站在革命造反派一边。大哥是国家干部，他对于党的政策的理解应当是准确的，且他的意见和我在串联当中所看到的情形也是相符的。所以我很容易地接受了大哥的这一观点。而且我也只能参加这一派的组织，那些由县委操纵组织起来的"赤卫队"等组织都规定只有"红五类"及其子女才能参加，我们只能是革命的对象。要摆脱这种境况，我们只有极力地向革命的组织靠拢。我当时认为"反韦派"就是革命造反派组织。且在参与这场运动的当初，谁也没有估计到造反竟是一场骗局，而文攻武卫却是陷阱，把整个"文化大革命"运动的形势推向眼下这种双方敌对，你死我活的境况。

　　兄弟俩都在逃亡当中。我还算是随着组织集体逃亡。而大哥却是只身亡命。兄弟俩在桂林文化宫里相遇，心情沉重地相互询问对方的情况。从大哥叙述中得知，大哥是在河池的"反韦派"被残酷围剿的时候，在处于无处逃生的情况下，被在街道的表叔安排下，让与我一般大年纪的表弟，把被围困在龙江河南岸单位中的大哥，连夜用船送过河。然后又由在罗城县单位开车，参加了"联指"派的大嫂的二姐夫，用车子送到柳州，才逃得了一条命。

　　我向大哥简单地讲述了我们的情况。大哥问起家中的情况。我把二哥受伤的情况告诉了大哥，并说二哥现在还没有痊愈，我们逃出来前，他在柳州养伤，到底在什么地方养伤我也不知道。三哥在武斗前就到贵州做泥水工去了。现在情况怎样也无法知道。父亲、母亲和三姐在我们被包围之前，还在家，也不知道我们逃出来后，他们的情况如何？在柳州时，听从三都出来的人说的所有被杀害的人中，没有父亲、母亲和三姐。现在不知道他们在哪里？情况怎样？大哥听了有关家里的这些情况后，忧心忡忡。兄弟俩相对默然，只能无奈地含着眼泪，依依作别，各自东西。他担心忧虑我的年幼无知，嘱咐我行事不要鲁莽，凡事不要强出头，要会自己保护自己。而我却担心大哥独自飘零，孤单无助。

三

桂林的老多派组织都不愿意收容这些外地逃亡来的组织和个人，这些人就只能是自行其是，自谋生存。

当时桂林还没有发展到两派间大规模的武装斗争，还处于"文攻武卫"阶段，市面上还算平静正常，商店饭店里虽然物资匮乏，但都还在营业。但是来了我们这些柳江县的有组织的，将近200号人的逃亡者，立即就给桂林市带来了动荡的因素。

我们以文化宫为落脚点，晚上就用些报纸什么的在地上一铺，一个挨着一个地睡在地板上。吃饭的问题就靠当时处理供销社被烧的商品得的那些钱，一天两顿在文化宫的食堂里吃。当时吃东西都是收粮票的，也不知刘建陆是怎么解决的。在那种情况下，他还能把这么多人的生活打理得有条有理，现在想起来都觉得，他是个极负责任，很了不起的人。

我们从家乡逃出来时，都是只顾逃命，其他什么东西都没有带。身上的衣服已经穿了半个多月，女同学们只能从里到外轮替着一件一件来洗，干了又穿，还不至于让人看着邋邋遢遢。而我们男的，在逃亡之中，没有条件讲究，就更懒于打理，而显得脏臭不堪。每天没事上街逛街，看大字报，都是成群结队的，在桂林市面上就形成了一道独特的风景，于是就给桂林造成了"山雨欲来风满楼"的紧张气氛。在不久的几天后，虽然不是我们有意的发动，桂林终于因为我们而动荡和不安起来。

"柳江联战"从县城突围出来时，带出来一些布匹。不言而喻，那些布匹是他们从县百货公司里或什么地方带出来的。到了桂林，他们也和我们一样的无衣无食。于是他们就把那些布匹拿到裁缝店集体定制衣服，每人一套国防装。那布是浅灰色的，就像当时的海军服装一样。那裁缝师傅看到这帮人都是年轻人，又都是邋邋遢遢的，而且做的是统一的国防装，就产生了怀疑，把这情况向桂林支左办公室的部队报告。支左部队接到报告后，就派出支左部队，开着几辆军车到文化宫来。询问了那些穿着新衣服的"柳江联战"人，找到了他们的几个头头后，不问青红皂白就把他们抓上车去，准备拉走。这时联战的同学们就全部涌了出来，围住车子，阻止部队把人抓走，于是就形成了抓人、抢人的混乱场面。

不明真相的群众在文化宫大门前的解放路上越聚越多，从解放桥到解放广场，全都挤满了人。为了向围观的群众说明真相，在车上的几个头头们便趁机发表了演说。当时没有被抓上车的董老师，是地道的北京人，柳州市公园路小学的老师，是柳州"教总"的人，她一直跟随"柳江联战"一起行动，被"联指"称她为"柳江联战"的"黑高参"，而柳州造反大军的人则称她为"双枪老太婆"。在这关键时刻她挺身而出，在同学们的簇拥下，爬上车去，面对着成千上万的群众，用地道北京口音的普通话，发表了演说："我们是柳江中学的红卫兵，是从柳江县被'联指'迫害、围攻、屠杀中逃亡出来的。我们到桂林来，是想得到桂林革命造反派的同情、支持和帮助，把我们的遭遇向中央反映，给我们能够安全的返回家园。但是，我们死里逃生到了这里，没有人理会我们，我们没有吃没有穿，没有住的地方。我们睡的是地板，穿的是从家里逃出来时身上穿的衣服，我们的衣服上还沾有同学的血迹。已经快一个月了，我们身上臭得我们自己都不愿闻了。革命的同志们，你们往你们身边站着的我们的红卫兵战士们身上闻一闻，你们就会理解他们目前的遭遇有多么的悲惨。他们还都是十多岁的学生，他们本来还应该在家里和父母团聚，他们本来还应该坐在教室里学习，在操场上锻炼。但是，他们为响应毛主席的号召，为了造资产阶级反动路线的反，而受到当权派和'联指'保皇派的残酷迫害和屠杀，他们背井离乡，流离失所，亡命天涯，衣食无着。而这些号称支持革命左派的军队，却把他们当作反革命抓起来，这是为什么？"董老师声泪俱下的演讲，在那人潮涌动的人群中，引起了巨大的震动，博得了广泛的同情。那些本来是来围观的人们，这时都在搜寻各自身边站着的，这些衣衫不整，面容憔悴的年轻人们。

我们三都造反大军的人，这时都集中在文化宫门口，正准备参与支援"柳江联战"的抢人行动。我们的形象更比"柳江联战"他们有过之而无不及。从整体形象看，我们的个子比他们矮小，我们的外表更比他们邋遢和狼狈。当看到满大街、满广场的群众都在静静地听着董老师的演讲，我们就停在大门边也听着、看着。当听到这触动了我们悲哀情绪的控诉时，我们就情不自禁地，声泪俱下地唱起了"松花江上"。我们用歌声，呼唤着爹娘，呼唤着家乡。我们的悲伤情绪，感染了所有在场的群众。在人群中不时地传来哽咽和抽泣之声，倾刻间汇聚成愤怒的呼喊声。于是，来执勤的支左部队的战士，成了围攻和声讨的对象。那些战士们被推着、揉着，有的战士的帽子被抛向了空中。

我们得到了群众的普遍的同情。支左部队的战士们也受到了这种情绪的感染，他们在努力地向身边的群众解释着："我们同情你们的处境和遭遇，我们是军人，我们是来执行任务的，我们必须服从命令。"在这样的境况之下，他们当官的，不管是出于同情还是无可奈何，也只有下令撤离。

一场骚乱平息了。但它搅动了桂林人的平静，桂林老多本来打算独善其身的梦想也随之破灭。

随着由"柳江联战"引起的与支左部队的冲突之后，桂林"联指"在策划着驱赶我们及所有外地逃亡来的"反韦派"的人。就在与支左部队冲突的第二天，我们在阳桥上与桂林"联指"的人发生了正面的冲突。

那天我和思学等几个人，在食堂里吃了饭，思学买了一瓶虎骨木瓜酒，喝了几口，就把剩下的连瓶揣在他穿的中大衣口袋里，一帮人就沿着中山路向火车站走去。到了杉湖饭店门口时，就有一帮人朝着我们指手画脚，听那口气，我们知道他们是"联指"的人。他们指着我们议论说："那天在解放广场闹事的就是他们这帮小野仔。"说是要把我们撵出桂林去。并挑衅地向我们围了过来，指着我们骂着喊着："你们这帮野仔、流氓、牛鬼蛇神，滚出桂林去！"并有一帮五大三粗的人，向我们围了过来。当时就我和思学等五个人被他们围在中间，我们人少、个小，明显的势单力薄，我们正等着挨打的时候，"柳江联战"的一帮人也正好赶到，给我们壮了胆。正当那帮桂林"联指"的人对我们动手时，我们奋起反抗，我们当中思学个子最大，已经被他们几个人围在中间，我正想从人丛中挤进去支援思学的时候，只见思学从衣袋中拿出了那半瓶酒，举起正要砸向他们时，忽然听到有人尘叫一声："手榴弹"。那些"联指"的人及围观的人一下子就下意识的四散奔逃，其中有一个当时在我旁边的，高出我半截的人，正要冲过去打思学，闻声就慌不择路地往桥南头跑，不知是被吓着还是怎么的，跑到桥中间时就瘫坐在那里，看着我们向他追去时，他又奋力爬起来跑，我们见状，不再追他，只在后面吼着吓他，又把他吓得腿发软而跌坐在路中间，如此连续三次跌下爬起，爬起又跌倒的，向榕湖南路跑去。引起了围观人群的哄堂大笑。

　　这两次事件，彻底的破坏了桂林当时相对的安宁，于是我们就更难于在桂林待下去了。我们和"柳江联战"一起，不得不乘车返回柳州，继续我们的逃亡生涯。

第二十九章 亡命天涯

一

从桂林回到柳州已是4月中旬，我们又回到铁路538的车辆段。只有柳铁工机联目前占有的，地处柳州市郊的538一带狭小的地盘，还可以让我们有个暂时落脚的地方。整个柳州市，当时也就只有这个地方，能让从柳州河北被"联指"民兵赶过河南来的，柳州造反大军人员和群众，以及从农村各县逃难出来的"反韦派"人员和群众暂时落脚。

刚回到车辆段的这些日子里，没有什么事，我们还可以在大军控制的地盘内转转，与各地逃难出来的人员，相互交流着两派斗争的情报，以及柳州周边农村的信息。

柳州"联指"在周边各县派到柳州参加武斗的民兵的直接参与下，几乎把柳州造反大军从柳州河北全部赶过了河南。至此，在柳江以北仅剩造反大军总部所在的，映山街一带狭小的地盘。河南一带也只还有鱼峰山脚的一条谷埠街，还在造反大军的控制下，但随时都在受着占据在鱼峰山上的"联指"民兵的威胁，不时有人被山上打来的冷枪冷炮打死打伤。真正还有一点安全感的，能让"反韦派"活动的地盘，就只有柳铁工机联所占有的，铁路地区的538一带。这时，"联指"派在军区、军分区及各县武装部的支持下，已把柳州周边各县的"反韦派"都赶出来了。整个广西，也只还有南宁、柳州、桂林、梧州等四个大的城市里，还有"反韦派"的势力在和"联指"周旋、对抗。从各县城及农村被赶出来的"反韦派"人员和群众，大都集中到这四个城市里来避难。"联指"派完成了他们在整个广西，以农村包围城市的，具有严谨而专业的军事谋略和政治规划的战略部署后，各县都争先恐后地成立了，或正在紧锣密鼓的筹备成立，由"联指"

一派掌权的"革命委员会"。

经过"4.20"事件以后已经有一段时间了，但是我们三都造反大军的武器还埋在进德，所以我们还一直是赤手空拳。我们用从三都带出来所剩不多的钱，到市里通过黑市购买了三把手枪（一把二号驳壳，一把带二十响弹匣的快机驳壳，一把三号加拿大）。但是子弹太少，每支枪只有五、六粒子弹。想试一下枪都怕浪费子弹，这些枪能否打得响心中没有底。

当时柳州的形势对我们十分不利，柳州造反大军眼看也坚持不了多久。我们考虑着在柳州这样等着"联指"来围剿，不如我们还是暂时离开柳州，看形势如何变化，再作决定。

我们还在幻想着、期待着中央的表态。我们想：中央不会看着"联指"为所欲为，草菅人命，滥杀无辜。尽管广西"联指"一派掌权的革命委员会，早就把广西"422"派内定为反革命组织，但中央还没有正式表态说广西"422"是"反革命"组织。我们还把希望寄托在中央的再一次"824"表态。

我们决定脱离"联指"民兵重兵围困的战场中心，离开柳州，徒手回到柳江县的福塘公社的龙怀去。龙怀水库库区一带，还有一个龙怀造反大军。他们都是当地的农民，人虽不少，但真正站出来参加组织活动的人不多。因为参加到组织中来，没有工资，也没有口粮，解决不了他们的生活。特别是出现两派武斗后，许多的农民群众也就抱着观望的态度，但求能平平安安的生产自救就满足了。从武装实力考虑，他们的手中，只有从当地同观点民兵手中得的几支老旧的步枪，几粒子弹，仅仅可以起到一点象征性的自卫作用。对山外其他相邻公社的"联指"也构不成威胁。好在当地库区群众都是同一观点。只有极少数的生产队、大队干部仍然要听命于上级的指示，不敢表明站在群众一边，但也形不成敌对的势力。

出现了两派武斗后，他们唯一觉得自在的是，再也没有人来管他们了，他们可以自由的，在库区周边的深山老林里开荒种地，自给自足，用不着饿肚子，他们也就别无他求的知足了。所以，在柳江县各地造反大军都被从当地赶出去后，他们还能一直在本地坚持着，基本上相安无事。由于他们在"文化大革命"初期，曾经组织群众到县里示威请愿过，要求县里解决他们的问题，但当时县里谁也没有能力解决他们的问题，在众怒沸腾的情况下，同时也受到当时的打砸抢风的影响，库区群众自发的扛起锄头刮子，蜂拥而上到水库大坝上掘坝，见到效果甚微，有些人甚至想到用炸药炸坝。最后由于其中较清醒者意识到，毁坝可能造成库区下游群众的生命财产严重损失，害怕责任重大而不得不作罢。但这样的事件在当时就已经被当政者认定为反革命事件。所以，像他们这样的组织，在同观点同派别组织的内部都是存在争议的，"柳江联战"的红卫兵们更是畏于与他们为伍，而不愿与他们发生联系，怕影响了自己的革命形象。但我们的组织与"柳江联战"有所区别，和龙怀造反大军在人员构成方面存在着相同点，我们的组织虽然是以学生为基础发展起来，但总的还是以社会青年为中坚力量，相对于纯粹的学生组织而言，在考虑问题时毕竟较为现实，而少了一些学生的天真和幼稚。

在社会青年中，不乏思想者，我们的头头们如思学等，还能较为注重社会青年当中的成熟思想，善于汲取共产党在土地革命时期的策略：团结一切可以团结的力量，以壮大自己的力量。所以我们一直把他们当作是我们的同盟，把他们视为同一派组织。在我们走投无路的情况下，我们想到如果去投靠他们，他们还是会欢迎的。

二

我们决定转移到龙怀水库去。5月4日，我们分做三批，依次从538出发朝着文笔山方向走。敏强和小于与所有的女同学为一队先走，他们都赤手空拳手无寸铁。我和多德两人带有枪，与建陆、老董、智长、振友等六人为第二批，紧随其后，相隔不到一公里，相互都能看得见。但第三批的思学和顶球、智川、如多四人却迟迟不见跟上来。前面一队已经上了文笔山朝狮子岭方向走去，我们也只好跟着上山。

这次转移，我们只有目标和大致的方向，而没有明确的路线，对沿途的敌情状况也毫无所知，更没有事先预想过一路上可能会出现的危险。从柳州到福塘龙怀，有两条路，一条是沿着柳邕路从柳江县城经成团到福塘；另一条是走柳太路经新圩火车站到太阳村，再穿过洛满公社"联指"民兵所占据的凤岭村，才能到得福塘。这两条路都要经过"联指"的地盘，我们是过不去的。所以我们只能选择走山路翻过文笔岭，到了山里再找路朝福塘方向去。但山里的路我们没有人走过，也没有地图，山里的情况我们一无所知。我们盲目的沿着文笔岭狮子山方向的山间小路上山。文笔岭南北走向，中部主峰狮子山正对着柳州市区，南连柳江县城西北侧的铜鼓岭；北侧沿柳太路依次与欧阳岭、螃蟹岭、洪山岭相连，止于太阳村火车站。

　　文笔岭就像一座天然屏障，横亘在柳州市西郊。占据文笔岭，就等于扼住了柳州的西北和西南两个进出口通道。我们却没有意识到它在军事上的重要性，把它看作是一般的荒郊野岭，把我们这次充满着死亡陷阱的征途，当成是去踏青、春游，一路上蹦蹦跳跳的嬉戏笑闹，毫无顾忌，毫无防备。我们根本没有料到，"联指"民兵并不像我们一般儿戏，他们早就预见性的作好了未雨绸缪的军事准备，毫不含糊地依照"农村包围城市"的战略格局，把柳州市周边的山山岭岭，按照军事原则，设岗布哨地占据了。而我们还浑然不知地冒冒失失地往他们的枪口上撞。

　　我们第二队跟着前队后面上山，到了半山腰时，忽然有一只花尾狐狸从我们前面二十多米处的草丛中横穿而过。我下意识地随手挥起手中的快机驳壳，朝着那狐狸打了一个连发，在山野间响起了三声清脆的枪声。自从这支枪到了我手中，至今还没有机会试过枪，看到这狐狸在面前跑过，我便乘机过一下手瘾，试了一下枪。这随手一挥，子弹不知飞向哪里，那只狐狸已是无影无踪了。

　　过去人们都认为狐狸是不祥之物，这个狐狸的出现，是一个不祥的兆头，所以在我的心中产生了一种莫名的忧虑。我在心中暗想着，这只花尾狐狸的出现，是不是向我们预报什么不好的信息？

　　一路上山，我还一路惴惴不安的回头望，始终看不见思学他们。我们在山腰稍事休息了一阵子，等待他们，但又不敢等得太久，怕与前面的队伍失去联系，只好继续赶路去追赶前面的一队。当我们刚翻过铜鼓岭，进入太阳村公社的桐村地界，正欲从村中穿过时，就听到了前面响起了密集的枪声，我们预感到，他们前面一队出事了，我们再往前去就等于自投罗网。在这紧急关头，我未经商量，就像发布指令一样的，招呼大家迅速登上左侧的山坳，抢先占领制高点，避免被村中的民兵返回来，把我们包围在村里瓮中捉鳖。在这紧急关头，我主动的担起指挥的责任，他们几个人也都自觉地依着我的提议行动，迅速地抢占左侧的山岗。

桐村是柳州郊区太阳村公社的一个村子，当时郊区民兵都是"联指"派的。我们原来对这里的情况一无所知，纯粹是瞎闯而来、自投罗网。

当我们翻上村边的山坳时，发现这坳的西边是一片开阔的耕地，形成一个葫芦状的峒场，种有齐腰高的玉米。而我们脚下的山岗呈南北走向，就像一堵墙一样，横亘在桐村与峒场之间，山的西北麓就是这峒场口，桐村就在山的东北麓。刚才响枪的地方就是这山口的东侧。

我们也正是由于在山那边坐下来，休息等待后面一队的那一阵子，与前面的队伍拉长了距离，所以当民兵们发现敏强和那些女同学时，并没有想到还有我们跟在后面，我们的出现是出乎他们预料的。当他们发现我们时，我们已经上了这座山坳，他们来到村头向我们开了几枪，而没有尾随我们追上坳来，我们意识到，他们肯定会从山口抄近路，控制坳下这个峒场，堵住我们的去路。一旦被民兵先行控制这个峒场，就形成了对我们的前后夹击，把我们围困在这座孤山上，或者是包围在峒场里消灭掉。

从坳顶向下看去，整个峒场就是一个葫芦状的山谷。谷底地势平坦。峒场南边的葫芦底部东西宽有500多米，北头谷口处只有100多米宽，南北长约2000多米，周边都是石山。我们迅速地冲下坳去，刚到得谷底的玉米地时，不出我所料，就听到从谷口处传来了枪声，枪响的地方离我们不出500米，子弹从我们的头上飞过，我们不顾一切地向南面飞奔，当我们跑到南面山脚地头时，他们和我们之间的距离又被拉远了 100 多米。枪声越来越密，子弹嗖嗖地飞过我们的头顶、身边。我们拼命往山上跑，他们在后面紧紧追着。我们往山上跑时，正好是背对着追兵，完全暴露在他们的射程之内，只是当时我们与他们的距离还较远，他们射击的准确度不高，再加上我们跑、他们追，双方都是在运动着，虽然听到枪声和子弹从身边飞过的声音，但都未伤着我们。我和多德两人的两把手枪此时合起来不够十粒子弹，且手枪射程不远，没有杀伤力，我们一直没有作出任何无谓的还击，所以他们更肆无忌惮地紧追不舍。我们在往山上跑，他们是在平地追，双方的距离越来越近。此时，由于体力和精神的原因，我们已经是精疲力竭，两腿发软。我已经实在抬不起脚，再也跑不动了，由于求生的本能，我几乎是手脚并用地还在坚持着往山上爬。我当时想：再这样下去，不出几分钟，他们就可以追到山脚，摆起架势来，一个一个地瞄着我们射击，我们将会成为他们实弹射击的活靶子。情况是相当危急的。于是我和多德两个有枪的，就主动地留在后面，作一阵抵挡，掩护他们四个尽快地往山上跑。

我和多德各躲在一块大石头后面，朝着民兵追来的方向，先后各打了一枪。听到我们的枪响，他们都隐蔽到树丛中和沟坎下面去，不敢放肆的追上来，我们赢得了一点喘息的时间。建陆他们已经是爬到了坳顶上。我和多德两人，一个原地监视追兵的动静，一个就借助着石头的掩护，轮替着往山上爬。

我们上到坳顶，已是傍晚时分，他们几个先上来的还在坳顶的石头后面等着我们。天已经暗了下来，枪声虽然仍稀稀落落地响着，我们再往坳底看时，已经是看不见追兵的踪影了。我们终于可以坐下来喘喘气。

待我们稍微恢复了一些体力后，天已经黑了，这时天上飘起了蒙蒙细雨，又吹来一阵阵山风，刚才跑出的一身汗湿透的衣服，经风一吹，贴在身上冰凉冰凉的，分不出是雨水还是汗水。我们开始感觉到又冷又饿。自早上十点来钟从 538 出来前吃的三个馒头，之后就死里逃生的折腾了一天，当时只顾一门心思地逃命，根本无暇顾及肚子，现在感觉安全了，这饿的感觉也就越来越强烈了。

我们爬起来想继续前行，但举目四望，四周黑咕窿咚，找不到路可走。此时已是农历四月初旬，照理应有月亮，但又正值谷雨季节，迷蒙的雨雾天气，把整个天空遮盖得密密实实，透不出一丝儿月色天光。在这荒郊野岭之上，我们根本不知道我们现在在什么地方。我们只好摸索着，手脚并用地爬过荆棘丛生的嶙峋的山岩，从山顶下到山脚，又从山脚翻上又一座山顶，才看到眼前山脚下又是一处垌场，垌场对面远处漆黑的夜空下，隐隐透出一丝微弱的灯光，从灯光的方向传来了狗吠声。我们发现了村庄，但不知是忧是喜。这村庄对我们是没有什么意义的，我们不指望能在村上借宿或找到食品，因为我们不知道这村子是"联指"派还是"反韦派"的，我们再不能像白天一样糊里糊涂地自投罗网。这村庄的出现唯一对我们有意义的是，给我们懂得，有村庄就会有路，我们决定绕过村子去找路走，有了路就没有这么艰难了。

　　这时，一向镇定自若的，充当着领路人的老董忽然兴奋地说，前面那有灯光的地方是麻风院，他们拉堡一带的人打柴时经常来过这里，还有印象。麻风院的西面有路，通到成团两合大队的岩口村，是属于成团造反大军的地盘。我们可以从麻风院的农场边绕到麻风院的西边，一定可以找到去成团的路。

　　我们怀着希望，跟着老董跌跌撞撞地，从山上下到山脚麻风院的地里。我们知道麻风病是一种可怕的传染病，即使麻风村里没有"联指"，我们也不敢到村里找吃的。老董比我们成熟老到，很有生活经验，他说，现在应当是地里红薯下种的时候，地里可能种有红薯。我们去找点来充充饥。我们担心吃了麻风病人种的红薯会被传染麻风病。老董说，你不接触麻风病人就不会传染。于是他到地里摸索了一阵子，真的就找到了红薯，我们也就顾忌不了那么多，一起进到地里找红薯。每人找到一个、两个、三个不等，我得了两个，就招呼着不要再找了，抓紧时间赶路，否则天亮了就麻烦。找得的红薯也找不到水洗，只能用衣服擦一擦就生吃了。一路吃着一路走，吃完后心里却还总是觉得悬。我总在心里想着：这麻风病人种红薯时，肯定要施肥淋粪，这麻风病人的粪尿里肯定会有病毒，我们洗都不洗，说不定会传染上麻风病。一面想着这些事，一面走着，不知不觉就绕到了麻风院的西面有路的地方。

老董说，这条路他走过，认得路。我们都放下心来，沿着路走，我们上了一座山坳，老董说这路边有一块大石头架成的山岩，可以容得下我们几个人避避风雨。这时，雨已经不像先前那样密实了，只是偶尔零零星星的飘落几滴，也淋不湿衣服。

听老董一讲，我们大家都觉得累，在他的引领下，到石岩下几个人互相挤靠着席地而坐，做个短暂的休息。我们休息时，老董自告奋勇，一个人在岩外边放哨警戒，我把枪交给他拿着。

三

我们挤在山岩下稍事休息，到天快亮时启程，沿着山路翻过山坳，下到坳脚的岩口村天已大亮。到得村中找到成团造反大军的人。他们对我们说："你们有三个人昨天晚上到过我们这里，天亮才刚刚走的，说是去龙怀，他们其中有一个长得高高的，腿部受了枪伤，但还走得，估计现在还不会走得太远，听他们说，昨天他们在铜鼓岭那边，被排灌站的'联指'民兵拦截，还有一个长得白白胖胖的，脸圆圆的年轻仔当时受了伤，跑不动了，不知是死是活，还交代我们要是见到他，想办法把他送到龙怀去。"

我们听了这些情况，也猜不出是谁出了事，就决定继续上路追赶思学他们。我们翻过成团街背的山岭，就远远地看到前面的山头上有两个人，朦胧看出是顶球和如多。于是就向他们喊话，他们回应了我们，并在山头上等着我们。我们紧赶着追上他们，众人相见悲喜交集。他们向我们叙说了他们昨天的经历。

原来，昨天他们在我们走了以后，智川才吃的饭，吃完饭又解了一下手，所以就耽搁了半个多小时，出来就已经看不到我们了，不知道我们走的是哪条路，于是他们就盲目地朝着铜鼓岭那个大方向走，待他们上到半山腰时，从排灌站方向冲来一帮"联指"民兵，朝他们开着枪，向他们围过来，他们四个人就只思学一个人有一把驳壳枪，又没有几颗子弹,就分开跑。当时智川也不知什么原因,就没有跟上来,到底是死是伤也不清楚,他们也不敢回头去找,估计是已经遇难了。顶球当时小腿右侧中了枪,但没有伤着骨头,他是个很有毅力的人,所以还能拼命地跑,总算保了一条命。对于我们前面两队人的情况,他们也一无所知。他们是昨天半夜里到的岩口村,今天早上他们三个人起来就向龙怀方向赶,顶球有伤走不快,就由如多陪着他走,给思学一个人先赶去龙怀找我们。

我们也向他们叙说我们的遭遇,并说敏强和那些女同学情况如何我们也不知道。我们中间这一队有惊无险,算是幸运。

我们八个人一路,翻过了两座山岭,到了福弓后,我们就沿着成团到福塘的公路走,中午就到了福塘,和思学、敏强、小于他们几个人,终于都汇合在一起了。那些女同学是被桐村的"联指"民兵抓走了的,现在还不知道下落。敏强和小于决定,下午再到太阳村水泥厂去找她们。

第二天下午,敏强带着所有的女同学都回到了福塘。她们七嘴八舌地讲述着那天的情况:那天她们从文笔岭上下来,到了桐村,由于事先对桐村的情况一无所知,她们一路说说笑笑地从村中走过,刚出了村头,从后面的村中就冲出一帮拿枪的人,开着枪叫她们站住,他们意识到遇着了"联指"民兵,就不顾一切地跑起来,那些人就朝她们开了枪。敏强和小于是男的,动作快些,跑得远些,在她们跑出不足几百米,木兰就被流弹打在前面的石头上,反弹回来伤着了胸部,好在只是外伤。她们为了照顾木兰,就被那些"联指"民兵追上来一起抓住了。敏强和小于两人跑得远些,那些人追不上,打了几枪后也就不再追了。因为当地有驻军,她们被抓的情况给部队知道后,部队出面和那些民兵交涉,那些民兵就把她们交给了部队,木兰的伤也得到了部队的救治。她们其他的人也没有受到伤害。在部队里,她们也不知道我们的下落,她们还要求部队寻找我们的下落。但是部队的人说找不到我们的下落。她们很担心,想不到今天还能死里逃生的相见,真是不幸中的万幸。

高兴之余,大家又想起智川,至今还无法得到他的确凿消息。大家禁不住心中的哀戚和忧虑，一时间都同时的噤声不语，相对默然。

四

龙怀造反大军欢迎我们的到来，但我们一无所有，对他们是一个极大的负担。群众家里的粮食吃了上顿没有下顿，朝不保夕，自顾不暇，而福塘粮库早在去年12月就被群众抢掠一空，我们几十个人的吃住生活，他们根本没有能力解决得了。

我们在福塘休息了半个月，在这期间，我们给他们带来了很大的困难。不能再这样待下去了。我们只好决定告别他们，离开福塘，重返柳州。

5月22日，我们从福塘辗转到了太阳村水泥厂。从太阳村到柳州，走公路还有21公里。走铁路是直线，只有十多公里，坐火车只经过新圩一个小站就到柳州南站。但对这一路上的情况我们都不了解，哪里是"联指"的地盘，哪里是造反大军的地盘，我们都不知道。于是大家就决定从山上走，翻过洪山岭、螃蟹岭进入柳州。但我们没有人识得路径，必须要找个当地的向导。二哥想起他在太阳村有两个同学，他去找到了他的一个高中同学，他这个同学虽然没有参加过什么组织，但明确表示了对我们的同情，愿意晚上带我们通过洪山岭和螃蟹岭。

这段时间以来，经过从铜鼓岭和桐村的历险，多德和我两人做什么，去哪里都是形影不离，在水泥厂的一天里，多德变得有些心神不宁，他曾两次向我提议晚上不和大队伍一起走，留下来明天爬火车到柳州去。问他为什么，他也讲不出原因。我问他是不是害怕什么，他说不是怕什么，就是不想走。一直到傍晚已经起步出发，在太阳村村口的草地上坐下来等候向导时，他躺在草地上又要求我和他一起留下来不走。我却一心只想着应当随着大伙统一行动，我害怕脱离组织。特别是经过了铜鼓岭的事件和智川的生死不明，我害怕孤单，所以我根本没有从多方面去思考。往时，即将发生什么好或者不好的事情之前，我的眼皮都会以不同的方式跳动，但当时却一点预兆都没有。我竟然把之前不久在铜鼓岭上的狐狸预警一事,给忘得干干净净,没有把他的这些反常情绪,往那些心灵感应方面去思考。所以就根本没有认真地去分析、估计一下,晚上行动可能会发生的事情。

也许,这就是命中注定吧。既然存在着命中注定的事,就不可能让人们估计得到的,如果让人估计到了的事情,就不会发生了。许多事情都是发生以后,给人们再回头想时,才恍然大悟的觉得,原来这事的发生是有了先兆的。

我没有认真的考虑多德的提议,坚持着跟大伙一起行动。

天已经完全黑了下来。我们跟着向导从太阳村到新圩间的公路边上了洪山岭,向着螃蟹岭的方向,在没有路的山岭上,摸索着,从树林、草丛中前行,我们不敢打开手电筒,农历二十几的天候,没有星星,连一点天光都没露出来,山野间一片漆黑,伸手不见五指。再加上春天的雾雨天气,在茂密的树林子里,在杂草丛生的山野上,人和人之间只要相隔五步路,就会看不见对方的人影。向导引领着队伍在前面走,我和多德跟在队伍的后面。多德在我前面走,我一步不落地跟着他。后面还跟着其他几个人。不知是多德的情绪还是什么原因,不觉间,我们便给前面的队伍拉下了一二十步远的距离。已经无法看到他们的身影了,我们只凭着听觉,跟着前面的一点声音摸索着走。我正聚精会神地走着,忽然间多德在我前面轻哼了一声,我刚迈出的步子就下意识地往后收,紧接着就听到了"卜咚、哗啦"的响声,我吓得身冒冷汗,站在原地不敢动弹。响声过后,我颤抖地喊着多德,但却没有一点回音。听到刚才的响声和我的叫声,所有的人都停了下来,那个向导也急忙地朝着我的叫声方向返回来,他一边问是怎么回事?一面匆忙的往回走,接着在我前面五、六步远的地方,紧接着也"哗啦、卜咚"地响了一声,他掉下了我前面一步之遥的,一个黑咕窿咚的坑里去了。

他掉下去后,还算幸运,还听到他在下面喊着:"我掉到矿井里来了!"接着他对我们说,这井下面有水,且矿井太深,他爬不上来,叫我们想办法帮他上来。结果我们众人就一齐动手折了一棵小叶桉树,放到井下去,但也没办法把他救上来,只能帮助他浮在水面上。

我们只能给人回到太阳村找来缆绳，才可能把他救上来。

如星一个人返回太阳村找缆绳，我们决定让大队伍按着原计划的路线，继续向柳州进发。我和思学及敏强，还有如多及几个多德同村的弟兄留下救援多德和那个落井的向导。

如星通过他们村在太阳村做木工的人找得了一根缆绳，到第二天上午才回到出事地点。天大亮以后，我们才看清了那矿井的外形：一个四方形的，边长约3米来宽的，垂直向下的坑，往下看不到底，下面仍然是黑咕隆咚的。多德摔下去的地方正好是这井的西北角边沿。我当时那一步只要踩下去，也就和多德一样的掉到矿井里，结果将是无疑的。生死就在那半步起落之间，不能不叫我后怕。我们和井下那个向导对话时，问他多德的情况，只听得他显然是由于受井水的浸泡而冷得发抖，他口齿僵硬、发音模糊地回答我们，说是根本看不到多德在哪里。我预感到多德已是凶多吉少的了。

我们在考虑如何救他们上来。看着那深邃黝黑的坑口，当时我的心中感到一丝畏惧而拿不出主意，大家一时间也都静默着没有人作声。只有敏强自告奋勇，要下去救人。我们用那缆绳一头拴在坑口旁的一棵树干上，一头拴住敏强的腰，把他慢慢地放下井去。他下去约有一、二十米深到了井下水面，他把缆绳解下拴住那向导的腰，然后叫我们往上拉。我们共同用力把那向导拉上来后，又把缆绳放下去。一会儿只听敏强说，已经找到多德，叫我们把他拉上来。我们把多德拉到上面时，只见他脸色苍白，由于是侧身摔下去，左边太阳穴的头皮被拉下一大块，露出白生生的头骨，人已是早就死掉多时了，他那把手枪还别在腰带上。

我们来不及哀伤，赶紧着把缆绳放下去把敏强拉上来。敏强上得来时，脸色青紫乌黑，讲话时腮帮发抖僵硬，他话不连贯地说，他泅到井下很深的水底，才找到多德，井下的水是死水，冷浸骨髓，难受极了，难为那个向导在下面浸了那么长时间，若是不及时救上来，会冷死人的。

那个向导上来后已经换上众人从身上脱下来的干衣服，基本上恢复了正常的生理状态。他咒骂二哥把他拉扯到这种事情里来。我们不知道他是因为多德的不幸而自责，还是为他本人遭遇了九死一生的惊吓。不管怎样，我们都可以理解，他毕竟是为了帮助我们，而且是没有任何要求和条件的，无私的帮助。

我们把多德送回到水泥厂东面，距铁路不远的土坡下，找了一个面向水泥厂的，开阔的地方，没有棺木，甚至于没有一张床单，只能用大家脱下的衣服覆盖着面部，就草草地埋葬了。我们为他用土堆成了一座坟，找来一块铁路上的水泥板作墓碑，用石块在水泥板上划出"造反大军战士韦多德烈士之墓"，权当作个记号。我在心里默许着：待革命胜利后，我们再来把他的遗骨迁葬到革命烈士纪念碑去。然而，这一切最终都成了无法实现的许诺。

为多德的不幸，我内心感到深深的自责和懊悔！真的是千古遗恨！多么诚实的朋友、战友、伙伴。他年龄虽比我稍大，但遇难时也只不过是二十岁左右。由于他家也是地主成分，小学毕业后，又正好是大饥荒，且又是最强调阶级斗争的年头，到了这场"文化大革命"的时候，他已是正儿八经的当了四五年的农民了。我们两个之间彼此是那么的相互信赖，我们一直坚信，我们两个人在一起，什么问题都可以化解。我辜负了他对我的信赖。假若当时我对他的提议不是那么的坚定不移的否决，假若哪怕有一点点心灵上的感应和暗示，稍稍的犹豫一下，多多考虑一下他的提议，这个不幸也许就不会发生。我一直都想不明白，当时我面对着他的提议，为什么就那样平静，平静得事后想起来都觉得匪夷所思。这也许就是"命中注定"吧！

第三十章　把生死当儿戏

一

草草掩埋了多德的遗体后，我们在太阳村火车站爬上到柳州的火车，到柳铁538已是5月23日的下午。

在辗转于柳州到福塘间的这一段并不遥远的路途上，我们付出了两死两伤的代价。智川和多德两个人年轻、活泼的笑容，就此定格在我一生难以抹去的记忆中。

智川遇难的确凿消息，是半个月后他弟弟从家里逃出来投奔我们后才知道的。他弟弟说，他在铜鼓岭上遭遇民兵的拦截时，左肩中枪，已经跑不动了，被"联指"民兵抓住后，当即就地将他头朝下的倒着活埋在一个旧的电杆坑里。那些杀害他的人里有三都人，认得他，就把这一消息传出来，传到了三都，他母亲和二姐第二天就找到铜鼓岭，找到了活埋他的地方，把他挖出来时，他的尸身还是柔软的。他遇难时还不到十六岁。

我们谁都没有想到，从柳州到福塘来回不足两百里的路途，竟似经历了当年红军长征一样的翻山越岭，历尽千辛万苦、生离死别。这一段短短的路途，竟然是血腥的死亡之路。在这样的境况下，"革命造反""誓死捍卫毛主席的革命路线"却依然是我们的精神支柱。我们却还没有绝望和悲哀，我们还在期待着毛主席，期待着林副主席和周总理，期待着党中央、中央文革把我们从水深火热中拯救出来。我们还浑然不知，毛主席已经不再需要我们了。

此时，我们的人和"柳江联战"及其他公社造反大军的人，几乎都聚集在538。柳州造反大军各个不同系统组织的人，也都聚集在538。这几天，从538到东站和肉联厂的铁路沿线人来人往，活动频繁。在我们的队伍里又加入了一些其他公社的人，如进德、百朋、土

第三编 造反何须有理 文攻武斗疯狂

博、成团区六道公社的人等。我们还看到房里的墙角边堆放着成箱的子弹。战友们喜形于色的，争相向我们叙述着柳州这两天发生的，令我们振奋的事情。

在我们离开538到龙怀去的这段时间里，柳州造反大军和柳铁工、机、联，就一直受到"联指"及进城武斗的民兵的连番围攻。由于实力极度悬殊，柳州造反大军被从柳江河北全部赶过了柳江河南。在北以柳江河为界；南到和柳江县交界的张公岭为前沿；西以湘桂铁路为界，路西全是郊区西鹅乡的地域；西北以大、小鹅山、柳铁木材防腐厂至河西一带郊区，铁路党校和技术馆"联指"的前沿；东以柳邕路为界，路东是机场军事管理区，路西一片到铁路为界的区域内，其中，在谷埠街与柳铁文化宫、冷冻厂之间，还穿插阻隔着"联指"民兵占据的大米厂、探矿厂、电机厂、二级站及至三仓等据点。唯以538和冷冻厂为中心的一小块地域内，是柳州"反韦派"可以自由活动和苟延残喘的地方。此时，柳州造反大军总部已被迫退驻冷冻厂，和柳铁工、机、联的柳铁文化宫、柳铁一中、机务段、538的车辆段，和城站路的东站等据点相邻。从农村各地逃难出来的"反韦派"人员也都集中在这一带地方。柳州造反大军和柳铁工、机、联正处在内外受敌，极其窘迫的形势之下。"联指"民兵已经完成了政治和军事的总体部署，只待一声令下，城市和农村统一行动，对这一地区发动最后的攻击，这区区一隅眼见就朝不保夕了。

柳州的造反大军处在束手待毙的关头，他们唯一所寄希望的，是中央的表态、是支左部队出面制止武斗。然而此时，中央对这样的形势视而不见，支左部队也好像是在期待着什么似的，在冷眼旁观高层的命令。负责柳州铁路局军管工作的55军此时表现出的是无可奈何的态度，只是虚与委蛇地劝导柳铁工、机、联不要武斗，要保障铁路运输的畅通。

正当所有在柳州的"反韦派"人员及逃难的群众惶惶不可终日的时候，柳铁工机联从他们所占据的铁路调车场获悉：在538停靠着一列军火列车，上面可能装有武器。这样的消息，无异于让垂死挣扎中的造反大军，像抓到了救命稻草一样的喜出望外。求生的本能，让他们根本就不去考虑那是什么物资，只要是能够抵抗"联指"进攻的武器就行，也无暇顾及可能产生的影响和政治后果。柳铁工机联的头头们试着安排一些铁路工人，于5月21日，把那些军列拉到了冷冻厂专线站台。待他们撬开车门，才发现里面只是炮弹和子弹，却没有枪支。他们在押运部队的劝导下，同时也考虑到没有炮，要炮弹没有用，就将炮弹主动送回了538，把子弹留下了。他们通知柳州造反大军的头头廖伟然、白鉴平等人，派人到冷冻厂搬子弹。当时逃难到柳州的各地农村造反大军的人也都闻讯赶来参加。柳江县的"柳江联战"，及时参加了这次行动。其他公社组织的人，只要得到消息的，也都主动地参加了，或多或少的都能得到一些子弹。而三都造反大军的人，昨天上午赶到时，已经是到了尾声，不过也还得了一些子弹。据说抢军列的当天，没有受到什么阻拦，只有那些押运军列的解放军，来向柳铁工机联的人说，这些弹药是要送往凤凰军火库的，要他们给写个收条好交差。工机联的头头王反修就以"李向阳"的名义给写了一个收条。[1] 得了子弹，但没有枪，还是改变不了造反大军与"联指"间力量上的颓势。面对当时柳州的形势，我们已是无路可走了。

柳州周边的农村全都是"联指"的地盘，而且他们都已经成立了"革命委员会"。我们一旦落到他们的手中，无疑将被当成反革命而被专政。前一段时间，我们这次去龙怀来回一趟，纯粹是盲目的瞎闯。再不能这样瞎闯了，也没有地方可闯了。我们只能融入柳州的造反大军里，和他们同进退，共存亡了。眼下这种情况，柳州造反大军组织也不再像当初我们刚来柳州时那样嫌我们累赘，我们的加入，也是一种力量。

二

在回到柳州的第二天晚上，我们就决定，回到进德去，把我们埋在那里的枪起出来，参加柳州造反大军抵抗"联指"民兵的围攻，或

---

[1] 同上《广西文革大事年表》第91页。

许能坚持到中央的表态。

5月24日晚上,我们回到进德,把枪起出来后,第二天的上午,在进德造反大军的人的提议下,我们临时采取了一次袭击进德区公所"联指"民兵的行动,由于没有这方面的战斗经验,行动指挥人员没有发挥指挥作用,我们毕竟都还只是二十岁上下的小青年,以至于在行动中犹如群龙无首的乌合之众。再加上当时还带有严重的思想顾虑,在行动前,我们还作茧自缚地作出了"只要武器,不许伤人"的纪律规定。一念之慈,结果导致反胜为败,让本来被我们抓获的俘虏脱逃上楼,从楼上朝楼下向我们开枪,打死了当时刚刚接替我原来位置的韦华年。但是这时却没有指挥人员指挥应对,如星已经举着机枪朝着楼上准备扫射还击,但是虑及事前的规定,却没有扣动扳机,假如他当时一扣动扳机,一梭子向楼上扫,那个逃脱上楼向我们开枪的人肯定也会被扫翻在楼板上。见到死了人,我们更加慌乱,那三个站在天井中间的女俘虏还在呆呆地站着,我们无暇顾及了,在没有指挥人员的指令下,各顾各的寻路撤出。这次行动白白地牺牲了一个人,还丢了一条我们原来在边山村前夜战缴获的那支枪。偷鸡不着蚀把米,真是幼稚莽撞得可悲可叹。

每每想起这一件往事,想起和我一般年纪的小伙伴韦华年,我总觉着我应当负些什么责任?去侦察情况是我带头去的,行动时是我第一个冲进去的,那个俘虏是在我的看管下逃上楼去的,本来打死华年的那一枪是冲着我打的,而华年是因为接替了我刚刚离开的位置,而成了我的替死鬼。而我们却只能各自顾及逃命。

这次行动的结局,其实事前已是有预兆的:我们在进德街上吃饭的时候,振歧坐的一个水缸一破为两,振歧就提出,这是个不好的预兆,提议不要采取这次行动,但大家都不相信所谓的预兆,坚持要行动。

在行动前,思学作为组织的领导者,没有召集大家认真的讨论研究行动方案,没有制定具体的战斗部署。我们都把思学当成当然的指挥者。而思学没有发挥指挥者的指挥作用,在行动中没有针对现场情况即时的指挥行动。再加上当时我们存在着严重的顾虑,害怕出现伤人和死人，担心到运动后期会被追究责任，而提出了不许伤人的规定，束缚了自己的手脚。

这也许是天意，如果当时我们把那几个男女俘虏枪杀了，在"七三布告"之后的清算中，我们也是难逃罪责的。因为当时柳江县各公社都已成立了"革命委员会"，我们攻打区"革命委员会"的行为，无可争辩的将被定性为"反革命事件"，其后果是可想而知的。

我们从进德区公所撤出来后，担心县城拉堡到进德近在咫尺，听到进德枪响，说不定此时拉堡的"联指"民兵正向我们围攻而来，我们如不尽快撤离，就有可能被围歼在进德。我们只好仓皇地从进德街经槎山村逃回柳州。我们当时如何回到柳州，现在已经是很难回忆起来了。脑子里只有在公社里的那一幕。

我们这一次在进德的行动，除了付出了韦华年的生命代价和丢了一支枪的损失外，我们还因此而错过了5月25日在柳州抢夺部队枪支的机会。这才是我们最大的损失。

三

自5月21日抢了军列"援越物资"的子弹后的第五天，即5月25日，军区派来约一个团全副武装的军队，在柳铁工机联、柳州造反大军所有的据点周围挖战壕筑工事，把"反韦派"所有据点都包围了起来，说是要强行收缴"援越物资"。周围的群众看到部队把柳铁工机联和柳州造反大军都包围了起来，就自动地向部队围拢过去，与部队展开辩论："你们支左部队是支一派压一派，'联指'从军区、军分区军火库得那么多枪支弹药，你们不去收缴，'联指'快把造反大军赶尽杀绝了，你们不管，你们是想让造反大军的人空着手等死？"本市的群众和各地农村逃难来的群众越聚越多，在这种情形下，那些军人们也就无可奈何，说他们是奉命来收缴援越物资的，是执行任务，其他的什么事情他们都不知道。有些部队还把枪支架在一边，而把战士们集合起来训话。这种情形给围观的群众看到了，好像是得到什么启发似的，就蜂拥而上，把那些枪就全部给抢了。这种消息传得很快，有一个地方开始，其他地方很快就跟着动起手来。不管是放在一边还是背在那些战士们身上的枪，就全部都抢了。而那些部队的大部分战士，也只是象征性的和群众抢夺了一下。只有极个别战士和群众真正的争夺。此时，群众已是怒不可遏，欲罢不能的，无法顾忌是否伤及那些解放军战士。[2]

造反大军和工、机、联各组织在抢得了子弹之后，正愁着光有子弹没有枪，子弹等于是白抢还徒背了罪名，给"联指"留下了政治攻击的口实。给军区提供武装镇压的理由。果不其然，这种担心马上就成为现实，那些来收缴子弹的部队全副武装的来了。当时，"援越抗美"是中国的头等大事，广西是援越抗美的前线，韦国清正是借此对毛、林、周有恃无恐，待价而沽，对"反韦派"不择手段的进行镇压。给"反韦派"套上"抢夺援越物资"的罪名，打成"现行反革命"的"反动组织"也就成了铁案了。造反大军和工机联的头头们正感到末日来临的时候，群众的自发行动，增强了他们求生存的信心。在这生死存亡的关头，犹如雪中送炭，千载难逢的机会岂能错过，就算是冒天下之大不韪也要拚死一搏，反正已是死到临头了的。于是，他们也就不失时机地加入到群众性抢枪的行列中去。结果，把那些来执行收缴"援越物资"任务的部队的枪支就全部给抢了。包括群众抢得的一起给了造反大军和工机联各组织，一共抢得了700多支新式的五·六式冲锋枪和半自动步枪。

自从柳州出现了对立的两派组织后，驻柳州的野战部队55军副军长孙凤章是公开支持"反韦派"的，孙凤章还因此而被"联指"绑架过。我们之所以还抱着一线希望，是因为我们在心理上始终坚信，我们也有军队的支持。这一次在抢得子弹后，正愁着有子弹没有枪的时候，来收缴"援越物资"的部队却把枪送来了。我们绝大多数的人都认为，这是支持我们的部队，借着收缴"援越物资"为名，有意识的给我们送来的枪支，所以才让我们"反韦派"轻而易举地抢得了

---

[2] 中国文史出版社《难忘的岁月——广西柳州文革纪实》第72至84页"所谓'五·二一'抢劫援越物资和'五·二五'大规模抢夺解放军枪支的反革命事件真相"（之一、之二）。

700多支枪。为此柳州造反大军和柳铁工机联不但在武装实力上得到了加强，在精神上也得到了极大鼓舞，感觉到最后的胜利即将来临。

我们柳江县的"柳江联战"是有组织地参加了抢枪的行动，所以他们抢得的枪支最多，大约有三十多支清一色的五•六式冲锋枪。其他公社组织的人都是临时参与，各自为战，得到的就很少了。而我们三都造反大军却似乎是命中注定，与这两次绝好的机会失之交臂。除了其他组织赠送所得的一些子弹外，却一支枪也没有得到。还好，有一个进德公社来投靠我们组织的小黄，在大家的配合下，抢得了一支冲锋枪。见他抢得一支冲锋枪，那进德造反大军的人就想动员他回到他们的组织中去，我们就极力阻止和挽留说，过去你没有枪时来投靠我们，我们不嫌弃你，现在你抢得一支枪了，就想离开我们回进德去，这就不够义气不合情理了。于是进德的头头熊国芳也就不再坚持了。小黄留在了我们的组织里，我们才算有了一支新式的冲锋枪，且有打不完的子弹，强过我们原来那挺捷克式机枪。

柳州造反大军和柳铁工机联以及从农村各地逃难来的组织、人员，通过这次抢子弹、抢枪，武装力量迅速增强，士气高涨。于是就自然形成了统一的行动，自动服从于柳州造反大军保卫部廖胡子（廖伟然）的指挥。从农村各地来的，就只有我们柳江县是有组织系统的。除了"柳江联战"外，就是我们三都"造反大军"。我们虽然武装实力不强，但我们团结，我们有组织有纪律，不是散兵游勇。而且我们还收容了各公社，包括百朋、进德、成团、土博等逃难出来的群众和各组织流散的人员，所以我们人多。我们是独立的，自成一体的组织，我们不依附于任何组织。所以有什么会议，廖胡子都分别通知"柳江联战"和我们参加，我们也有发表意见和参加讨论的机会。廖胡子对造反大军进行了重新部署，指派我们负责驻守五里卡粮库。于是我们便有了一个相对固定的驻地，来安置我们所有的人员，包括我们所收容的其他流散逃难出来的人员。

五里卡粮库位于柳邕路一侧，与原柳州机场隔着一条公路，机场沿着路边设有铁丝网，铁丝网内属军事区；五里卡粮库北邻柳州商业部门的百货、日杂仓库的二仓、三仓；东南边和电机厂紧紧相邻，事实上电机厂属于我们的防区,电机厂车间就是我们的前沿哨位。我们的右侧背就是柳州造反大军的总指挥部——冷冻厂。左侧背是火车东站;粮库正背后与东站铁路专线背靠背,铁路专线再往后就是柳铁一中和菜园屯。我们终于有了一个可以落脚的地点。如果没有这两次抢子弹抢枪的事,柳州"反韦派"最后被聚歼在538的日子已是屈指可数了,得到这些武器弹药的补充,我们士气高涨,我们所期盼的反攻也就指日可待了。

第三十一章 悬首示众

一

得到了这些武器弹药，柳州造反大军终于有了还手之力。在廖胡子的指挥下，柳州造反大军与柳铁工机联采取了联合行动，开始对柳南一带的"联指"据点发动反攻。我们三都造反大军也参与到其中的部分行动：如攻打"联指"占据的探矿厂、粮食加工厂、二级站等据点。

从1968年5月25日到6月26日的一个月时间里，柳铁工机联发动了对柳铁技术馆、铁路党校、铁路木材防腐厂等铁路地区"联指"据点的反攻，把铁路系统的"联指"赶到了柳江北岸。同一期间，柳州造反大军在廖胡子的指挥下，和各县逃难来的造反大军组织统一行动，也向鱼峰山、马鞍山、柳石路、屏山大道、水南路、冶炼厂和窑埠一带发起了反攻，势如破竹，武斗局势发展得对造反大军越来越有利，柳江南岸地区基本上在造反大军的掌握之中。

造反大军的优势只是极其短暂的表面优势。事实上，在造反大军抢得了所谓"援越物资"的弹药后，接着的是轻而易举的又抢得了收缴"援越物资"的部队的枪支，广西区革筹及军区已在酝酿着调动军队和各县民兵配合"联指"，对广西"反韦派"展开"柳江县里高圩"式的全面的军事围剿。此时柳州周边各县：如柳江、柳城、忻城、来宾、象州、武宣、鹿寨、宜山、罗城等县的民兵，在革委会的统一指挥下，已经在向柳州集结。其中鹿寨县革命委员会争先恐后，调动全县3000多民兵，由县革命委员会副主任、县武装部长张春峰一马当先地亲自率领下，充当了柳州地区民兵进城围剿柳州造反大军的急先锋。张春峰挑选300多装备精良的鹿寨县民兵组成先遣队，并亲自带领指挥，于6月17日从三门江渡过柳江。由于张春峰邀功心切，又受柳州"联指"的"柳江河南岸仍牢牢地控制在我英勇的'联指'战士手中"的虚假浮夸宣传的误导，贪功冒进，长驱直入一路无阻地向窑埠码头上游的染织厂而来，从染织厂误打误闯的进至柳州帆布厂造反大军的防区内。当时正在帆布厂负责防卫的，造反大军的文攻武卫战斗队，在作战参谋刘贵宝的带领下，正在筹划组织进攻染织厂的战斗。当鹿寨民兵不期而出现在帆布厂时，特别是见鹿寨民兵人多势众，双方力量悬殊的情况下，几乎让刘贵宝等措手不及。好在所有队员们刚获得了清一色的五六式冲锋枪，且弹药充足，又是刚打下马鞍山、鱼峰山的新胜之余，士气高昂，个个抱着必胜的信心，在刘贵宝的随机指挥下，用计将鹿寨民兵众头目分为几股，分别诱至预设的阵地内，迎头痛击，进入埋伏圈内的鹿寨民兵悉数被歼。其余的民兵听到枪响后纷纷作鸟兽散狼狈逃窜，留下了15具血肉模糊的尸体。

在战场上留下的15具尸体中，除14具是鹿寨县某区武装部长及其带领下的鹿寨县民兵外，其中一个死者则是造反大军误杀的自己人。后来，这个事件被演绎成廖胡子亲自策划指挥的，一场传奇的战斗故事。那个被自己人误杀的造反大军的小个子红卫兵，也就成了这次胜利的关键性人物，当时在造反大军中被盛传为传奇式英雄人物。

我们没有参加这次行动，是思学他们去探矿厂，参加那个被自己人误杀而牺牲的造反大军红卫兵的追悼会时，才听到人们对这件事情的议论：廖胡子事先获得了鹿寨县民兵，在县革委会副主任、武装部长的带领下，进城围剿造反大军的情报。并且从对岸"联指"的高音喇叭中，听到了"柳江南岸仍牢牢控制在英勇的'联指'战士手中"的宣传。于是就决心发挥一下他在部队时学到的，还没有机会展示一下的军事知识，设计打击一下鹿寨民兵的嚣张气焰。但是对方来的是3000多人，要和这么多的民兵对阵，至少要有不少于对方实力的队伍，才不至于以卵击石，自找苦吃。在当时情况下的武斗，都是些最多不过几十人规模的小打小闹，还从来没有开展过上百人摆开战场的真正战斗。而且造反大军也很难组织得起如此大规模的队伍，只能用计谋突然袭击才可能以少胜多。于是他就设了一计，派一个胆大机灵的人冒充"联指"的人，混进已经过了河的鹿寨民兵中，把鹿寨县民兵引诱到预设的埋伏地点，然后瓮中捉鳖，才能达到预计的目的。

廖胡子看中了当时只有十六七岁，个子矮小的，柳州红总红卫兵古维杰承担这项任务。

古维杰是三都里高街人，小学时因随他在三都小学当老师的叔父在三都小学上学，和我是小学的同学，属于调皮好动之类的学生，我们经常在一起玩。后来他叔父调回里高，他也跟着转学走了。不知道他是什么时候转学到柳州读书的，"文化大革命"时他不在三都，也不在里高参加组织，而是在柳州参加了柳州的中学红卫兵组织柳江风雷，归属柳州红总。他接受了任务后，只身迎向鹿寨民兵来路的方向而行，找到已经渡江的鹿寨县民兵，向他们自称是"联指"的人，熟悉这一带的情况，愿意给他们带路。该武装部长当时一来邀功心切；二来见他年纪轻轻；三来又误信了"联指"的自欺欺人的宣传。就毫无疑心的随他而行。武装部长把所有的民兵暂时安顿在染织厂内，然后带着主要的头目准备到窑埠街上与柳州"联指"接洽，协商民兵的安顿和部署。却让古维杰把他们领到了帆布厂来。那些民兵头目们都是清一色的腰插乌光发亮的德制驳壳枪，让人看了好不心生羡慕和眼馋，特别是工总"狗牯队"的狗牯仔，眼看着那些送上门来的崭新的驳壳枪，生怕自己落空，竟不顾廖伟然事先的布置和安排的时机和信号，古维杰领着鹿寨民兵还没有进入到预定地点，"狗牯队"就在领头一声"下甲"的指令下，争先恐后的以清一色的五·六式冲锋枪一顿猛扫，把古维杰在内的十五个人一下子全撂倒在当场。结果回来向廖伟然报功时，使得廖伟然来不及高兴，就怒不可遏且悲痛欲绝把他们痛骂了一顿："你们不按我的安排，擅自行动，你们知道你们打死的是谁吗？那个带路的小兄弟是我们的人呀！"廖伟然本来并不打算要消灭那些鹿寨民兵，只是设计把他们引入埋伏圈后，把他们全部"下甲"（缴械）俘虏，缴了他们的枪后，还要争取利用那个武装部长，把他所带来的民兵全部缴械。一方面可以获得他们的装备，另一方面又可以得到武装部长带领民兵进城武斗的证据，获得政治上的主动。结果给这些沉不住气的狗牯仔弄得前功尽弃。怎么不惹得他暴跳如雷？

据思学说，古维杰的追悼会在探矿厂召开，古维杰的遗体摆放在礼堂中间，上面盖着"造反大军"的红旗。当来哀悼的人们掀开红旗，想一睹"英雄"的遗容，向遗体靠别时，看到他全身都是蜂窝式的枪眼，惨不忍睹。追悼会很隆重，大家都由衷地向他致以哀悼！

思学在向我述说着这一段传奇故事时，看得出他是以一种衷心崇敬的心情在述说。我们都以曾经和古维杰是儿时的同学而倍感光荣。我们对他的崇敬之情犹如对电影《英雄虎胆》中的曾泰一样。

鹿寨县民兵的尸体也被拉回来在探矿厂的球场上摆放着。死者中，谁是武装部长没有得到确认，只是听军分区来领尸的人说，这次鹿寨民兵来柳州武斗死的人中，有一个是武装部长。因为柳州造反大军没有人认识谁是武装部长，只知道是武装部长张春峰带队来柳州武斗的。后来，支左办的解放军闻讯而来，非要把那些死者的尸体拉走，人们就认为张春峰一定在那些死者当中。[1]

鹿寨县民兵到柳州参加武斗被打死了 14 个人，是真实的历史事件，鹿寨县志中就有记载。至于以上故事情节的传奇性，也许是出于造反大军人们的渲染。但是，对廖伟然在武斗中能征善战和足智多谋，确实受到造反大军人的崇敬和赞扬。是廖伟然在造反大军濒临被"联指"彻底消灭的危急关头，挺身而出，带领他们绝地反击，才让他们获得了喘息机会的。我是在几十年后，有幸遇上当时在现场参加指挥的，造反大军的作战参谋刘贵宝，和那场战斗的亲历者阿柳时，才听他们亲口道出了如前面所讲的，事情的过程真相。其实，传说与真相并不矛盾，也许廖伟然的整个计策的详情，出于军事机密，作为前线指挥人员不一定全部知情，由于是整个战斗并不能完全依计而行，故而出现策划者事先未料及的节外生枝的后果。而"廖胡子"当时在造反大军中，确实享有较高的威望，特别受到造反大军"武卫"派，以及从各地逃难来柳的造反大军人的崇敬和拥戴。

---

1 据《鹿寨县"文革"大事记》载：鹿寨县参战的干部、民兵被打死 14 人（其中 2 名公社武装部长），武斗期间，动用国家资金、粮食、物资等折款 13 万多元。

二

柳江南岸片区的"联指"被造反大军撵过江北后,"柳江联战"随之控制了汽车站旁云头岭上的柳江县供销社转运站。转运站里面存有一些待运的布匹和生活用品。于是柳江县各造反大军组织就要求,给各组织分发一些生活必须品。

我们都是从家里被撵出来的,当时只顾得逃命,哪里还顾及携带其他的物品,也没有谁身上带有钱,(当时农村人家里都没有钱)一些基本的洗漱用品都没有,只有身上穿的衣服,经过几个月的流亡生活,已经肮脏褴褛,让人看了确像一群土匪流寇,狼狈不堪。但是,我们并不像"联指"民兵们污蔑宣传的那样,是到处抢劫祸害百姓的土匪。我们也很主动的强调"三大纪律、八项注意"。我们也不像"联指"他们一样,自诩是革命派,就随意的给别人戴上个"阶级敌人"或"反革命"的帽子,就任意的抄人的家,抢人家的东西,甚至抓人杀人,草菅人命。我们直到最后被打成"反革命",被镇压到全军覆没,我们还真的没有抄过抢过一个老百姓的家。对于公共财产我们则另当别论了。"联指"民兵手中控制着"国家财产",他们不需要抢就可以任意支配。所以,当我们有机会的时候,我们也认为是为了革命,也就没有那么多顾忌了。何况,我们只是为了生存。但是,在遇到这样的机会的时候,"柳江联战"却充当起了国家财产的"保护者",不让其他组织的人侵夺,引起了各公社组织的不满。我们三都造反大军,对"柳江联战"头头们不切实际的,自顾维护"红卫兵"形象,也深表不满。于是以我们逞头,和各公社组织的人,到云头岭与"柳江联战"交涉,但他们却以怕承担责任为理由,不同意我们的要求,并摆出一副守卫者的架势,持枪以待,因而激怒了众人,几乎酿成内讧。经我们找他们头头韦云哉、罗乐民等耐心协调、解释,他们只得无奈地作出让步,答应各组织的要求,让各组织领取一些生活必需品。如此一来,那供销社转运站也就难以让"柳江联战"完璧归赵地交给柳江县了。要保护这样一个物资仓库,本身就是个累赘,责任也难得担当,于是他们也就采用我们在三都的做法,把所有的商品都卖了换成了现金,便于保管。这批钱本来可以救得一些逃难者的生命,但是由于"柳江联战"的头头们政治上的幼稚和天真,反倒促成了他们最终的暴尸拉堡街头。革命委员会没有人念及,他们还保持着革命的气节,而饶他们一死。

自从几经辗转流亡,回到柳州后,基本有了个安顿的处所,我们人多枪少,我虽然持有一支快机驳壳枪,但只还有三、四粒子弹,所以在柳州的所有行动,我都没有参加,而是由那些持有步枪、冲锋枪的人参加。我基本上都是蜗在五里卡粮库的据点里,连二姐家都没有去过。父亲、母亲和三姐从家里逃出来,以及到柳州后的情况我都一无所知。我帮不了他们,我也不敢收留他们。

到造反大军在柳州河南地区实施反攻的时候,我们的人也统一受柳州造反大军总指挥廖伟然的调派,参加了攻打马鞍山、鱼峰山的战斗。如星、建七、初波、小于等人都参加了,我们三都造反大军的任务是占据狮子山,负责监视鱼峰山东南侧的工人医院和柳石路。钢青近和工总直属队攻打马鞍山的战斗打响后,柳石路方面还没有什么动静。直到马鞍山完全攻下来后,鱼峰山上的"联指"也坚持不下去了,纷纷自动从工人医院方向撤了下来。建七和初波、小于他们跟着一小队工总的人,守在狮子山上。建七他们三人各拿着一支从家里带出来的七·九步枪,工总的人则都拿着半自动步枪和一挺苏式转盘机枪。当他们看到一辆满载"联指"人员的解放牌军车,从工人医院里开出来,正准备向柳石路东开去的时候,山上的造反大军的所有武器就向那汽车猛扫过去。那汽车上的人被打的不知是死是活,纷纷从车上跳下来,夺路而逃,汽车就瘫痪在柳石路上。第二天,我们的人从山上撤了下来,初波和小于都负了伤。他们是在狮子山上被消防队背后山窝里的"联指"在他们正集中火力阻击那辆汽车时,突然从狮子山侧背,用日式歪把子机枪从山下往山上向他们扫射,初波被打中脚踝,只伤皮肉,伤得不重。小于则被一颗子弹从脚踝穿透,又从腰肌进入,从背肌出来后,再从后脑勺右侧穿皮而过,一枪打出了六个枪眼。但却都是皮下伤,没有生命危险。小于出去参加这场战斗时,是穿着我从家里穿出来,毕业时做的那一件小翻领外衣,我曾穿着它走南闯北的去串联，从三都逃出来时身上穿的还是它，在从成团撤往进德时，经过龙山一带曾给星卫挡过雨，是我唯一一件好衣服。小于和我一样的个子，他喜欢穿，他就穿去了。在小于受伤后，为包扎救治，不便于脱下来，医师就从背后把衣服剪开，把那衣服剪为两爿。后来我们仍然把它拿去请裁缝车了一条线又合成了一件衣服，让小于在冷冻厂养伤时仍然穿着。后来他伤还未痊愈，"七三布告"下来了，他在冷冻厂的造反大军伤兵医院里，被解放军和"工纠队"抓到八中收容所，后来交由柳江县民兵押回成团，当天就在成团圩上被棍棒打死，并丢进山洞里毁尸灭迹。这是后来成团的知情人对我们述说的。他被打死时仍然穿着我的那件拼缝过的衣服。

　　武斗上的节节胜利，不由得我们不开始憧憬未来：我们从"联指"控制中"解放"了整个柳州，让中央看到我们的实力后，在保障不再受到"联指"的武力胁迫的情况下，主动停止武斗，静观时局发展，等待中央的表态。一旦中央承认我们为"革命群众组织"之后，我们就可以胜利者的姿态回到柳江县去。那时，或许农村的民兵组织将会在武装部的指挥下，摇身一变而以"支左"的身份出现，不敢明目张胆地对我们实施迫害和镇压。没有了民兵的参与，单凭"联指"派那些组织成员，他们是没有多大实力的。他们之所以能够坐大，完全是依赖于他们背后的军区及其以下的军分区，和各级武装部所控制的部队和民兵。如果中央迟迟不作表态，我们就以武力向周边农村发展。紧邻柳州，并虎视眈眈地，随时威胁着柳州造反大军中枢所在的铁路538和冷冻厂的柳江县"联指"民兵，将首先成为我们反攻的目标。待反攻成功后回到县里，我们将不会承认他们"联指"单方面控制的"革命委员会"，而是重新实现以真正大联合为基础的"革命委员会"。我们将成为新生政权的功臣。已经是到了这种时候，我们还在幻想，还在做着美梦，可悲的是我们却不知道自己的梦是永远也不会成为现实的。

　　在廖伟然召开的柳州"造反大军"的联席会议上，思学代表我们的组织，发表了我们的这番意见和建议，受到了廖伟然及所有到会人员的关注。当时廖伟然在柳州造反大军中是个主战派的代表。他主张趁当下节节胜利,士气高涨的有利形势下,"打过河北去,解放全柳州"。

三

当我们正在憧憬着反攻回柳江时,进德"造反大军"的熊国芳和潘洪连他们,已经擅自行动,去实施他们局部的反攻,试探着返回进德活动。他们联合百朋公社的伍时明等人,于6月26日夜里潜回进德槎山大队。可能是由于我们上月对进德区革委的袭击,引起了县革委的警惕和重视,而事先就有了安排,他们在当天晚上就获得了熊国芳等人的活动情报,在不足12个小时的时间内,就调集了象州县、武宣县、来宾县、忻城县、柳城县等几个县的民兵,在武装部政委、县革委会主任宋吉月的策划领导下,由革委副主任刘伯生任前线总指挥,把熊国芳等造反大军人员包围在一个小小的粮食加工厂内(实际就是个水碾房)。

与熊国芳等人一起潜往进德的伍时明,因虑及熊国芳等人这次行动,是在柳江县其他兄弟组织不知情的擅自行动,是在没有其他组织的协调和配合下的孤军深入,当发现他们已被"联指"民兵包围时,向熊国芳提出要只身潜回柳州报信。由于柳江县革委会发动这一次"围剿槎山土匪"的行动,是采用围点打援之计,以包围槎山为诱饵,诱骗造反大军出援,主要意图是在塘头一带设伏打援,消灭柳州方面来援的造反大军主力。伍时明之能逃出革委会的重重包围,是革委方面的有意放纵,故意放他出柳州报信。当他回到柳州,向我们报告这一情况时,我们即已预感到熊国芳此行凶多吉少,正筹划着去和"柳江联战"他们商量,如何搭救熊国芳他们时,当天下午就传来了熊国芳等人,已被"联指"民兵围歼在水碾房中,全军覆没了的消息。[2]

据后来处遗时所获得的资料反映,柳江县革委会主任、武装部政

---

[2] 革委会的意图在围点打援。同上《柳江县"文革"大事件》之"槎山事件",

委宋吉月在策划围剿在槎山的进德"造反大军"所作的战前动员,是把我们袭击进德区公所时被民兵打死的人,说成是进德造反大军熊国芳等人打死革委会的人。柳江县革委会如此拙劣的造假撒谎,就是为围剿进德造反大军熊国芳、潘洪连等人的"槎山事件"寻找理由、制造舆论。柳江县革委给进德造反大军定的罪名是:"这些人(熊国芳、潘洪连等)与柳州'造反大军'结合,不固定的在槎山一带活动,冲击进德区革委,还在区革委楼下打死一个人"。[3]

原来,伍时明刚离开水碾房潜回柳州时,"联指"民兵就完成对水碾房的包围,天一亮就发起攻击。熊国芳等13人,只有7把枪,除熊国芳与潘洪连拿的是五.六式冲锋枪,其余都是残旧的七九式、三零式步枪。但是他们发现自己已经处在重兵包围之中后,还是进行了顽强的抵抗。在几个县及八一锰矿共2000多民兵的团团包围下,用威力强大、穿透力极强的高射机枪对独立于小河边的水碾房进行扫射,砖木结构的水碾房不堪一击,无险可守,不到几个小时,他们就全部被高射机枪隔着泥砖墙射杀在水碾房里。这次战斗在"联指"民兵一死一伤的情况下结束。熊国芳等人被高射机枪打死,潘洪连受伤未死,是民兵冲进水碾房后再补枪打死的。此次进德造反大军人员10人被打死(其中有三人是出来投降后被集体枪毙),3人受伤后被抓获。另有一名进德圩群众(地主分子)在外围被抓获枪杀。伍时明听到这一消息时,呆立当场,庆幸自己当时一念之英明,离开熊国芳返回柳州而幸免于难,真是命不该绝。

战斗结束后,熊国芳、潘洪连二人被"联指"民兵割下头颅,贴上"反共救国团"标签,悬挂在进德圩,拉堡圩上示众数日。场面之恐怖残忍,在共和国的历史上罕见。

熊国芳事件毁掉了我们所有的美好憧憬。我们的命运并不由我们自己所能掌握。我们作为"文化大革命"运动的作用价值正在消失,并将很快成为这场革命的对象和牺牲品。我们最终的命运也将会是和熊国芳他们一样,被"革命委员会",被解放军,被民兵,当作

---

3 同上《柳江县"文革"大事件》之"槎山事件"记载

"反革命"围剿和镇压。甚或是有可能成为像熊国芳、潘洪连一样的被悬首示众。

革命委员会成立时，他们自恃已经掌握着所有合法的权力，不再把"反韦派"与"保韦派"的两派斗争当着是派性的斗争了。而是把"反韦派"当作与革命委员会对立的反革命组织。在革命委员会的指挥下，公开动用解放军和民兵，直接参与和配合"联指"，对"反韦派"进行"围剿歼灭"。这一性质的转变，是由革命委员会所决定的。当然，革命委员会是听命于毛主席的，我们的命运的最终结果也就可以想见的了。

我们在经历了从三都的被围攻而突围出来，到之后的流亡柳州、桂林、福塘龙怀，从福塘经太阳村回到柳州，又从柳州到进德，直至再回到柳州，辗转数百里、颠沛流离的亡命生涯，我们在与"联指"民兵的武斗中，共付出了四死十伤的沉重代价。在四个已死的人中，除姜成业是已成年成家的人外，智川、多德、华年三人还都是天真烂漫的未成年人。三个年轻的生命，在短短的几个月里，相继血溅他乡，命丧黄泉。他们的青春和生命过早的消逝了。他们为什么要趟进这场混沌而血污的，人为挑起的人和人之间的仇恨和杀戮中来？他们不就是冲着"红卫兵"的荣耀，和"造反有理"的鼓动和号召下的"无产阶级专政下的继续革命"吗？然而，他们的青春，他们的生命，却在浑浑噩噩中，成了这场"文化大革命"的牺牲品。他们的青春和生命牺牲的价值和意义何在？他们到死都来不及思考。我们还活着的人，在为他们的死而悲痛和迷茫的同时，想就此抽身已是身不由己，不得不听"天"由命的等待着"上帝"的宣判。

第三十二章　最后抵抗

一

在进德槎山围剿进德造反大军熊国芳、潘洪连等人的事件，被柳江县革命委员会定性为"围剿反革命"的行动，是在县革命委员会的策划和指挥下完成的。柳江县是"联指"一派的天下，对革命委员会的作为，在其治下的柳江县群众，不会有人敢提出异议。而逃亡在外的造反大军一派，则早已被县革命委员会定性为"反革命"，成为迟早将被剿杀的对象。两派之间的武力争斗已经到了你死我活的程度。革命委员会已经不再认为这种争斗是造反大军与"联指"间的两派斗争了。而是把这种斗争认定为"革命与反革命"的两个阶级的斗争。是革命委员会代表的革命的人民群众与反革命分子的斗争。在阶级斗争的旗帜下，"革命"是至高无上的。所有参与这场斗争的人，谁都想把自己标榜为革命者而耻于成为反革命。"毛泽东思想"所定义的"革命"是"一个阶级推翻一个阶级的暴力的行动"。人们也就争相以暴力来表现自己的革命。把熊国芳、潘洪连等人定性为"反革命"，就可以为剿杀他们的行为冠之以"革命行动"的桂冠。割下他们的头颅挂在进德圩和拉堡圩示众，自然也就是柳江县革命委员会彻底革命的表现。这种惨无人道也就成了彻底革命的标志。过去我们从课本书籍中，读到过不少控诉国民党反动派屠杀共产党和革命群众的血腥暴行：少女英雄刘胡兰被胡宗南匪军铡下头颅而英勇牺牲的故事，和《红岩》中江姐的丈夫彭咏梧的头颅被国民党反动派，用木笼悬挂在城门上示众的故事无人不知。一直是国民党反动派，在我们心中留下的残暴血腥的印象。而我们今天所亲身体验的却更是有过之而无不及。由此在我们心中认定了，这样的"革命委员会"绝不能代表革命。然而，"七三布告"的下达，给我们造成了致命的打击。

但我们却仍然高喊着毛主席"下定决心,不怕牺牲,排除万难,去争取胜利"的语录,面对"革委会"的围剿和屠杀进行最后的抵抗。

柳州造反大军得到了武器和弹药的充实,武力有所加强,不再是之前那样由"联指"任意屠戮了。柳州造反大军和柳铁工机联联合了所有在柳州的外县逃难来的各造反大军组织,开始着手向"联指"反攻,一鼓作气把"联指"撵到了柳江北岸。造反大军一派正处于休整而静观其变等待中央表态的时候,毛主席亲自批示"照办"的"七三布告"下达了。从"七三布告"的字里行间,没能找出任何对我们有利的词句和字眼。但我们却没有把形势估计得那么严重和残酷。我们觉得,我们已经没有讨价还价的条件了。但我们仍然抱着一丝幻想:中央下达的"七三布告",至少可以保障我们的生命安全。而广西区革筹和广西军区得到这"七三布告"就像得到了尚方宝剑一样,已经决定着手利用这"七三布告",在全广西刮起更加血腥的"对敌斗争的十二级台风",对广西"反韦派"实施军事镇压和屠杀,欲彻底地消灭"反韦派"在广西的全部势力。红色恐怖已经笼罩着全广西。

7月8日,广西军区发出了《关于清理流窜人员的指示》,并在之前就将"联指"改编为"纠察队"。"纠察队"是革命委员会组织和领导的"群众专政"组织,是革命委员会的专政工具,名义上并不是派性组织。将"联指"换汤不换药的改编成"纠察队",让区革筹和军区利用"联指"镇压和屠杀"反韦派"的派性行为,得以扯着"革命"的虎皮作大旗,掩盖了"派性武斗"的实质,既可以蒙蔽和欺骗群众,又可以吓阻"反韦派"的继续抵抗,以便于"联指"派无须担待任何风险,而肆意对"反韦派"群众实施派性屠杀。区革筹和军区直接指挥部队和民兵的行动是职责所在,是政府行为,多少还须顾忌一点党纪国法。而"联指"是派性组织,公开直接的指挥"联指"则与区革筹和军区的支左角色不符,韦国清等一帮当权者还不能明目张胆的公报私仇,而只能以欺上瞒下的手段,引风吹火、借刀杀人。作为广西的主要负责人,韦国清之所以能成为历经一次次政治运动而不倒的政治不倒翁,他深谙党内斗争的残酷性和毛泽东所惯用的政治权谋——"引蛇出洞、秋后算账"。所以,他凡事都是很讲究谋略的。为了让"联指"在老百姓的心目中有着与军队和民兵一样不可抗拒的威慑力，他们把"联指"改编成"纠察队"，则让"联指"在执行《关于清理流窜人员的指示》中，得以拿鸡毛当令箭，乘机打击迫害"反韦派"群众。同时"纠察队"在行动中还可以执行部队和民兵不便执行的任务。"纠察队"的行为后果可以推托为"群众的自发行为"不受追究。因此，"革命委员会纠察队"在南宁、柳州、桂林、梧州等几个城市中开始搜捕"反韦派"逃亡出来的人员和群众时，抓到"反韦派"的人，他们就不择手段地将抓到的人肆意殴打和杀戮，打死人后就说是"群众"的自发行为，尤其在农村则谑之为"贫下中农的群众专政"。责任也就无从追究了。区革筹和军区及其以下各级革命委员会也就既能达到目的又不需承担任何责任。从其后"处遗"工作的最后结果，就是这一论断的最好例证和注释。

二

此时，从北京传来了广西"422"赴京代表团的头头已经悉数在北京被抓。柳州的部队也开始了抓捕在柳州的造反大军头头的行动。在南宁，在区革筹和军区的直接指挥下，部队和"联指"已经采取了明目张胆的联合行动，实施了对"反韦派"在邕江桥头和解放路的所有据点的武装围剿。并动用军队及其现代战争装备，对广西"422"的据点进行了炮击。炸毁和烧毁了数十条街道，并嫁祸于广西"422"。同时间，在广西各地的"反韦派"都遭到了当地革委会指挥下的当地驻军和"联指"民兵的武装围剿。借着"七三布告"的权威，各级革命委员会在区革筹的统一领导下，在各地各县争相发动了一次比一次残酷血腥的"对敌斗争的十二级台风"，对"反韦派"和地富反坏右分子及其家人成批的进行屠杀。撒传单的飞机在头顶嗡嗡地飞过。空中飘洒着充满杀气的五颜六色的传单。形势变得比我们估计的要残酷得多。

这时候，铁路军管部门正在极力恢复运输，清除外系统外单位的干扰。柳州军分区和驻军也在酝酿着，强制收缴市内各单位造反大军的武器。柳铁工机联和柳州市各组织已经意识到，在这样的形势下，所有的反抗将是徒劳而无益的，都停止了对"联指"的所有的反抗行动，准备向部队缴枪。我们柳江县的所有造反大军组织都意识到，继续待在市里，将成为部队围剿的目标。于是便主动地从柳州市区撤往郊区太阳村，想通过太阳村再回到柳江县内的福圹龙怀水库，暂时找一个落脚点，看看柳江县革委会的态度再作决定。

在从太阳村水泥厂到福塘龙怀之间，横亘着凤岭，控制着从太阳村到福塘的公路。柳江县洛满公社的"联指"民兵占据着凤山村，在凤岭上驻扎着武装民兵。凤岭向东可以警戒着来自柳州方向和太阳村水泥厂的造反大军的动态。与占领着水泥厂侧背的长岭上的"联指"民兵，夹峙着从洛满到太阳村往柳州去的铁路和公路；其向西可以封锁洛满经福塘到成团及县城拉堡的公路，封锁龙怀到福塘的公路进出口。从太阳村到福塘的公路与洛满到福塘的公路在凤岭东北麓交会连接，我们从太阳村到福塘必须经过受"联指"民兵两面夹击的那段铁路和公路，然后在凤岭的东北麓绕上西麓的公路向南就到福塘，整个路程都在"联指"民兵在凤岭上的火力封锁之内。唯有清除凤山村及凤岭上的"联指"民兵的威胁，才能打通从太阳村到福塘的交通。

为打通我们进入福塘的通道，在"柳江联战"的头头们的策划下，决定发动对凤山村和凤岭的攻击战斗。这一仗是由韦云哉统一指挥的，以"柳江联战"为主力的，全县的造反大军的第一次，也是最后一次的统一行动。这一仗也是造反大军从柳江县被赶出来后，第一次有计划的回到柳江县的地域内，针对"联指"的最后一场武斗。也是整个广西的两派武斗中，"反韦派"的柳江县造反大军，有组织发动的最后的一次武斗。这一场武斗，是造反大军派对以"革命委员会"作虎皮的"联指"派的最后一场战斗，这场战斗实质上也就是对"七三布告"的最后抵抗。

行动在7月17日晚间进行。由"柳江联战"主攻凤岭；由成团造反大军负责主攻凤山村头的独山碉楼；由三都造反大军及各公社零散人员，作预备队策应"柳江联战"；所有非武装人员负责后勤支援。攻击队伍趁夜黑悄悄潜到预定的攻击位置，于午夜两点同时发起攻击。

所有攻击队伍同时出发，成团造反大军与"柳江联战"在凤山村东北侧村外分头行动，各奔自己的攻击目标而去。成团造反大军直扑凤山村头的独山碉楼；"柳江联战"绕过凤山村直扑凤岭主峰。

"柳江联战"乘夜黑，神不知鬼不觉地摸到凤岭上，进入攻击位置，经过短暂的休息，把一路上爬山时的疲累，稍加缓解，恢复了体力后，到了预定的攻击时间，即发动了迅雷不及掩耳的猛烈的攻击。攻击队伍分成两个攻击梯队，轮替着向主峰仰攻。几十把冲锋枪不停歇地向着山顶"联指"民兵的阵地上扫射。

凤岭为南北走势，山势北高南低，主峰北侧山势陡峭，没有路可走，"联指"民兵在遭到如此猛烈的火力且是近距离的袭击下，措手不及，情急之下来不及有组织的抵抗，经过短时间惶遽零星的抵抗后，慌不择路连滚带爬地从主峰北侧逃窜下山。在攻击中，"柳江联战"有一个同学手臂受流弹所伤，伤势轻微。天亮后在岭上搜索时，只发现"联指"民兵逃跑时遗留下来的一些水壶等没有价值的物品，也没有发现死伤人员。我们的目的在于驱赶而不是消灭，我们只要能占领这座山岭就是胜利。

这一仗，我们仅只占领了凤岭主峰，而紧邻主峰南面的次高峰仍然被"联指"民兵所占领。凤岭主峰的上下路径在主峰与次高峰之间，因此意味着，我们仍然处在"联指"民兵的包围和封锁之中。我们不得不发动夺取次高峰的攻击行动。"柳江联战"的全部力量被困在主峰上，这个攻击次高峰的任务就责无旁贷地，落在我们作为预备队的三都造反大军身上。

攻击次高峰的行动不得不在白天进行。由在主峰上的"柳江联战"的居高临下的火力配合下，我们从下往上仰攻。我们所选择的攻击方向，山势陡峭，又是在白天，没有炮火的配合，想接近山顶是很困难的，要采取强攻，必然会付出很大的伤亡代价。于是从前沿阵地回来的人向我们反映了这一情况。要求我们向水泥厂造反大军联系求援。

三

　　之前的行动我没有参加，战友们都嫌我人小，有意地照顾我，不让我上前线冒险。我一直在水泥厂里待着等消息。当获知来人反映的这一情况后，我也没有顾及我在组织里的身份和地位，也没有顾及我人微言轻可能会不受人理会，就主动地找到水泥厂的造反大军的头头，要求他们能给我们提供一点有效的支援。没想到他们竟然慷慨地答应了我们的要求。他们给了我们一门八二炮，但只有三发炮弹，并派了一辆自己改装的装甲车护送我们到前线去。

　　我和日壮及几位女同学随车把炮送到前沿去。装甲车是以一辆解放牌汽车改装而成，周边全用一厘米厚的钢板焊接成挡护甲板，驾驶楼只在前挡风玻璃处留一条约五厘米宽的供司机驾驶时观察路面和方向的缝隙，相对于车厢里较安全得多。车厢里则只是前面和两边有甲板，而后面是没有甲板的。当时我坐在驾驶室里的副驾驶位上，日壮他们五个人则在车厢里。当我们的车子向着洛满方向行驶，出现在铁路沿线的公路上时，在我们右侧铁路边长岭上的"联指"民兵，就向我们猛烈的扫射，日制歪把子机枪的子弹不停地叮叮当当的，打在车子右侧的甲板上，但都没有伤着我们。当车子到达凤山村路口，左转向村子里去时，就把车尾甩向长岭上的"联指"民兵的阵地，他们的机枪更是不失时机地、更加猛烈地向我们扫射。在车厢里的人受到了严重的威胁，子弹在他们身边的车厢里的甲板上横飞乱窜。日壮背在身上的水壶被射穿，壶中的水洒出来湿透了他的衣裤，使他误以为是被击中了屁股而流的血，虚惊了一场。

　　我们冒着弹雨到达凤山村的前沿阵地时，攻击已经开始。覃贵成和韦加能等四人各持一把五·六式冲锋枪，另有四人各扛着一箱子弹相随，正在向山顶运动。

　　我们把炮卸下来，本来想给长岭上的"联指"民兵的机枪阵地来一个报复性的轰击，但是我们没有炮手，不知道射程能否达到，所以也就作罢。我们把炮头转向次高峰，准备轰击峰顶的"联指"民兵，但又担心没有把握，会误伤自己人。最终竟没有用上我们送来的炮。

我们的人在村后的小石山上架着我们的那挺捷克式机枪，向峰顶扫射，以火力配合支援攻击人员向上攻击，但是那挺机枪还没打完一梭子弹，就卡壳了。主峰上的"柳江联战"也以火力向次峰上，以居高临下之势，实施火力威慑，但从主峰到次峰的距离约有四五百米，冲锋枪的火力显然造不成多大的杀伤力，但仗着有足够的子弹，密集的枪声也能从心理上起着震慑的作用。攻击人员利用冲沟的隐蔽，向上攀爬，接近山顶。约经过两个多小时的攻击，次峰顶上的"联指"民兵被迫从南面撤下山去。我们终于全部占领了凤岭。在战斗中我方没有伤亡，但是在清理战场时，龙怀造反大军的一个人发现有一个"联指"民兵躲在一个灌木丛中，想过去看个究竟，但却没有防备他因为已经负伤，而作了垂死的准备，突然拉响了手榴弹，两个人就同归于尽了。两个人都成了这一场最后的武斗的牺牲品。对于那个民兵（我们无法得知他是否是真正的民兵，家住哪里）的垂死举动，不难让人理解：他绝对是已经深受"联指"宣传的毒害，真的把造反大军当成凶残暴虐、杀人成性的土匪，自认为落到造反大军手中将必死无疑，竟然自己放弃了可能生存的机会。或许，他可能也因自知，在"刮阶级斗争的台风"时，双手沾满造反大军群众的鲜血，罪不可恕，落到造反大军手中，造反大军也会像他们"联指"民兵一样以眼还眼，以血还血的向他讨还血债。可见"联指"在政治宣传和思想灌输上，深得毛泽东阶级斗争思想的正统真传。他的这种举动到底应该值得崇尚？还是应当受到谴责和耻笑？当时难以作出恰当的判断结论，而在我的心中留下了不解的困惑。直到15年后的1983年，"处遗"工作结束后，才得出明确的答案：我们的伟大领袖发动的这一场"文化大革命"运动的伟大，就在于他能把本性善良的人，变成疯狂嗜血的魔鬼。而又可以给魔鬼披上"革命"的外衣，使他们自己认为自己是正义的使者。那个死者死前的那一瞬间，他一定是怀着"誓死捍卫毛主席的伟大革命路线"的崇高目的，而与他的"敌人"同归于尽的。假如他当时侥幸不死而活了下来，到了15年后的"处遗"时，他将会是做何感想？他还认为"文化大革命"那么伟大吗？然而，人的生命是没有"假如"的。他和那些被他们的"革命"所残杀的千千万万条生命一样,永远地成了他心中伟大的"文化大革命"的牺牲品,再也无法恢复他的生命,再也无法纠正他的思想了。

战斗结束后,我仍然随着装甲车将炮送回水泥厂。

在"柳江联战"攻击凤岭主峰的当晚,成团造反大军也以偷袭的方式夺取了凤山村头的独山碉楼。在战斗中,覃大家被驻守碉楼的"联指"民兵的手榴弹炸伤腰椎,被抬着回到水泥厂。

这是一场徒劳无益的没有意义的最后抵抗。我们最终也没有进入福塘和龙怀。在我们攻占了凤山岭的第二天,我们主动的全部撤回了水泥厂。我不知道当时韦云哉他们,基于什么原因做出的这个决定,事后所发生的一切证明,这个决定无疑是一个极为明智的决定,尽管目的没有达到。而在接着下去的,关系到柳江县造反大军成员的生死存亡、何去何从的抉择中,他却表现出了极为幼稚的优柔寡断,以至对全县的造反大军人员,乃至他们"柳江联战"的几个主要头头,犯下永远无法弥补的错误。以他们短暂而悲惨的人生,酿就了千古遗恨。

四

从南宁、桂林不断地传来了"反韦派"被部队围剿的消息。我们的最终下场已经是可以预见的了。于是全县各组织又不得不各自行动,各自把所有的武器找地方埋藏起来,欲待形势明朗后再向部队缴枪。所有人员分散回柳州市里。由于我们这一次徒劳无益的行动,给柳江县革委员找到了军事围剿龙怀造反大军的理由。洛满区革命委员会借着我们攻打凤岭的事件,发出了"7.18"告急通报称:"7月18日,有一伙一百多人的武装反革命暴徒袭击了凤山公社革命委员会,屠杀革命群众"(除了那个自爆手榴弹同归于尽而死的人外,在打扫凤岭战场时,没有发现其他死者的尸体)。于是柳江县革委向柳州军分区提出围剿龙怀造反大军的请示,柳州军分区向广州军区请示得到同意后,由柳江县革命委员会于7月23、24日,负责组织县内各区纠察队,并联合柳城、忻城、宜山县以及八一锰矿等地纠察队,攻打集结在龙怀的"福塘造反大军指挥部"。其实这个"福塘造反大军指挥部"纯属子虚乌有。

这次的"围剿反革命"行动,是柳州军分区请示广州军区得到同意后,由柳江县革命委员会具体策划和指挥的,有计划、有组织的行动。县武装部政委宋吉月是革委会主任,亲自担任行动总指挥,三个副主任担任副总指挥,原县长担任后勤部长,以忻城县武装部长为参谋长的八县、两矿、一厂、一郊民兵的联合行动。

在这次"围剿反革命"的战斗中,非军方系统的柳江县革委副主任,县文革领导小组组长,此次行动的三个副总指挥之一的刘伯生,像在"槎山事件"中一样,成了此次行动的前线总指挥。刘伯生作为柳江县文革前的县委副书记,到文革初起时的文革领导小组组长,到文革中两派争权夺利的阶段,依然位居革委会副主任,并在柳江县"对敌斗争的十二级台风"运动中,起到了积极的领导和推动的作用。在围剿造反大军的多起大事件中历任副总指挥,担负着前线杀戮的实际指挥要职,掌握着对"反韦派"民众的生杀大权。在这次围剿龙怀造反大军的行动中,在他的指挥下,以146条无辜的生命,写就了一段极其血腥的柳江县文革历史。刘伯生在柳江县文革史中居功至伟,他和他的上司韦国清一样,在历经风云变幻的党内斗争中,始终屹立不倒,也算是一个传奇人物。

我们有幸没有在"围剿龙怀反革命"的屠杀中成为民兵的枪下鬼。而那些无辜的龙怀群众却遭到了无妄之灾,一百多条生命因此而命丧黄泉。为他们的枉死,我们感到自咎。而那些刽子手们在弹冠相庆、欢呼胜利的那些日子里,是否也有过一瞬间的自省?据《柳江县"文革"大事记》记载:"7月23日,'指挥部'带领人员进军福塘。24日凌晨发动总攻,'造反大军'在大兵压境时,大部分人已退往水泥厂和柳州市,只有五六十人在福塘、龙怀一带。24日,革委方面就攻下单华山、十二料山,良上村。随之这五六十人又相继逃脱,最后只抓得一些与"大军"观点相同的群众。韦来成带领机动连把良上村打下后,全村除2户外,全部被洗劫一空,猪、牛、鸡、鸭杀来吃,财物要走,家具打烂。7月27日,福塘、'围剿龙怀反革命'战斗结束。据统计双方死亡 44 人,其中革委方面死 16 人。[1] '造反大军'方面,23 日晚武斗中被打死 8 人,搜山抓得枪杀 4 人,在家被抓打死 9 人,在外地被抓回打死 4 人。[2] 外地人被打死 2 人,福塘大队社员劳动被冷枪打死 1 人,共 28 人。福塘攻下后,大部队撤回县城,还留部分兵力配合福塘区革委和'保卫队'继续'清理''残余',这段时间,又打死 100 多人,'纠察队员'韦德金(处遗中已被判刑)见一妇女(韦玉凤)背小孩进屋,即拖出屋外打倒在地,用石头猛砸未死,又补了一枪,仍未死,又用石头砸,妇女死后,小孩还活着哭喊母亲,韦将小孩举起猛甩地下,把不满 2 岁的小孩活活甩死。据统计,从总攻到清理'残余',共打死'造反大军'和群众 146 人,自 6 月中旬各县'民兵'进入柳江,到 8 月底离开柳江这 2 个月中,柳江负责全部费用开支,共开支现金 104000 多元,粮食 53583 斤。(柳州地区《处遗》办调查材料)"

　　文革开始时的"雄心壮志""豪言壮语"变成了被现实的血腥惊醒的恶梦,革命的伟大理想随着梦的惊醒而最终破灭了。被毛泽东思想煽动起来的造反,最终被毛泽东思想的无情打击下彻底失败了。"文攻武卫"把我们引向了预先构筑好的陷阱。我们的最后抵抗犹如螳臂当车,反倒给自己增加了一项新的罪行。我们的生命安危系于一线,我们还能做的就只有如何挣扎以保全自己的性命。

---

[1] 有一个参加围剿龙怀事件的三都中学"联指"派"617"学生被"联指"民兵当成造反大军误杀。
[2] 一个未参加派性组织而回家乡躲避派斗的三都中学老师覃庆居在围剿事件过后被打死。

www.ingramcontent.com/pod-product-compliance
Lightning Source LLC
Chambersburg PA
CBHW052043220426
43663CB00012B/2422